U0724402

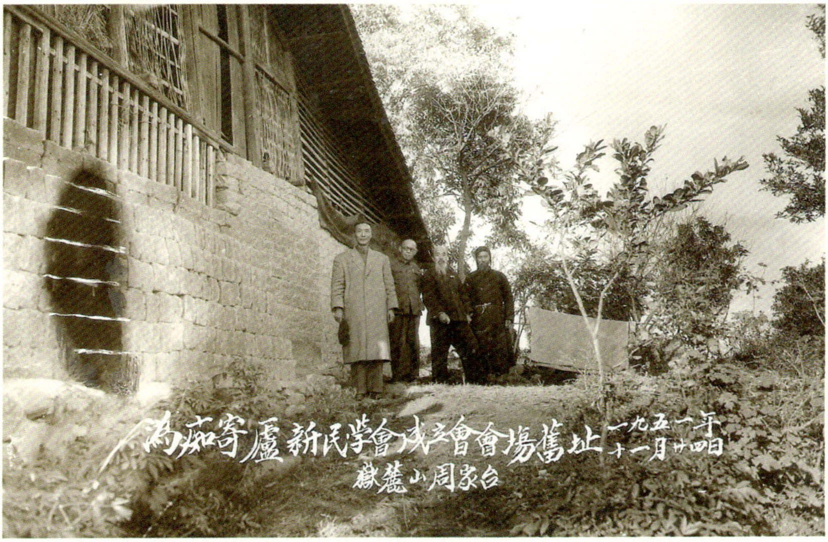

图1 左起罗章龙、陈书农、周方、房东合影

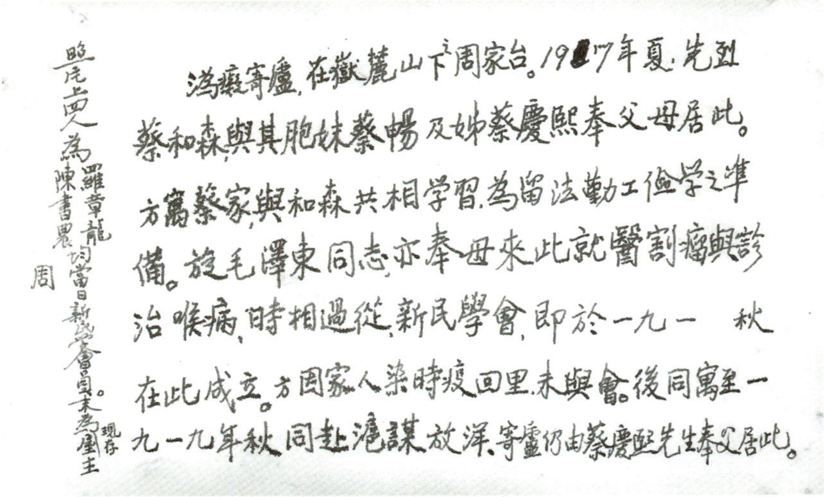

图2 图1合影背面周方的亲笔记述

图 3　丛桂山房

北京大学工读互助团剪影

壹　本团發啟的[illegible]因素

1. 适应[illegible]治思潮：蒙自五四运动之后，德谟克拉西的思潮深入学子脑海。口所说、笔所写，报纸杂志所鼓吹推动，从政治而经济而文化，无不以民主相号召。而文化界先得一般学子之注意，尤通亟于求所适应新潮流。

当时学府最为学子所嫉视的有两端，一则[illegible]历限制非经中学毕业不能考上；二则金钱限制非有钱的富贵子弟不能供给学膳费。这两项所打击的学子，多是学生受新思潮影响较深的穷苦而追求进步的青少年。

2. 适应"劳工神圣"思潮。自苏维埃倡行劳工[illegible]建立新新政权。"劳动创造世界"，"劳工万岁"，"劳工神圣"的思潮，传中外报刊。北京大学所创办的新青年、新潮[illegible]

我的入团经历：

我为当时醉心留法勤工俭学分子。于湖南高等师范毕业后，不肯就职，与同学蔡和森就麓山尚宗寺作留法勤工俭学准备。比就[illegible]学校补习法语，[illegible]工世实习[illegible]金工。至1919年秋即赴沪候轮往法。船票均已买好，我突患神经衰弱[illegible]神父路法国医院[illegible]，得阅北京大学工读互助团之组织，细玩团章，既有工作场所，又可就北大任意选课，与赴法需先就学习语文，亦得许多方便。遂决意放弃留法[illegible]，而决意往北大工读。

[illegible]周自心矛盾解决，病日就痊，出院送蔡和森等上轮后，我得[illegible]介绍函，即[illegible]，比得准许入团，搬入马神庙宿舍，是为入团工读之第一幕。

二　团中生[illegible]实况

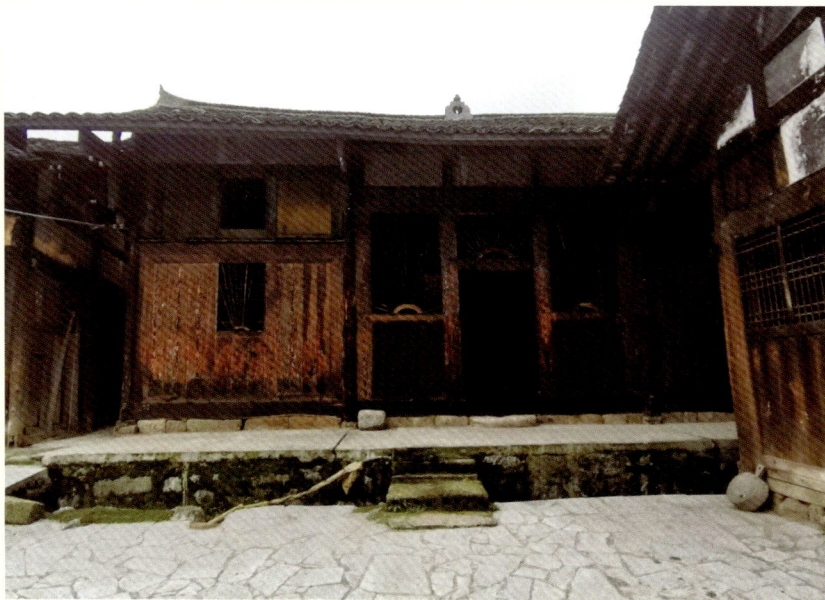

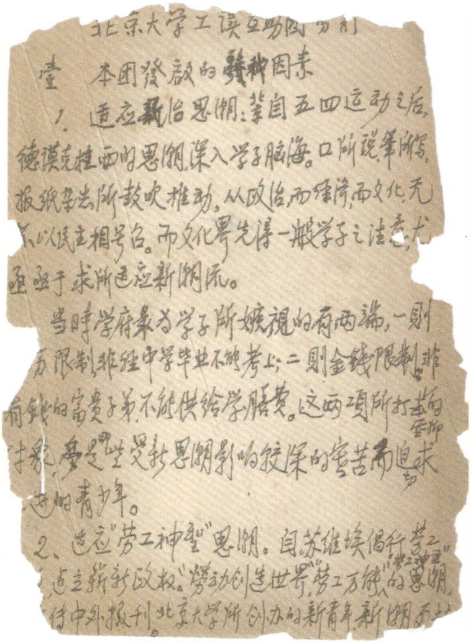

图 4　周方手稿《北京大学工读互助团剪影》共 18 页，此为其中的两页

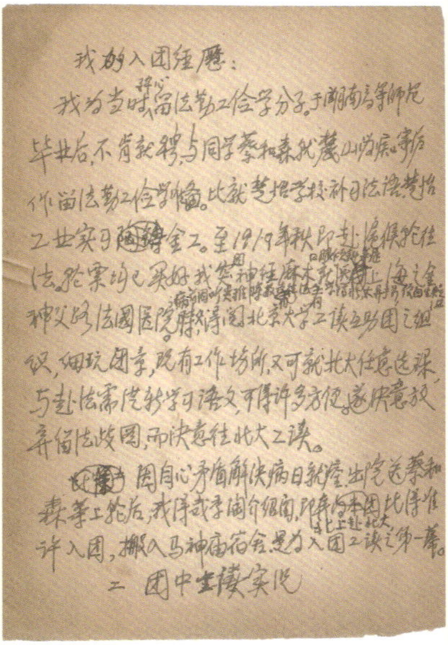

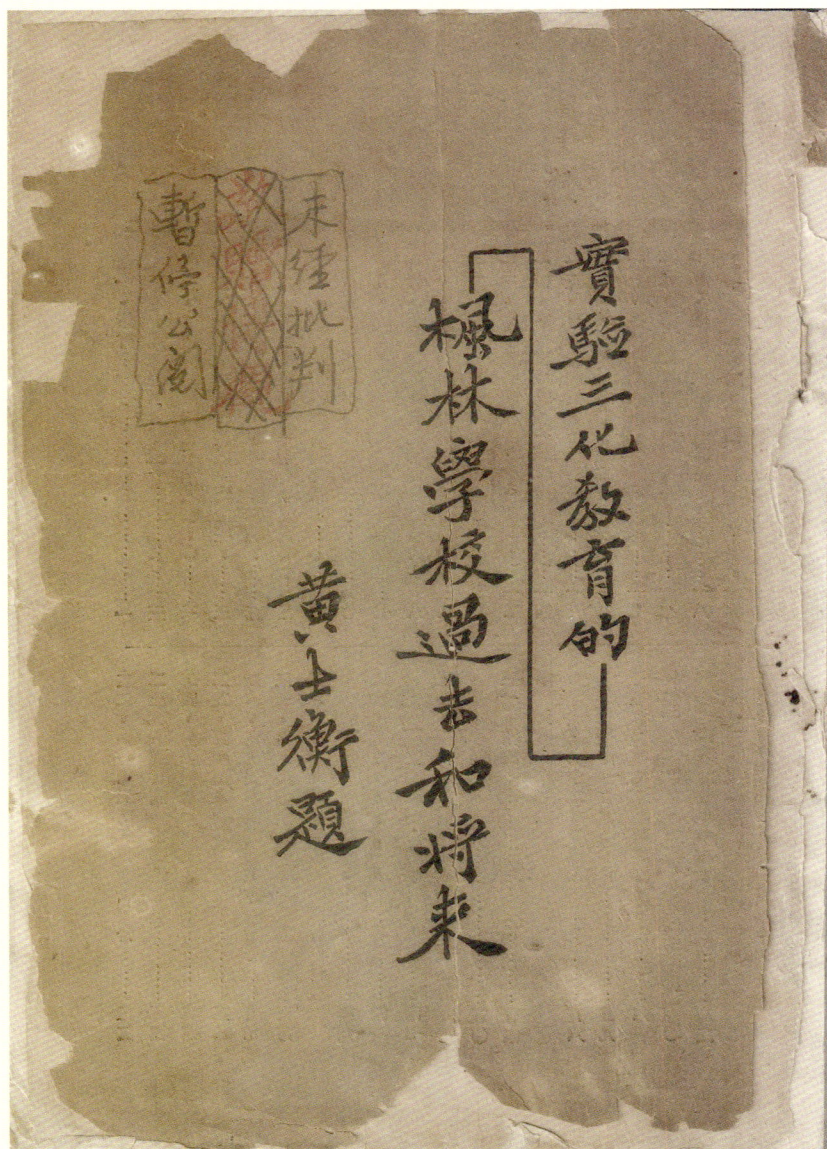

图 5　周方遗著《实验三化教育的枫林学校过去和将来》

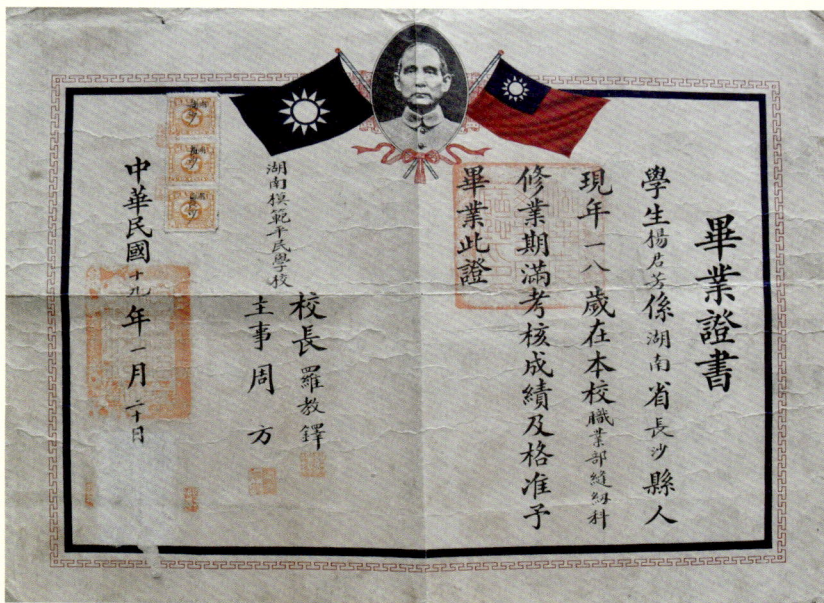

图 6　贴印花税票的湖南模范平民学校毕业证

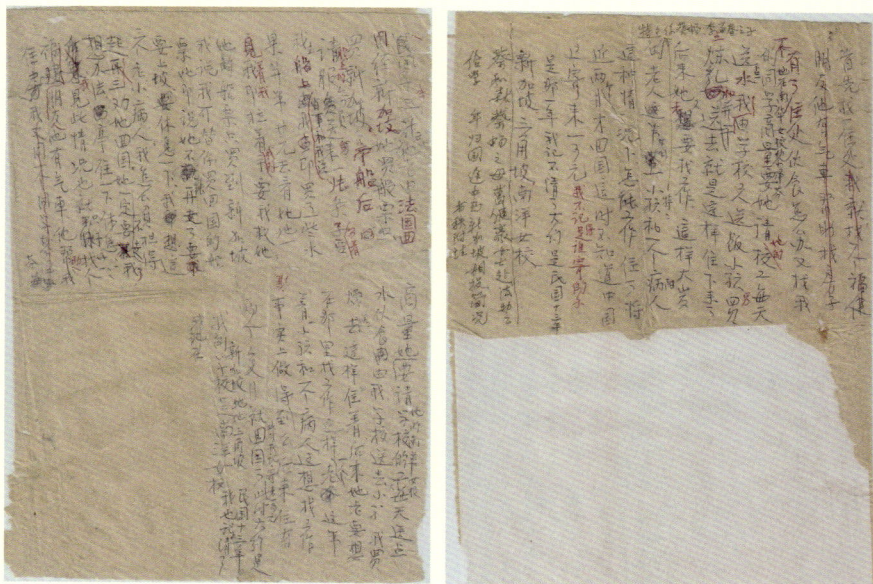

图 7　张良权记叙在新加坡接济葛健豪情况手迹

图 8　民范女校毕业证章

图 9　周方与幼时彭黔生留影。（中为周方、右为彭黔生）

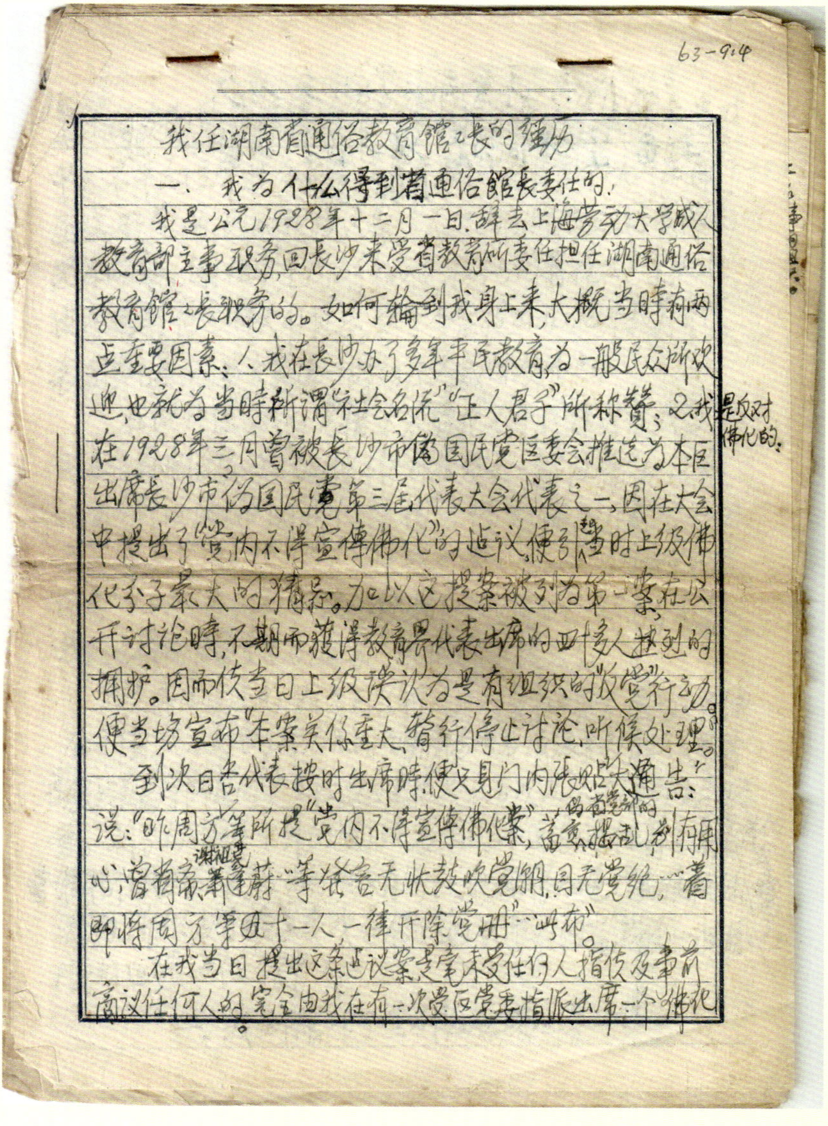

我任湖南省通俗教育馆馆长的经历

一、我为什么得到着通俗馆长委任的

我是公元1928年十二月一日辞去上海劳动大学成人教育部主事职务回长沙来受省教育厅委任担任湖南通俗教育馆长职务的。如何轮到我身上来大概当时有两个重要因素。1.我在长沙办了多年平民教育为一般民众所欢迎,也就为当时所谓社会名流"正人君子"所称赞;2.我是反对佛化的，在1928年三月曾被长沙市的国民党区委会推选为本区出席长沙市份国民党第三届代表大会代表之一,因在大会中提出了"党内不得宣传佛化"的建议便引起当时上级佛化分子最大的猜忌。加以这提案被列为第一案在公开讨论时,不期而获得教育界代表出席的四十多人投到的拥护。因而使当日上级误认为是有组织的"反党行动"便当场宣布"本案关系重大,暂行停止讨论,听候处理。

到次日各代表签时出席时便又另门内张贴大通告,说:"昨周方等所提'党内不得宣传佛化案',蓄意摇乱殊有用心,省党委筹备蒋某⋯⋯等徒言无状妄吹党纲,目无党纪,着即将周方等四十人,一律开除党籍"此布。

在我当日提出这条建议案是毫未受任何人指使及事前商议任何人的完全由我在有一次受反党委指派出席一个佛化

图 10　周方手稿《我任湖南省通俗教育馆馆长的经历》首页

图 11　枫林中学校徽

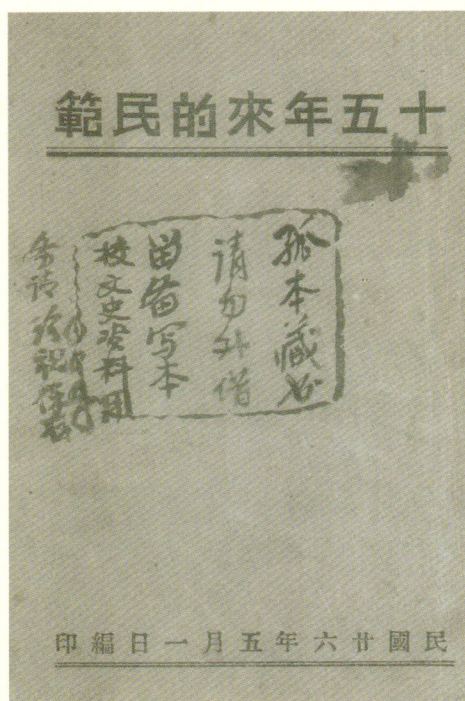

图 12　周方著《十五年来的民范》封面

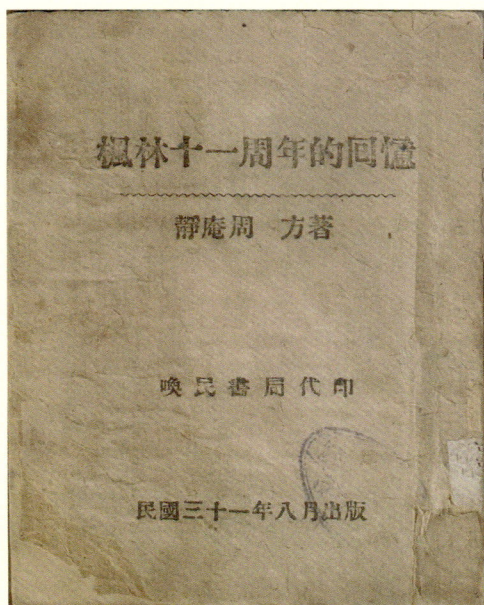

图 13 《枫林十一周年的回忆》封面

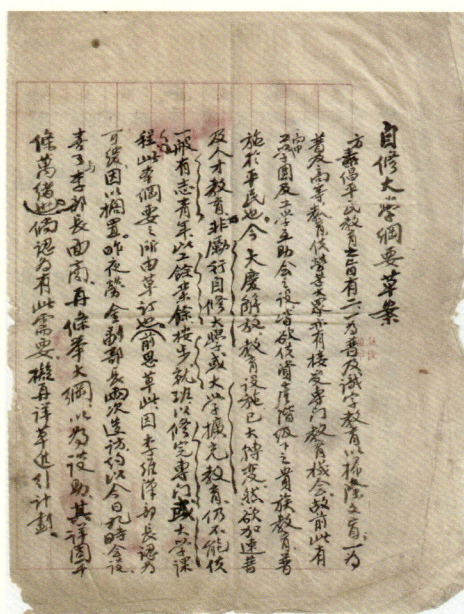

图 14 周方自拟《自修大学纲要草案》首页

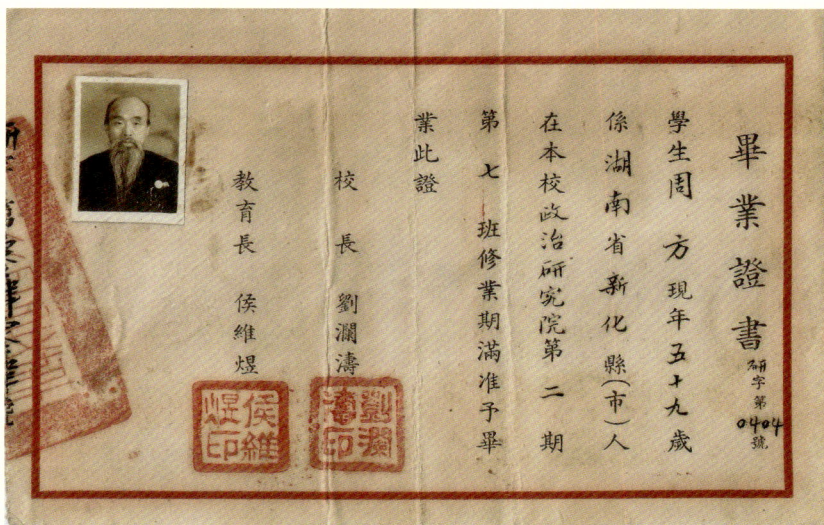

畢　業　證　書　研字第0404號

學生周　方　現年五十九歲

係湖南省新化縣(市)人

在本校政治研究院第二期

第七班修業期滿准予畢

業此證

校長　劉瀾濤

教育長　侯維煜

一九五〇年十二月　日

華北人民革命大學

華北人民革命大學

畢業證書

圖15　周方華北人民革命大學畢業證

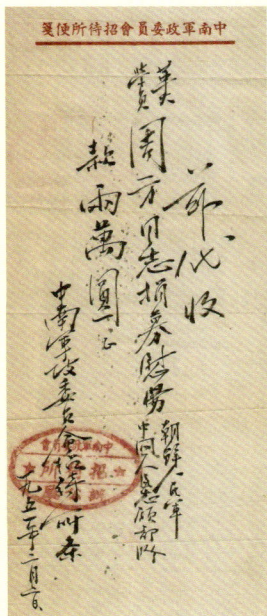

图 16　周方为抗美援朝捐款收据　　图 17　周方受聘湖南省文物保管委员会委员聘书

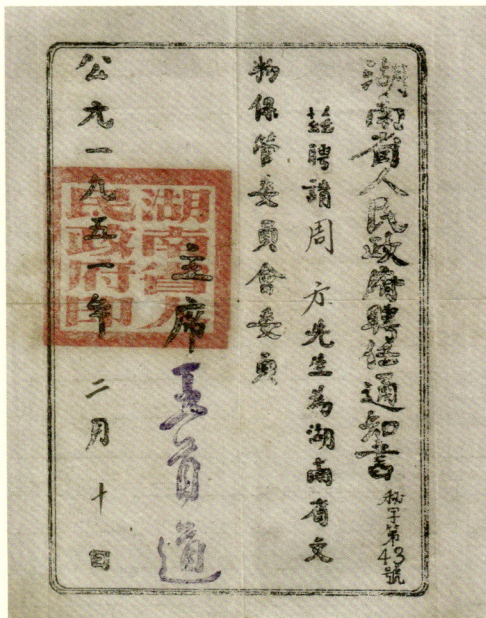

图 18　周方受聘湖南省文史研究馆馆员聘书　　图 19　周方给蔡畅书信手稿

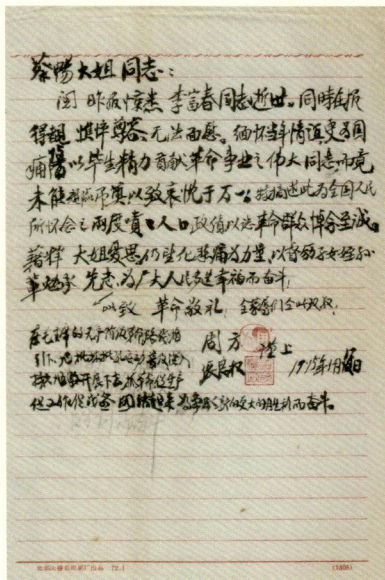

图 20 李勇（左二）、周乐国（左三）合影

图 21　周方骨灰归葬典礼

图 22　周方墓

图 23　周方诞生百周年庆典会场

赤子师魂

平民教育家周方先生传

周乐国 著

四川人民出版社

图书在版编目（CIP）数据

赤子师魂：平民教育家周方先生传 / 周乐国著. ——
成都：四川人民出版社，2023.8
ISBN 978-7-220-13097-7

Ⅰ. ①赤… Ⅱ. ①周… Ⅲ. ①周方—传记 Ⅳ.
①K825.46

中国国家版本馆CIP数据核字（2023）第022012号

CHIZI SHIHUN: PINGMING JIAOYUJIA ZHOUFANG XIANSHENGZHUAN

赤子师魂： 平民教育家周方先生传

周乐国 著

出 版 人	黄立新
策划统筹	赵 静
责任编辑	赵 静 徐 波
特约编辑	奉学勤
封面设计	李其飞
版式设计	张迪茗
责任印制	周 奇

出版发行	四川人民出版社（成都市三色路238号）
网 址	http：//www.scpph.com
E-mail	scrmcbs@sina.com
新浪微博	@四川人民出版社
微信公众号	四川人民出版社
发行部业务电话	（028）86361653 86361656
防盗版举报电话	（028）86361653
照 排	四川胜翔数码印务设计有限公司
印 刷	成都东江印务有限公司
成品尺寸	150mm×240mm
印 张	25.25
字 数	300千
版 次	2023年8月第1版
印 次	2023年8月第1次印刷
书 号	ISBN 978-7-220-13097-7
定 价	98.00元

■ 版权所有·侵权必究

本书部分选用图片难以联系上其著作权人，在此特别致歉。请相关著作权人知悉后与出版社联系，以便支付稿酬。

本书若出现印装质量问题，请与我社发行部联系调换

电话：（028）86361656

目 录

目 录

目　录

卷首语

二十世纪初叶，处于半封建半殖民地的旧中国，山河破碎，积贫积弱，列强蹂躏，主权丧失。在帝国主义和封建军阀的双重压迫下，人民饥寒交迫，穷困潦倒，备受欺凌，呼救哀号。

天下兴亡，匹夫有责。自鸦片战争以来，中华儿女不屈不挠，呐喊抗争。爱国志士，前仆后继，砥锋挺锷，誓死救国。"惟楚有材，於斯为盛。"受湖湘文化滋养的三湘儿女，叱咤风云，不忘沟壑。其中毛泽东、蔡和森、邓中夏、何叔衡、李维汉、周方、郭亮、易礼容、彭慕陶……一批热血青年，邂逅于长沙岳麓山，心忧灾难深重、满目凄凉的社稷山河，情系水深火热、贫困交加的劳苦大众。他们满腔热血，粪土富豪军阀，怒斥洋鬼列强，孜孜探寻拯救国家和民族、解放劳苦大众的道路。

周方，号卓甫，字静庵。清光绪十八年农历十一月卅日（公元 1893 年元月 17 日）辰时，诞生在湖南新化县迎官桥（现属新邵县迎光乡）一个耕读世家。1915 年，周方考入湖南高等师范学校（即今岳麓书院），与蔡和森、邓中夏、甘融同窗。继而结识了毛泽东、何叔衡、罗学瓒、张昆弟等湖南一师的优秀学子。自此，他不断觉醒，心忧天下，走上救国救民的探索历程。

周方立志教育救国，投身"磨血"革命，一生矢志平民教育。他呕心沥血，筚路蓝缕，创办湖南民范女子职业学校与湖南私立枫林中学。他勇开先河，冲破旧教育制度的藩篱，探索和创立"三化""四自""五子"的教育思想，并躬行实践，被当时黄炎培、陶行知、张伯苓、梁漱溟等教育界知名前辈誉为："适合国情的切实可行的新教育"①。毛泽东夸奖他："你做唤醒民众工作，也就是造革命的桥梁呀！"②蔡和森鼓励他："你所走的路，完全是社会革命的路，你只守着你的岗位，努力干下去，我俩终究会'殊途同归'呀！"③徐特立赞扬他："你对人民教育事业是有贡献的。"④周恩来对他的办学精神倍加赞赏，并慷慨解囊馈赠两千银圆以示褒奖⑤。

鲁迅在《中国人失掉自信力了吗》一文中写道："我们从古以来，就有埋头苦干的人，有拼命硬干的人，有为民请命的人，有舍身求法的人……虽是等于为帝王将相作家谱的所谓'正史'，也往往掩不住他们的光耀，这就是中国的脊梁。"周方埋头苦干、拼命硬干、为民请命，就是中国的脊梁！他咬定青山不放松，矢志平民教育40年，功泽三湘四水，誉满北国江南，被称颂为"湖南平民教育老总""平民教育家"。他就像一树枫叶，虽普通平凡，却毕其一生，执着追求，为人民奉献一片火红！

作为周方的长孙，我深受爷爷教育思想的熏陶，愿化春蚕织锦绣，甘为人梯托风流，忠诚党的教育事业，乐在三尺讲台，执教湘潭大学。退休后，为了探寻和总结爷爷为国为民的一生奉献，

---

① 引自湘潭大学出版社 2014 年 9 月出版的《湘学》第六辑，第 183 页。
② 引自 1993 年 10 月湖南省文史研究馆编辑出版的《平民教育家周方先生百周年诞辰纪念册》，第 43 页。
③ 引自 1993 年 10 月湖南省文史研究馆编辑出版的《平民教育家周方先生百周年诞辰纪念册》，第 100 页。
④ 引自 1993 年 10 月湖南省文史研究馆编辑出版的《平民教育家周方先生百周年诞辰纪念册》，第 209 页。
⑤ 引自 1993 年 10 月湖南省文史研究馆编辑出版的《平民教育家周方先生百周年诞辰纪念册》，第 206 页。

矢志平民教育的艰难历程和不朽功绩，年逾古稀的我，毅然决意撰写周方传记，以励来兹。

　　本书以时间为轴线，根据周方留存遗作，在广泛搜集文献、查阅史料的基础上，一方面，记述我们民族、国家和社会从晚清、民国到新中国前进的脚步；一方面讲述周方先生的卓越人生与光辉业绩，给读者呈现一位爱国为民、无私奉献与励志拼搏的中华赤子。借以传承和弘扬周方的革命精神、教育思想、办学理念、育人方略和高尚情操，献给我们伟大的盛世新时代，激励华夏儿女，为中华民族的伟大复兴努力拼搏，奋勇前进！

2022 年 5 月 1 日

于湘潭大学栖霞村

一种精神的高度

——读《赤子师魂：平民教育家周方先生传》有感

写序言是一件不易的差事，因为涉及对历史人物或事件的评价与判断，如何做到准确客观，能够服众，需要具有历史与全局的眼光。感谢周乐国教授的信任，将厚厚的这部书稿递到我手里。这不仅仅是周教授三年多的心血，也是一个时代的记录与反映。通过周乐国教授的笔触，我们得以穿越时空，重温和追寻周方先生的一生，还有那个时代下在混沌中睡狮初醒的中国。不仅让我们感受到了当年国人为国家命运作出的不懈抗争，同时又深刻体会到不同时空对个体命运的决定性影响。在阅读这本书稿的过程中，我的情绪不时被周方先生的经历、思想打动，被他身上一种强大的精神力量所感染。

周方先生早年所处的中国，已经深陷半殖民地半封建社会，积贫积弱，民不聊生。清政府灭亡之后，民权意识觉醒，救国热情高涨。平民教育与平民文学、平民政治等民主思潮相伴，在新文化运动中登上社会舞台。一大批先进的知识分子不堪国家、民族饱受列强欺辱，以振兴中华为己任，积极探寻救国救民之道，并为此投入了毕生的心血。周方先生的平民教育实践正是与这一时代背景相伴相生的。

从书中我们可以看出，周方先生一生坚持的平民教育大致分为三个阶段。

从 1916 年周方与邓中夏、蔡和森等在岳麓书院开办工人夜校识字班教校工识字扫盲开始，到 1930 年周方毅然决然辞去国民党长沙市党部监委常委职务止，这是第一阶段。这一阶段有两个显著标志，一是经过一段时间的社会实践与摸索，周方先生最终确立了投身平民教育"磨血救国"的人生道路；二是经过组织发起、积极参与全国的平民教育运动，周方先生奠定了湖南平民教育在全国范围内的标杆地位。最具代表性的事件是 1926 年 9 月，全国平民教育年会在长沙举行。"当时，全省已有五十多个县成立了平民教育会，兴办平民学校二千多所，上学人数超过四十万，发行平民读本四十多万册，都走在其他省份前面。"著名教育家陶行知及各省、市平民教育会代表一致称颂"湖南的平民教育运动办事切实，可称全国平民教育之冠。"周方先生"平民教育老总"的身份也由此树立。

从 1931 年创办枫林实验学校开始，到 1954 年将自己先后创办的四所学校全部无偿捐献给国家改为公办为止，这一阶段算是周方先生投身平民教育的第二阶段。这一阶段同样有两个重大成果。一是虽然饱经战乱，但历经千辛万苦，周方先生在长沙、新化两地创办了两所枫林中学、两所民范学校，办好"两地四校"的夙愿得以圆满实现；二是经过多年的平民教育实践，周方先生"三化""四自""五子"教学理念形成体系并付诸实践，成为我国教育思想理念体系的重要组成，对当代乃至今后相当长的一段时间内的中国教育都有着非常深远的影响。

从 1954 年秋移居北京到"文化大革命"以前是周方先生投身平民教育的第三阶段。中华人民共和国成立初期的教育延续解放区时期的方针，有很强的平民意识，重视教育公平，强调教育面向大多数人开门，但"很快面临两重使命：既要扩大劳动人民受教育的权利，迅速普及教育；又要通过正规化、制度化的教育，为迅速实现工业化培养急需的专门人才"。因而，很快社会化、多样化的教育格局就被大一统的、高度集权的国家教育体制所取代。周方先生早先倡导的平民教育不再有发挥的空间。难能可贵的是，在这一阶段，周方先生依然能初心不改，犹如一颗种子，将自己深深扎根于胡同大院之中，尽自己最大的可能发挥余热，继续自己的平民教育事业，不仅深得基层组织的肯定，也受到基层民众的热烈欢迎。

从以上三个阶段的经历可以看出，周方先生是我国近现代平民教育领域当之无愧的倡导者、开创者与力行者之一。

为何是倡导者？一是周方先生立誓进行"磨血"革命，其目的在于救国救民。1921年，在长沙举行的辛亥革命十周年纪念会上，周方先生强调要真正实行民主政治，救国图强，当务之急是普遍开展平民教育，扫除文盲，开启民智。二是民国时期，周方先生一直是湖南平民教育的旗帜性人物。湖南平民教育事业能在当时成为全国的高地，与他的振臂高呼和敢于斗争是密不可分的，"平民教育老总"的称号绝不是浪得虚名。

为何是开创者？一是周方先生的平民教育实践在时间上走在了全国的前面。陶行知先生写给周方的一封信中这样说道："平民教育，经公实施于前，朱晏诸君提倡于后，知行步趋其间，不过尽国民义务。"信中表达虽有自谦之意，但对周方先生早于全国的平民教育运动之前就已经开始实践的事实却是非常敬佩的。二是通过长期的平民教育实践，周方先生提出了"三化""四自""五子"教育理念。德国著名的哲学家、教育家斯普朗格说，教育的最终目的不是传授已有的东西，而是要把人的创造力量诱导出来，将生命感、价值感唤醒。周方先生的教育理念强调以"劳动化"健全民族的身心，以"生产化"发展"民生"的经济，以"社会化"训练"民权"的普遍，推动学生要练成纯洁的脑子、强健的身子、万能的手膀子、轻快的脚脖子、流利的嘴巴子，可谓将精神层次的平民教育与实践层次的平民教育进行完美结合，这一突破性的教育理念不仅与毛泽东同志提出的"文明其精神、野蛮其体魄"一脉相承，也与斯普朗格提倡的理念高度一致，至今对中国的教育事业都有很强的借鉴意义。

为何是力行者？纵观周方先生的一生，无论是振臂高呼力推平民教育，还是历尽千辛万苦坚持数十年创办"两地四校"，包括迁居北京后依然身体力行推进基层平民教育，他始终能坚持"寻难事做"的信念，屡败屡战，数次白手起家，以武训行乞的办学精神，"碰钉子时常带笑，为树人计不灰心"，因此也总能以百折不挠的毅力，硬生生在原本荆棘丛生近乎绝望的困境中蹚出一条新路。著名教育家、原湖南大学校长黄士衡曾这样评价说："予最有感于其'寻难事做'之主张，及百折不回，经千艰万困，而不心灰意冷，此非具大智慧、大定力者不能。"

还要特别指出的是，周方先生还是中国共产党早期活动的见证者、参与者，和中国共产党的坚定支持者。

在"五四"新文化运动中发轫的平民教育，有两个不同的源头。一个是由陶行知、晏阳初、朱其慧等知识分子倡导发动的。1923年成立由朱其慧为董事长、晏阳初担任总干事的"中华平民教育促进会"，在全国20个省区开设平民学校、平民读书处、平民问字处等；一个是在社会主义意识形态影响下，由邓中夏、蔡和森、毛泽东等共产党人举办的平民教育活动，它很快发展成为工农革命运动的宣传和动员方式。周方先生虽然是独立知识分子发起的平民教育的主要开创者、倡导者与参与者之一，但其实倡导和参与共产党人举办的平民教育活动要更早一些。他不只是和邓中夏、蔡和森一起，在岳麓书院开办工人夜校识字班，还亲自见证与参与了共产党的早期组织新民学会在其租住地周家台子的成立。在后来的漫长岁月中，周方先生还不断利用学校的身份，掩护共产党人如彭慕陶、马子谷以及中共新化县委等从事革命活动。如此例子不胜枚举。

读完全书，我禁不住思考，到底是一种什么样的力量能推动周方先生如此执着于平民教育事业？我没有很肯定的答案，但是我猜想，应该是一种刻画在周方先生骨子里的强烈的爱国主义精神，一份心忧天下、敢为人先的湖湘人士独具的家国情怀在支撑着他的理想和信念。至少通过这本书的讲述，我深深地感受到了这一点。

转眼，周方先生也离开我们40多年了。今天的中国虽然已经摆脱了贫穷落后的面貌，全面进入小康社会，但平民教育的理念、精神和价值并没有过时，周方先生毕生的平民教育实践特别是提出的"三化""四自""五子"教育理念在今天仍具有很强的现实性和针对性。2006年3月，温家宝总理在十届全国人大四次会议记者招待会上，专门重提"平民教育"。他说："我特别想强调一下平民教育问题。""我们之所以把义务教育和职业教育放在重要位置，就是要使教育成为面向平民的教育，从而使人人都能得到教育。"周方先生如果九泉下有知，一定会是欣慰至极的。

2022 年 10 月 26 日于北京香海园

（作者系新华社《中国名牌》杂志社总编辑）

序 二 （刘建平）

周乐国老师的著作《赤子师魂：平民教育家周方先生传》即将出版，他托我一定要为之写篇序文，我爽快地答应了。

周乐国老师供职于湘潭大学。从他上溯直系六代执教，1990年被授予湘潭市"优秀教育世家"称号。他祖父周方先生，20世纪20年代任教于我的母校岳云中学，教泽深长。周乐国老师继承家学，为人忠厚，诚信谦和，教书育人，严谨治学，令人敬佩。我对周方先生的历史很感兴趣，也有所探究。为《赤子师魂：平民教育家周方先生传》作序，也是我情之所系，心之所愿！

周方，号卓甫，字静庵。生于1893年1月17日，殁于1979年3月1日，享年87岁。1915年考入湖南高等师范（即岳麓书院），与蔡和森、邓中夏同窗。面对灾难深重的社稷山河与水深火热中的劳苦大众，周方与毛泽东、蔡和森、邓中夏、何叔衡、李维汉、郭亮、易礼容、彭慕陶等三湘热血青年，聚集在湘江之滨、岳麓山下，忧国忧民孜孜探寻救国救民的真谛与道路。

周方积极参加早期共产党人的革命活动，立志磨血革命，教育救国。1921年，他创办湖南民范女子职业学校，开创湖南平民教育的先河；1931年，又创办枫林实验学校（后更名枫林中学），创立和躬行"三化""四自""五子"教育思想，为后人留下了宝贵的精神财富。周方毕生献身教育事业，功勋卓著，被誉为"湖南平民教育老总""平民教育家"。

本书共分十二章，通读全书，我认为有以下特点：

第一，结构清晰。本书以周方一生为线索，介绍了周方先生不平凡的一生。

第一章介绍了周方的家乡地貌与家世渊源。他的家乡新邵县迎光乡乃新化、隆回、新邵三县交界之处，留有茶马古道，林则徐、曾国藩曾到此巡视，可谓人杰地灵、钟灵毓秀。周方少时聪慧，五岁就读完《大学》《中庸》，九岁读完《诗经》《尚书》《周易》《礼记》《幼学》《左传快读》《纲鉴总论》等，十岁选读唐诗、《史记》，自幼奠定了国学功底，足显周方耕读世家对国学的仰重。

第二章写周方在高坪武馆习武，又随父外出求学。初执教鞭便崭露头角，深受学生喜爱，赢得乡间名宿颂扬。

第三章写周方求学岳麓书院，租泋痴寄庐开办平民扫盲教育；探寻救国救民之路，与蔡和森、毛泽东等策划赴法勤工俭学；参加李大钊、蔡元培支持创办的北京大学工读互助团；与毛泽东、彭慕陶、易礼容合股开办长沙文化书社、长沙织布厂。

第四章写周方在宝庆联合中学、省立一中、湖南一师、岳云中学任教，告诫学生重视国学，白话文与文言文不能偏废；揭穿赵恒惕"联省自治"假民主，创办基本平民学校；与张良权喜结良缘等故事。

第五章写周方致力于湖南平民教育运动，成绩斐然。1926年筹办在长沙召开的全国平民教育年会，并做主旨发言。谋求妇女解放，开办民范女子职业学校，习文学技，自强自立。

第六章写周方一心为公，为振兴湖南通俗教育馆，恪尽职守，臻于至善；不畏强权，为匡扶正义责问何健；鞭挞邪恶，坚守独立人格。

第七章写周方呕心沥血，栉风沐雨，创办枫林中学；独树一帜开办枫林工学团，为贫寒子弟开辟求学成才之路；发起成立湖南农村建设协进会并担任总干事，为农村建设殚精竭虑，成绩显赫。另外，书中所列的史料亦具有重要的学术价值。

第八章写周方开仓粜谷舍家办学，积极参加组织抗战募捐和救济难民活动，撰写《抗战必胜弹词》用于各抗战文艺社团演出，发动青年学生举办抗敌救亡演讲与画展、排演街头剧，坚持抗战办学的故事。

第九章写抗战期间，枫林中学内迁新化，周方躬行"三化"实践，再续辉煌。1942年秋，周方步行到三斗坪，再乘船赴重庆获准开办枫林实验班。周恩来副主席恩重于山，嘉奖两千银圆表彰周方无私奉献的精神。

第十章写抗战后周方苦心竭力，历尽千难万难，百折不回，将枫林、民范在长沙艰难复校。长沙、新化两地的枫林、民范四所学校，携手图强，同根共荣。

第十一章写周方赴北京参加新中国第一届全国教育工作会议，拜会恩师徐特立，在怀仁堂受李维汉、李富春、蔡畅的宴请；参加华北人民革命大学政治研究院第二期学习；先后受湖南省主席王首道、程潜之聘，担任湖南省文物保管委员会委员、首批文史研究馆馆员；为抗美援朝捐款两万元；将长沙、新化的枫林、民范学校捐献国家。

第十二章写周方晚年迁居北京，得到李维汉、蔡畅的关心，爱国为民，不忘党恩。常与王季范、仇鳌等相聚，为国家建设、祖国统一献计献策；老骥伏枥，在北京东城区自费兴办街道图书馆，义务开办扫盲夜校，竭诚为市民奉献余热。

第二，史料丰富。书中提供了丰富的史料，有的资料是首次披露，弥足珍贵。如新民学会旧址（原为沩痴寄庐），是周方1917年租了两间房（租金每月两元）办的成人识字班，开展平民教育，也被称为周家台子。这年夏天，蔡和森与妹妹蔡畅商定，将母亲葛健豪与姐姐蔡庆熙从家乡永丰镇接来长沙。因岳麓山下的饮马堂房子小，很不方便，蔡和森找周方想办法，周方说："我在周家台子租的沩痴寄庐很宽敞，还有空房你们来租即可。"很快他们一家搬来这里。1918年4月，毛泽东奉母亲文素勤来长沙治疗结核性淋巴结炎，就寄居在周家台子沩痴寄庐。1918年4月14日，新民学会在此成立。1919年7月14日，毛泽东创办《湘江评论》，编辑部也设在沩痴寄庐。1951年11月24日，罗章龙、陈书农相约周方重游沩痴寄庐并合影留念，留下了隋侯之珠的历史史料。又如1967年2月，湖南省文物局的潘蕴中、郑磊两人到北京拜访周方，收集蔡和森1915年至1919年间的经历，周方如数家珍，讲述与蔡和森及一家三代莫逆之交的感人故事。再如1978年8月中旬，韶山毛主席旧居陈列馆林英同志，受单位派遣专程到北京访问周方，收集毛主席早期从事社会调查等革命活动情况。周方说："润之是我们中间出类拔萃的伟人。时势造英雄，还有我的同学蔡和森、邓中夏，为中国革命英年早逝，都是伟大的革命家。"他讲述了1915年至1923年，毛主席去上海前的革命活动。

传记中有很多周方与毛泽东、蔡和森、邓中夏、何叔衡、王季范、仇鳌、陶行知、黄炎培、张伯苓、梁漱溟等无产阶级革命家、教育家交往的历史资料和历史故事。

第三，故事生动。本书既有历史、又有故事，全面展示了周方人品的高尚、办学的艰辛和时代的担当。

艰辛办学：周方筚路蓝缕，二十元办民范，十元办枫林。1938 年上学期长沙战事紧张，民范女子职业学校迁到新化县城郊办学，并聘苏镜、李涵葳、常杏云、罗又益、陶先觉、张竹如等地下共产党员担任教师，掩护并支持他们的革命活动。中共地下党新化县委机关就设在民范女子职业学校，这都是不能忘记的历史。周方撰写出版《十五年来的民范》，告诫全体师生在抗战中也要保证民范弦歌不绝。周方还在校刊《乐业》宣传革命烈士秋瑾的事迹，教导学生以秋瑾为榜样，发愤学习，立志救国救民。还组织学生到抗战后方医院慰问伤兵，帮助洗涤床单绷带。周方坚持以工助学、体脑结合、学以致用、勤俭朴素的培养模式，创新办学理念，走向社会开门办学。

精于诗联：周方诗联功底深厚，书中引用了周方的许多诗联作品。如直抒胸臆的七绝："星霜一纪展经纶，李笑桃妍气象新。漫道百年难自主，千秋由我不由人。"1938 年 7 月，周方创作了富有强烈爱国主义情感的《抗战必胜弹词》，各抗战文艺团体将其列为表演节目，广为传唱。

勇斗日寇：1945 年 4 月下旬，日军进犯高平。周方赶回高平之日，恰逢日军首次过境，他挑着书箱在山林与一落单鬼子偶然相遇。鬼子直冲周方而来，周方撂下书箱与鬼子厮打，并向林子深处且打且退。周方擅长"落地捡柴"，猛地将鬼子摔倒在地，抢起扁担照准其脑门使劲劈去，又照准脑袋猛击数拳，揍得他头破血流当场毙命。周方年逾半百，但从小练过武术，痛打鬼子派上用场，大长了国人志气，鼓舞了乡民。虽危险万分，但国恨家仇是周方克敌制胜的精神力量。从此，"高平峪是口锅，日本鬼子来一个煮一个"成为当地勇杀日寇的佳话。

挖马齿苋：周方一贯勤俭节约，生活俭朴。在高平办学时带学生挖马齿苋。他说马齿苋是药食两用的野菜，具有清热利湿、止痢消炎等功效，多吃马齿苋可降低高血压，对中风及糖尿病都有预防作用。更重要的是，挖马齿苋可培养学生艰苦朴素、勤俭节约的好品德。在周方的带领下，一到春天，枫林学生就主动上山挖春笋、下田采野菜，补充食堂菜蔬，改善膳食。

践行"三化"：周方重视劳动化、生产化、社会化的"三化"教育，还重视学生个性特长的发现培养。周方以学生为中心，爱生如子，营造教师"身教""德化"的新教风，"枫林脚子我光荣，时代骄子我争当"成为师生们的座右铭。

争取资源：依靠好友李维汉、谢觉哉、蔡畅等义务为民范学校教课。1942年末，周方到重庆，争取获得国民政府教育部的办学费用。周恩来十分关心周方，托秘书刘昂（蔡和森的姐姐蔡庆熙女儿）转交二千元予以褒奖。

探索教改：1944年，枫林中学搬入新址。周方积极深化"三化"教育和"四自""五子"训练，以"劳动化"健全民族的身心；以"生产化"发展民生的经济；以"社会化"训练民权的普遍。这些探索都是敢为人先的破旧创新，获得显著成效。

第四，可读性强。本书史料丰富，文采斐然，可读性强。作者采用章回小说的手法，揭示了周方奋斗的一生，记述了许多世人少知的史料和周方感人的故事，还有蚩尤故里独特的乡俗民风。作者受家学影响，有较好的写作功底，每章都以诗句为题，全书行文流畅，阕中肆外，更增添了著作的可读性。例如对周方家乡高平峪自然风光的描写、武馆棍术表演、枫林学校命名、怀念彭慕陶、评说中国教育、舍家筹款办学、学生访问锡矿山、蔡周两家的四代世交等许多段落，均文笔不凡，读之即有清新爽朗、情趣盎然之感。

第五，图文并茂。本书图文并茂，汇集了众多记录历史的罕见图片与资料。如茶马古道照片再现了高坪历史文脉、迎光桥老屋保留的周方故居、陶行知致周方的信再现两位教育家的交流时刻、《十五年来的民范》记录了民范的历史、《枫林十一周年的回忆》记录了枫林的文化、民枫职业学校和民枫技术学校的毕业照记录了时代的光影，周方与王季范、何炳麟在北京的照片成为岳云中学的珍藏史料。周方诞生100周年纪念活动留下的许多珍贵照片，特别是《平民教育家周方先生一百周年诞辰纪念集》及《纪念平民教育家周方先生诞生一百周年纪念册》，还有许多领导的题词，都是难得的教育史重要史料。

周方是著名的平民教育家，他的一生伟大而光荣，留下了丰富的教育思想，百年后的今天仍熠熠生辉。高山仰止，我辈更要努力学习，从中汲取力量，为实现中国梦而努力奋斗。

是为序。

2022 年 10 月 14 日于湘潭大学

（作者系湘潭大学副校长、博士生导师、二级教授、中国党史研究专家）

序三（李永春）

我在十多年以前编著《蔡和森年谱》的时候，意外地发现了周方的一些文献资料，其中《回忆蔡和森同志》这篇长文，详细介绍了他与蔡和森及其一家的交情。他与蔡和森在湖南高等师范学校同窗，蔡和森一家后来租住他的房子（周家台子）并在此召开新民学会成立大会（现为新民学会旧址纪念馆）。

2016年我指导研究生贺一峰完成《周方平民教育思想与实践》的学位论文。不久，本校退休的周乐国老师（周方长孙）同我商量继续研究周方的教育思想和生平历史，并将他珍藏几十年的周方手稿、书信、照片等珍贵资料供我研究参考，我也将收集的有关周方的报刊资料复印给他相互交流。在整合这些资料的基础上，我们商议对周方的生平思想作进一步研究，我组织学生研究周方的教育思想，他以后人的身份撰写周方传记。期间，周乐国老师陆续在《湘学》《湘潮》《文史博览》《老年人》等期刊上发表了多篇记述周方的文章。历时三年多，他撰成近三十万言的《赤子师魂：平民教育家周方先生传》，将由四川人民出版社出版，索序于我。我素来敬佩周方先生献身教育事业的精神，也很想进一步了解这位教育家的思想和活动，便答应下来。

周方（1893—1979），字静庵，出身于湖南省新化县迎官桥（今属新邵县迎光乡）一个世代耕读之家。1913年担任小学教师，1917年毕业于湖南高等师范学校。在校期间，周方与邓中夏、蔡和森一起创办工人夜校，从事平民教育，曾先后任教于湖南省立第一中学、第二中学、第一师范、岳云中学等名校。1921年创办湖南平民补习学校和平民女子职业学校，编辑报刊宣传平民教育，主持湖南平民教育促进会，经理湖南农民教育馆，成立湖南农村建设协进会，成为著名的平民教育家。如周方自己所言："我是一个长褂流氓，身在城市而心常系念农村，因为我生长于农村，过惯农村生活，深知农民艰苦，喜爱农民诚朴。加以我爱读陶诗，戴月荷锄之乐，采菊东篱之趣，尝陶醉我的心胸，所以自有知识以来，就以开发农村为职志，极力提倡平民教育。"不仅如此，周方一生以教育救国为职志，自己总结说："方之痴心，固未尝一日而不思以此'救国''建国'也。……故方自从事教育，即不敢妄自菲薄，便以救国建国，悬为理想企图。"他一生以教育为业，不仅对湖南平民教育运动有开创之功，对推进中国教育近代化也作出重大贡献。

初读周乐国老师撰写的《赤子师魂：平民教育家周方先生传》，感觉到该著对周方一生的教育思想与实践，做了比较翔实客观的介绍，具有以下三个鲜明的特点：

首先，作为周方的长孙，作者不仅亲历亲闻周方的言传身教，熟知周家有关周方的往事细故，还掌握周家族谱以及周方的手稿、自述、书信等未公开的珍贵资料。此外，作者还广泛搜集周方创办或主持的各学校校史资料，大量征引《申报》、湖南《大公报》及其副刊《湖南平民教育周刊》所载周方的讲话、文章及有关活动等原始资料，配以许多珍稀的图片图表，据实叙述了周方的一生，特别是他的教育思想和活动。书中透露诸如周方家学渊源、早年求学和任教，觉醒年代探寻救国真谛，以及他与湖南省政府、国民政府教育部的交际，还有与中国共产党领袖毛泽东、周恩来等人的交谊、与湖南党组织合作办学等以往人们所不知晓的情况，极大地拓宽了人们对于这位平民教育家的认识，为研究和宣传周方及其教育思想提供了宝贵的资料。此外，书中收集了在长沙、新邵和新化等地民间流传的周方兴办教育、体恤百姓的许多故事，生动揭示了周方以武训办学为榜样，白手起家办学校乃至毁家兴学的精神，彰显了教育家周方的崇高品德和精神风貌。

其次，按照时间线索详细描述了周方一生的教育活动，揭示了其对"教育救国"的理想追求与办学实践。周方从 1913 年担任小学教师，1916 年开办工人夜校，1920 年参与草拟《湖南平民教育发起倡议书》和《湖南平民教育实施办法大纲》并经省教育学会颁行，号召各学校和机关团体附设平民补习学校。1921年创办私立平民补习学校，开湖南平民教育之先河；同时创办平民女子职业学校（1924 年定名湖南模范平民女子职业学校，1933 年改名民范女子职业学校），1924 年发起成立湖南平民教育促进会并担任总干事，切实推动平民教育运动在湖南的蓬勃发展。1925 年代表湖南参加在南京举行的全国平民教育年会，学习交流各省实施平民教育经验。次年筹办在长沙召开的全国平民教育年会，著名教育家陶行知在大会上赞誉湖南平民教育为全国平民教育之冠，各地平民教育代表一致称颂周方为"平民教育老总"。1928 年起任湖南通俗教育馆讲演员、馆长兼《湖南通俗日报》总编。1931 年创办枫林实验小学，后为枫林中学，还独树一帜创建以工助学的枫林工学团。1934 年担任湖南省农民教育馆的教育主任,同年发起成立湖南农村建设协进会并任总监事。1936 年出席全国社会教育年会,1938 年因抗战将民范、枫林两校迁新化,开创实验班,抗战胜利后在长沙恢复枫林学校和民范女子职业学校。1949 年应邀到北京参加全国教育工作会议,在会上提出"开展扫盲教育""奖助职业教育""开办自修大学"等六项建议,受到教育部特别重视。1951 年返湘继续办理分别设在长沙、新化两地的民范、枫林共四所学校。晚年定居北京,仍积极开展街道扫盲教育,举办儿童阅览室等活动。本书在详述周方教育活动的基础上,阐述了其一生以教育救国为职志,为办学校呕心沥血、无私奉献,矢志不渝的精神展示出周方在湖南教育界除旧立新、勇立改革潮头所发挥的重要引领作用。

最后,结合周方的教育活动,揭示周方教育思想的形成和发展及其特点。周方在长期办学的基础上总结平民教育的经验教训,形成了别具一格的平民教育思想。诸如普及义务教育和平民教育是相辅相成的;平民教育是义务教育的根本;注重工学试验,学为所用,兼办社会事业;教学中以学生自学为主,教师指导为辅,强化实践教学与劳动教育等。更重要的是,周方将自己的教学理念提炼出"三化""四自""五子"的教育思想。"三化"是"以劳动化医游惰,而造成健全的民族;以生产化医消费,而造成丰乐的民生;以社会化医自私自利,而造成普遍的民权";"四自"是严格要求学生做到"自治治人,自立立人,自养养人,自卫卫国";"五子"是训练学生具备纯洁的脑子、强健的身子、万能的手膀子、转快的脚脖子、流利的嘴巴子,成为全面发展的人才。对此,教育界名流陶行知、张伯苓、梁漱溟、黄炎培等称赞周方的"三化"教育是"适合中国国情的切实可行的新教育"。1942年，周方拟定的"'三化'教育方案"得到国民政府教育部批准并资助开办"三化"教育实验班。足见周方的"三化"教育，成果之丰，影响之大。

总之，周方不仅是湖南著名的平民教育家，而且是中国近代颇具影响的教育实干家和教育思想家。他在《五十自述》中总结说："方醉心教育救国，即知即行，图大于细，以二十元创办民范女校，十元办枫林中学，身任其艰，乐而忘倦。更广鹦鸣之求，先后举办湖南平民教育促进会及湖南农村建设协进会，以治教建于一炉，联手脑以合作。虽中历忧患而笃守拙诚，幸无陨越。"1979年3月1日，周方病逝于北京，在长沙举行的追悼大会上，各界盛赞周方献身教育事业，在半个多世纪的辛勤耕耘中，创立了完整的符合国情的"三化"教育思想，为国家培养了成千上万的建设人才。充分肯定他以教育救国为己任的革命精神和治学严谨、为人正直、办事勤奋、乐于助人的高尚品德。在周方诞生100周年之际，湖南省文史研究馆编辑出版《平民教育家周方先生百年诞辰纪念集》。周方为湖南平民教育乃至中国教育发展，作出了不可磨灭的重要贡献，其平民教育思想与实践值得我们永远纪念，其献身教育的精神值得我们努力学习和继承。今年是周方诞生130周年，出版《赤子师魂：平民教育家周方先生传》，也是对周方的怀念，作为研究湖南平民教育家和湖南平民教育运动的著作，将对湖南近代教育史研究产生重要影响。以上几点认识，只是我作为第一读者写下的读后感，相信该著出版以后，一定会受到读者和学界的欢迎。

　　谨以此为序。

　　　　　　　　　　　　　2022 年 8 月 28 日于湘潭大学

　　　　　　　　　　　　（作者系湘潭大学博士生导师、教授）

壹

水觅源头树寻根

嫩芽破土沐春风

寻根问祖迎官桥

　　水有源头树有根，游子不舍故乡情。故乡是游子心灵中魂牵梦萦的源与根，游子梦中留下的是永远赞不够的故乡山水，爱不够的父老乡亲。周方就是一位久别故乡的游子，他的故乡是湖南省新邵县迎光乡，俗称迎官桥。在这里，留下了许多令他难忘的童趣乡情。

　　湖南省新邵县迎光乡，旧时属宝庆府（现邵阳市）新化县管辖的高平镇镇东乡。早先这里称永固镇（又称高平峪），辖现在的迎光、高平、栗坪、罗洪、高凤、岩口、大观、长鄄、朴塘、孟公、巴油等地。三国时期这里就设置高平县，县衙就在高平镇的石脚村，距迎官桥不足五华里①。穿越镇东乡的官道上，建有一座木桥，凡上级官吏去高平县衙有公务，县里官员必来此桥相迎，故称该桥为迎官桥。

　　两千多年过去了，随着岁月流逝，物换星移，古桥早已不存，但留下的迎官桥地名，却闻名遐迩。这可能与古桥上曾留下许多名人，如湘军统领曾国藩、早期革命党人谭人凤、毛泽东的老师袁吉六、原国民革命第九十军军长兵团司令李文中将、革命烈士彭慕陶、著名平民教育家周方、先秦史学家马非百等人的足迹分不开。新中国成立后，高平峪所辖村落一分为三，其中高平属隆回县管辖，迎光被划属新成立的新邵县。此地处于三县边缘地段，是新化、隆回、新邵三县的交界处。

　　高平峪四面环山，东南西北分别为文仙山、九龙山、望云山、高凤山。四山环抱，形似一口锅。绵延起伏的山峦围绕着高坪峪盆地，四季气候分明，雨水充沛，山花遍野，翠竹葱茏，飞鸟啼鸣。那蜿

---

① 华里：1 华里 =0.5 公里 =1 里，后文同。

壹

水觅源头树寻根　嫩芽破土沐春风

蜒溪水潺潺流淌，细叙着清新的田野风光，滋养着高平峪的世代乡民。每到春暖花开时，登临 1200 米的山脊，放眼四眺这一脚踏三县的乡野美景，只见远处葱绿的山岭上，白云缭绕；脚下漫山遍野的野杜鹃好似春风细细梳理，五彩斑斓，含血盛开。顿觉人在山中，山在画中，画在意中，那心旷神怡，清爽满怀，爱自然、爱家乡、爱祖国的炽热之情，喷涌而来。高平峪的儿女们，世世代代深情地眷恋着这片美丽的土地。

迎光乡黄岩村斋公坳的后山上还有一条茶马古道遗址，为乾隆五年（1740 年）所建，是"上通云贵，下通两广"的官商两用道。古道为麻石板铺成。古道上还留有当年修建的斋公坳双石拱古茶亭遗址，现存古道途中的歇脚亭（图 1-1）。歇脚亭原为木质结构，约 200 平方米，可供行人休息，如今仅余巨大石墙石磴。林则徐在其日记里记载，当年他任湖广总督时去邵阳巡视，顺道金潭（今隆回县司门前镇）拜访魏源，就是走的这条道。可见迎光乡不但有优美的自然风光，

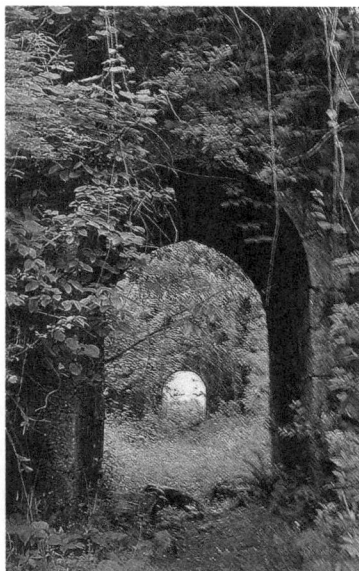

图 1-1　现留存的茶马古道歇脚亭

还有久远的历史传奇，堪称人杰地灵，钟灵毓秀。

据《周氏五修族谱》载，现迎光周氏家族的始祖周存仁公，乃三国周瑜第四十六代孙（图 1-2、图 1-3）。族谱中《修建始祖存仁公墓碑记》一文载，宋嘉定年间（1208—1224 年），存仁公历任江西南昌及湖南潭州、宝庆三府同知（知府副职、五品官阶）。他为人清正廉明，雅性谦冲，抑强扶弱，声望卓著。辞官后，曾迁徙多处。一次偕夫人朱太君来到高平迎官桥，放眼四望，但见"石仓挺峙，砥柱江滨，目注心怡"，当即定此安居，以期繁衍子孙，大

启门闾，丕振家声，继成巨族。果不其然，这块宝地上的迎官桥周氏家族，历代繁衍兴盛，人才辈出。如五世孙景贤公官至南京总督，时跨宋元两朝。族人撰文盛赞存仁公："煌煌远祖，赫赫簪缨。宦游湘赣，三府使君。晚年卸任，马落高平。迎官毓秀，地脉钟灵。我祖卓识，息影园林。天伦聚首，其乐融融。"

在高平峪的老人口中，都传说着一块神奇之地，那就是迎官桥老街后面，由十几栋木板屋组成的院落，乡间称其"老屋院子"。其中有座板屋的一块墙砖上，如今仍可见"康熙八年制"的字样，记载着它的久远年代和沧桑经历。居住在老屋院子的周姓家族，人丁兴旺，世代书香，兴学育才，院落四溢着祥和气息与文雅遗风。

远的不说，近说周存仁公的第十八代孙周代春，号杏园，积学不显，于字学尤精。唯务耕读，种学绩文。他常云："心安为富，何有于贫；不辱为贵，何有于贱。"一生以养亲教子力稼为乐，设私塾启蒙乡邻孩童，因绩学种德而受乡邻称颂。

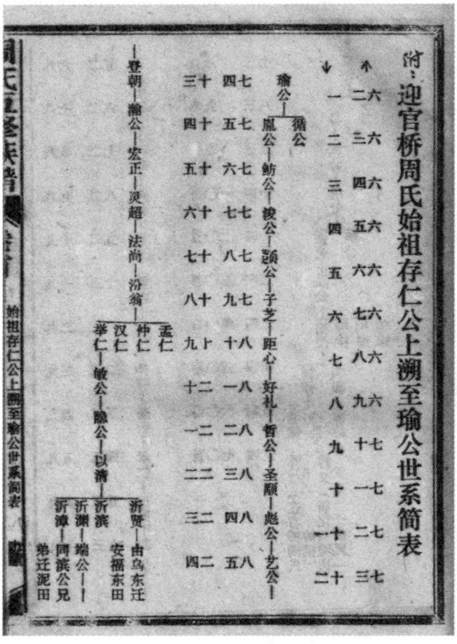

图 1-2　周氏第一代瑜公 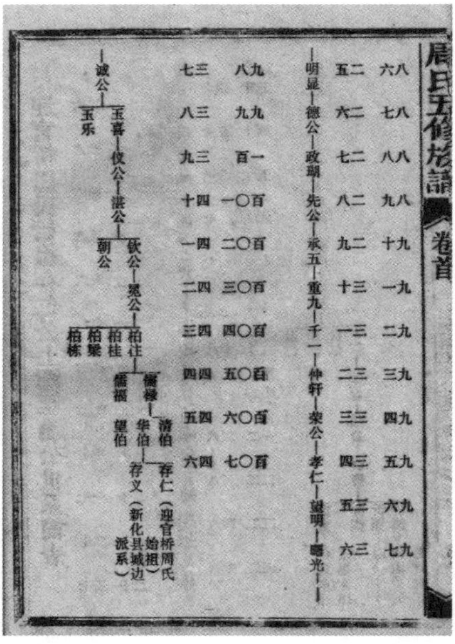　　　　　图 1-3　瑜公后第四十六代存仁公

壹

水觅源头树寻根　嫩芽破土沐春风

第十九代孙周绍鸣，号岐山，乃杏园公仲嗣。笃学工文辞，不好仕途，自题"不缘因果方行善，岂为功名始读书"而不予应试。在家设馆授徒，终年咿唔书塾。病革前一日，犹强起隐听孙辈及塾童诵读声，诲人至死不辍。村内男丁无一文盲，以孝爱笃行而知名高平。

第二十代孙周昌镜，岐山公独子，字球瑶，号蓉轩。自幼受耕读传家的熏陶，肄业于宝庆濂溪书院，在学备受山长尹承纶、邹少枚器重，清末考中秀才。后任濂溪书院山长七年，永固镇镇长近十年。他热心公益，主张男女平权，力倡兴学育才，办校设馆，门下入泮食饩者接踵而至。不少弟子功业不凡，名震四方。他乃一地耆英，以镇匪患、课塾徒的功勋，名播湖湘。晚年回居老屋院子，自号"丛桂老人"，住所取名"丛桂山房"，并撰联："对祖父无惭先须立品；要儿孙有用还是读书。"置于堂屋神龛两侧。立家训"孝悌忠信礼义廉耻"八德，为立身行己、齐家治国要务。并编成六言韵语，自孩童启蒙时便予讲习，以为立身之基。

丛桂山房（图1-4）建于清道光三十年（1850年），建筑面积约300平方米，是典型的江南木结构小青瓦民居。房屋分上下两层，

图1-4　丛桂山房

中间为堂屋,后辟杂物房,左右厢房各上下四间。周方就降生在这里,也在此度过了他的童年和少年时代。

作为周方故居,被列为文物保护单位,现定为邵阳市红色旅游阵地建设项目,列入新邵县"十四五"文化旅游广电体育发展规划。各项工作正在紧锣密鼓推进。

第二十一代孙就是周方这一辈,共有三兄弟,老大周振甫,老二周卓甫,老三周健甫。周卓甫,号静庵,学名周方。出身在世代耕读的书香门第,自幼受儒家理念熏陶,心胸阔达,志存高远。一生致力于平民教育,矢志不移,彪炳千秋。

周氏家族崇尚儒家学说,对儒家礼教中讲究辈分关系这一点,十分看重。在汉民族中,为了便于同族按"辈分"认次第,也为了方便修宗谱,每一辈都选定一个字来表示,这个字称为"班名"。迎官桥周氏各代取名字时,一般将班名置于姓之后。在迎官桥周氏家谱班名的记载中,自先祖存仁公始,一字一辈,列有辈分班行(图1-5)。其中老班行从先祖"存"开始;新班行则从第十六代"信"开始,并对原有班名做了修改,例如"信"改为"荣";周方是第二十一代,"诗"改为"裕"。

迎官桥周氏家族姓氏辈分班名的命名排序,继承了华夏文明的传统,彰显了我国姓氏文化的丰富内涵与源远流长。

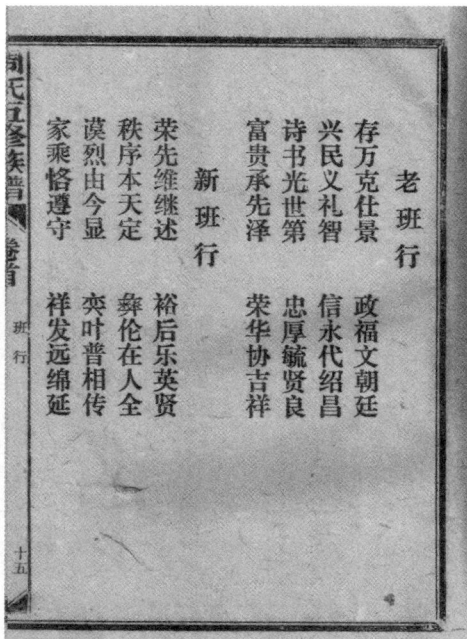

图1-5 高坪峪周氏班行

嫩芽破土沐春风

　　清光绪十八年十一月卅日（1893 年元月 17 日）辰时 ①，迎官桥和风轻拂，霞光辉映。随着一声清脆的婴儿啼声，周方在老屋院诞生了。蓉轩公喜得贵子，眉开眼笑，欣喜若狂，见人便说，久旱逢甘雨，当春乃发生。龙年得龙子，郊野喜盈盈。全迎官桥被周家的弄璋之喜给闹翻了，邻近院落的男女老少莫不笑逐颜开，奔走相告，喜庆开怀。特别是接生娘娘东莲老母，见人便说："瑶相公娘子生了个男孩，是个带把的！"还煞有介事地强调："这孩子来得真顶力呀！假若再生个丫头片子，就真难为情了。"原来蓉轩公自生了一个男孩后，接连三胎都是女孩，故一心只盼再得男孩。这次得子太合蓉轩公心意，喜出望外，不能自已。

　　蓉轩公乃老屋院子数十年来第一个文秀才，十里八外早就名声震耳。远近前来送流年、打关书、贺喜的亲朋好友接踵而至，户限为穿，都来为瑶相公称颂贺福。见面打躬作揖，妙语连珠，热闹非凡。那些活蹦乱跳、嬉戏逗乐的孩子们，伴着噼里啪啦响不停的爆竹，把整个迎官桥给闹翻了天。

　　在这火爆热闹中，也有阴阳家在静观四野，悄悄提出："只怕龙大水浅，难以养大啊！"此言传到奶奶王氏禄秀耳里，老人家很是在意，请来算命先生缪爷。事毕缪爷还特别交代，这孩子周岁前尽量不出庙堂。但是，越是忌讳就越出麻烦。宝宝不到半岁，外婆

---

① 　因光绪十八年十一月十三日前为公历 1892 年，故部分文献、史料上出现的周方出生年份为 1892 年。后文不再单独注释。

病危告急，母亲彭氏春英需回娘家尽孝伺候。按缪爷交代，不敢带孩子同回，只能将儿留下由奶奶照看。

母亲走后，本雇了乳母喂奶，可没多久因故请辞离去，这可就来了大麻烦。孩儿常哭闹着要吃奶，禄秀奶奶也顾不得"不出庙堂"的告诫，厚着脸皮，找邻舍有喂奶的人家给孙儿讨些奶吃。更难的是，找人家讨奶不能只盯着一家，要多找几家换着讨。

一次在讨奶的路上，又遇见算命先生缪爷，他瞧瞧孩子，郑重其事地对奶奶说："你孙儿属大龙生的，你看眉高额广，将来可有成龙之日。"听罢，禄秀奶奶不由喜出望外。不料缪爷皱皱眉头又说："只是你家的月塘、马角塘水都小了，这山区地方怕不是龙的藏身之所呀。"说完他揪了揪胡须，睁大眼睛神秘兮兮地转而又说："不过你家有丘大秧田可改口大塘，水不就宽多了吗？"听着这些颠来倒去的话语，禄秀奶奶心中就像十五只吊桶七上八下，忐忐忑忑不知如何是好。

回到家里，禄秀奶奶认认真真地跟儿子蓉轩公原原本本照说一番，要他拿个主意。殊不知蓉轩公乃读书之辈，又见多识广，对算命这一套还真不苟同。听后异常淡定，满不在意地对母亲点点头，"嘿嘿"笑两声，便不了了之。只是岐山公为孙儿取名着急，要蓉轩公快点确定。蓉轩公沉下心仔细思量后，对父亲说："就取字'瑞麒'，号'卓甫'，班名'裕颐'，您看可好？"岐山公稍加思量，连连点头认同。后周方自取别号"静庵"，学名"方"。

周方自出生之始，就被视为掌上明珠，全家对他无不关爱有加。特别是爷爷岐山公，守着孙宝宝逗乐不停。白天抱在手中或负在背上，征得儿媳春英同意，晚上还要带在枕边睡觉。岐山公一生就喜诲人授业，以教人识字吟诗为乐。这回他更来劲了，不管襁褓中的孙儿听不听得懂，总唠唠叨叨念些幼儿童谣给孙听。如："童子年年长，龙门日日开。家无读书子，官从何处来？小小学生童，今年才启蒙。待看十五六，他日变成龙。"更有趣者，岐山公抱着孙子常

水觅源头树寻根　嫩芽破土沐春风

喃喃自念:"窦燕山,有义方。教五子,名俱扬……玉不琢,不成器。人不学,不知义。"按《三字经》所云好好培养孙儿。也怪,听着爷爷的咿咿呀呀,孙宝宝竟不哭不闹,两眼直溜溜盯着爷爷,似乎在认真听。还不时蹬蹬双腿,挥挥双手,露出一脸笑容,憨态可掬,特逗人爱。

在周方三四岁时,爷爷循循善诱,教他鹦鹉学舌念些诗词联语。到了五岁就教他识字读家训,还两字三字答对玩。有时带周方上山牧牛割草,待牛吃草不乱跑时,便教孙儿念《三字经》《声律启蒙》中的句段,讲《龙文鞭影》和《幼学琼林》中的故事。在与孙儿朝夕相处中,岐山公觉得他器宇不凡,天分高,颇聪颖,且记性、悟性都在众童之上,一心要将其作翰苑人才培养。加之乡邻老友对周方也赞誉有加,故特嘱蓉轩公应把《大学》《中庸》的朱注(著名理学家朱熹所作批注)提早教周方全篇习读,以便来年深造。对此,蓉轩公欣然同意。因为自己年少时,父亲也是要求他原原本本读完朱注的,且受益一生。在二十世纪初叶的旧中国,偏远乡村的孩童自幼就接受国学精华的启蒙与熏陶,足见中华国学的魅力。

周方的三姐周绚桃比他大一岁半,记性、悟性也同样慧敏。周家从不重男轻女,男孩女孩都一样要送学读书。在周方六岁时,蓉轩公将周方姐弟一同送往蒙馆正规受教。入馆前一天,父亲把姐弟俩叫到堂屋,双双站立于摆好供品、点好香烛的神龛前,面对"天地国亲师"牌位,先合掌三拜,再齐声诵读两旁对联三遍:"对祖父无惭先须立品,要儿孙有用还是读书。"再诵读"八德"家训六言韵语,然后告诫他们:"你们姐弟即将结伴入学,要互帮互促,一切言行举止要规规矩矩,听先生教诲,发狠学习,不负家望。"

自此,周方走上正规的求学之路。父亲的教诲以及家训深深印记在他心中,特别是"对祖父无惭先须立品,要儿孙有用还是读书"的祖训,在后辈中薪火相传且扩展到迎官桥外乡的其他家族。

周方入学启蒙读的是《三字经》《百家姓》《千字文》,还有《增广贤文》《幼学琼林》等蒙馆必教本。随后便读《千家诗》《声律启蒙》，为吟诗答对打下了基础。一天，蓉轩公将姐弟俩带到爷爷岐山公面前，向爷爷汇报读书所获。岐山公自然很高兴，便要孙俩读读对子听听。弟弟周方抢先说，我知道"云对雨，雪对风，晚照对晴空"，姐姐绚桃毫不示弱道"三尺剑、六钧弓，岭北对江东"；周方又说我知道"山对水，海对河，雪竹对烟萝"。绚桃接着说我知道"春对夏，秋对冬。暮鼓对晨钟"；周方又说"来鸿对去燕，宿鸟对鸣虫""人间清暑殿、天上广寒宫"，绚桃也说"山川对草木，赤壁对青田""金城三月柳，玉井九秋莲"；周方转而背《千家诗》里的"云淡风轻近午天，傍花随柳过前川"，绚桃马上接"时人不识余心乐，将谓偷闲学少年"；一心想胜姐姐的周方又背"胜日寻芳泗水滨， 无边光景一时新"，绚桃姐姐还不相让，立答"等闲识得东风面，万紫千红总是春"……

就这样你一句，我一句，乐得父亲直拍手，"对得好，背得好，让你妈每人煮个荷包蛋奖励奖励！"年逾花甲的爷爷更是喜上眉梢，忙对蓉轩公说："儿呀，你听你听，'桐花万里丹山路，雏凤清于老凤声'，后生可畏，后生可畏呀！"

就这样，聪颖好学的周方，在五岁读完《大学》《中庸》之后，从六岁到九岁，便陆续读完了《诗经》《尚书》《易经》《礼记》《幼学琼林》《左传快读》《纲鉴总论》。到十岁开始选读古文、唐诗选抄、《东莱博议》、《史记菁华》，小小年纪就博览中国国学，自然离不开渊源家学。蒙馆老师要求也很严，布置了很多要背诵的课文。其他学生一堂课背五六十字，周方却能背百字以上。每到老师榻前受检查时，他都烂熟于心，能又快又好背完。蓉轩公对周方越来越看好，不禁想起算命先生所云，儿子"将来总有成龙的一天"，或许真被言中，故喜滋滋地夸夫人春英："谢谢你给周家生了个好崽崽！"在四代同堂的老屋院子里，儿孙聪慧可爱，长幼温馨祥和，欢声笑语洒满院庭。

壹

水觅源头树寻根　嫩芽破土沐春风

少年郎崭露头角

宝庆府濂溪书院是四周各县士子云集，以读书求仕途的唯一场所，出了不少社会名流，蓉轩公也就读于此。由于蓉轩公才学出众，被濂溪书院山长留校选为斋长，后又接任山长。长子周振甫随父亲就读濂溪书院近十年，并且在童试中屡屡位列前茅。1901 年，岐山公七十古稀，蓉轩公辞去濂溪书院山长一职，回乡奉善老亲，并悉心不倦地教诲孩儿读书。在父亲谆谆教诲下，俩兄弟学业长进很快。年龄大十岁的哥哥曾在濂溪书院上过学，对八股成篇特别得心应手。弟弟虽起步稍晚，但对八股的破承、起讲也掌握在心。在随父学习不到一年时，处于内忧外患、风雨飘摇中的清政府，开始废八股改作经义策论。这正合周方的意，他对八股文的行文古板、束缚思想早就反感，所以很爱学经义史论。很快，写三百多字的文章也不觉为难。至于诗词歌赋对联，虽没正式拜师求教，但祖父岐山公早有教诲，也颇见成效。因此，少年周方的古文基础很扎实。

走出迎官桥，看外面的世界，是周方孜孜以求的愿想。在他十岁那年，年届二十的哥哥振甫，要去新化县城参加县试，周方认为这是争取出外的好机会。他先麻着胆子向父亲提出想法，蓉轩公听后哈哈大笑："孩儿，你可是伸嘴舔月亮，真不知天高地厚啊！十岁小屁孩，才念几句书就要去参加县试，岂不是笑话？不行不行！"周方在父亲处碰了钉子，早在意料之中，并没有灰心。他不慌不忙找到妈妈给他烤个糍粑，并强调要"粑豆糍粑"。

这粑豆糍粑是迎官桥所特有，它源自一种学名为"野豇豆"的野生植物，待秋末挖其根部茎块，晒干研成粉并与蒸熟的糯米搅拌在一起捣制成糍粑。研碎的野豇豆粉在糍粑中能将淀粉转换成糖，所以做成的糍粑比放白糖口感更好，吃起来甜而不腻，更健康。

由于野豇豆稀少，所以粑豆糍粑在乡下一般只给小孩或客人吃。春英很快将糍粑烤好喊儿子："卓甫快来，糍粑烤好了。"周方接过烤得两面黄黄、中间鼓鼓的热糍粑，谢过妈妈，三步两步跑到岐山公面前说："爷爷，请吃粑豆糍粑！""哎哟，难得吃到的甜粑，孙儿孝敬爷爷啦！"岐山公呵呵笑，边说边将糍粑掰下一大半给孙儿。周方接过糍粑笑着说声"谢谢"，又嗲声嗲气地说："爷爷，您能答应我一件事吗？""么子事呀？"岐山公摸着周方的脑袋轻声问。周方贴近岐山公的耳朵，一字一字慢慢地说："请您答应我跟哥哥一起去参加县试。""么子？你要去县试！"岐山公很诧异地问。周方答："是呀！我想去参加县试。"看着孙儿坚定的样子，又问："你小小年纪，会考什么东西啰？""它考什么，我就答什么呗，难不倒我的。"周方很自信地回答，可把爷爷逗乐了。

岐山公想了想说："那我先在这儿考考你再说吧。"周方看到希望了，马上顺杆往上爬，说："好啊！请爷爷出题。"岐山公仰头稍稍韵神，便出上联："小鲫鱼想把龙门跳。"周方歪着脑袋望着爷爷有板有眼地答曰："大鹏鸟意向云天飞。""哎呀，不错不错！真是年少聪慧似孔融，快叫你父亲来。"岐山公摸着胡须乐不可支。见状，周方知道好戏来了，急急忙忙把父亲请到爷爷跟前。岐山公笑呵呵地对蓉轩公说："卓甫想随振甫一同去县试，你意如何？"蓉轩公很干脆地说："父亲，不妥不妥，他小小年纪没学到什么东西，如何应考？跑到通都大邑，心思都走野了，怕弄得读书都不切实了。花去盘费事小，影响学业事大呀！"听罢，岐山公婉言地说："儿之所言，不无道理。但卓甫聪敏好学，自启蒙以来，学业长进不凡。依我所见，应考非目的，让他随兄去见见世面也未尝不可。"

稍作停歇，岐山公又说："我们现场试试他答对子，若能对上就允许他去，你看可行？"蓉轩公见父亲已有打算，便说："儿尊

壹

水觅源头树寻根　嫩芽破土沐春风

父意！"这可乐坏了周方，忙拍着小手笑嘻嘻地给爷爷和父亲来个九十度鞠躬以致谢。蓉轩公对儿子严肃地说："卓甫，你别高兴太早。爷爷出的上联，你若没对上，就不能去县城应考的！""明白，我绝不食言。"周方振振有词地答复父亲。

待父子俩言定，岐山公不紧不慢地说出上联："龙门千尺浪。"周方思索片刻，自信地对："鱼腹万封书。"孙儿的话音刚落，岐山公伸出大拇指连连称赞："妙对，妙对！我把县试比喻鲤鱼跳龙门，并用'千尺浪'来形容应试有一定难度。孙儿能深解其意，用'鱼传尺素'之典应对，且对得工稳，出于典而高于典，了不得，了不得！"并对蓉轩公说："儿啊，十龄童子能出如此佳对，年少崭露头角，县衙学台见了肯定能看上，让孙儿随兄参加县试吧！"蓉轩公也觉得儿子对得很好，出乎所料，忙对周方说："爷爷同意你去县试，快谢谢爷爷！"周方见自己的美梦成了真，心中乐开了花，忙鞠躬："谢谢爷爷！谢谢爹爹！"

很快，周方要参加县试的消息在村里不胫而走，大人小孩无不夸奖。

山外有山各纷繁

周方兄弟要去参加县试，可忙坏了妈妈春英。她想两孩虽是乡里娃，但毕竟出自书香门第，进县城也不能伴着雪喝醋——太寒酸。她兴冲冲地替兄弟俩添置衣裤鞋袜，准备所需行装。临行将两儿叫到身边："振甫，你是哥哥，要好好照顾弟弟，他吃饭、穿衣、睡觉都要多关心他。卓甫，你第一次出远门，事事要听哥哥的话，特别要寸步不离哥哥，莫把自己搞丢了。"岐山公、蓉轩公送两兄弟出门时，再三交代的是要注意安全，要与人为善，礼让谦和。切忌争强好胜惹事，谨记"小不忍则乱大谋"。兄弟俩连连点头称是，答应一定铭记，恳请放心。一路同行的还有两位邻村的考生，都比周方要大七八岁。

从迎官桥到新化县城，不足五十公里。板山里海拔 990 米，是高坪峪与外界的北向门户。走出迎官桥先翻越这座高岭，再过苍溪山，经洋溪到新化县城就只有十五公里了。一路上兴趣盎然的小卓甫与三位兄长迈步平川，说说笑笑，还在路边捡根细竹竿甩来甩去没停歇，格外欢欣。可走到板山里，蜿蜒上坡还没爬一半便觉体力不支。他步履艰难地喊着："哥啊，走不动了，走不动了。"为哥只好和两位同伴轮流背弟弟，一步一步翻越板山里。他们虽然很累，但振甫用孟子的教诲激励大伙："'天将降大任于斯人也，必先苦其心志，劳其筋骨，饿其体肤，空乏其身，行拂乱其所为，所以动心忍性，增益其所不能。'我们再苦也不能怕呀！"爬到了山顶，回头一望，视野豁然开朗，整个高坪峪尽收眼底。周振甫不禁诗兴大发，张开臂膀诵读李白诗句"仰天大笑出门去，我辈岂是蓬蒿人""大鹏一日同风起，扶摇直上九万里"。俯瞰家乡的田园，听着振甫的诵读，伙伴们报以热烈掌声，精神大振，疲惫尽扫。

乘着歇息，周振甫给小弟们讲述从岐山公那里听来的远古故事：就在我们脚踩的板山里这一带，北宋朝廷与梅山蛮进行了一场血腥恶战。北宋太祖开宝八年（975年），石曦大将军率兵从邵州（今邵阳）出发，经新田铺、巨口铺、龙溪铺一线，先向十重大界的板山里、高凤山，然后至桐凤山、苍溪山进犯。方圆数十里见人就杀、见房就烧，好一片丛林密境兵刀霍霍、杀声震天，顷刻间变为人间坟场。板仓峒遭到这么残忍屠杀，激起梅山蛮极大仇恨。后来由左甲首领扶汉阳、右甲首领顿汉凌率众，多次进攻宋朝的郡县，弄得朝廷长久不安。板山里也因此在历史上留下了浓墨一笔。听后，都称梅山蛮是硬汉。千百年来，迎官桥的汉子们也多少传承了梅山劲。

这一路走来，大家说说笑笑，饿了吃点家里准备的爆米花、炒米糕、红薯干、熟盐蛋，渴了就到沿途的百姓家讨口水喝。休息时还说说故事，小卓甫很觉惬意，再累也不叫苦。别有情趣的赴考历程，让十岁的周方还体会到"三人行必有我师"，人要相互帮，遇事莫怕难。

翻过苍溪山，路就平坦好走了。傍晚时分，四兄弟赶到了新化洋溪镇。洋溪地处新化县西南，是一座历史悠久的古镇，比起迎官桥可热闹多了。自宋代建街便成四境通衢的交通要塞，乃商品货物集散之地。造纸、陶瓷、白地布、玉兰片畅销全国，素有"小南京"之称。邹姓在洋溪是大姓，街边恰好有家"蚩尤邹客栈"。客栈大门上头悬挂一排短圆柱形的红灯笼，两边贴有楹联"客有冷暖春夏秋冬都美，人无高下东西南北皆贵"，显得蛮喜庆、蛮温馨，可看出店老板定是饱学之人，兄弟们便进店住了下来。安顿后稍加歇息，店小二便喊开饭。待大伙儿吃完饭，老板邹爷手持水烟壶来到桌边，并唤店小二来给泡茶。见状，大家忙说："谢谢掌柜！"邹爷坐下后摇摇手说："不谢，是缘分缘分。听说三位相公是去赶考，老朽祝君事遂心愿。请你们喝喝茶、聊聊天，可否？"周振甫马上拱手回曰："老板抬爱，晚辈谢恩！"小周方却郑重其事地补充说："掌柜老爷，我们是四人去应考。"听罢，邹掌柜惊讶地问："小客官也是去应考？到了舞勺之年吗？""还没到，正值幼学之年。"周方笑着回答。"啊呀，人不可貌相，海水不可斗量，后生可畏！"邹掌柜伸出大拇指连连称赞。周方也礼貌地说："谢老板！过奖了。"

邹掌柜抽了两口水烟，不紧不慢地又说："四位饱学诗文，我也酷爱读书，投缘，投缘。不妨一起玩玩联语，可行？"周方忙说："好啊，正好向老板师爷讨教。"掌柜望着周方，笑笑说："好乖的细伢子！那就请客官们听好：有位书童挑着行李，随书生赴京赶考，一路上很是艰辛。就这事有上联'身轻担重轻挑重'，请诸位出下联。"大家一听，四双眼睛圆溜溜地瞪着，不知如何作答。邹掌柜"吧嗒吧嗒"抽两口水烟，慢条斯理地说："喝茶，喝茶，慢慢想。"老板话音刚落，周方有招了："上联是说书童挑担难，下联就应说行路难。我想下联对'脚短路长短量长'。"这可一语惊人，在场的人无不拍手叫绝。邹掌柜拉着周方的手说："妙对，妙对！小小年纪肚里有货，不可小看，将来必成大器。这餐饭优惠你们，打五折。"兄弟们喜不自禁，一齐拱手向老板致谢。没想到是小弟弟既为哥哥们争了脸面，还省了伙食费。

第二天清晨，明媚的阳光驱散了早春的缕缕寒气，把温暖洒满一地。四人心揣红日当头的好兆头，用完早餐辞别邹老板，满怀信心地直奔新化县城。

说到新化，传说是华夏三祖之一蚩尤的世居之地。湖南本是个移民省份，约94%的人口都自外省迁来。从公元前2650年到公元1364年，先后有四次大规模的人口迁入。第一次发生在公元前2650年，炎帝部落从河北涿鹿迁到湖南的郴州；第二次移民也发生在公元前2650年前后，那时蚩尤在河北涿鹿败给黄帝后，其中一支部落就迁徙到洞庭湖以南，衡山以北的资水河中游一带；第三次大约在公元前 1000 年，从淮河流域沿着长江慢慢地迁移到了湖南；第四次则是公元 1364 年，明太祖朱元璋派大将徐达攻打长沙，与陈友谅旧部和元王朝残余势力血战四年，最后才于 1368 年夺得胜利，确立明王朝在长沙的统治。连年战祸使长沙田园荒芜，百姓亡散，许多地方渺无人烟。于是明王朝从就近省份大量移民入长沙地区（当时湖北和湖南二省是一个省份，称之为湖广省），奏响历史上有名的广东、福建、江西、安徽四省移民填湘的宏伟史诗，迁入人口一千万左右。

其中第二次移来的蚩尤部落，在沿资水一线山高林密、涧深谷幽的山地逐渐同土著苗蛮杂居融合，奉蚩尤为始祖，与外界几乎隔绝。因勇猛强悍，被称"梅山蛮"，朝廷多次征战，终未降服。后朝廷改为招抚，直到北宋神宗熙宁五年十一月（1073 年 1 月），"梅山蛮"才归顺北宋。在此建二邑，因地形呈西南高，东北低之势，故一为上梅山，取意"王化之新地"，命名"新化"；一为下梅山，取意"人安德化"，命名"安化"。随着历代多次移民，梅山地区逐渐成为汉、苗、瑶、土家等多民族杂居之地，外来汉人也大大多于土著人。在湖南，估计 90% 的人口都是第四次四省移民填湘的后代，迎官桥周氏祖先就来自江西。

在新化、安化这片土地，由于崇山峻岭的阻隔，造成生存空间的相对封闭和族群的相对独立，深厚悠远的土著文化与历代移民的外来文化相互交融、整合、同化，形成了丰富多彩而独具特色的梅山文化，且沿袭至今。周方头回进县城，可比《红楼梦》中的刘姥姥进大观园，对什么都感兴趣，眼中所见都觉新鲜。大家找好旅社安顿后，吃过午饭便去办理一切应考手续。随后，周方闹着同哥哥们一起去逛街看热闹。

新化县城当时被誉为湖南省一流县城。早在宋代绍圣年间，县城街道按十字形修建。到明代正德年间，以十字街为中心，街道扩建为四街九巷。清康熙十二年（1673 年）以后，又陆续修建向东街、井头街、青石街、永兴街。民国二十七年至二十九年（1938—1940），县正街、东正街、西正街、青石街、向化街、永兴街又进行了全面整修，各后退五尺，街道扩宽为两丈，城内街道总长达两千余米。新化古城街道，规划完美，很是讲究。沿街商铺全是下部青砖、上部白墙，飞檐翘角，一般为两至三层楼房，沿街排开，颇具古风。屋檐下招牌彩旗高高悬挂，来来往往的各路行人，络绎不绝，给街道平添一份兴旺热闹。

城北资水岸边的"北门锁钥"北塔（图1-6），巍巍耸立，威镇河妖，更是一绝。该塔建成于清道光十四年（1834年），塔高44米，料石青砖结构，塔中有螺旋砖阶492级，直达塔顶。塔内七层，层层绘有壁画，内容以神话传说、戏曲人物、动物花草为主，融文学、历史、绘画为一体，成为古塔最为耀眼的亮点。数百年历经风雨沧桑，如今还留有"塔映资水美如镜，岸观帆影胜画屏"的佳句。

四兄弟先赶来观赏古迹，兴致勃勃地沿塔内砖砌的阶梯而上，逐层欣赏塔内壁画。他们登顶到七层，临窗四望，美景尽收眼底：群山叠翠，田园似锦，资水流碧，白帆飘影。好景好心情，他们企盼此行赶考交上好运。出塔后四人赶往热闹的南正街，进店观看琳琅满目的商品，品尝迎官桥没有的特色小吃杯子糕、油炸粑、穄子粑。突然，一阵锣鼓声和牛角声传来，四人循声来到十字

图1-6 新化北塔

壹

街旁一处开阔地，只见围满了一圈人。他们挤进人群往里一看，原来是在表演梅山傩戏。

梅山傩戏属于梅山巫傩文化，起源于蚩尤九黎时期，到宋朝被记述为"木鬼戏面"。最初它是一种带有表演性质的祭祀仪式，后来流变为独立的傩戏，以驱邪祈福、祭祖亲宗为主要内容，也杂有其他民间掌故。表演时，演员身穿专制彩服，头戴木制面具，配以打击吹奏乐器。角色有十二类：土地公、土地婆、开山小鬼、挖路郎君、修路郎君、报福郎君、架桥郎君、大法师公、萧师公、笑和尚、锯匠、判官。傩歌贯穿于傩戏节目的始终，用大鼓、大锣和牛角伴奏。迎官桥属梅山地域，也常有傩戏表演。想到还要应考，四人没久看便回旅店歇息了。周方回味县城所见，心中深深感悟，在民间到处是学问，要虚心学习。

第二天，四人早早来到考场。上午九点开考，由胡知县当堂写题。他照着师爷的字条写出考题，以"君子喻于义，小人喻于利"为题撰文。周方仔细琢磨考题，一口气写完近四百字的文章交了卷。后发榜，周方名次在前二十内，周振甫的名次在前十内，都获参加府考的资格。俩兄弟真是滚水泡米花——开心，乐得笑不可抑。

次年农历二月，兄弟俩又同往宝庆府参加府考。功夫不负有心人，这次府考发榜时，周方又榜上有名，获资格参加四月的道考。但报名时，学台（省管教育的最高官员）因其年岁未满十五而不允参考。这次应考虽然遭拒，但小小年纪就到过新化城、宝庆府，长了不少见识，看到外面山外有山，精彩纷呈，周方心里美滋滋的，也不觉遗憾。不过也产生了新的愿想，那就是要想办法去省城读书，去闯荡世界，际会风云。

附：蓉轩公《八德家训》六言韵语：

一曰孝

孝为百行之原，充之可塞天地。试观往古来今，莫不以孝为贵。无论贫富贵贱，事亲均当竭力。

贫则菽水承欢，富则随时供给。父母鞠育恩深，欲报昊天罔极。移孝可以作忠，忠孝原为一致。

谨守跬步弗忘，总要对亲无愧。

二曰悌

兄弟相处友敬，勿伤手足至情。本来同胞共乳，父母视同一人。每观阋墙衅隙，造端多自闺门。

或因一言簸弄，仇恨逐至终身。或因器物田土，争分欲壑难盈。倘能反躬思过，无不疾首痛心。

轻财忍让和睦，总要无忝天伦。

三曰忠

尽己之心谓忠，遇事忠诚笃实。机械变诈阴险，忠心早自丧失。读书治国安民，立身公忠正直。

农工专勤守业，卒以勤劳度日。为商取价廉明，出入公平交易。处世切戒欺人，富贵谨防骄逸。

衾影屋漏无惭，庶为安分尽职。

四曰信

修身践言曰信，一诺期诸千金。作事必谋终始，然诺必雇能行。与人童叟无欺，交易斗秤公平。

十年相约必应，元伯之与巨卿。久要不忘平生，晏子善于交人。人民无信不立，古训自当遵循。

五曰礼

礼别尊卑长幼，非礼弗敬弗亲。吾人视听言动，概须以礼为经。颜回终身守礼，孔门卓尔不群。

恭逊勇直无礼，劳葸乱绞难循。任与何人交际，无礼辱及自身。忠信笃敬谦让，蛮貊亦可通行。

愿我宗族子女，恪守当世礼仪。

六曰义

义者事理之宜，行为以此作则。非义之财勿取，非义之事勿涉。宁舍身而取义，毋临难而失节。

见义不为无勇，孔门垂戒至切。济族特置义田，范氏家风可袭。奉劝我族男女，其各勉为义烈。

七曰廉

临财毋苟曰廉，辨别一清如水。非义非道名物，一介千驷弗视。居官居家馈赠，概须准情酌理。

有伤廉惠行为，终身为人所鄙。老少戒之在得，尤忌侵公肥己。不义而富且贵，禄以万钟更耻。

八曰耻

痛切觉悟曰耻，知耻即可振兴。古今多少豪杰，时时耻不若人。刻刻存心振励，终教耻雪愤平。

不知国耻心死，不知自耻虚生。在在恐蹈羞耻，自葆荣誉终身。吾人及时猛省，早早革面洗心。

貳

雏凤引吭显卓异

杏坛新苗展英姿

外出求学事多磨

有人说，梦想是照亮人生旅途的引路明灯。哪怕路途遥远，崇山峻岭，只要心中有这盏灯，前进的脚步就不会歇停。周方就是这样，梦想去长沙求学是他心中的一盏灯，指引他要更加急迫、更加自觉、更加刻苦地去求学。十二岁那年，邵阳武邵江易氏宗祠新设一集馆，特派专人来聘请蓉轩公主教，周方抓住这个机会与兄随父附读。到了学校，同馆共学的学生三十好几，年龄相差最大十岁有余，文化程度也参差不齐。为了因材施教，蓉轩公按文化基础不同，分高课与低课施教。周方虽年龄最小，但参加过县考、府考，基础好，与兄一同被安排上高课，同学们都很羡慕他。但周方从不自满，虚心求学，谦和待人。上课听讲聚精会神，习文练字严谨认真，规定要背诵的课文都篇篇熟背；规定书写的大字，都工工整整超额完成。遇上作文课，不管写经义还是作策论，总是先认真思考打好腹稿，然后下笔有神，一挥而就，文章经常被老师当作范文点评。

蓉轩公博学多才，讲课生动有趣，同学们都很喜欢听。一次讲解诗词韵律，在谈到遣词造句时，告诫学生一字一句都要字斟句酌，以求最佳意境，要把握华丽为次，传神为首。他问学生："谁能背诵王安石的七绝《泊船瓜洲》？"机灵鬼周方很快站起来，抬着头朗朗背出："京口瓜洲一水间，钟山只隔数重山。春风又绿江南岸，明月何时照我还。""不错，背得好！"蓉轩公肯定周方的回答后，又问大家："第三句的'绿'字，还有更好的字可以改吗？"课堂上一片寂静，个个认真思考老师的提问。终于周振甫回答："我认为'绿'字用得太好了，把春天写活了。另外想不出更好的字来改了。"对两个孩儿的回答，蓉轩公心里很觉满意。有板有眼地说，"王安石最初写的是'春风又到江南岸'，当他反复吟诵时，总觉得'到'字平庸无奇。他仔细琢磨，先后试了'过''入''满'等多个字，最后选用'绿'字。这'绿'妙就妙在将形容词作动词用，不仅指'绿色'，还有'吹绿'之意，拟人化春风，一展动态美。可见王安石对诗词创作尽善尽美、精益求精之精神。值得我们好好学习。"

蓉轩公条条是道的精彩讲授，博得满堂喝彩，大家都为遇上这样学识渊博、讲授精湛的名师而庆幸不已。上了这堂课，周方除享受了诗词的美外，还明白自己所为之事，要像王安石一样，力求完美，追求极致，再难也不将就，而是要努力破解求得圆满。不想父亲的一堂课，竟让小小周方受益一生，做事要尽心尽力做好。说起来，周方在集馆里可是春风得意，学得轻松，学得主动，学得愉快，常为老师所夸。再看蓉轩公，儿子学习出众当然开心，成天乐哈哈的，有使不完的劲，对谁都笑脸相迎。可惜天公不作美，在集馆父教子学的温馨光景不满两年，就因一桩人命案而告停。

事情起因是这样：1907年端午节后，乡里布商刘二麻子按约给校工易师傅送布来。因喝醉了酒，刘二麻子途中不慎坠水，携带的布匹溅水稍有毁色。易师傅见布有瑕疵，当然不想要。刘二麻子可不高兴了，借酒发气怪易师傅反悔，言而无信，赖着易师傅非买不可，以致争吵起来。几位在集馆上学的易家富儿，闻声赶来，都替本家易师傅帮腔。年轻气盛的易荣生还指着刘二麻子说："少废话，快滚！"刘二麻子凭借酒胆冲着易荣生大声怒吼："你这臭小子，关你何事，不知趣的家伙还要我滚？"其他同学见刘二麻子还嘴臭逞强，一起围上叱呵他："你还骂人？滚，赶快滚！"刘二麻子见对方人多势众，虽强硬着嘴"你们这些臭娘养的，等着瞧"，但还是扛着布匹气冲冲地转身走了。

酒醉未醒的刘二麻子，哼哧哼哧喘着粗气，踉踉跄跄地一步三摇，出馆门走到石阶处脚下一滑，连人带布重重地摔倒在地，滚下石阶。不幸的是，头部太阳穴正好碰在尖石上，血流不止，不省人事。待家人得信将他抬回去时，已经命丧黄泉。

这下出了人命案，可就难收场了。刘二麻子的家人，怪罪学生聚众围攻、欺压刘二麻子，致使精神受打击摔倒丧命。刘氏族人还故意将事扩大，牵扯到刘、易两族的既往纠纷，挑唆族里人天天来学校找易姓学生和校长吵闹赔偿，严重影响学生上课。几天下来别无他法，学校只好将事情告到县衙。

经周密调查，判决刘老二的死，责任在本人。为了安抚死者，易师傅和易荣生等涉事学生，共罚赔白银三十两。易荣生家是大富，赔款金额他父亲全担了，再三教育孩子们要切实吸取教训，一心念好书，再不能惹是生非。蓉轩公也教育弟子们，年轻人不能火气太盛，不要凭意气行事。乡里乡亲的，退一步海阔天空，要与人为善，宽容体谅，大家都把老师的教诲铭记在心。

遗憾的是，飞来横祸虽算平息，但学校也宣告停办，学生们个个棉裤没有腿——凉了半截，只好另择学门。

习武馆里萌初恋

　　由于邵阳易氏宗祠集馆停办，蓉轩公父子仨回到了迎官桥。对此，周方心乱不安，老思量着，好端端的塾馆就这样停办了，要走出迎官桥咋就这么难？他总是闷闷不乐，成天猴屁股插蒺藜——坐立不安。为母春英看在眼里，急在心上，不知如何是好。一天，春英突然想到，高平峪的少壮男丁，多有习练梅山武术的喜好，永固镇高平武馆每年招徒习武，可送卓甫去呀。便与蓉轩公商议，说卓甫身子骨单瘦，在家闲着不如让他去武馆习武，身子练壮实点也好。蓉轩公听后觉得是个好主意，便与儿子谈及此事，周方一听很高兴，表示很愿意去。因为他了解梅山武功相当厉害，是梅山蛮人在"出操戈戟，居枕铠弩，刀耕火种，摘山射猎"的生存斗争中不断发展而来，在新化一带还挺盛行，习武之人都被高看一等。

　　蓉轩公见儿子同意学武，便给他稍作介绍："梅山武功的套路独具一格，不论是徒手还是器械，讲究'神、气、意'的集成，练好是不容易的。"停歇片刻，见儿子听得认真又接着说："练功时要求气流丹田，做到三合，即心与意合、意与气合、气与力合。讲求桩固势稳，出手泼辣，发劲凶狠，吐气抑声。它有十种功法：桩法、掌法、腿法、桶子功、手劲抓劲、铁砂掌、轻功、眼功、臂功、齐眉棍。其中桩功为其首，俗有'四十天学打，三十夜站桩'之说。桩功有坐桩、箭桩、丁桩之分，其中又以坐桩为主。练桩功时，头上顶碗、摆砖，点香计时。为了不乱桩位，在地面点灰画圈，练到四肢发抖、汗流浃背方可稍歇。卓甫，不知你能吃这般苦吗？"

　　蓉轩公对梅山武功的精到解说，周方似懂非懂，好似龙王爷丢鞋——云里雾里。但好奇心促使他向往习武，表示一定不怕苦，请父亲放心。两日后，在母亲的安排下，周方便高高兴兴去了永固镇高平武馆。

永固镇高平武馆招有学徒十六名，年龄十八岁左右。周方到后，掌门袁师爷给大家介绍："卓甫乃蓉轩公仲嗣，十岁便参加县考、府考，均榜上有名，是我们乡里的才子。他来习武，为的是强身健体，大家欢迎。"周方忙向师爷跪下，行礼拜师，承诺悉听师爷教诲。起身转向众伙伴，拱手作揖拜托关照。为使周方对梅山武术有所感知，先观看桩功表演。随着师爷的一声长哨，只见众生齐刷刷地马步而蹲，稳稳当当，纹丝不动。紧接师爷的又一声哨响，"啪"的一声跺脚，齐整整地个个脚掌贴地，两膝微屈，脊柱正直，双手抱圆，指尖相对，头正，颈直，沉肩，挺胸，气宇轩昂，威勇逼人。站桩表演后，由袁冬梅表演棍术。

袁冬梅乃秀才袁相公的小女，武馆中唯一的"扫眉才子"，年方十六，已习武两年。她持棍上场，亭亭玉立，身棍相辅，让人眼前一亮。随之她一跺脚，棍舞自如，挥扫多变，刚柔相济，跳转灵活。她的棍术套路娴熟，扫劈凶猛，挑打准狠。她刺似箭穿，顶如牛撞，舞如风轮，摔似电闪，博得众人一片喝彩。周方更是看得目瞪口呆，钦佩不已，连连称赞："不让须眉，不让须眉！"看着袁冬梅如花似朵，溜肩细腰，肌肤娇嫩，柳眉如画，双目炯炯，气若幽兰，神若秋水，确有"闭月羞花之貌，沉鱼落雁之容"。虽刚刚谋面，竟暗恋上了碧玉之年的小师姐。此后周方总是设法亲近袁冬梅，有时故意懂装不懂，向她询问桩功要领，请教棍术套路。慢慢地，袁冬梅也喜欢小师弟，觉得周方文静谦和又机灵，会读书，不怕苦，还常给他洗涤擦汗的毛巾。练完武功两人笑语绵绵，一起玩锤子剪刀布，输了的要讲故事，还玩成语接龙、飞花令。

一次，为了逗冬梅高兴，周方给她讲了个笑话：相传古时候有个用钱买来官位的县官，他斗大的字不认识一箩筐，老是读错字。

貳

一天审案时，押来一个叫潘欣科的犯人。县官惊堂木一响喊他："翻斤斗！"潘欣科一听，很愕然。心想在这大堂之上何以命我翻斤（筋）斗？望着县太爷不知所措。县官见潘欣科不搭理又喊："翻斤（筋）斗！"这时潘欣科只好胆怯怯地翻了个筋斗。县官见状大怒："你这狂徒，竟敢在县衙大堂造事胡来，罚二十大棍！"听罢，冬梅只觉好笑，不识字的县官太丢人，连人的名字都叫错，也替潘欣科所受冤棍深抱不平。袁冬梅是勤思好问的妹子，见周方蛮有知识的样子又问："周方，你说说为什么平常都说'买东西'，而不说'买南北'呢？"周方一听，哈哈大笑起来，神秘兮兮地说："冬梅，我俩好默契的哩！你提的问题我曾经也问过我爷爷。""你爷爷知道吗？"袁冬梅很急切地问。周方说"爷爷告诉了我"，其缘由是：早在唐朝时期，京城长安之外有东、西两个大商贸市场，分别叫作东市场和西市场。东市场卖一些珍贵商品，西市场卖一些日常用品。因此，老百姓按购物需要，分别去东市场或西市场。久而久之，人们就把购买商品称之为买东西了。袁冬梅听后，连连说："有意思，有意思！长知识了。"

为了不在周方面前示弱，袁冬梅挑衅地问："你知道农事天气谚语吗？"周方想想说："这我还真不懂。"袁冬梅开心地一笑，脱口而出："重阳无雨看十三，十三无雨一冬干。什么意思？""这是说重阳节不下雨就看十三这天，若十三这天也不下雨，那整个冬天都不会有多少雨。"周方很得意地回答。袁冬梅点点头说："说对了，读书郎就是不一样。"接着她又说一句谚语："初伏无雨二伏忧，二伏无雨靠倒秋。"这一句周方就弄不明白了，连连摇头说："请赐教！鄙人洗耳恭听。"袁冬梅望着周方说："这句谚语是说，如果初伏没下雨就盼二伏下雨；如果二伏也不下雨，那就要等到立秋那天才有望下雨。说明这年遇到大旱了，所以初伏要下雨才好。老人们都说这农事天气谚语说得真准。"周方点点头说："是的，这是劳动人民长期观察总结、口口相传的智慧语言，民间真有学不尽的知识。"两人就这样东拉西扯，说说笑笑，执手相望，似娇美待放的并蒂花蕾，鲜嫩欲滴。朦朦胧胧的初恋之情，不知不觉已萌发在两位心头。

可惜好戏不长，就在周方与冬梅如胶似漆不到两月，蓉轩公得知此事，怒不可遏，连忙告知春英，后悔不该把卓甫送去武馆习武。母亲还是体贴儿子，劝老爷不要发火，儿子正当青春年少，两情相悦很自然。蓉轩公更急了："未必你忘了？卓甫与你兄彭湘辉之女云桃，可是定了'娃娃亲'的呀！""这事我怎能忘？"彭春英不紧不慢地接着说："他俩同年同月生，卓甫是壬辰十一月三十，云桃是壬辰十一月初五，怀在肚里就与嫂子指腹为婚的。"蓉轩公冷静下来问："那你认为这事该如何办呢？"春英沉思后想想说："心急也吃不了热豆腐，事情刚起，暂等等看。待合适时找个理由将儿子与那妹子拆开，就不会有事了。"蓉轩公觉得也只能这样，便把这烦心事暂且搁一搁。

正当蓉轩公为儿子与袁冬梅相恋犯愁时，冻解冰释的机会来了。飞蛾山的彭泽文老爷派专人诚聘蓉轩公，去他开设的百攫园私塾馆任主教。真是车到山前必有路，船到桥头自然直，这可把蓉轩公老两口乐坏了，立马责令周方辞别袁师爷弃武回家，随父同去飞蛾山百攫园求学。得到父命，周方心乱如麻，寸断肝肠。但父命不可违，只好告诉冬梅。两人面对苍天，泪眼汪汪，全然无计可施，只能强忍接受凤泊鸾飘的苦痛，依依惜别。回到家，蓉轩公郑重其事地将"娃娃亲"一事给儿子讲明，并再三叮嘱，这是双方父母定的婚姻大事，以后不能再招蜂惹蝶，胡乱为之，做对不起云桃的事。周方默不吭声，心想父亲棒打鸳鸯，情何以堪？但也只能很不情愿地吞下这包办婚姻的苦果；是万恶的封建礼教，抹杀人性，吞噬了人世间多少美好姻缘，这样的社会非改造不可！

年少聪颖轶事多

　　1907 年秋，蓉轩公按照彭泽文老爷的要求，如期来到飞蛾山百攉园履职。随行除周振甫、周卓甫兄弟外，蓉轩公还带着外甥彭慕陶和夫人彭春英的亲侄彭文元、彭文蔚同往入学。姑表兄弟五人聚在一起，自是个个乐不可支。特别是周方，与同年表兄彭慕陶志趣相投，都喜好诗文，交往更密。

　　其实，彭泽文老爷设百攉园塾馆，主要是为四个孙子的读书着想，希望他们能受到名师教诲，才高薪聘请蓉轩公。为不负彭老爷重托，蓉轩公在教学中对弟子们要求很严，课时排得也较紧，一般上午讲授《论语》《孟子》，下午讲授《御批通鉴》。课后各自复阅所讲，自作札记。每月逢三、八共六日，是命题作文课，完成经义、史论写作。其中已冠（年满二十）的写两篇，未冠（未满二十）的写一篇。周方的作文功底好，文笔轻快，虽属未冠，若只作一篇，怕他空时多了不务正业，故规定也必须完成两篇作文。这也是蓉轩公的因材施教。

　　周方在塾馆里成绩拔尖，不管是写札记还是作议论文，与哥哥振甫总在前三名，有时还在哥哥之前。慢慢地，蓉轩公对儿子的要求也没有那么拘紧了，只要做了札记其他时间可自选读物。在这样宽松的氛围下，周方便大量阅读课外书籍，如《三国演义》《水浒传》，尤喜偷看《西厢记》，对清代文学评论家金圣叹见解独到的批语，更是爱不释手。细读金圣叹的批语，周方明白了创作小说、戏剧等叙事文学，不同于诗歌、散文，前者强调要"因文生事"，不可无缘杜撰，必须遵循生活的逻辑。金圣叹总结出的倒插法、夹叙法、草蛇灰线法、绵针泥刺法、弄引法、獭尾法等全新的写作手法，确有独到之处，其行文运笔令周方叹为观止。写作时，周方也慢慢学会放开思路寻找活口，模仿写出别开生面、新意鲜活的文章，常得到父亲夸奖。同学问他有何诀窍，他却只是笑笑说多写多练呗，把他广泛阅读群书获益的诀窍藏而不说。

一次，高平学校的段副榜和袁树桐两位老师来百攘园交流教学经验，蓉轩公得意地将周方写的《周平王东迁论》请两位先生评阅。段、袁阅后，不禁啧啧称赞文章引经据典，妙笔生花。可能也疑有抄袭之嫌，便临时又命一经义题，要周方现作。周方稍作思索，提笔一挥而就，行云流水，论说严谨。两位先生心服口服，称赞周方才思敏捷，文从字顺，聪颖可爱。很快，百攘园里的周方就蜚声高平学校了。周方也觉得自己福星高照，顺风顺水走好运，心中暗暗自喜，在同学中还有点自恃清高起来。

其实人在世间，往往得意忘形就会乐极生悲，周方就有体验。在百攘园同学中，周方与同学袁加和玩得较多较融洽。袁身高体健，手脚灵便，上树能掏鸟窝捡鸟蛋，下田能识泥眼抓泥鳅，进山还会采菌子摘野果。只是学习不太上劲，特别是作文，总不知如何下笔，干巴巴写不出几句话。他常用抓的泥鳅或取的鸟蛋、菌子与周方换文稿，请周方代为提刀（即代写作文）。周方很得意，也乐于交易。美其名曰：两人体脑互补，各尽所能，各得其所，岂不悦乎？

百攘园内有棵大柚子树，初冬之际，高高的枝丫上还剩有两个难以摘下的柚子。一天，周方与袁加和路过树旁，看到黄澄澄的大柚子，似金钟映衬在绿叶中特别亮眼。周方弦外有音地说："袁加和，在曹军中兵勇望梅止渴，在百攘园我俩望柚垂涎。"袁加和望着周方说："你想吃柚子啦？看我的。"说完，看看四周没人便跑到柚子树下，脱掉鞋子纵身一跳，只见他抱住树干双腿一夹，伸手攀住高处树枝来个引体向上，再一收腿双脚踏在一枝丫上，出手就摘下柚子丢给周方，三下两下很顺溜又滑了下来，全程不到片刻。周方亲见袁加和的功夫，取笑他不愧是猿猴进化而来，谢谢他可以让自己吃到酸甜可口的柚子。

不过两人的相处也像十月的天气——变化无常，好起来称兄道弟，坏起来竟不思往来。一天，两人滚铁环玩，先画出一条八寸宽带弯的滚道，比试谁沿道滚得远，且不许滚出道外。在判定输赢时两人常发生争执，公说公有理，婆说婆有理。周方总是盛气凌人轻视袁加和，以致闹得不可开交竟反目为仇。不几天要交作文了，袁加和因与周方闹翻，不能再找周方代笔，只好自己硬着头皮勉勉强强凑合一篇交上。蓉轩公一看袁加和交上的作文，与以前所写相差甚远，除文不对题外，还语句不通，用词不当。找来袁加和问其究竟，他一五一十坦白交代，以前作文都是请周方代写，非自己完成，认错欺骗了老师。蓉轩公一听是儿子参与所为，勃然变色，心中自省："养不教，父之过，教不严，师之惰。"自己既为师又为父，管教不好学生和儿子，岂不成失晨之鸡？便叫人找来周方责问此事。

周方自知犯错，连连认错愿受处罚。蓉轩公按塾规罚两人跪下，命其反省所为。接着苦口婆心地说："你们来上学，是来学知识、学本领、学做人的，只有守规矩、勤学习，才不负父母亲的养育之恩。完成作业乃学生本分，怎能请人代劳？帮助同学，怎能以物交易，弄虚作假？做人诚实守信为本，岂可胡作非为？我曾给你们讲过，孔子教诲颜渊'非礼勿视，非礼勿听，非礼勿言，非礼勿动'，你们领会了吗？约束自己的言行没有？"听着蓉轩公的谆谆教诲，两人铭感五内，泣不成声，表示一定痛改前非，努力学习，不忘师恩。蓉轩公欣慰地说："起来起来，谁能无过？知过能改即大善。以后两人要学好样，互帮互助走正道。"辞谢恩师后，周方与袁加和手拉手又成了好朋友，代写作文的事也再没发生了。

周方在私塾跟随父亲学到十六岁时，觉得私塾的教学形式暮气沉沉，所教内容太受局限，令人孤陋寡闻，老气横秋。八股文虽然废除，但在乡村的私塾中余毒未尽，禁锢思想的条条框框还远未破除。周方为此生厌，不愿继续在私塾就读。听说新化县立中学招收乡下学童，便跑去投考，有幸一考就被录取。可是也只读了两年，就被校方予以退学，原因是在学校带头闹事。

事缘一次体育课跳绳，张幼欣没跳好被绳子绊倒，甩绳子的袁玉清见状哈哈大笑。张幼欣怪袁玉清没甩好绳还幸灾乐祸讥笑他，爬起来对着袁玉清就是一拳。谁知袁玉清也不是吃素的，一推掌再猛一拳将张幼欣打翻在地，导致两掌撑地擦破皮渗出了血。大家赶紧把张幼欣扶起来，劝开两人事态才得平息。过了三天，学校就袁张两人打架之事出了个通告，给袁玉清记过处分，张幼欣则没受到任何处罚。了解事情经过的同学都觉得这个处理很不公平，明显偏袒张幼欣。事发当时周方一直在场，心想这样不公正的处分太不合理。他找来袁玉清与几个平时相好的同学，细细分析这件事究何原因。思来想去，大家觉得明显是学校在庇护富人，欺压穷人。本来是张幼欣先动手打人，由于他是城里富家子弟，袁玉清是乡下农家孩子，就只处理袁玉清。再进一步联想到学校各类学生干部，基本上都是富家子弟；教室里排座位，乡下贫寒学生都靠边靠后；学生犯点错，对富家子弟委婉指出，遇上贫苦孩子则是训斥有加。在学校里，贫寒学子总是低人一等受歧视。周方家虽不贫穷，但对这些现象他早已看不惯，对学校一贯嫌贫爱富的现象极为反感。于是他提出趁这次对袁玉清的不公正处理，去找学校讨回公道，要求撤销对袁玉清的处分，彻底根除学校对待学生不平等、不一视同仁的现象。大家一致赞成，分头约了近三十位学生，定在下一个星期一学校举行周会时，打着写有"反歧视，争平等"的标语，为贫苦学生伸张正义，要求平等。

后来，袁玉清的处分虽被撤销，但周方受到退学处理。同学们送周方离校时，袁玉清特别伤心，觉得是自己连累周方被退学，抱着周方泣不成声。周方宽慰他说："我们所为，不单是帮你，更是在维护公道，争取平等。你不要自责，我也不后悔，往后遇到类似事情，我还会义无反顾地站出来。"别看周方文质彬彬，是非面前却敢作敢为，蛮有担当。

1911年，心气高又不服输的周方，离开县中后没有回迎官桥，而是直奔长沙。他东打听西了解，巧遇湖南高等工业学校招生，运气不错一考就中，被录取学习金工科。周方由于偏爱文科，对学工提不起兴趣，不到一年就主动退了学。转而又报考司法书记官，被录用委派担任道州司法书记，在司法署专管撰拟判词。那时当地最大最多的案件是族群斗殴。每一案情往往牵扯数十乃至数百人，每次械斗必死伤多人，且迟迟难以结案。而且这些案件多系有关祖茔、垣宅的风水田地案，有的甚至拖延三五年甚至上十年，也未能断结。周方觉得封建落后的民俗民风定要改造，而要改造势必离不了教育，很自然加深了对教育功能的理解。一次，王李两姓因坟山之争闹成讼案，请法官去勘查，刘法官要周方同往。当天，原告李爷设丰盛晚宴招待刘法官与周方，饭后送一百元大洋给刘法官，三十元给周方。周方推辞不要，李爷硬塞到周方口袋里，刘法官也使眼色暗示收下。回到住处，周方问刘法官："我们收人钱财便是贪赃，贪赃就会枉法，这怎么对得起民众和自己的良心呢？"刘法官却若无其事地说："你真是书生之见，这点见面礼算得了什么？"后来在判案时，刘法官真就偏袒了原告。总之，在不到五个月的官场中，周方见豪绅猾吏相互勾结、欺凌乡民，官场败法乱纪、枉法徇私，对其龌龊不堪之腐败行迹厌恶至极。他终于从"弄上一官半职、扬名显亲"的南柯梦中惊醒了过来，毅然辞职不与之为伍。

周方在外东奔西走，劳顿波折，均未能如愿谋到满意差事，只好又折回迎官桥。母亲春英见儿子卓甫老是心猿意马不安定，便和蓉轩公商议，二十岁的儿子可以把婚事办了，有个媳妇管管他，免得总是两脚不落屋。两老商定后告知卓甫，孝顺儿没有异议，一切听从父母安排，很快便将彭云桃娶进了家门。母亲春英很满意此门婚事，昨天的侄女今天成了儿媳妇，往后周彭两家更是亲上加亲了。

当时的高平峪，社会动荡，盗匪蜂起，民怨沸腾。蓉轩公因课教塾徒在四乡八邻名望鹊起，为保境安民，乡绅百姓一致推举蓉轩公任永固镇镇长。上任后，蓉轩公创办团防，捕斩渠魁，捍患拯灾，四境安枕，厚益乡里。而他最痛切关怀的还是教育，主持修复遭匪患焚毁的永固镇学校，为倡女权又兴办女子学校。他兴学育才，嘉言懿行，有口皆碑。蓉轩公因公事缠身，自然对家里的事照管较少，好在云桃进门后给母亲春英分担了不少家务，也是对公公事业的支持。可喜民国二年（1913年）癸丑十月，周方添了长子周书秔。至此，蓉轩公已有六个孙儿。大家庭三代同堂，和和美美，过着农家小日子，可谓"开轩面场圃，把酒话桑麻"，喜乐融融。

杏坛新苗展英姿

　　1913 年 7 月的一天，新成立的栗坪三区小学校长肖集成、校董主任厉文平，专门请求周蓉轩镇长支持，帮助学校物色一名急需的主任教员。正好前镇长马莲仙先生在场，鼎力推荐周方，说他天资颖悟，德才兼备，现又待在家，是栗坪学校挑选教师的不二人选。蓉轩公忙说："谢谢马老先生夸奖，只是犬子三脚不落地，心不安稳，怕难挑此重任啊！"马老急说："不会不会。前两天，我问他今后如何打算自己的前程，是走政界还是走实业？或教育界？他很爽快地回答说：'官场尔虞我诈，腐败不堪，不予同流。搞实业手无资本，难以起家。如果有机会，还是献身教育吧！'你们看，他有这样的志向，不正合吾意？"肖校长听后连连称是，与厉主任商量后说："周镇长教育有方，培养了这样优秀的儿子，我们就聘请您家二少爷来校任主任教员，如何？"蓉轩公见大家这样器重卓甫，再想到有了学堂这件差使，可以绊住儿子不再瞎闯乱碰，就说："既然众位看得起，我不反对，还要感谢诸位提携。"当即肖集成校长写好聘书，拜托马莲仙老人面交周方。

　　次日，马老先生赶来迎官桥老屋院子，将栗坪三区小学聘书面交周方。周方一见聘书可傻眼了，连忙摇头说："不行不行，后生才疏学浅，年轻莽撞，虽想为师但还不配为师。况且下半年我决计下省求学，待学有所成，再尽桑梓义务。"马老接过话很诚恳地说："卓甫伢子，我是看着你长大的。栗坪三区小学肖校长与校董厉主任和你父亲都是同窗学友，包括你父亲大家都看好你，才决定下聘约的，你怎好意思推辞呢？假如省垣（省城）有理想学校可升，我们决不阻你前程。你几时要走便几时可走，决不绊你双脚，这样总可以吧。"这番话说得周方心生感动，勉强答应待想想后再回禀先生。

母亲彭春英知道这件事后，心中自是高兴。但见儿子三心二意、犹豫不决，就劝导说："儿啊，你年年只想向省城跑，在外你是既快乐又省心，可妈在家一有风吹草动，就担惊受怕睡不安、吃不宁，眼泪都流了几多呀！好崽崽，你安心去栗坪教书，离家不远，媳妇云桃也会支持，这是多好的机会呀！听说一学期有百余元俸禄，很高的，你为何就不去呢？"周方回复母亲说："妈，钱多钱少我不在乎，我决意下省求学，不安心就这样待在乡里。"母亲接过话茬又说："学是求不尽的，教了书再求学也不迟嘛，学校又不拦阻你求学。崽崽，莫执性，听父母的话，你安心我们才心安呀！"聆听母亲浸透着深深母爱的谆谆告诫，周方感激涕零，母训必从，便满口答应去栗坪把书教好，以报效家人梓里。乡贤周凤山、厉子韶、李瞬臣等先生得知后，都看好周方，并寄予厚望。

很快就到开学的时候，栗坪三区小学非常客气，派轿来老屋院接周方赴校。周方拜揖祖宗，告辞父母娇妻和家人后，便乘轿上了路。轿子到了顺水桥，见栗坪三区的小学生打着校旗排队迎接新老师，让周方受宠若惊，赶快下轿与同学们一同步行。肖校长和士绅学父都来迎接，陪同步入栗坪三区小学。稍作休息便举行开学典礼，校长作报告后，周方也发表了简短感言。随后大开筵宴为周方接风，校董和父老都来作陪，轮番敬酒，兴会淋漓。

趁着酒兴，肖校长告诉周方，新成立的学校一切还在草创中，校规课程也尚未建立，请周老师牵头包干办理。周方听后连连推辞，说自己初来乍到，从未上过讲台，难以胜任。肖校长接着说："卓甫先生，你出身书香，熟读五经，扬之高华，按之沉实，这事委托予你，适材适所。另请刘春松副校长和肖明斋老先生协助你，请万勿推辞。"面对肖校长的坦言相托，周方想越难办的事越去办才有挑战性，便恭敬不如从命，应允先试试看。席间，人人遂心如意，推杯换盏，尽兴开怀。办事雷厉风行的周方觉得既然已领校长所托，就必须竭智尽力尽快办好。当晚就找来刘副校长与肖老先生，一起制定校纪校规、教师工作职责、学生规则，接着编制教学计划与课表。虽是红孩儿吃海参头一回，但三人集思广益，配合默契，不到午夜时分就顺利完成。

第二天，肖集成校长看到周方牵头编制的规章制度和教学文件，夸奖他们办得又快又好，鼓励周方尽管甩开膀子放手干。周方初战告捷，更加信心满怀。在分配教学任务时，想到自己是学校唯一的主任教员，应该多挑重担。他的任务是任甲班国文、史地，甲、乙两班算术，兼全校图画与体育。在这些课程中，周方觉得国文与算术是主课，一定要千方百计教好，教出特色。基于此，他对班上学生进行了摸底，发现其中有些学生已读过多年蒙馆，还有三位学生甚至读过《左传》。因此，在教学中必须因材施教，采用高低兼顾的复式教学方法。

说到国文教学，他的做法是从句法的结构说起，将口语和文言紧密相连，再安排选学内容以满足基础较好的学生所需。还建立"小先生制"，指定三名文化程度高的学生，分人包干帮助其他基础稍差的同学。例如在讲解第一册第一课的"燕子，汝又来乎？旧巢破，不可居，衔泥衔草，重筑新巢。燕子，待汝巢成，吾当贺汝"时，周方先将全文翻译成白话文写在黑板上，一句一句给大家讲解，再讲"汝"对应"你"和"吾"对应"我"以及"乎"对应"吗"的文白相应关系。其中，"乎"在这里是文言助词，表示疑问"吗？"另外，它还可作文言叹词，如：何其美乎，解作："呀"，作文言介词时，"乎"相当"于"，如：异乎寻常。至于更多其他的用法，待结合具体文章再介绍。周方这样通俗易懂的讲授，学生学起来感觉很轻松，很易理解。每学完一课，布置大家将文言文翻译成白话文，然后张贴在学习墙报上，互相对照，找出差距，取长补短，共同提高。

通过周方不到两月的教学，全班同学对文言文与白话文的互译，完全运用自如。课后布置学生阅读《盘古开天地》《女娲补天》《后羿射日》《精卫填海》等文言文写的神话故事，都不感困难，大大提高了学生的阅读能力，扩大了知识面。有一次，周方准备带领学生游览文仙山，他先写了几篇浅近的游记要求他们读熟。再带学生整队出发，每人要带上本子和铅笔，沿途遇见可记的名胜古迹，或不一般的花鸟虫草，都要详细记下来。回到学校，周方要求每个学生参照读过的游记，写一篇题为《文仙山游记》的作文。周方从中选了十篇较好的作文给刘春松、肖明斋两位国文教师看，都说："人家学了一两年作文的，也写不出这样文字通顺、条理清晰、有详有略的游记来。你这国文老师，真还有点铁成金的妙手呀！"后来班上七名学生的作文本，被学校选拔参加县里小学生优秀作文展览，有两人获一等奖，五人获二等奖。栗坪三区小学的名声，一下子就在全新化县传开了。

算术方面，周方在教完加减乘除运算后，注重心算能力的训练。例如随意列出四个数：1、3、6、9或2、5、6、10，选用加减乘除方法，每个数限定只用一次，心算使其结果等于24，比谁算得快。学生们觉得很有趣，课后还经常当作游戏玩，输了的就要挨罚。栗坪是一个小市镇，学生家里经商的较多，周方认为教学生学珠算会很有用处。于是，学生在学会四则运算后加学珠算，用笔算来解释珠算中九归九除的运用，两者相得益彰，很快就掌握了珠算技能。小孩会打算盘了，可为家里帮点忙，家长们赞不绝口，孩子们学起来也更有劲。

孔子说："知之者不如好之者，好之者不如乐之者。"为了寓教于乐，周方别出心裁，把国文教学与体育教学结合起来，谋划一项"组成语造句"的体育竞赛，很受学生欢迎。竞赛是这样的：将

贰

雏凤引吭显卓异　杏坛新苗展英姿

全班24个同学分成两组，每组12人列队站在两条30米长的跑道起点。事先选择好成语：一叶知秋、二龙戏珠、三迁之教、四海升平、五花八门、六尘不染。将每个成语中的前两字与后两字分别写在12张纸条上装入12个信封，置于跑道终点箱内。

比赛开始，由第一位跑向终点，从箱内任取一枚信封跑回，与第二位击掌后将信封置入起点箱内，人站在队伍旁。第二位击掌后迅速跑向终点，也从箱内任取一枚信封跑回，与第三位击掌后将信封置于箱内，站在队伍旁边。以此类推，直到第十二位学生跑到终点，取出最后一枚信封返回置于箱内。各队从自己箱内取出12枚信封里的纸条，根据其上文字，进行两两组合拼成6个成语。再用每个成语造句，书写在事先准备的"组成语造句"竞赛纸张上，速交裁判老师。先交的得4分，后交的得2分。造句正确无误的，每句得1分，否则不计分。满分为10分，按得分多少决定胜负。

这一竞赛活动，学习了国文、训练了短跑、培养了团队精神，可谓一箭三雕，很有创意和趣味，受到学生普遍青睐，几乎每个月都开展一次。周边其他学校得知后，都来取经效仿。也在一所小学校任教的彭慕陶更是近水楼台先得月，找到表弟周方索要全套运作方案，可见它确是一项益智健体有趣的教学创新。

转眼间一个学期的教学结束了，鉴于周方的严谨治学、脚踏实地与任劳任怨，仅一个学期，学生们的学习成绩明显提升，为栗坪三区小学赢得了很好的社会声誉，得到了学校领导和学生们的高度赞扬。

在放寒假时，周方向校长提出鉴于开春后想下省城升学，请辞下期不再受聘。肖校长很难聘到如此头角峥嵘的好教师，自然不愿放走，再三恳切挽留。但周方决心已定，只请校长体谅为怀，助他一臂。第二天离开学校时，许多老师和学生自发组织列队相送，还有十来个学生一直送到顺水桥也不肯转回。周方再三恳求请大家留步，可同学们总是不依。学生黄才霖还紧紧握着周方的手，哭泣着说："周老师，我们不要您走。如开春省城无满意学校可考，您一定要回来教我们呀！"话音刚落，其他同学也哭了起来，不断说"我们不想您走""您走了，哪里还能请到我们这样喜爱的老师？""您要留下来教我们呀！"学生肖海藩扯着老师的衣袖说："周老师，乡里娃求学难，您要答应我们呀，答应我们！"此情此景哀思如潮，目断魂销，周方铭感五内，禁不住泪噙两眼与学生相拥而泣，久久不能平静。学生的深情与期盼，周方于心不忍再推辞，便答应大家只要来年春上没有合意学校可考，一定再回校教大家。得到这样的答复，同学们虽无可奈何，但好歹留有一线希望，便破涕为笑，与老师挥手告别。

周方回到老屋垣问候母亲和云桃后，便赶去永固镇看望父亲，汇报自己一学期所取得的成绩与收获。不一会儿，马莲仙老先生也来了，竖起拇指夸奖周方说："你大胜利了，一期的教学蜚声全镇，这初出茅庐第一功，不亚于孔明的火烧赤壁呀！你素愿献身教育，明年继续去栗坪，竟你未竟之功。"周方很感激马老的赞许，还把学生们怎样送他离校，怎样盼望他明年开春再去任教，原原本本禀告父亲与马老。听后蓉轩公告诫儿子："静庵呀，北宋时期的胡瑗说，'致天下之治者在人才，成天下之才者在教化，职教化者在师儒'，我们高平峪要多出人才就靠教育，你千万不能让孩子们失望！"马老也说："个人升学固然要紧，但是用你所学服务百姓，又何逊于升学呢？"聆听长辈的叮嘱，周方连连称是，打算下学期还是再去栗坪任教。

说来也怪，过了春节才到初八，栗坪三区小学就派人送来聘书，还附上两封很恳切的信，说他们四处打听，明春没有老师合意的学校可考，敬请老师一定要履行在顺水桥头的临别之约。周方想，省城学校招考还没到时候，怎就说无合意学校可考？肯定是马老暗示学生所为。既然生米已成熟饭，便接下聘书答应待元宵节过后返校任教。时间过得飞快，转眼就过了元宵节。正月十六一早，栗坪三

贰

区小学派来的轿子就到了老屋垣，同轿前来迎接老师的还有学生代表黄才霖和刘珊荪。母亲春英很客气地招待轿夫和学生吃了早点红枣甜酒蛋、粑豆糍粑后，周方辞别家人和亲邻，又到栗坪任教了。

这个学期来校的学生陡增很多，几乎遍及永固镇。学校又添聘黄金灿和厉子威两位老师。黄金灿老师是刚从宝庆小学师资培训班毕业回乡，也是周方曾在飞蛾山百撄园读书时的同学，便同住一间房。学校师资力量得到加强，打的唱的都齐了，周方仍全面负责教学。在大家的努力下，学校教学工作有条不紊地开展，校园里生机勃勃，教室里书声琅琅，操场上龙腾凤跃，孩子们在这里茁壮成长，个个喜笑颜开，快乐无比。周方除教学工作得心应手开展顺利外，黄金灿的到来，对他的学业还另有裨益。别看黄金灿平时话语不多，但他肚里可有货。他除苦读死背四书五经外，还熟读唐诗和《昭明文选》。《昭明文选》由南朝梁武帝的长子萧统组织众多文人共同编撰，乃中国现存的一部最早的诗文总集，它收录了自周代至六朝梁以前七八百年间 130 多位作者的 700 余篇典雅诗文。《昭明文选》对我国先秦两汉以来的文史哲作了梳理，使我国文史哲不分的现象有了明确的分界，是我国第一部按体区分、规模宏大的文学总集。

黄金灿对《昭明文选》爱到痴迷，每晚总要温习且高声朗诵。譬如"登高使人意遐，临深使人志清""木秀于林，风必摧之；堆出于岸，流必湍之；行高于人，众必非之"。周方因眼疾尚未痊愈，在煤油灯下看书常常眼球发胀，巴不得黄金灿朗读好闭目潜心细听。这样既休息了眼睛，又温习了诗文，从中获益何其美哉！有时周方听到感兴趣时，或逗黄金灿再读；或引他争辩，以加深理解。两人醉在诗中，乐在学中，何其美哉！

有一次，校董李华的父亲过世，请周方以"四六文"撰写祭文。周方知黄金灿喜欢作辞藻典丽文章，便推荐李校董找他，但李华硬要周方作，无奈周方只好应允试试看。这"四六文"指的是骈文，又称骈体文、骈俪文或骈偶文，起源于汉末，形成并盛行于南北朝。

其主要特点是以四六句式为主，讲究对仗。因句式两两相对，犹如两马并驾齐驱，故被称为骈体。在声韵上，讲究运用平仄，韵律和谐；修辞上注重藻饰和用典。唐代以后，骈文的形式日趋完善，出现了通篇四、六句式的骈文，所以在宋代一般又称骈文为四六文，直至清末，骈文仍十分流行。吴均的《与朱元思书》、庾信的《哀江南赋序》、王勃的《滕王阁序》、苏轼的《前赤壁赋》等，都是优秀的骈文代表作。好在周方曾读过一些骈文和四六文的传奇小说，加之李华父亲是在湘潭往云贵贩漆的，不乏可叙之事，祭文也就好写了。

没费太多工夫，约两千字的祭文就写好了。周方请黄金灿修改，黄金灿一看为之咋舌："从未见你作过四六文，竟有这般修养！"周方说："我是在你那里偷听学来的，是'困而学之'。"黄金灿更觉诧异，周方还有如此瞟学之心。周黄两人同学同事，潜心教学之余，互帮互学，共同研讨古今文词诗联，彼此获益。孔夫子说："独学而无友，则孤陋而寡闻。"周方能得一称心学伴，是他在栗坪教书意外的收获。周方将写好的祭文交予李华校董，他阅后倍加赞赏，夸周方不愧是高平峤的才俊，掏出两块银圆给周方作茶水钱。周方连忙谢绝，称校董热心办教育，晚辈效力是应该的，并说："助人自也乐，李校董往后有事尽管吩咐。"

周方在栗坪三区小学的工作，可说是顺顺当当，风生水起，痛快淋漓。一天，他去永固镇为学校办事，在翻阅报刊时无意间看到一则通告，湖南高等师范文史专修科招考：凡中学毕业暨新旧学有根底的，可以同等学力应考；学制两年，以专修中国文史为主；录取后学膳免收，还发单、夹学装。真是喜从天降，这样的学校正是周方梦寐以求的呀！他反复看后，高兴得挥动报纸，欣喜若狂，不禁想起李白"天生我材必有用，千金散尽还复来"的诗句，兴奋不已。急忙抄录报上内容，办完公事立马赶回学校。

跑到学校办公室，周方将抄好的招考信息呈肖校长阅，恳切提出辞职，请校长恩准。肖校长看后问周方消息从何而来？周方告是在镇上办事时，在报纸上所见。既然如此，肖校长说："周先生，我们事先约定，只要你有满意的学校可考，学校决不拖累你。感谢你为栗坪三小做出的贡献，祝你走好运，鹏程万里！"听了肖校长的一席话，周方感动得热泪盈眶，紧紧握住肖校长的手说，将来有机会一定报效梓里，祝愿栗坪三小越办越红火！辞职后，周方跑到镇里禀告父亲，蓉轩公二话没说很赞同儿子秉轴持钧的决定。周方又立马赶回家，将决定告诉母亲与妻子，并特别指出这可是稍纵即逝的难得机遇，没想婆媳俩很通情达理都予支持。能得到全家人一致赞同，周方更加自信，只要被录取，明日必能"长风破浪会有时，直挂云帆济沧海"，奋发有为报家国！

叁

千年学府美梦圆

北大工读与愿违

岳麓书院遇苔岑

　　人生的道路曲曲弯弯，坎坎坷坷，遇到岔道与曲折怎样面对？如何选择？这不仅关乎人生命运，还考验每个人的胆识与智慧。这次湖南高等师范学校招考，周方把握住了难得的机会，迎来自己人生的重大转折。1915 年春，他办好栗坪三区小学辞职的相关手续和教学工作的移交事宜，悉心安排好父母与妻儿生活，牢记父老乡亲的嘱托，揣着对未来的美好憧憬与追求，告别故土迎官桥，眼笑眉舒地去省城投考梦寐以求的学堂。本来相约表兄彭慕陶同往，只因水东学校再三挽留慕陶而未能成行。倒是周方表兄刘岳镇，请周方带儿子刘树丰跟随一同下省投考。周方知道刘树丰受父多年教诲，学业基础扎实，文笔流畅犀利，这次很想去碰碰运气，便满口答应。两人一路相伴，晓行夜宿，纵论古今，也少了些孤单寂寞。到了长沙，叔侄择店同寓，同做一些应考准备。开考第一场是写作，很庆幸两人都获准参加第二场考试。二考内容为经史问答，涉及九经①、十三经②、廿二史③等的源流派衍、作者、注疏家等。结果周方上榜，刘树丰落第。周方如愿以偿自然高兴，但也未忘宽慰表侄，鼓励他

---

① 九经指九部儒家经典，各朝所指有别，到清朝《通志堂经解》为《易》《书》《诗》《春秋》《三礼》《孝经》《论语》《孟子》《四书》。

② 十三经指《易经》《尚书》《诗经》《周礼》《仪礼》《礼记》《春秋左传》《春秋公羊传》《春秋穀梁传》《论语》《孝经》《尔雅》《孟子》。

③ 廿二史指《史记》《汉书》《后汉书》《三国志》《晋书》《宋书》《南齐书》《梁书》《陈书》《魏书》《北齐书》《周书》《隋书》《南史》《北史》《新唐书》《新五代史》《宋史》《辽史》《金史》《元史》《明史》。

不要泄气，不怕路迢迢，就怕停下脚。只要不放弃，以后还有机会。临别前，两人还相伴同游岳麓山和岳麓书院。

岳麓山海拔 300.8 米，位于长沙市的湘江西岸，峰峦叠嶂，绿荫如被，南北蜿蜒数十公里。湘江北去与其相依相伴，山水相映犹如一对情侣，不离不弃，痴情地厮守着古城长沙。岳麓书院坐落在岳麓山脚，是我国古代著名书院之一。北宋开宝九年（976 年），潭州太守朱洞在僧人办学的基础上，正式创立岳麓书院。继任山长周式因学行兼优、办学卓著，受宋真宗召见并赐内府书籍和"岳麓书院"匾额。自此，书院之名开始闻名天下，有"潇湘洙泗"之誉。"洙泗"指洙水和泗水，古时二水自今山东省泗水县北合流而下，至曲阜北又分为二水，洙水在北，泗水在南。洙泗之间的曲阜是孔子生前聚徒讲学之地，也是他去世后安息之地。后世便以"洙泗"代称孔子及儒家思想渊源。周方与刘树丰能来到这方文脉圣地，慢慢探询先圣足迹和远古的湖湘文化，心中感到无比欣喜。刘树丰非常羡慕表叔周方有幸来岳麓书院深造，祝贺表叔鹏程万里，前途无量！

岳麓书院占地面积两万余平方米，整个建筑分为讲学、藏书、供祀三大部分，各部分互相连接，合为整体，完整地展现了中国古代建筑气势恢宏的景象。它历经宋、元、明、清各代，至清末光绪二十九年（1903 年），与湖南省城大学堂合并改为湖南高等学堂，沿用书院旧址，1912 年更名为湖南高等师范学校。1917 年学校并入湖北武昌国立师范学校后，湖南公立工业专门学校迁入岳麓书院。到 1926 年，湖南工业、商业、法政三个专门学校合并，组建省立湖南大学，岳麓书院为一院，新建校舍为二院。岳麓书院历经千年，弦歌不绝，被誉为"千年学府"。自创立始，便以办学与传播学术文化而名扬于世。南宋理学家张栻出任山长后，岳麓书院成为湖湘学派的发源地，它传承灿烂的华夏文明，衍生出"心忧天下、敢为人先、经世致用、兼收并蓄"的湖湘文化，培养出了一大批杰出人才。

周方从 1915 年 5 月到 1917 年 6 月间，有幸在千年学府圆满完成学业，可谓福至心灵，吉人天相。他报考的文史专修科，是湖南高等师范学校校长吴嘉瑞（字雁舟）感慨国学的消沉，肆意振兴而特别新设。文史科招三个班，周方成绩名列第六，甘融（字哲明，湖南湘阴人）夺得榜首。周方入学后分在文科乙班，同班同学还有蔡和森、邓中夏、朱芳圃、蔡人龙、熊光楚、王光霞、吴日三等英杰人物。莘莘学子从各地来到学校，映入眼帘的学院大门楹联"惟楚有材，於斯為盛"，特别亮睛耀眼（图3-1）。

图 3-1　岳麓书院门联

该联为清嘉庆年间山长袁名曜出上联，贡生张中阶对下联而成。上联出自《左传·襄公二十六年》，下联出自《论语·泰伯》，道出了三湘大地英才辈出的历史盛况。周方一看到它，就以身为湖南人而感到自豪，并联想到群星荟萃的三湘英杰：宋朝理学思想的开山鼻祖周敦颐；明末清初最伟大的思想家、文学家、史学家兼美学家王夫之；清代启蒙思想家、政治家、文学家魏源；近代政治家、战略家、理学家、湘军的创立者和统帅曾国藩；晚清军事家、政治家、湘军著名将领、洋务派首领左宗棠；近代著名政治家、思想家，维新志士谭嗣同；近代民主革命家、推翻清朝统治开创民国的元勋之一黄兴；著名政治家、军事家、民主革命家、中华民国初年的杰出军事领袖蔡锷等志士仁人。他们在中华民族史诗中谱写了气贯长虹的潇湘绝唱，是中华儿女永远学习的榜样。

岳麓书院楼宇丹楹刻桷，画梁雕栋，古色古香；院内绿化茂林修竹，琪花瑶草，云蒸霞蔚，苍翠欲滴，令人赞叹不已。在这里既可远眺市区的高峻楼宇，又远离街道的繁华喧嚣，是绝好的藏修游息、潜心致学的殿堂，有缘来此求学乃人生之大幸。更令人啧啧称美的是，授课的老师皆为久负盛名的学者大师。如伦理学老师杨昌济（又名杨怀中）、教育学老师徐特立、国文老师吴獬、哲学老师王凤昌、史学老师刘人坚、经学老师成赘君等，在省内皆深孚众望。周方将这一切都详详细细写信告诉家中父母妻子，他们为周方能入岳麓书院求学而高兴，周方表示一定牢记家人嘱托，勤恳受教，修成正果。蓉轩公回信告诫儿子："要知道'将相本无种，男儿当自强''一心定而事得'。要记住孔子的教诲，'君子欲讷于言而敏于行''德不孤，必有邻'。再不能见异思迁，结群闹无谓纠纷而荒废学业。"周方铭记父训，保证不断自省自律，"朝夕勤志，恤民之赢"，毋近浮躁，慎择益友。

说到交友，周方是蛮看重的。古有"近朱者赤，近墨者黑""蓬生麻中，不扶而直。白沙在涅，与之俱黑"的训导，心想若遇管鲍之交，就是人生幸事。回想曾经的朋友黄金灿、袁玉清、袁加和等各有所长，相互间都有帮助。常言道，在家靠父母，出门靠朋友。唐朝李贺云："人生所贵在知己，四海相逢骨肉亲。"远离亲人到长沙，他更盼望能遇上谊切苔岑。说来也巧，周方在同窗中还真计获事足，结交了两位鸿俦鹤侣。一位是蔡和森（又名蔡林彬），湖南省湘乡县永丰镇（今属双峰县）人，由湖南省立第一师范学校跳级考来；一位是邓中夏（又名邓康），湖南省宜章县人，由郴州湖南省第七联合中学考来。三人同在乙班，按年龄大小周方老大、邓中夏排次、蔡和森最小。他们心忧天下，性格温润，崇新学、喜思辨、爱诗赋联语，相处很是投缘。在学习中，每听完老师讲授，三人常常相互交换体会和感悟，对学院深厚的文化底蕴，尤为自豪与关注。

岳麓书院是中华文化的宝库，这里有着得天独厚的自然和人文环境。闲暇时，周方、邓中夏、蔡和森常来爱晚亭（图3-2），谈笑风生，挥斥方遒，纵论天下大事，热议市井时世，抒发忧国忧民的热血情怀。

爱晚亭坐落在岳麓山的清风峡，是中国四大名亭之一。其他三大名亭是：江西的琵琶亭、浙江的兰亭和安徽的醉翁亭。还有一种说法是岳麓山的爱晚亭、安徽滁州的醉翁亭、杭州西湖的湖心亭、北京的陶然亭。反正两种说法中都有爱晚亭。为此，周方还认真做了考证，毕竟学文史的就有这样的嗜好。

爱晚亭是山长罗典于清乾隆五十七年（1792年）所建，堪称我

图3-2　爱晚亭

国亭台建筑之经典。始建时名为"红叶亭"，又名"爱枫亭"。后据唐代诗人杜牧《山行》改名"爱晚亭"，取"停车坐爱枫林晚，霜叶红于二月花"之句。亭前池塘桃柳成行，亭周枫树叶茂枝繁。每到深秋，满山红叶染透层林，引来游人流连忘返。周方、邓中夏、蔡和森常来亭内看书聊天，遇上游人还乐意与之攀谈，询问市井民俗，体察社会民情。

学院大门前东南 200 米处的自卑亭（图 3-3），也是三人关注的名胜，由清咸丰十一年（1861 年）山长丁善庆所修葺。原亭于清康熙二十七年（1688 年）由长沙郡丞赵宁倡建于今亭以北，亭名取"若登高必自卑"之意，为山长车万育所书。乾隆二十四年（1759 年）山长欧阳正焕重修，嘉庆十七年（1812 年）山长袁名曜将其迁建于现址。

三人通过对自卑亭由来的探寻和对《自卑亭记》《修自卑亭记》的仔细研读，知道"自卑亭"亭名源出《中庸》："君子之道，譬

图 3-3　自卑亭

如远行，必自迩；譬如登高，必自卑。"它告诫人们，人的道德修养好比长途跋涉，须从近处开始；好比攀登高峰，须从低处开始。我们要登上学问的高峰，需先自卑，从山脚步步攀登；修行研学必须从身边着眼，低微入手，循序渐进，锲而不舍。

至于钟灵毓秀的岳麓山，自然是三人仰慕的福地。它虽不雄伟，但古树参天，史迹满山。单说千年的古树就有唐代的银杏、宋时的香樟、明清的枫栗。半山腰麓山寺堂前的那一棵晋朝罗汉松，树龄已有 1700 多年，依然树干挺拔，针叶繁茂。至于遍地的枫树，更是一绝，周方尤其钟爱。深秋时节，枫叶红透，逆光看去，光鲜剔透，耀眼夺目。它不是石榴红，也不是玫瑰红，更不是牡丹红。它红得那么质朴，红得那么谦和，毕其一生为大自然奉献一片深秋的枫叶红！周方喜爱、赞美和要学习的，就是枫叶的这种痴心执着与奉献精神。深秋红枫醉了岳麓山，更醉了书院读书人。莘莘学子爬山绝顶，拥抱自然，健康体魄。随着他们对书院及岳麓山的深入了解，无不深深感叹：岳麓书院乃读书人的天堂！它底蕴深厚，文脉久远，名人荟萃。依伴岳麓山，随处都飘逸着广博的知识和深奥的学问，难怪这里人才辈出，声名远播。

1916 年的中秋之夜，邓中夏兴致勃勃地约蔡和森、周方、张楚、朱芳圃等几位同学夜登岳麓山。火样年华的年轻人，披着月光一路兴趣盎然地直奔岳麓山峰顶云麓宫，顷刻间一路上银光下的山水美景直扑眼帘。皓月悬空，流莹缥纱，湘水粼粼，秋风爽爽，顿觉心旷神怡，悠然惬意。虽然团圆之夜身在异乡，但好儿女志在四方。大家赏月怡情，吟诗作对，其乐融融。

周方快言快语一副对联夺先声：

湘水有情盈素月，麓山着意染丹枫。

此联描写湘江与岳麓山相依相伴的美景，抒发对长沙的赞美与热爱，赢得同窗一片掌声。

邓中夏接着即兴一首《夜游岳麓山》：

麓山高处隐天光，待月何人踏夜凉。
灯火万家迷故国，江流一线认危樯。
青燐应有血成碧，白骨终当土化黄。
载酒过从思沃酹，满天风战一林霜。

阵阵掌声又送给了邓中夏。在大家一片喝彩声中，诗兴正酣的邓中夏又出一首《登麓高待月》：

山椒零露泫珠光，结伴登临两袖凉。
出谷梵钟警落木，隔江星火照连樯。
高垣晻暧生虚白，野径依稀认抱黄。
省识青灯书味好，满庭何必月冬霜？

就这样你一联，我一诗，似连珠炮诗联互应，尽兴开怀。

临近午夜，踏着皎洁的月光大家说说笑笑下山了。不经意间，众人话题转向了岳麓山的宗教文化。有的说在山脚我们岳麓书院的文庙，曾是岳麓山历代山长宣传儒教的场所；有的说山腰上的麓山寺，至今约 1700 年的历史，是中国佛教史上著名的道场之一，明神宗于万历年间还赐名"万寿禅寺"；有的又说山顶的云麓宫至今也有约 500 年的历史，是道家七十二福地中的第二十三福地——洞真虚福地，是华夏传统文化中一道神奇亮丽的重彩！细数秀丽的岳麓山，同纳儒、佛、道三教于一统，和谐共存，彼此交融，同辱同荣，彰显其兼容并包的神奇与深邃。

文人的多情善感又使他们在自豪骄傲之后，来了个一百八十度的情感急转弯。回望我们可爱的社稷山河，曾经的盛世辉煌，自鸦片战争以来荡然无存。如今惨遭外国列强蹂躏欺凌，山河破碎，满目疮痍，国已不国，民不聊生。面对这腐朽的社会，衰落的民族，落后的农耕文明，个个忧怨满腔，义愤填膺。不约而同相互击掌明志：我热血青年要为救国救民勇于担当。在漫漫黑夜中追寻光明，唤醒民众，驱除列强，洗雪国耻，救我中华！

自此，蔡和森、邓中夏与周方更热衷于关注与探究天下大事。他们仔细梳理自鸦片战争以来的中国历史，腐朽昏庸的清政府在不到 70 年内，分别与英、美、法、俄、葡、日、德、意、西班牙、奥地利、荷兰、比利时等外国列强，签订辱国丧权的不平等条约多达几十个，致使中国沦为丧失独立自主地位的半殖民地半封建社会。祖国母亲遍体鳞伤，肢体受残，苦难儿女挣扎在水深火热的万丈深渊。为拯救中国，一批批仁人志士前赴后继，肩背相望。反抗外来侵略和清朝封建统治的救国运动，一波波、一浪浪。从林则徐的虎门销烟，到洪秀全的太平天国运动，晚清洋务派的洋务自强，康有为、梁启超的戊戌维新，再到孙中山的辛亥革命，为了拯救中国前赴后继。其中辛亥革命虽推翻了清朝封建王朝，但被袁世凯劫取胜利果实恢复帝制，最后中国的政权还是完全落入北洋军阀手中。他们既无力弥合派系之间的利益冲突，更无力统一全国。在南方，各军阀与北洋军阀是一丘之貉，只会各据一方狗咬狗。孙中山领导的革命力量虽然仍坚持活动，但最终都未能挽救国家于危难而一统中国，国家仍陷入军阀混战的四分五裂之中。

时下的中国，如何恢复和重建光明的政治秩序和社会秩序，推进中国正常发展的进程？这是三位同窗日思夜想最为关切的问题。救国救民的道路究竟在何方？中国该向何处前行？这样的天问一直缠绕在觉醒时期三位热血青年的心头。为了更多地向老师求教，解脱思想上的混沌迷茫，蔡和森常邀周方、邓中夏一道，利用星期天或晨夕闲暇之时，到杨怀中老师寓所问学质疑，求引方向。蔡和森还把在学校图书馆借阅的各种参考书面呈杨老师启示指点，深入钻研。通过蔡和森，邓中夏和周方还结识了在湖南第一师范求学的毛泽东、何叔衡、张昆弟等人，共同的志向与追求使他们很快成为亲密挚友，一同探寻救国救民的道路。

在广泛结交益友中，周方心境宽阔舒坦，情绪饱满向上，时时处处都沉浸在求知求学与增智的愉悦中。此外，他还喜欢广泛接触社会，特别体恤民情。一天下午，周方在书院碑廊探究碑刻，校工小孟走过来很客气地请周方替他看一封家信。周方乐意地接过信，看后逗乐地和他开玩笑说："你走桃花运了，家里要你趁寒假回家相亲。"小孟听后笑眯眯地连忙说："谢谢，谢谢！"这件偶然小事引起周方久久思考：像小孟这样的青年小伙，基本不识字，信都不会看，在现实生活中无力自强，只能生活在社会的最底层。试想，如果一家人都是文盲，那么这个家庭也只能处在社会的最底层。再推而广之，如果一个国家遍地文盲，那这个国家肯定是全世界最落后、最底层的国家之一。

思来想去，周方觉得国家要强盛，就要先让国民摆脱贫困和愚昧。要达此目的，扫除文盲又是第一步。我们要为国家效力，应像自卑亭所给予的启示那样，大事业要从小处做起、从身边做起。这一点古时也有训诫："勿以恶小而为之，勿以善小而不为。"像帮助小孟这样的工友们识字学文化，看起来是小事，但是引领意义甚大，事关民族国家兴衰。帮助他们学好文化，扫除文盲，让每个人都受到教育，个人能力得到提升，进而改变个人和家庭乃至国家的命运。在文盲遍地的中国，做这样的实事，就是提升国民素质，就能增强国家的实力，就是在尽责尽力救国救民。周方的分析入木三分，很有见地。联想到百年后的今天，国家对脱贫致富紧紧抓住的关键，就是"扶贫必扶智，治贫先治愚"。可见教化育人的功效，古往今来都很被重视。

周方将这个想法与蔡和森、邓中夏商量，立马获得赞成。三人商议先从自我做起、身边做起，在学校开设工人夜校识字班，帮助校工学文化。只要校工愿意，不怕人多。周方曾经在家乡教过书，有经验，很乐意牵头尽心尽力做好这件事。始料未及的是，当他们找校工交谈时，多数人认为卖劳力干苦活的人，就凭力气挣钱，费时费力学文化有何用？还不如凑在一起聊聊天、抽袋烟开心。有的还调侃说，要是能发个烧饼吃吃，还是愿来上课。对此，三人不但不泄气，相反觉得如此现实，说明办工人识字班很有必要，提高工友们的思想认识和文化素质时不我待。

说干就干，三人分头继续找工人师傅交朋友，耐心告诉他们识字的好处。譬如外出时会识路牌找店铺，买东西会识货看价，能读书看报长知识、开眼界。特别是学了文化有知识，就不会受别人的愚弄欺压。周方还以小孟师傅由于不识字，家里来的信不会看，就很想要学文化为例，劝大家来夜校识字学文化会有很多获益。功夫不负有心人，1916年冬，工人夜校识字班顺利办起来了。三人自当老师，自编教材，开篇第一课选用的是唐代诗人李绅的《悯农》："春种一粒粟，秋收万颗子。四海无闲田，农夫犹饿死。"很受校工们喜爱。夜校还准备好水杯、开水，校工们下班后都自动来识字练字读文章。一时间，岳麓书院内校工学文化的扫盲活动蔚然成风。无独有偶，在湘江东岸的湖南第一师范，1916年12月也开设了工人夜校，但随后因困难重重停办。直到1917年9月，毛泽东领导的一师学友会才恢复了停办的校内工人夜校。周方他们利用业余时间免费教工人识字扫盲的夜校，可说是后来20世纪20年代全国平民教育运动的先声。

沩痴寄庐谋放洋

　　周方他们在岳麓书院办的工人夜校，很快在荣湾镇传开。1917年元月下旬的一天，几位卖菜的年轻人偶然路遇周方，便打听："先生，请问可以来你们夜校识字吗？"周方听后很是高兴，满口答应可以可以，说："我们正是要帮助你们识字，扫除文盲。只是一些具体事情还在准备，到时我们会张贴通告。请你们留意问问会看通告的人，按时来报名就是。"

　　回到学校，他细细思量老百姓想识字这件事。春秋以前，学在官府，只有贵族子弟才有受教育的机会。春秋末期，随着王权的衰落、政权的更迭，各阶级的地位不断发生变化，出现了"天子失官，学在四夷"的局面，普通百姓也可以受到教育。是孔子提出了"有教无类"的重要思想，在民间办学，教授各阶层的子弟，使教育普施民众，突破了只有贵族子弟才能受教育的官学樊篱，开创了中国平民教育的先河。我们要传承孔子的思想，大力开展平民教育，把识字扫盲班推向全社会。

　　再联想自己曾祖杏园公、祖父岐山公、家父蓉轩公，均在梓里办学塾徒，资助贫寒子弟入学，卓有成效，使迎官桥乡野十里之内无不识字者。在岐山公逝世十二年时，周方还拜请高等师范恩师，清朝解元进士吴獬先生专为祖父撰写墓志铭："不专于文，而专于学。学以为教，教以为乐。世不厌者，学谋其私。独乐为教，盖性秉之。积善不昌，由仁不熟。孙方勉旃，会食其福。"周方寻思，孙辈我学的是师范，更应传承先辈理念，面向社会平民，教他们识字学文化，扫除文盲，提高百姓文化素养，将教育普施民众，以实现教育救国之宏愿。

周方仔细琢磨，越想越觉得教育的根本是救国救民，教育的宗旨是为国为民，教育的指向是利国利民，为百姓扫盲合国情、顺民意是无比光明的事业。事不宜迟，他即找蔡和森、邓中夏细说自己的想法，他俩都觉得把扫盲工作推向社会确实必要，也完全可行。但考虑到校外人员来书院内上课，很难获得学校批准，且校外人员出入校园也多有不便，最好能在校外找个地方。带着这个想法，周方学习之余就到荣湾镇周边转悠，寻找可租用办识字班的房屋。果然，风刮帽子扣麻雀——意外收获，他竟真的找到了刘家台子沩痴寄庐。

沩痴寄庐离岳麓书院很近，是一座小青瓦、竹织壁的墓庐式瓦屋。槽门口挂着铜牌"沩痴寄庐"，原意为宁乡籍孝子为守祖坟盖的墓庐屋。这里四周都是坟墓，偏僻荒凉，但房间宽敞，是个小院落，房租还便宜。周方很快与屋主谈妥，在沩痴寄庐租了两间房，租金每月两元。通过一番筹备，周方他们很快就在沩痴寄庐开班上课，学习孔子践行平民教育，办成人识字班，帮助老百姓扫盲。

说起 1917 年，对周方来说还真顺畅，真是程咬金拜大旗——运气好。他三喜临门，一是三月份喜添老二，取名周书稚；二是租到沩痴寄庐开展平民教育；三是六月顺利完成学业，拿到了大学毕业文凭。毕业后，同学们各奔东西。邓中夏入北京大学继续深造习国文，以图更大发展；周方立志教育救国，继续在沩痴寄庐开展平民教育，刘家台子也被称为周家台子；蔡和森痛心于国弱民贫，为求中国之变革，暂留长沙寄居半学斋杨怀中先生寓所，刻苦钻研，努力自学，锤炼身心。蔡和森还继续同周方以及在湖南第一师范就读的毛泽东、罗学瓒、张昆弟等同学，常到爱晚亭、水陆洲（即橘子洲）相聚，纵论天下大事，潜心探索改造中国的道路。

这年夏天，蔡和森与妹妹蔡畅商定，将母亲葛健豪与姐姐蔡庆熙及其女儿从家乡永丰镇接来长沙。一家三代五人先在岳麓山下的饮马堂租了一间房子住下，因人多房小很不方便，蔡和森找周方商议有何办法。周方说："我在周家台子租的沩痴寄庐很宽敞，还有空房，你们来租住即可。"很快，蔡和森一家全都搬来同租居住。那时，蔡畅在周南小学任体育教员收入不多，周方又找房东租了半亩地用以种菜。大家都来自农村，勤快耕种，蔬菜基本上能自给自足。在这里，蔡和森还有一项任务，就是坚持身体锻炼，治疗他的胃病和哮喘病。与蔡家同是湘乡人的张良权，在长沙衡粹女子学校与蔡庆熙同学，两人都在缝纫刺绣班，交往甚密，也常来沩痴寄庐相聚。蔡伯母总是热情相待，视周方与张良权如同子侄。常来沩痴寄庐的还有毛泽东、萧子升、李维汉、罗学瓒、张昆弟等热血青年，蔡伯母都特别欢迎。他们一起研讨学术，在乱世中探寻救国真理，于至暗时寻找社稷光明。一时间，沩痴寄庐成了觉醒年代有志青年经常聚会的地方。

　　周方在《回忆蔡和森同志》中记述，1918年春，毛泽东奉母亲文素勤来长沙治疗结核性淋巴结炎，因与蔡和森、周方早为挚友，就寄居在周家台子沩痴寄庐。毛泽东常来侍候，除于母前温语相慰外，还和蔡和森、周方纵论研究学术，探寻救世救国救民的道路[①]。

　　1918年4月14日，新民学会在沩痴寄庐成立，这在中国历史上留下了光辉的一页。刚筹建时，萧子升提议取名"新民会"，毛泽东提议取名"新学会"，后来综合两人提议，取名"新民学会"。周方因老家发生瘟疫，家里多人感染，长嫂已病亡，被父急唤回乡，由此错过参加新民学会的成立大会，以致一生引以为憾。但想到曾参与过学会成立工作的酝酿；与蔡和森将沩痴寄庐提供给学会召开成立大会；随后毛泽东1919年7月14日创办《湘江评论》，编辑

---

① 引自《湖湘文史丛谈》第一集，周方撰写《回忆蔡和森同志》一文，湖南大学出版社2008年出版，第250页。

部也设在沩痴寄庐,多少为革命有所贡献,又让周方稍感宽慰。

1951年11月24日,参加新民学会成立会的好友罗章龙、陈书农,相约周方重游沩痴寄庐,并合影留念(图3-4),照片背面有周方当年的亲笔记述(图3-5)。三十多年后,三位老者抚今追昔,往事如云,见景生情,百感交集。感慨尤深的是:中国共产党的伟大,是由坚定不移的革命理想、矢志不渝地努力求索、义无反顾地殊死奋斗所铸成。人生的道路不会有"如果",全靠自己一路好好把握。

五四运动前后,灾难深重的中国在帝国主义、封建军阀的双重压迫下,广大热血青年深感教育之沉疴积弊,遭受失学失业的痛苦。在新文化运动的影响下,其中不少人为了寻求救国图强、改造社会的道路和真理,积极投入由蔡元培、吴玉章、李石曾、吴稚晖、张继等人发起的赴法勤工俭学运动。在湖南就有蔡和森、毛泽东、萧子升、李维汉、李富春、张昆弟、罗章龙、周方等,为之积极奔走呼号,发动和组织爱国青年踊跃参加。在周家台子沩痴寄庐,蔡和森和周方一同自学、一同研习、一同补学法语,与毛泽东、李维汉、向警予、张昆弟等一同筹备赴法勤工俭学各项工作,周家台子成了爱国青年议事解难的聚集地。

为深入研究探讨赴法勤工俭学各项事宜,并筹措赴法旅费,蔡和森受杨怀忠之约去北京。1918年6月23日,毛泽东与周方一道送蔡和森至长沙轮渡码头,预祝他如意顺利而归。到北京大学后,蔡和森拜会了蔡元培、李大钊、李石曾等人,明确了赴法国的许多具体事项,筹措了部分资金。回湘后,他对赴法勤工俭学运动更是加快推动,一时间有志于留洋勤工俭学和追求新思想的湖湘学子,都闻风而来汇聚长沙。周方的新化永固镇老乡、世谊马莲仙(又名马国霖),1919年4月送二子马非百、马子谷前往北京考学时途经长沙,马家兄弟就找到周方在周家台子沩痴寄庐住了两月。经周方介绍,他们认识了毛泽东、蔡和森等人,并结为好友。同年6月,马非百考取北京大学文学院预科生。经周方介绍,又与邓中夏、罗

图 3-4　左起罗章龙、陈书农、周方、房东合影

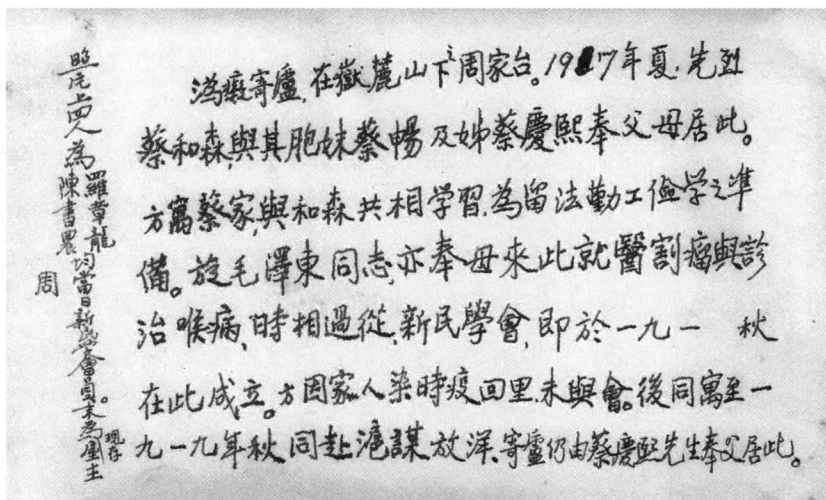

图 3-5　合影背面周方的亲笔记述

章龙认识，并第一个参加由邓中夏倡导的"曦园"实践活动，"实行新生活"。曦园公寓就设在北京东皇城根达教胡同四号，罗章龙、刘仁静都是其中人员。后来周方参加北大工读互助团，常与邓中夏、罗章龙、马非百等往来。他们积极投入新文化运动，研究民主与科学，探讨中国社会问题，彼此互勉图强，励志奋飞。后来马非百潜心研究秦汉史达四十年之久，成了我国著名的秦汉史学家。

周方为加快做好赴法国准备，赶回乡里向好友筹借到五百元旅费后，得蔡和森信催他快回长沙。当周方父母获知他将赴上海乘轮船去法国求学时，双双反对。周方深知世伯周凤山与父亲蓉轩公相知相已无所不言，便将有意留学法国事禀告凤山伯，拜托帮助说服父母亲。通情达理的周凤山忙说："家里有人留洋是件大好事。我永固镇无人留洋，望你首开天地。蛟龙入大海，何愁没出息！"满口应允当说客，去开导蓉轩公。果真，经周凤山悉心沟通，蓉轩公答应了。接着周方又请舅舅也是岳父彭公湘辉和姑父等，同来说服母亲。母亲春英是个目不识丁的典型良母贤妻，对周方十分疼爱。她听说儿子要天远地远抛家远行去放洋，急得寝食难安，终日以泪洗面。后经夫君和自家兄弟三番五次劝说开导，她才饮泣吞声，晓以大义勉强答应。

可是到周方临行那天，真如山呼海啸，母亲春英惨恸得难以名状。面对这爱别离苦，周方强作笑脸叩母辞行。家人一起相送，唯母子尤其难舍。一直送至门下岭时，母亲说："儿去前程远大，为母本该高兴。但不知几年才回来，还能叫我看得见么？"话音刚落，满眼泪珠直往外涌。"母别子，子别母，白日无光哭声苦。"当着母亲的面儿子虽然没有掉泪，但行至望不见母亲时，周方不禁泪如泉涌，泣下沾襟，一行十公里都不能自抑。母亲临别肝肠寸断的话，在周方的记忆中尤以蒂固。到了长沙沩痴寄庐，周方仍夜夜梦见母别时的慈祥面容，噬指弃薪，母子情深呀！

经过一年多紧锣密鼓的筹措，1919年秋，周方与蔡和森先行到上海，为跨洋远行做前期准备。毛泽东则放弃去法国，他说："我觉得我对我自己的国家了解得还不够，把我的时间花在中国会更有益处。"[①]加之去法国要学法语、需要不少旅费，还有相恋中的杨开慧也不打算去法国，这些或许也是影响毛泽东没去法国留学的原因。蔡畅、向警予、葛健豪、张良权也相继于中秋节后来到上海。可是人有旦夕祸福，天有不测风云。就在临登船前些日，周方突患脑神经损伤病，出现头部疼痛，口鼻歪斜，彻夜难眠。蔡伯母与张良权急送周方去一家法国医院，安排住院治疗。张良权在医院照顾周方，蔡伯母常来医院看望。突发的重病，导致周方不能赴法，他将所购船票交与一直支持并参与赴法勤工俭学的蔡伯母葛健豪。1919年12月25日，蔡和森等人乘法国"央脱莱蓬"号邮船离开上海，张良权陪周方前往黄浦码头为蔡和森等送行。

　　未能如愿与蔡家一同赴法勤工俭学，寻求救国救民的真理，令周方噬脐莫及。好在"天无绝人之路，地有好生之德"，在住院期间，周方偶然看到一份北京《晨报》，刊载北京大学工读互助团发的启辞，载蔡元培、李大钊、陈独秀等支持并参与创办的工读互助团，倡导新思想，实行以工助学，可免费任意选修大学各科课程。周方特别敬仰北京大学的蔡元培、李大钊、陈独秀三位贤哲，他们是中华民族觉醒时代民主与科学的先行倡导者，是华夏儿女探索时期新文化运动的发起与推动者，要救国救民，就要走民主与科学的道路。北京大学汇聚着新文化运动的中坚力量，北大创办的《新青年》《新潮》与《每周评论》又是周方喜读的杂志。想到这里，他与张良权商量，去北京大学加入工读互助团，还可探寻真理、学习科学，体验以工助学，便决定待病愈后即赴北京。

---

① 引自〔美〕罗斯·特里尔著，何宇光、刘加英译：《毛泽东传》，中国人民大学出版社2010年出版，第46页。

北大工读与愿违

　　1919 年，由北京大学在校学生、少年中国学会成员王光祈，联络顾兆熊、李大钊、蔡元培、陈独秀、胡适、周作人、陶履恭、程演生、王星拱、高一涵、张崧年、李辛白、孟寿椿、徐彦之、陈溥贤、罗家伦十六人，发起并募集经费，成立了北京工读互助团。它本着互助的精神，实行以工养学、工学结合的半工半读，为探索新思想、新社会、新生活，开展改革社会的实践，以达到教育和职业合一的理想，践行新思潮的探索。工读互助团规定：第一，团员每天须务工 4 小时；第二，团员之衣、食、住及所需的教育费、医药费、书籍费，均由团体供给，唯书籍为团体公有；第三，团员务工所得收入归团体公有，各人学业自行安排在各自学校完成。北大校长蔡元培及李大钊、陈独秀、钱玄同、胡适等给予了大力支持，恰逢其时地满足了莘莘学子追求新思潮的愿望。

　　自五四运动之后，北京的民主思潮深入学子脑海，口所说，笔所写，报纸杂志所鼓吹推动，从政治而经济、而文化，无不以民主相号召。北大工读互助团为适应"劳工神圣"的新思潮，倡行劳工主义，用具体实践宣扬劳动创造世界、劳工万能、劳工神圣，尝试了一种人才培养的新方式。北京大学所创办的《新青年》《新潮》，更是鼓吹起劲。不少学子欣然向风，寒苦青少年更如生龙活虎地向以工兼学、工学互助的方向寻求出路和前程。

　　1919 年 12 月 29 日，周方病愈从上海来到北京。他对北大工读互助团非常看好，认为所提倡的新思想、新生活，是改造社会的有益探索。1920 元旦刚过，周方抱着对新鲜事物的向往，对北京大学名师的景仰，本着接受新文化、探寻新思想的愿望，经戴季陶（中国国民党元老，中国近代思想家、理论家）引荐和互助团的考查，顺利办好手续，正式加入北大工读互助团，被安排住在马神庙宿舍。1月14日，周方相约在北大念书的马非百一同去拜望恩师杨昌济老先生。杨老虽在病中，仍坚持要坐起来与两位后生深情交谈四十分钟之久。他一生以发展教育为己任，对周方影响深刻。万没想到这次拜访，竟成了周方最后一次聆听恩师的亲切教诲。1月17日，杨昌济先生病逝于北京。

在北京的工读互助团分为四个组：第一组设在北京大学附近的骑河楼银闸胡同斗鸡坑7号，主要经营食堂、洗衣及石印等；第二组设在北京专门工业学校、法文专修馆、北京师范学校三校的附近；第三组团员全是女同胞，称"女子工读互助团"，设在女子高等师范学校附近；第四组设在景山东松公府夹道8号。

对当时的高等学府不得其门而入的寒门学子来说，最为头疼的是：一是学历限制，非经正规中学毕业不能应考；二是学费门槛过高。当时上北京大学每年学费25银圆，还有住宿费、伙食费、书籍费等，加起来所需费用不菲。受此打压的多是那些受新思潮影响又寒苦而迫切求上进的青年。工学团正好为他们无钱求学解了大难。

综合各组情况，周方选择加入骑河楼食堂组，共有八人。所开饭馆取名"俭洁食堂"，设在沙滩东口北大第二宿舍的对面，来就餐者主要为北京大学跑通学的学生，其他过客亦所欢迎。组内何孟雄同学任掌柜，其他人员分司打扫、洗碗、招待顾客等工作。午餐、晚餐是有定时的，团员每天需工作四小时，分上午、下午相互轮换。工读互助团自办食堂，在北大是件新鲜事，加之环境整洁，服务周到，价格适中，开业便顾客盈门，生意很红火。当时开办这个食堂仅投资200银圆，除开厨师薪金及工作人员伙食外，每月所获纯利在100银圆以上。

工读互助团经短期运作，听课与务工在时间上暴露冲突，这是很棘手的现实问题。为此,工读互助团与各教授协商,请准本团团员免费自由选课旁听,照顾团员们务工听课两不误。教授们一致同意,全力支持,真正展现了北大教授们关爱体恤学生、扶持新事物的师德风范。团员们自行安排好上午、下午的务工与听课,每周轮流更换。譬如这周某甲听上午的课,下周则某乙听上午的课。虽然对教授所讲的课,不能每周都去听,但在同学间可互相借听课笔记抄阅,或请其帮助解释。需要时还可借阅教授的讲义,故对学习影响也不太大。若有章节存在疑难,还可向授课老师面询求教,教授们都乐意一对一详细指导。还有些团员因工作牵累,每周轮流选课听讲也难保证,则请教授每晚七时至九时的自习时间,专门给团员讲授缺听课程。如胡适、陈仲甫、王星拱、高一涵、周作人、张崧年、陶覆恭(陶孟和)等,都乐意课后给团员们认真辅导。工读互助团还常请陈独秀、李大钊、鲁迅等权威学者来团讲座与指导。这是周方在北大最为满意、最为感激的求学经历。总之,所有团员对恩师们的辛劳付出,都南天门作揖——高情难领,感激涕零。

俭洁食堂通过大家的努力,越办越红火。只是自沈立庐介绍由浙江省立第一师范来的施存统等五人入组后,食堂组共十三人超出食堂收入可承受的范围。食之者众,收入无增,效益明显下降。其时,工读互助团的团员已增至四十多人,便新开办洗衣组、石印组与英算补习班。据各人兴趣,参加英算补习班的报名多,而洗衣与石印两组观望的多、报名的少。不过还是有李英自愿任洗衣组主任,周方认为石印可学技术,也自告奋勇牵头担责。在洗衣组初开办时,愿意给客户送衣服者多,而参加洗濯者少,常靠李英独自完成。周方因等待筹措购买石印机,便自愿协助李英,帮忙洗涤衣服。李英待人任事至为诚谨忠实,任劳任怨,不辞辛劳,共事中周李成了好朋友。凡接送洗熨诸事,他俩一一躬亲,尽其在己而不苛求于人。由于服务热情周到,客户日多,月计收获算可,两人特以为慰。

在当时高呼"劳工神圣"的口号下,工读互助团尤为重视劳动。

但在团内常常言行难于一致。一日，周方与李英正忙于洗晒衣服，一男同学要去马神庙食堂做事。周方知晓食堂亟需洗碗盆，便托他带个盆过去，可他面显难色。周方笑着说这正是接受"劳工神圣"的考验，这男同学笑笑答应带盆。可他出门根本就没有带盆，遇上一人力车上车就去了马神庙。由此周方想到，怎样言行合一在同学中还需努力加强。其实凡此书生习气，贱视劳动的心理在工读互助团不仅这男同学一人一事。例如食堂工作中挑肥拣瘦，怕脏怕累，甚至规定轮流打扫室院、抹拭桌几等琐务，也有人故意规避，或假作忙于外务而怠工。周方与李英商及此事，李英总说靠各人自觉，常自己为之代劳而不得罪人。久而久之，偷懒的人便视为自然，好像谁为头就是谁的事。周方为此很看不惯，本约好何孟雄去找陈独秀反映。临行何孟雄有事，不信邪的周方便独自一人亲往陈独秀家，提出要立团规要求人人参加劳动，谴责好逸恶劳陋习。不料陈独秀以本团重在自治自觉，不同意另作规定，靠多多互相启发，久久待其自觉。无奈，周方只好请陈独秀给团员们讲讲话，进行劳动教育。后陈独秀抽时间来工读互助团，谈及劳动光荣，劳动创造世界，工读互助团必须工读并重，团员务必重视劳动、言行一致等。但是收效甚微，鄙视劳动的"劳心者治人，劳力者治于人"的思想，在团员中依然存在。

说起来参加工读互助团的人，都是认清了工读宗旨而来的，又经组织人多方考验挑选才许入团，照理应该思想一致，哪想其实大为不然，差不多是"人各有心，恰如其面"。也难怪，入团的人本来就五花八门，来路各不相同，良莠不齐。有新从浙江师范退学出来的所谓"最先进分子"，有写非孝、非孔论文而被学校视为洪水猛兽开除学籍而入团的狂人，有和封建家庭对抗逃婚、被断绝上大学的经济而入团的烈女，还有慕工读主义新生活而入团、有仰慕北大名教授而入团、有专想混混喜新厌旧头衔过自由生活而入团的人。对于周方来说，是彻底抛弃"读书为做官"的心理，看好工读互助团是提倡新思想、新生活，探寻民主救国之路，实施体脑结合，以工助学达到教育和职业合一的理想，由此慕名而来。他认为，只要工读互助团登高一呼，定将四方响应，对全国士风民气的改造，尤可大有作用。

周方为人忠厚诚恳，在同学中年龄算大，大家都予礼遇。周方也以学兄自居，对本团不合法、不如意的事情，大到团章团规，小到各同学的言谈举止，都心直口快地直言指出。食堂经理何孟雄与周方是湖南同乡，也是红牌团员，对周方很尊敬，周方提出的合理建议，他都信从支持。同学们的友好宽容，使周方常爱抛头露面，凡事都喜欢说个道理。

有一次，由浙师来团的某同学，别出心裁提出所谓新思想，要大家废止各自名字中的姓。理由是"姓氏是宗法社会的起源，我团要打倒宗法社会，所以我们团员都应当先从个人做起，废止姓氏"。周方一听，可是瞎子熬糖——恼了火，极力反对他的说法。指出姓与"宗法社会"怎能相提并论？只要莫利用它去干宗法勾当，就把姓看作一个普通称呼，怎么会是宗法遗毒呢？中国的姓名很简单，也很方便，容易识别，一姓一名至多也不过四字，行之几千年，已成民俗民风。只要不用它去拉宗结派，又何必硬要标奇立异废止姓咧！经周方这么一盆冷水泼来，他就再也不说不提了。但私下他还真的邀了几个人，改名去掉了自己的姓。

过不了几天，这位同学又在寝室大骂孔子是封建罪魁，"四书五经"是封建糟粕。周方就问他，"四书五经"上哪些话是封建糟粕？孔子为什么是封建罪魁？你要用事实说话。他说："一言难尽！"周说："你一定读过《论语》吧，《论语》上孔子所说那些话哪些是封建糟粕，你可举例我们共同研究吗？"他说："老实说，'四书五经'我根本没看过，也不值得一看，听听新时代人们的批评就够了。"周反驳说："你原来是'以耳当目'，专作他人的应声虫。孔子未尝不可批评，但要批评孔子，必先研究他的《论语》。孔子说'学而不思则罔，思而不学则殆'，还说'吾日三省吾身：为人谋而不忠乎？与朋友交而不信乎？传不习乎？''仁远乎哉？我欲仁，斯仁至矣'。这些教诲你明白吗？是封建糟粕吗？你连《论语》都没看过又何以评说孔子？请你还是读读孔子的书再评说罢！"

这位同学没想到周方连珠炮似的说出孔子的至理名言，碰了一鼻子灰，知道遇上了"老道"，还是再莫多言为妙。总之，在工读互助团有不少受新思潮激进派影响的青年，在革命觉醒的年代，思想大开放，恰如新生之犊，不怕虎也不怕狼，一味跳跳蹦蹦无拘无束地高谈阔论，也显得烂漫天真。作为学长，周方认为他们追随新思潮，勤思好学，敢想敢说，无畏可爱。遇上重活脏活常给小师弟们帮忙，照小时候在《论语》中学的："仁者先难而后获，可谓仁矣。"总抢着干难事脏活，从不居功，大家都愿与他亲密交谈，探寻各类问题。有趣的是，一到晚间闲息，宿舍里就似麻雀嫁女——叽叽喳喳没有停歇。常常是守旧与崇新两面壁垒的观点碰撞，你长我短争论不休。那些比较老成的中立者，最喜好找些不合常理的怪论，故意挑起两派激辩，自己则隔岸观火取以快乐。终了来一个骑墙两边倒这好那好，或作一团和气你好我好，就图个嘴巴痛快而终了。

工读互助团的活动热火朝天，周方这组近三个月的实际运作，也很顺利，令人担忧能否自食其力的问题尚未出现过。那时仅开办食堂与洗衣两组工作，食堂因供给十三人的伙食，又专请一个每月33银圆薪金的厨师，在三个月中虽剩余纯利不多，但是十三人的伙食供给还是保证了。倘若辞退厨师，统归同学自理，还可再供11人的伙食。洗衣组若再加紧工作多接业务，每月40银圆的预算收入也不成问题。至于电影组、英算补习班正在相继开办，想来是有盈无亏的事业。石印股设在大学校园里，印刷讲义的生意总会有。诸如此，大家对工读互助团的前途还很有信心。随着合格团员来得多，工作都好展开。只要安排得当，每人工作时间平均维持在每天四小时，也基本能做到。眼见这些情况，周方对工读互助团的前景，充满乐观和信心。

可是，正当工读互助团平稳发展时，一股轩然大波给工读互助团以致命打击，周方的美好愿望灰飞烟灭，化为乌有。

事由一股头脑发热的激进分子，提出工读互助团要建立新生活，实行共产组织，把个人的钱和衣服都交归公管公用，以示大公无私。周方听后说："你们以为这样就是共产吗？这是谬异之端，对共产的歪曲！共产主义是要推翻压迫剥削，提倡平等自由民主。在工读互助团，生产资料和生产工具都是公管，生产所得利润都是团员共同享用，已经是实实在在的共产组合团体。至于衣服私有，各人的身体高矮肥瘦不同，需分别量体裁衣，自管自用有何不妥？公管反而会因需要找各人合适的衣服而添乱，又何必归公管来自添麻烦呢？而私人钱财本是个人所有，又不是侵害集体所得。将来团内生产的利润，照人公平分配，无人独得多得，又何需私财公管哩！"周方的一番评说，虽然当时没招来反驳，但不同观点的争辩却并未停歇，只是由公开论辩转为伏暗流行，且一天一天的扩大范围，大有潜滋暗长的趋势。

面对团内这种乱象，周方还特意与在北大求学的邓中夏、罗章龙、马非百商讨，他们都认为是对"共产"的错误理解，是歪曲，其做法不可取。团内与周方观点一致的同学提出，应该制止这种极端"共产"思潮的泛滥，否则会断送工读互助团的前程。勇于担当的周方挺身而出，凡遇闲谈或公开会商中，总是站出来肯定工读互助团以工助学，生产物资公有，同工同食，已是共产的雏形。并强调在军警森严的北京，工读互助团若大张旗鼓地盲目追求形式上的共产组织，马上会有被取缔的危险。因此切不可偏激，倡虚名以招实祸。但是那些激进分子根本听不进去，还专程找到陈独秀，请予支持。不想陈独秀还真赞成可试试，并派一干事来工读互助团召开团员会议，对团内个人衣服、钱财实行共用公管的所谓共产主义形式进行议决。周方坚决反对，说这事关乎本团兴废大计，必须慎之又慎。应先召开全体董事会，认真审议其可行性与必要性后再做决议。可该干事根本听不进周方的意见，更是以势压人说："我是奉陈独秀副董事长之命来主持开会，议决后即可实行。你不同意，便可出团。"性格倔强的周方一听此言，怒不可遏地说："你既然如此霸道不讲民主，如此不顾工读互助团的存亡，我宣告退团！"就这样，周方一气之下退出了曾经看好的北大工读互助团。"千锤万凿出深山，烈火焚烧若等闲。"他经受了磨炼，告别工读互助团，于 1920 年 3 月下旬回到了长沙。周方的这些经历，在其手稿《北京大学工读互助团剪影》（图 3-6）中都有记述。

　　临行，何孟雄等几位同学来车站送行，依依惜别间，何孟雄很伤感地说："静庵，'此地一为别，孤蓬万里征'，祝一路风劲扬帆！"周方紧紧握住何孟雄的手，激昂地说："多谢！'一叶浮萍归大海，人生何处不相逢'，后会有期！"依依不舍的两位同乡好友，为求革命真谛，有缘相识，难得相知。人生要精彩，就必须让时光具有生命力，而不能让生命虚度时光。这深情的一幕虽然谢了，但牢牢

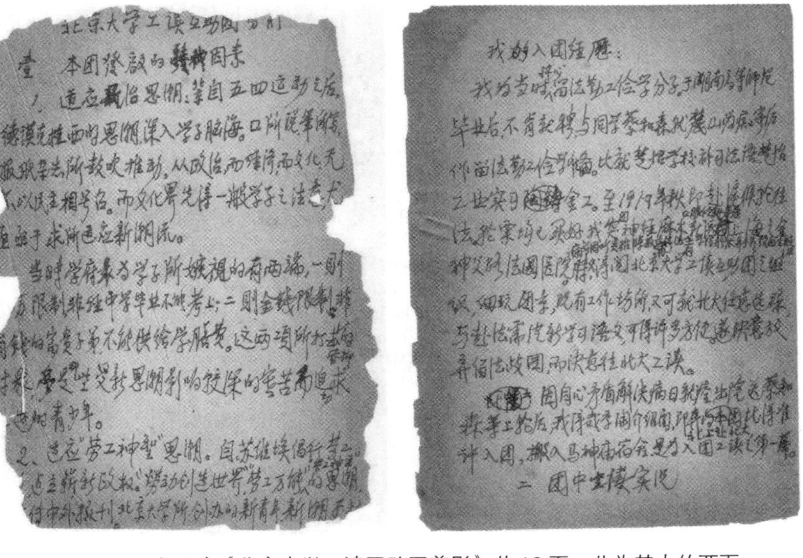

图 3-6　周方手稿《北京大学工读互助团剪影》共 18 页，此为其中的两页

烙印在了周方的心中。同时他也深深感到，探索救国救民的道路，何其艰难，但无比伟大！

痛心的是，1931年2月7日，何孟雄于龙华英勇就义，周何两人之约已不能实现。周方清清楚楚记得，何孟雄是湖南酃县（今炎陵县）人，与自己一样因故未能赴法勤工俭学，于1919年在北京大学旁听时，加入北大工读互助团，两人成为莫逆之交。周方还听说，1921年何孟雄与长沙妹子缪伯英（我国第一个女共产党员）结为夫妻，大家笑称两人的名字一英一雄，是共产党的"英雄"夫妻，两人都是中国共产党最早的58名党员之一。

不久，周方得北京来信，由于工读互助团内部两种观点对峙，加之生意也不景气，1920年3月23日食堂组解散了，同年5月1日整个工读互助团被军警查封禁办。周方心中十分叹息，为一群热血青年寻求救国救民道路、谋求新思想、播种以工俭学的新型嫩苗夭折而遗憾。细想工读互助团失败的原因，周方认为其中之一是，脱离社会，脱离工农，回避现实。没有正确的理论指导，没有科学地剖析社会病症、周密地分析国情现状、客观地认知事物规律和人的思想，所思所为单凭热情，完全是乌托邦空想。不过周方没有灰心，寻求真理又何惧失败？人生就以不惧挫折、不怕困难、不言放弃而出彩！在革命探索中只要吸取教训，就可获得新的觉醒。为了救国救民，传播新思想，周方决心致力于平民教育，肩负教育救国的使命，立足社会改造，传播民主思想，传授文化技能，为寒门子弟创办以工助学的平民学校，一扫只有富人才能享受教育的黑暗，还社会公正与平等。让占全国人口90%的百姓平民，都能享受教育，都学有所长，都报效国家，我中华民族的解放与富强一定会到来！

后来，在1925年5月5日的《湖南平民教育周刊》第71期上，周方借《"五四"与平民教育》一文明确指出：

我国之有平民教育的名目和影子，可以说完全是"五四"以后产生的。"五四"运动后，学生界觉悟了自身的先觉责任，并认识了民众的力量，由学校生活而大向社会发展，于是就找出这条向社会活动很大的门路——平民教育。

可见，周方致力平民教育，与五四运动的影响密不可分。

后来，周方又撰文《收容所的平民教育》，刊发在 1926 年 7 月 8 日出版的《湖南平民教育周刊》第一百三十一期上。该文提出：在收容所对乞丐和流浪儿也要进行扫盲教育，教他们识字明理，以利改变自己悲凉落魄的处境。可见周方无时无处，不在真真切切践行孔子"有教无类"的教育思想，系社会底层民众于心上，让平民教育惠及所有平民百姓，哪怕是社会最底层的浪子游民。文章无不彰显周方最难能可贵的博爱、慈善人品。

肆

长沙狂飙漫天落

世事纷繁风满楼

三尺讲台磨心血

1920 年春，周方告别京城回到长沙。放眼省城，春风吹暖万民心扉，春雨荡涤市井尘埃。春潮涌动，春光明媚，神清气爽的江南春意，一扫周方在北国争辩不清的是是非非。他先去周家台子看望蔡庆熙大姐与刘昂母女，仔细询问蔡伯母和蔡和森等人在法国的情况，得知由于当时法国男女学生不同校，蔡伯母、蔡畅、向警予等入女子中学，蔡和森入男子中学。但两校相隔只二三百步远，母子兄妹可以天天相见，周方为此甚感宽慰，与庆姐都觉可释远念。随之周方去周南女校见张良权，两人关情脉脉，细叙别后之情，并深入分析北京工读互助团的是是非非，确与当时两人在上海的理想相去甚远。挫折教育了周方，他也从北大工读互助团的失败中吸取到教训，救国救民不能空想、脱离实际。必须方向正确，适合国情，符合民意，实打实地干实事。

周方冷静地再三思考，想起宋朝胡瑗在《松滋县学记》中云："致天下之治者在人才，成天下之才者在教化，教化之所本者在学校。"还有开私立新式学堂之先河的著名教育家胡元倓（字子靖），1903 年在长沙创办明德学堂，曾对黄兴说："公倡革命，乃流血之举；我为此事，乃磨血之人也。" 他主张以革命为前提的教育兴邦。认为教育才能培养建国各方面的人才，只有通过这千千万万人才的努力，才有可能把中国建成一个强国。恩师徐特立、杨昌济等有识之士力倡教育革命，"磨血育人"，希望通过兴教育、开民智扭转社会风气，推动社会发展。贤哲们的这些所思所言所为，教导周方坚定了立志教育救国的决心。他决意传承祖上师道，践行古人"海之

肆

长沙狂飙漫天落　世事纷繁风满楼

以忠，耸之以行，教之以务”的教导，吸纳五四运动倡导的“爱国、进步、民主、科学”新思想，心无旁骛、脚踏实地肩扛开启民智、磨血育人的重任。

1920年3月底，周方被宝庆联合中学聘任为国文教师。到校后，他按照在北京接受的新思想，潜心治学，金针度人，一路刀过竹解，学校上下对他都非常看好。他提倡教育与劳动相结合，带领学生自辟花园，种植花卉美化校园，给学校带来春意盎然的新景象，让学生感受到劳动的光荣。周方别具一格的新教学方法，很快传到省城长沙。在湖南省立一中教务主任杨柏荣的力荐下，省立一中聘周方任国文教师，七月下旬即告别宝庆来到长沙。随后，又有湖南一师、省立二中、岳云和明德等知名学校，陆续聘任周方为国文和历史教师。

在掀起滔天大浪的湖南“驱张运动”中，一中校长罗教铎是教育界代表，毛泽东是学生联合会代表。运动中罗教铎到北京与上海，饱吸新思想和新文化空气，其倡导下的一中教学活动与措施，均处于长沙市各中学改进革新的前列。具体到国文教学，老师们却在新旧文学争论的焦点上徘徊。一中久居教坛的名老宿儒，反对白话文最为激烈。而新从京、津、沪、汉返湘，接受“五四”精神熏陶的新潮教师，都大力鼓吹白话文，鄙弃文言文。周方毕业于岳麓书院文史科，自幼习读文言文名篇，又在北大工读互助团接受过新思想熏染，便觉得自己具有“蝙蝠”风格。他认为新、旧文学是不能随意偏废的，应兼收并蓄，各用所长。有人问及何以“蝙蝠”自喻？周方慢条斯理地答曰：“蝙蝠乃振翅飞翔的哺乳动物，它兼备胎生和卵生两种动物的本领。我兼有文言文与白话文之功力，不似蝙蝠吗？”听罢大家豁然省悟，哈哈大笑说：“有趣有趣！”

那时在长沙各中学，革新旧制最超前务新的要数第一师范，紧跟其后的有岳云、一中、周南，明德中学也是稳步跟进的。为研究教学，各校国文教师组成了长沙国文教学研究会，每周举行一次例会。在研讨会上，如刘永济、吴芳吉等老师锐意推翻旧文学；而汪根甲、傅君剑等夙负文名又拥有教学权威的先生，却坚持不容莽动。因此，每次会议两种不同之见，常形成壁垒森严、舌剑唇枪之势，落个不欢而散、无果而终。例如在商议合编高、初中国文教材中"文""白"文章的选取比例上，凡十次以上会商均未得到共识，最终不了了之，各校仍然是各行其是。那时周方在一中教两班国文，在岳云教一个班，所用教材"文""白"比例大概初一是四六开，到初二初三则调整为三七开，高中则不到二八开，逐步减少文言文的比例，因为在新时期它的应用已不成主流。

要说当个好的教书先生还真不容易，毕竟它是一门技术，也是一门艺术。台上一分钟，台下十年功，要受学生欢迎还非得有两把刷子不可。周方教低年级时，由于在小学私塾阶段各先生水平不一，教法与内容也有所不同，故新考入的高小生程度参差不齐。尤其写的文章大多靠抄课本凑上几句话，文不文，白不白。怎样教他们上路呢？周方采取"先白后文，先简后繁"的"三部曲"教法：先选些明白如话的短篇记事白话文，供学生习读；再选些故事情节强的短段叙述文言文，如《水浒传》《三国演义》中的小段文章辅导他们试读；第三步归纳讲述文言虚词的用法，选郑板桥、左光斗、杨继盛及曾国藩家书，指导学生阅读。就这样分三步循序渐进，学生们的阅读能力逐步提高，慢慢拆除"文""白"之间的藩篱。对于经典名句，周方要求学生背诵，做到既有文学积累又熟能生巧。写作文时，他教学生先不急于动笔，而是要学会动嘴，把心中之意说出来且语出达意，然后说什么就写什么。先用白话文写，再转换成文言文表述，一句一句写明白后联成段，一段一段无纰漏再汇成篇。果然，学生进步很快，都能阅读文言文，写出通顺的作文。尤其对18个常见文言虚词：之、乎、也、者、何、乃、其、以、且、而、所、若、为、因、于、与、则、焉的用法，周方所教学生都明白于心。

国文是学好其他学科的基础，为了提高学生的国文水平，周方除抓好课堂教学外，还特别提倡学生开展课外阅读，引导他们读有益的书籍、报纸，写读书札记。因为海量阅读，不单能提高学生的阅读能力和写作水平，还可以帮助他们形成正确的思想意识，提升多向思维与独立思辨的能力。他和同学们商定成立班级读书会，每人每学期缴纳五角钱会费，用来购置大家喜爱的新书和杂志。一天，王二毛羞答答地问："周老师，我交不起会费，可以借书看吗？"周方满口答应："可以的，可以的。" 过后帮王二毛缴纳了会费，还订了一份学习报送给全班，以增添书报杂志的种类。周方就是这样秉承"爱生如子，乐为人梯"的祖传师德，认真履行为师之责，"润物细无声"。他还规定学生每个月要写一篇读书札记交老师，然后在全班讲评写得好的文章。到了假期，每位同学可借两本图书带回家阅读，下学期每人交两篇读书札记，从中选取十余篇优秀文章出班刊《新苗》予以展示。这一招大大激励了同学们对阅读与写作的积极性，《新苗》一出刊个个争相阅览，取人之长，补己之短，共同提高。王二毛也在《新苗》上发表了文章《我爱读课外书》，他感慨地说："是周先生的教诲，才有我的成长，师恩不忘！"几学期下来，全班自然而然就形成了手不离卷、以书作伴的好班风。在学校的作文比赛中，周方所教班获奖文章最多，名次在前的比例也最高。后来，这个"班级读书会"逐渐在全校各班推广开来。

　　1920 年 9 月，岳云中学初开女禁，招收女学生。当时在周南、福湘女校就读的学生蒋玮(即丁玲)、杨开慧、周毓明、许文煊、徐潜、王佩琼、杨没累等女同学，喜欢岳云中学所开设的课程，便毅然转来插班就读。这男女同校的新鲜事，一时在长沙城招来谤言蜂起。周方明确表示："我是满心满意地赞成学校开女禁，并觉得男女同学交际公开就是打破男子玩视女子之唯一妙用；也是完成女子解放，使她们自己觉悟在社会上所处地位的唯一方法。" 其中徐潜是周方恩师徐特立先生的女儿，她的国文基础较差，周方尽心尽力辅导她学好国文。由于这几位女同学是插班生，学习上与原班同学存有差异。周方仔细询问她们之前所学，有的放矢地给予辅导，有缺补缺，

有疑答疑。还有意强化文言文训练，遴选一些最浅近的文言文文章
以指导她们课外阅读，并督导他们写日记或读书札记。这招很见效，
她们进步飞快，思想很进步，后来都加入了中国共产党，为革命做
出重大贡献甚至牺牲。尤其杨开慧更是巾帼英雄，后来与毛泽东结
为革命伴侣。那时徐潜还出版了处女作《我的恋爱经过》，与她谈
恋爱的同学黄俊也出版了小说《恋爱的悲惨》。国文拔尖的丁玲，
后来成了中国文坛一颗耀眼的明星，她的长篇小说《太阳照在桑干
河上》还荣获 1951 年斯大林文学二等奖。周方认为，师者不仅要
授人知识，还要诲人创造知识，人类文明才会生生不息、延续不竭。

有一次，几位女同学觉得文言文难学，用处又不大，便特意找
周方老师求教。徐潜先问："先生，人要向前进啊，为什么还要往
后看去学文言文呢？"周方不紧不慢地说："不错，人是要向前看。
但不能没有根基，放弃传统文化呀！我国流传至今的文言文经典，
凝聚了中华民族的智慧与思想，包罗浩如烟海的文化、科学和艺术
精髓。它记载着历史，传递着文明，抒发着古代先民深沉的人文情
怀，是我们中华民族几千年的深厚积淀和精华瑰宝。它取之不尽、
用之不竭！不学会文言文，又怎能读懂古代文献典籍诗词？如何明
白千古历史渊源？何以继承、吸收、弘扬华夏文明？何以坚定我们
民族的文化自信？至于它特有的精练美妙，不懂文言文也根本无法
感受。"丁玲接着说："先生的教导，确让我们醍醐灌顶。不过我
们学习文言文总觉得生涩难懂，您说的精美还从未感受到呀！"周
方笑笑说："丁玲同学提的问题很切实，其原因在于你们还没有读
懂文言文。其障碍之一在于对文言文中各虚词的意思还不明白。因
此，你们先要学习文言文各虚词的词意和用法，从简短的小段落、
小文章读起，通过多读积累，攻克难点，感知它的精到妙意。任何
事物都是相对的，要比较才能鉴别。文言文与白话文各有所长，从
实用角度来说，白话文优于文言文，普及教育就需大力推广白话文。
所以，对文言文要用其所长，弃其所短。"

　　接着周方写了段文言文，子曰："富与贵，是人之所欲也；不以其道得之，不处也。贫与贱，是人之所恶也；不以其道得之，不去也。君子去仁，恶乎成名？"周方将其翻译成白话文写出来，孔子说："富与贵，人人都想得到；如果不是用正当的方法获得，君子是不会享受的。贫与贱，人人都厌恶；如果不能以正确的途径摆脱它，就不会摆脱的。君子若背离了仁德，又怎能称君子呢？"然后要她们比较"文""白"两种文体，文言文的精练就显而易见了。几位同学聆听导师一席话，如暮鼓晨钟叩击心扉，豁然开朗，懂得只有学好文言文，才算真正学好了国文。

　　末了，周方还拿出纸笔写出几段文言文格言赠予她们："合抱之木，生于毫末；九层之台，起于累土；千里之行，始于足下。""吾日三省吾身，为人谋而不忠乎？与朋友交而不信乎？传而不习乎？""吾尝终日而思矣，不如须臾之所学也；吾尝跂而望矣，不如登高之博见也。登高而招，臂非加长也，而见者远；顺风而呼，声非加疾也，而闻者彰。假舆马者，非利足也，而致千里；假舟楫者，非能水也，而绝江河。君子生非异也，善假于物也。"要她们回去好好读诵，慢慢品味，从中学知识，学处事，学做人。恩师的循循善诱，让几位学子受益匪浅，深感先生博学精深，教学有方。怀着对恩师的深深谢意，一起鞠躬告辞。

　　周方三尺讲台磨心血，诲人不倦育英才，在省城教育界与学生中，都赢得了交口称赞的好口碑。

世事变幻求正道

　　20 世纪初叶，半殖民地半封建社会的旧中国，军阀割据，社会动荡，民不聊生，辛亥革命将国家旧的权力打破，但新的国家权力难以建立，社会陷入一种极其混乱的无序状态。如何恢复和重建中国的政治秩序和社会秩序，推进中国现代化的进程？是有识之士普遍忧心在胸的问题。于是乎，联省自治、邦联政治一时成为知识界、思想界议论的焦点话题。到 20 世纪 20 年代早期，联省自治的政治理念与政治实践呼声日盛，到达巅峰。很快由理论上的探寻转化为实实在在的政治运作，似乎中国现实问题的解决就有望于此。而湖南，在当时是全国推行地方自治的首倡省。1920 年 6 月，湖南督军张敬尧在"驱张运动"中被赶出湖南，后湘军总司令谭延闿接替，于 1920 年 7 月 22 日宣布废除北洋军阀政府所加于湖南的督军制，推行地方自治和民选省长。没多久湘军发生内讧，谭延闿迫于内外压力，于 11 月辞去总司令之职，交给总指挥赵恒惕。赵恒惕任湘军总司令后，借联省自治之社会浪潮，操纵省政府与湘军总司令部一起，以"湘人治湘"筹备起草湖南省宪法。其如意算盘是，若获民众投票通过，就正式有了湖南省宪法，到时按宪法选举政府官员，他赵恒惕暗中操纵就可成为首任民选省长，大获民望。

　　另一方面，这一时期中国处于从封建王朝的政治解体向宪政民主国家的过渡，民主和科学理念开始深入人心。如清华、北大的学术自由风气，就是在北洋政府时期奠定的，这是社会进步的一面。由胡适、陈独秀、鲁迅、钱玄同、李大钊等发起的新文化运动，风靡全国。其基本内容为：提倡民主，反对专制；提倡科学，反对迷信；

提倡新道德，反对旧道德；提倡新文学，反对旧文学。到五四运动以后，更是成为宣传马克思主义及各种社会主义流派的思想运动，它似"春雷""惊蛰"，唤醒中华大地，培养了一批民族精英。在湖南就涌现了一批新型知识分子，登上了新文化的历史舞台。其代表人物有：徐特立、毛泽东、蔡和森、邓中夏、周方、朱剑凡、郭亮、曹典球、罗教铎、李六如、何炳麟、方克刚等。随之"教育救国"的社会思潮蓬勃兴起，徐特立、朱剑凡、周方、曹典球、罗教铎、何炳麟、方克刚等，极力主张用"教育救国"的方式，改造社会和救国救民。

1920 年 8 月，湖南第一个平民教育社团——湖南平民讲演团，在长沙天心阁成立。其宗旨是：增进平民知识，及辅助学校教育之不及，兼疏通社会上旧习与新潮的隔阂，并使民主精神以稳健手段，扩延普遍于我省平民。周方、方克刚、何炳麟、罗教铎等都是讲演团的活跃分子，定期在街头巷尾向市民普施教育，宣讲民主新思想。他们的演讲，增进了平民的知识，使民主精神普及于平民。他们还告诫百姓，现在国弱民卑，已达极点。穷具肇祸之源乃由国失教权，民乏教育所致。是故欲救亡危，必须从改良教育入手，挽回教权，然后群策群力以顾全邦本。

一次，周方在天心阁下为市民普及民主新思想。他说："现在到处都在谈论民主，这是社会的进步，因为一个国家有了民主才能有公平、有自由，才能国泰民安。民主简单地说就是老百姓成为国家的主人，参与国家管理，人人享受平等。"有人插话问："请先生具体说说民主到底好在哪里？"接过话周方说："这位老兄问得好，我就给大伙儿具体说说民主的好处。"周方稍作韵神，不紧不慢、有条不紊地说道，在我国历史上明朝是继汉唐之后最鼎盛的王朝，国土面积最大时约一千万平方公里。它治国比较民主，平民拥有的权利也超过前期。老百姓获得了民主，思想就开放了，言论也很自由。例如明朝的官员就敢批评皇帝没有文化。当时的开明政策带来了思想解放，造就各类人才层出不穷。如大家熟悉的《三国演义》《西游记》《水浒传》就分别为明朝的文学大师罗贯中、吴承恩、施耐庵所著；具有全世界最高水准的古典医药学杰作——《本草纲目》，是明朝李时珍三十余年心血的结晶；明朝宋应星撰写的科技巨著《天工开物》，被誉为"中国 17 世纪的工艺百科书"；还有世界上第一个研究和实验用火箭飞天的万户，是明朝人；曾经七下西洋的世界航海先驱郑和，他率领的船队到达三十多个国家，向全世界宣介了当时的顶级强国——中国的声威，为发展中国与亚洲各国的政治、经济和文化友好关系，作出了不可磨灭的贡献，他也是明朝人；明朝还有地理学家、旅行家徐霞客，历经三十多年的游历考察，基本上是以徒步踏遍大半个中国，在山脉、水道、地质和地貌等方面的调查研究中，获得了超越前人的巨大成就。由此可见，在古代明朝，是开明的统治让人们的思想和社会生产力得到了解放，喷发出无穷的力量，创造出辉煌的成就。在开明君主治国时期内，政治清明、国力强盛。但在其专制腐败的时期，国家则衰败没落。我们国家发展到今天，应该讲求民主，实施民主，依靠全体国民的力量，建设一个民主、统一、富强、繁荣的国家。

周方合情入理的讲述，引来越来越多的听众，都啧啧赞叹："讲得好！学到知识了。""国家应该民主！"周方感谢大家来听宣讲，拱手致礼表示谢意。此时，一个中年汉子走到周方身边，轻轻说："感谢先生！您说的正是我们所想的。"随之递上一张字条给周方，笑笑就走了。周方一看，上面写了首打油诗："先生激情话民主，句句打动我脏腑。争来民主普天下，大众百姓脱贫苦。一落难车夫。"看着即兴写下的这张字条，周方百感交集，不禁泪湿双眼。望着黄包车夫远去的背影，他想此人不凡。救国救民的磅礴力量就蕴藏在广大民众中，新民主主义的革命思想刚刚兴起，就已激发了民众的醒悟。他永矢弗谖：唤醒民众责无旁贷，平民教育时不我待。

1920 年仲夏，身负建党重任的毛泽东从上海回到长沙，利用当

肆

时湖南渐起的民主呼声，积极从事新文化运动和传播马克思主义的活动。为了推广新文化，把人们特别是广大青年引导到革命的道路上来，毛泽东同彭璜、何叔衡、易礼容等邀集教育界、新闻界进步人士，于1920年8月2日成立了长沙文化书社，9月9日正式营业，社址就设在潮宗街。提出"以最迅速、最简便的方法，介绍中外各种最新书报杂志，以充青年及全体湖南人新研究的材料。也许因此而有新思想、新文化的产生"①。在他们的积极发动下，参加投股办社的贤达名流有姜济寰、左学谦、易培基、仇鳌、王季范、朱剑凡、李抱一等。周方也积极参入投股，为文化书社广做宣传，义务推销书报。通过大家的努力，书社很快红火起来，购进的书籍、杂志、报章，几乎是货到货完，乃至供不应求。很快文化书社就成为湖南传播新文化、新思想的重要阵地，广大青年学生常来书社受最深的教育、获最大的鼓舞。在周方的引导下，他的学生都喜欢来文化书社看书买书，尤以《新青年》《新生活》《劳动界》等杂志最受喜爱。

　　受新思想的影响，有学生问周方什么是民主？周方通俗地告诉他们，民主所讲即人民是国家和社会的主人，其基本点就是天下为公，人人平等。不管是官是民、是富是贫、是男是女、是老是幼，还包括不同民族、不同职业，每个国民都享有同样的权利、义务和待遇。例如上学受教育，不论孩子家庭贫富都要有学上。同学又问，穷苦孩子交不起学费怎么上学？周方说，他们因贫苦上不了学就是社会的不平等，就是损害了他们的利益，需要将其改变过来。你们要好好学习，承担起割除社会不民主这个毒瘤的责任。周方提纲挈领的讲解，让听者豁然开悟。只是周方谈什么问题都三句不离本行，喜欢扯到他所热衷的教育事业，也足见他对教育的执着。怪不得有人戏说："遇见周静庵，教育聊不完。"

---

① 引自2016年7月15日《湖南日报》"青年毛泽东之路（二十四）：卖书'做生意'"文热心撰。

1921年3月，彭慕陶随舅父（即周方父亲蓉轩公）来长沙。周方与他既是亲表兄弟，又是读私塾时的同学，对他很了解，便推荐彭慕陶受聘湖南教育会书记（秘书），介绍他结识与自己志趣相投的老相识毛泽东、易礼容、郭亮等，极力支持他加入新民学会和中国共产党。1922年12月，彭慕陶在湖南自修大学附属补习班任教员。为了筹集经费和开展工人运动，经彭慕陶发起，与易礼容、毛泽东、周方等合伙开办长沙织布厂。

1921年年末的一天，毛泽东在长沙小吴门外清水塘，邀请周方、何叔衡、彭慕陶和易礼容一起到家餐叙。上午九时周方准时如约，其他三人也相继赶到。挚友相聚，嘘寒问暖，互告近况，共议时局，客客气气地甚觉惬意。快开饭时，毛泽东笑嘻嘻地对周方说："老伙（湖南方言，即老朋友）！请你慢点吃饭，我们还要同你讨论一件事。"周方说："很好！讨论么子问题呢？"毛泽东说："静庵，我看你很喜欢研究，文化书社所办到的新书，你差不多都是以先睹为快的！我很想劝你加入我们的'马克思学术研究会'！"周方考虑片刻直言直语说："润之，我不愿马上加入。"毛泽东接着说："你对马克思的学术已经在那里研究；加入了免独学无友，不更好吗？"周方沉思一会儿回答："加入了会固然很好，但是带了着色眼睛来研究，也许主观太强，不如容许我在会外研究，你们开会时许我旁听，不更好'献可替否'呢？"听后毛泽东左右两手分别指着周方与彭慕陶，又说："你还怕入会吗？慕陶是你的好弟兄，他入了，你何妨入呢？"面对多年的知己诤友毛泽东诚心正意的劝说，周方赤诚相待，非常诚恳地说出自己的心里话："润之！我有我不入会的隐衷。你是干流血革命工作的，我是干磨血革命工作的。你的工作，可随时随地下手。我想普教平民，唤醒民众大家起来打倒军阀，打倒帝国主义，打倒土劣和贪污，这工作在现在环境中，简直是'与虎谋皮，到处碰壁'。然而我生性温和，只能用温和手段办平民教育，来作为我的革命工作；决不能马上跟着你走，请你原谅我吧！"

在座好友听着周方发自内心的肺腑之言，都点头表示理解。毛泽东深情地望着周方，拉着他的手说："这也很好！你做唤醒民众工作，也是造革命的桥梁呀！"①

周方听到毛泽东的肯定和鼓励，心中充满感激，对自己所选革命道路——教育救国，更坚定不移。这次周方受毛泽东之邀，在清水塘五人餐叙，得与毛泽东推心置腹地畅所欲言，意义非凡，永远激励着他坚韧不拔地致力于平民教育！

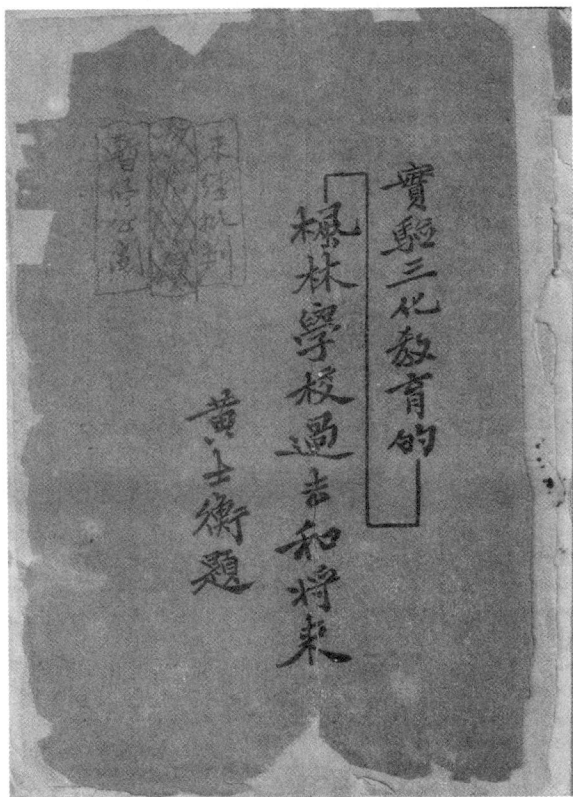

图4-1　周方遗著《实验三化教育的枫林学校过去和将来》

① 毛泽东与周方的这段对话，引自周方著：《实验三化教育的枫林学校过去和将来》（图4-1），第1-2页；在湖南省文史馆编：《平民教育家周方先生百周年诞辰纪念册1892-1992》（第42—43页）中亦可查到。

呕心沥血担道义

1921 年 10 月 10 日，湖南举行辛亥革命十周年纪念会。赵恒惕想借联省自治的招牌，公布所谓"省宪法"，标榜他"湘人治湘""保境息民"的假民主，便将民国十年（1921 年）十月十日这天美其名曰"三十"节，大张旗鼓举行公布湖南省宪法的庆祝大会。在省教育会坪从又一村到水风井，一连扎了五个台子，热闹气派得很。周方想了解赵恒惕到底怎样挂羊头卖狗肉，便约罗教铎一同前去观看。来到先锋厅省宪法公布花台，只见展台霓虹电光五彩缤纷，十分惹人注目。但盈千累万的游人，由于多不识字，看不懂这里在搞什么名堂，都不屑一顾地一瞥而过，直奔设在又一村的游艺台，去观赏各自喜爱的娱乐节目。

周方与罗教铎边走边看，见一条写着"省长应由人民投票选举"的标语，便感觉这是明目张胆的欺骗，是欺世诬民的假民主。在这百分之八十五以上是文盲的国度中，省宪如何实行？民主如何实现？民选谁来写票！民治谁来监督！又何以普选？又怎谈民主？两人不禁怒火中烧，认为必须彻底揭露这挂羊头卖狗肉、欺世诬民的鬼花招。在岳麓书院深受湖湘文化"心忧天下"熏陶的周方，毫不迟疑地走上展台义正词严地说，现在全省三千万人民有二千四百多万一字不识的文盲，自己的名字都不认识何况写，普选时又何以写选票？若选票被人代写，那不是公开地由少数人包办吗？这名为普选而实为少数人包办，绝非真正民意。那民治、自治不就是一场欺骗吗？要真正实行民主政治，必须有个基本前提，就是选民要有一定的文化知识，起码能够写选票，懂得要选什么样的人来管理国家大事。因此，当务之急是普遍实施平民教育，认真扫除文盲，才能谈得上真正意义上的"民主""自治""普选"。周方的演讲，赢得广大群众的普遍赞同，"不要假民主！""不要假普选！"的呼声此起彼伏。

民众的愤怒，激发两人追溯军阀统治十年来，挂羊头卖狗肉的民主共和，只换来民众百姓的啼饥号寒，屡受军阀政客专横贪污的不断蹂躏，今后所谓的联省自治又何以保证呢？两人越想越为国家民治和湖南自治而担忧。躬身自问，作为人民教师所应肩负的国家兴亡之责是什么？难道只是专教几十数百个学生吗？还是应负起化民成俗的重任呢？教育的重心和教育的对象，应不应当特别重视天下一字不识的平民？在全国教育偏重培养贵族子弟时，应不应该为扫除百姓文盲做雪里送炭的急切工作呢？这一系列问题使周方和罗教铎醒悟，文教界的重任就是要使今后的教育民主化，即教育的平民化。我们社会的中坚力量本是广大的未能受教育的工人和农民，我们要通过平民教育打破社会和学校的壁垒，让教育普施社会底层的工农大众，这是我们责无旁贷的担当！周方坚定表示："现民穷国弱，救国必先救民，救民必先提高平民之文化素质。世界列强无有不重教育而倡文化者。吾人欲倡教育，必倡平民教育，庶知识为平民所共有，则民智开而民强，民强而国亦强矣。"在人山人海的洪流中，周方觉得满眼都是自己的支持者与拥护者，平民教育的热情、勇气和毅力顷刻充满心间。

受大家推举，由罗教铎与周方负责，周方执笔草拟《湖南平民教育发起倡议书》和《湖南平民教育实施办法大纲》。一送到湖南省教育会，在张唯一会长主持的审议会上，就得到一致赞成，顺利通过。湖南省教育会还通知省会各大、中、小学及各机关团体，认真落实两个文件精神，都要附设"平民补习学校"。另专门创设一所"基本平民学校"，以总其成。校长和主事分别由罗教铎和周方担任。由此，湖南吹响了平民教育运动的进军号。长沙许多中、小学校都纷纷响应，附设平民补习学校，毛泽东就在第一师范附小办起了平民补习学校。

接过湖南省教育会托负的重担后，罗教铎与周方深感任务之艰难，立马商议该怎么办？罗教铎说："现在我们有舞台了，可以大干一场！"周方也很感慨地说："我们学教育，办教育，自然相信教育可以救国、可以改造环境、可以醒悟政治。我们要实现民主政治，须在培养民智上立定根基，拿我们的本行来尽匹夫报国的职责。所以这所新型学校必须办好，也只能办好！"罗教铎伸出大拇指说："说得对，必须办好！"谈到办学校的具体问题，罗教铎首先想到的是办学经费，他说："省教育会费用拮据，不会有金钱帮助我们，看来只能全靠我俩白手起家。我当校长愿每月出十元，负责对外事务。你呢？吃自己的饭，用自己的钱，住校主持一切校务与教学，好吗？"周方很爽快地答应，表示自己每月也出十元。并提出要发动社会上热心平民教育的仁人志士支持办学，除经费外还要赶快落实校址校舍。

罗教铎和周方通过努力，动员了三十余位社会贤达给予办学资助，建校所需经费基本解决。足见当时平民教育事业是深得民心的，民众中热心慈善事业的有识之士也不乏其人。学校还成立了校董会，由曾继梧、张唯一、罗元鲲、方克刚、何炳麟、向玉楷、罗君颜、周天璞、颜莹、周邦柱、罗教铎、周方等十二人为校董。校董会进一步明确省教育会的决定，公推罗教铎与周方分别任校长与主事。然而挑起这副重担绝不轻松，但周方只想到平民迫切待教，感到教育贵族化之可恨，所以不顾一切将重担挑在了双肩。

在办学筹备中，令罗教铎与周方最伤脑筋、最难办的是校址校舍问题。周方秉承"寻难事做"的信条，发扬湖南人"勇于担当"的精神，含辛茹苦，四方奔走，访问探查，终于觅到公屋贾太傅祠这一处较理想的校址。这里地广空旷，有数十百间破旧废屋，在清代是一处栖流所，是收留难民、流民的专门机构。长期以来一直无人经管，变成了藏垢纳污的荒秽区。若划拨用作校址，稍加修缮，是很好的办学之地。这样既旧废利用解学校燃眉之急，又可开荒去秽改观环境，继而化民成俗，策以长治久安。周方便专向湖南省署呈文，请拨贾太傅祠作为基本平民学校校址。可是口喊民治的赵恒惕省府偏偏与民愿相悖，歧视平民教育，得到的批复是："贾太傅祠系吾湘名胜，前贤遗迹，景仰弥殷。尚望存此硕果，作为鲁殿灵光。且此项学校，需要至多，将来援例请求，势必难于应付，所请碍难照准。"见了这文绉绉、酸溜溜的批文，周方激愤填膺，认为对于这般不为民做主的"酸人"，只有同他"文战"，便再呈一文，将其驳得体无完肤，且一不做二不休，借长沙市各报纸接二连三地长评短论，给以舆论斥责。无奈之下，省府秘书傅君剑受命来找周方等商议，要他们暂停报刊发文，静候批准。

等了两星期，周方得到指令："核准划拨贾太傅祠之一部，为平民学校。"旋即，罗教铎、周方等陪同省府官员去贾祠落实具体划拨。刚到大门前，只见两块白底黑字的长牌上分别写着："湘中善后协会"与"商报馆筹备处"。再往里走，只见大厅小室贴满了什么"办公室""会议厅""编辑室""收发处""资料室""保管室"……凡可以住人的房间都有人所占。祠内还堆积有砖块、石灰、木板等建筑材料，有些泥木工还在做事。见此情景，罗教铎与周方责问随行省府官员，这是怎么回事？他两手一摊，装聋作哑不置可否。周方气不打一处来，找到"商报馆"与"善后会"的在场管事人，质问道："是谁叫你们搬来的？"他们回答："我们是和贾太傅祠保管委员会签了租用合同的。"周方反驳："我们是奉省政府命令来贾祠开办平民学校的。"对方不屑一顾地冷笑说："那你们去向省政府要房子。"罗教铎觉得在此没法说理，劝周方别与之理论，返回省里继续找求公理。结果奔走呼号多日，最终毫无结果。周方终于明白，这是省府官员与省议员们串通一气要弄老百姓，将"民与官争"转为"民与民争"的金蝉脱壳计。可见旧社会是何等黑暗！

官僚是多么卑鄙！

万般无奈下，周方只好另找门路。他凭着一股硬干、苦干、蛮干、舍身干的劲头，几经周折，前忙后忙，到 1922 年 4 月终于觅到乐古道巷颜子庙，费尽心机求得省府出面将所驻军队迁走，在颜祠董事颜方维的帮助下，以每月十元廉价将颜子庙租下，这样，平民学校终于有了栖身之地。接着分别从省教育会和省立一中、古稻田女师募来还可用的几张办公桌、五十多张旧课桌、几条木椅、一架旧风琴和其他一些可用的办公用具，请泥木工对校舍、校具予以全面修缮。一切准备就绪，分别招收了儿童日班和成人夜班，总算赶在5 月 1 日隆重开学了。

机缘巧合，这天正碰上教育会坪举行第一次劳动节庆祝活动，无数工人、店员参加集会游街。周方见机行事，到人群中做学校开办成人夜班的宣传。大家听说不用交钱可以上学读书，感到奇怪又高兴，纷纷报名参加学习。到晚上上课时，比原招收的学生大有增加，竟有近百人来听课，讲堂内根本坐不下，两旁窗户上都挤满了听课的人。这次旗开得胜，使周方于艰难中收获了成功，更坚定了自己"寻难事做"的信念。校董们无比欢欣鼓舞，大家用心血浇灌的平民教育之花，终于含苞怒放啦！

可是，正当学校一切步入正轨、一天天兴盛之时，麻烦事找上门来了。颜子庙的颜氏子孙见颜祠出租办学后，庙容庙貌焕然一新，便心生诡计，节外生枝挑起事端，想敲诈学校一把。他们将多年废而不举的颜氏秋祭（农历八月初四颜子生日），在 1922 年农历八月份又重新恢复。

各地颜姓士绅得到秋祭通知，于农历八月初一始，络绎不绝来学校所谓"参观"。对东家的到来，周方、彭慕陶等代表学校毕恭毕敬地欢迎接待。到了八月初三日，五位颜氏父老突然到主事室找周方，自报家门后郑重其事地提出有要事与校方申述。周方以房东贵客临门丝毫不敢怠慢，沏茶递烟请上座，彬彬有礼地说："各位

长沙狂飙漫天落　世事纷繁风满楼

前辈光临，欢迎欢迎！"双方寒暄几句后，一位颜氏老者便毫不客气地说："我们颜祠租予贵校后，见有不少损及我们利益的事，特来说个明白。一、学校不应该把祠中两庑中的神龛提高来作讲堂；二、不能在堂上后壁开两窗户；三、祠内不可安排女子住宿；四、祠内中殿的神灯要昼夜长明；五、先定月租十元太便宜，要增至每月三十元。"话音刚落，另一位老爷子立马接腔，厉声说："这五点如果做不到，那请换地另租校址，我们颜氏要自办族校。"

周方细心倾听他们说完，便柔声和气地对他们说："列位德高望重，拨冗来校指导，本人深表谢忱！二位所言，不无道理，我们本应一一照遵。但是学校也有学校的苦衷和手续，还得和诸位父老细细相商。"周方给客人递上香烟，接着又说："关于提高神龛的位置，是因为座龛离地不高，后背又系板壁，学生往来走动，栗主（古代练祭所立的神主，用栗木做成，故称"栗主"。后通称宗庙神主为"栗主"）亦觉不安！我们承租时就商之贵部经理，把龛位予以提高，一来神位免受震动，二来学生增多点不会影响。这神人两便，令祖宗想必自觉欢欣。第二项开后壁窗户事，考虑有利通风透气。此前室内秽气潮湿，难以避免有碍身体。我们想人都一朝难居，神灵又何以安居呢？当时商之经理，也不同意开窗。后约定，我们迁走时自当还原。今日诸位若都认为此窗不开，我们当守约到时必定还原。第三项谈到祠内不得住宿女性师生，其实现在学校都开女禁，男女同校是社会进步、时代发展之体现，在本市已司空见惯。纵有乡间父老少见多怪，还拜托各位多多说明。第四项中堂点灯事，只要你们自行料理，我们也沾光了。第五项要加租金事，照眼下行情时价说，完全有理。只是我们认租时，双方约定三年之内不涨租金。再者当时颜祠为驻军所用，你们可收过一分钱？若不是我们办学借助省府之力，部队又何肯迁开？盼诸位想想那些年头的事，莫以为我们占了好大便宜，其实我们是双惠双赢。"周方停停，敬客人喝口茶后，语重心长地接着说："退一步，即令便宜了我们，我们还是为寒苦平民子女办学呀！贵祖宗颜子也是平民出身，望仰体先人德意，帮助成全我们的事业！至于颜姓族人子弟，我们总尽先招收入校，又何必你们劳神自办学校呢？"周方舌灿莲花，五位士绅听罢他的长篇婉言，都觉得尽情尽理，个个满脸笑容点头赞同。并约定明日开会正式议定时，请周方先生再亲自说明，一定不会再有问题。见对方如此表态，周方自觉满意，很礼貌地一直送他们到校门。

到了第二天，周方在学校从上午十时一直等到下午三时，还不见他们开会。周方因岳云中学也有会要开，不能再等，便交代学校庶务彭慕陶参加颜氏会议，转述周方对他们所提五点意见的回复。拖到下午四时，他们开会了。会上彭慕陶将周方的五点意见进行了申述，言语直率利落，短于辞令，不太委婉，引来对方一片哗然。一位领头的壮年人火气冲冲地说："对于我们所提五点意见，周主事一条都不采纳，还说什么尽情尽理，简直是一点都不把我们颜氏看在眼里。"在他的挑唆下，会上开始起哄。有的说，收回颜祠我们自办族校；有的喊，要他们赶快搬出去！颜方请来的几个军人也围上彭慕陶几位校方代表，要他们快快组织师生撤出颜祠。

正在吵吵闹闹一片混乱时，五点钟周方急急忙忙赶回学校。一进会场几个军人就冲上来极其横蛮地叫喊："赶快滚蛋，若自不搬走，不要怪我们不客气。"见此野蛮之举，周方毫不畏惧，义正词严地说："我来贵祠办学，有正式签约在案，按约定纳租的。你们何能恃强摧残教育，逼迫我搬呢？"那壮年人又发话："我们的前任经理颜方维已经离任，他的签约无效，你赶快滚！"周方冷冷一笑说："你在这文明之地撒野蛮，我个人可以走，但我学堂之财物家什万不能搬！"一军官接话："什么学堂，去把他的校牌丢了！"旋即指挥几个跟丁直奔校门。周方也随之而去，见那军官仔细看着校牌，注视着"曾继梧题"四字，便抬手一摆道："校牌慢动，先把人赶走。"见此情形，周方已觉察校董曾继梧可降服这般兵痞，趁机看清他的胸牌，上写第一师一旅三团副官颜禄财。周方不紧不慢地对他说："你

肆

要我滚开，我马上就走。我学校的教员学生以及校产，请你替我看护保管好！”说罢，周方出校门直奔荷花池去会见督办“清廉将军”曾继梧。

曾继梧与周方不单是新化老乡，且两家仅一山之隔。他与周方父亲蓉轩公，还是宝庆濂溪书院同学，相当友好，称周方世侄。见周方神色仓皇，便问：“静庵，有何急事？”周方告：“世伯大人，第一师一旅三团副官颜禄财，强迫我们平民学校搬出颜祠。”曾督办问：“有无佃约？”周方回复：“有的，双方白纸黑字签约定佃三年。”听罢，曾继梧勃然大怒：“佃约不为凭，军人岂可如此横行！”周方忙接话说：“您能否电令宋鹤庚师长，派员前往弹压。”曾继梧轻声对周方说：“我与宋师长久未往来，方伯雄在那任副官长，我电他去办便够了。”话落便电话方伯雄问：“颜禄财是不是你三团的副官？”方答：“是的。”曾说：“他现在仗着一师的势力，欺压平民，摧残我们办在颜子庙的学校，请你赶快拿办，以维教育而申军纪！”方道：“果有此事？我即刻严行拿办。”周方听清了这番通话，深深致谢曾继梧校董，急忙告辞便往回赶。一到学校见一片肃宁清静，心想一定是方伯雄申斥了颜禄财，下令把人撤走了。没想这场突降之祸，托曾继梧之威，快速得以震慑。学校一切归于正常，正义还是战胜了邪恶。周方就这样不屈不挠，披荆斩棘，斗恶除险，一路向前。

在创办基本平民学校的日日夜夜，周方历尽千难万苦，忍辱负重，越挫越勇，得到了许许多多友好人士的赞扬和鼎力相助。其中有一位是平凡却令周方感动的张良权，她的柔情似水洗涤了他心中的烦恼，她的体贴入微抚平了他遭受的创伤。张良权喜欢周方耿直、善良、执着，不畏艰难。为了他的平民教育事业，在经济上常常给予资助。周方回想起1916年通过蔡和森姐姐蔡庆熙，与张良权在沩痴寄庐相识以来，两人志趣相同，性情相契，两心相悦。随着时间的推移，爱恋之情与日俱增。当学校工作走上正轨后，周方便将心中之恋向张良权敞开心扉，提出求婚。同在暗恋中的张良权，听后自然欣喜若狂。不过她知晓周方家有妻室，郑重考虑后提出："结为夫妻是我心愿，但不可为妾。"这可为难周方了，家中娇妻乃双方父母指腹为婚，老人对其疼爱有加，且已育有两儿，都是不可随意取舍的。不可为妾，难道要我……周方不敢往下想。但未必就这样错失良缘？周方绞尽脑汁，前思后想，终无计可施，便将事情原委详细禀告父亲，盼求想出如意对策。

蓉轩公得信后出于对儿子的疼爱以及寄予的厚望，与夫人春英翻来覆去想了很久，希望找个两全其美的办法能让卓甫与张良权喜结连理。当时身为族长的蓉轩公，请几位族里德高望重的前辈来家喝茶，面商周方所提之事。大家都愿成人之美，最后想出"一子双桃"的族规，可以化解难题。即找一位已故未婚且与周方同辈的堂兄弟，由周方以其名义娶一妻，则不视为妾。这是乡间的一种民俗，当场大家一致认许，便作为族议定下了此事。接着蓉轩公与夫人向儿媳云桃入情入理细细做了解释，得到了儿媳的基本认可。正好蓉轩公有一堂侄未及二十时夭折，便按"一子双桃"的习俗，名义上替他正娶一妻。周方得知此信后，即告知张良权，两人好似范进中举——喜出望外。两人心想，不管弯来绕去是什么说法，只要结果圆满就好，深深感谢父母的慈爱和足智多谋。不久，周方、张良权便在小范围内请蔡庆熙、彭慕陶、易礼容、曾继梧、张唯一、罗教铎、方克刚、何炳鳞等好友，设宴庆贺两人白头偕老、喜结良缘。自此，两人肝胆相照，相濡以沫，攻苦食淡，砥节励行，为献身平民教育事业，不畏艰难，携手共进。

张良权乃湖南湘乡人，祖父是翰林。年少嫁黎家，十九岁时丈夫病故，守节如松直到与周方相恋。民国八年（1919年）6月，张良权毕业于长沙衡粹女子职业学校，学刺绣专业。毕业后，经留学日本的校长黄国厚女士推荐，入周南女校任教，与蔡畅（任体育课教师）同事。她与周方结婚后，转民范女子职业学校任教，是周方开办缝纫班最得力的专业教师。

在张良权的毕业证书上（图4-2），映入眼帘的两枚面值壹角的印花税票（图4-3）会让很多人费解，难道领取毕业证也要缴税吗？是的，那个年代要交税确实一点不假。

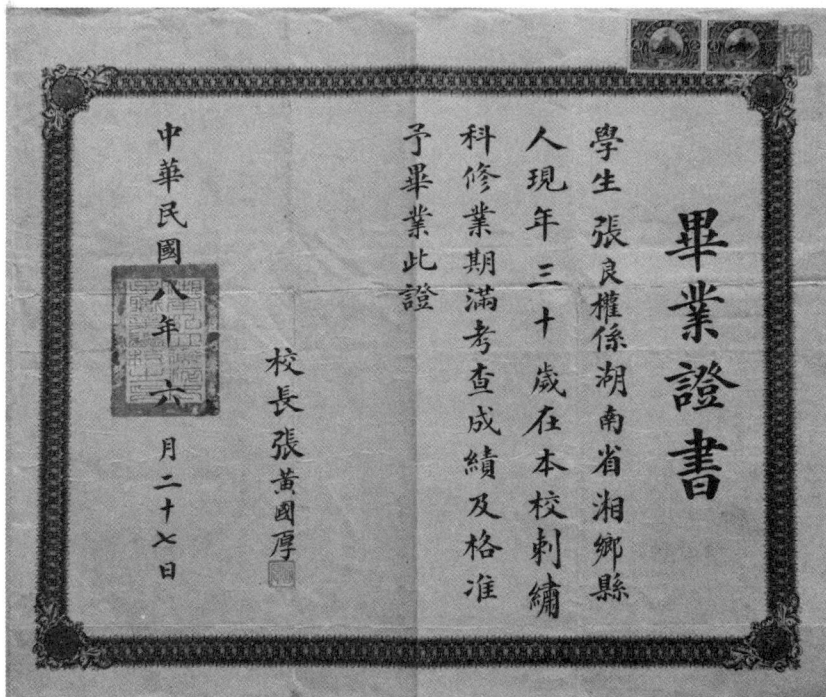

图4-2　张良权贴印花税票的毕业证

图4-3　1919年使用的印花税票

印花税是国家对因商事、产权行为所立的或使用的凭证而征收的税，它采用在凭证上贴印花税票的办法征税。相关凭证上贴有税票，则说明该凭证持有者已经缴税。印花税自民国二年（公历 1913年）正式开征，其中包括人事凭证类，毕业证、结婚证都归属于人事凭证类。

新中国成立以后，1950 年中央人民政府公布了《印花税暂行条例》，依然规定包括人事类凭证要征收印花税。因此，在民国年间及新中国成立后的五十年代前期，领取毕业证、结婚证都是要缴税的。湖南模范平民学校 1930 年的毕业证（图 4-4），同样贴有三枚面值壹角的印花税票。

图 4-4 贴印花税票的湖南模范平民学校毕业证

1958 年国家税制改革，中央取消了印花税将其并入工商统一税。1988 年 8 月 6 日，国务院 11 号令发布《印花税暂行条例》，重新开征印花税，但不包括毕业证、结婚证，此后领取毕业证、结婚证就不再缴纳印花税了。

伍

湖南平教奏凯歌

独树一帜冠九州

湖南平教蓬勃兴起

追溯我国的教育历史，在春秋以前都是"官学"，即天子诸侯设立的"国学"和中小贵族设立的"乡学"，只有贵族子弟才能受到教育。春秋末期，随着王权的衰败与政权的交替，私学开始萌生，出现了"天子失官，学在四夷"的局面，平民教育开始萌芽。孔子就是这一时期的著名私学创办者，开创了平民教育先河。他提出"有教无类"的思想，即人不分族类、贫富、贤愚，都要受到教育。孔子突破了只有贵族子弟才能受教育的官学樊篱，使教育得以平民化。到了隋朝，随着封建经济的发展，朝廷实行科举选官制度。到唐代更是全面推行科举取士办法，相对于以往体现了选拔人才的平等化，树立了自由投考和考试面前人人平等的基本精神，为封建社会的平民教育发展提供了新的机遇。

1840年鸦片战争爆发，西方列强撞开中国大门，侵入闭关锁国的清帝国。受西方政治、经济、文化、教育以及社会生活各个方面的影响，两千多年的中国科举制度在1905年被废除，西式学堂应运而生。同时，一些有识之士认为要用教育来拯救落后的国家，民主和科学是实现中国近代化的良方，平民教育因此得到迅速的发展。陶行知、徐特立、毛泽东、晏阳初、周方、何炳麟、罗教铎、方克刚等，都是我国近代平民教育的精英志士。特别是在新文化运动的强力推动下，湖南教育的改革与发展一直领先全国。在长沙的平民教育活动，如星星之火，遍地燎原。

1910年，徐特立在长沙北门外李中祠创办湖南第一所平民学校，开展成人扫盲教育；

伍

1914 年，面向普通民众的湖南通俗图书馆在长沙成立；

1915 年，长沙民德创建附属平民学校，设儿童班与成人班；

1916 年 2 月，湖南第一师范率先开办工人夜校，招收校内外工人七十余人；

1916 年冬和 1917 年春，周方、邓中夏、蔡和森分别在岳麓书院、沩痴寄庐创办工人夜校识字班，除招收学校校工外，还招收溁湾镇的平民百姓受教；

1918 年，湖南私立平民学校在长沙司马桥创建；

1919 年，长沙女子励进会在长沙皇仓街开设妇孺半日学校；

1920 年 7 月，湖南学生联合会开办"平民半日学校"，费用由各学校学生自筹，教员由各校学生担任，教材全用白话文；

1920 年 8 月，湖南平民讲演团在长沙天心阁成立，向广大市民作扫盲宣传，宣讲民主平等新思想；

1921 年底，湖南省教育会委托周方、罗教铎，负责筹办湖南基本平民补习学校，历经千难，于 1922 年 5 月 1 日正式开学。

与此同时，受湖南教育会的号召倡导，省立一中、长沙师范、省立第一男师范、周南女校、长郡、岳云、明德、修业、兑泽、妙高峰、甲种工艺学校等，都附设了平民学校，推行识字教育。各种形式的平民学校如雨后春笋，遍布长沙城，湖南的平民教育运动蓬勃兴起。

1920 年 10 月下旬，美国著名哲学家、教育家、心理学家杜威，应湖南省教育会邀请抵长沙讲学，一同来湘讲学的还有教育界名流蔡元培、章太炎、张东荪、吴稚晖等。周方认真聆听了杜威的每一场演讲，对其关于教育的论述收获特别大。在演讲中杜威指出，世界平民的势力一天天变大，而贵族的势力一天天缩小，故政治将变为平民的政治，而教育也将变为平民的教育。平民教育是治国的利器，平民教育发达一分，国家即强盛一分。中国要整顿实业、整顿政治，就要普及教育。若中国能普及教育，并且适宜，则人人成为完全的人；若教育限于少数人，并且不适宜，则经济改良之利益，都归于少数人之手。听到杜威讲,应打破教育是为少数人的装饰品、奢侈品的观念。要打破贵族教育,因为它不公平,人人必须有求学的机会,才算得是教育。这时的周方,犹如滚水泡米花——特别开心。他觉得杜威所言与自己救国救民就是要唤醒民众、施教民众、教育必须公平的认识如出一辙。自己致力于平民教育的出发点,就是要教化民众、武装民众,绝非仅仅限于识字扫盲。把平民教育当成救国治国的利器,让民众觉醒,依靠他们的力量拯救中国。周方越思考,越觉得平民教育意义重大,方向正确,教育救国的决心更加坚如磐石。

与杜威同时受邀来湘的还有英国哲学家罗素。他们两人在长沙所做的多场演讲,为中国前途苦苦求索的热血青年提供了新的思路,为湖南的新文化运动注入了新的活力,对中国近代以来的教育理论和教育实践产生了重要影响。在社会各界的积极努力下,湖南的平民教育运动风起云涌,震荡三湘。其中,教育家晏阳初也作出很大贡献。在一些关乎平民教育的观点上,周方、罗教铎、黄芝冈等都与他有过论辩。

1923年3月29日,以易培基、徐特立、周方为首的湖南省教育会,以毛泽东为总干事的湖南工团联合会,以夏曦为总干事的湖南学生联合会等公法团体,在长沙联合组织发动群众六万余人,举行声势浩大的反日游行示威,坚决要求废除"二十一条",强烈要求收回旅顺、大连租借地。周方既冲锋在前致力于平民教育,又大力开展爱国反日运动,在湖南教育界声名鹊起。

1923年11月28日,为促进平民教育,武汉各团体数万人分别在武昌、汉口、汉阳举行游行运动会。朱其慧(时任国务总理熊希龄的夫人,时任中华平民教育促进会总会董事长)、陶行知(时任中华平民教育促进会总会董事会执行书记)在汉口大会上作演讲。湖南省教育会推举周方去武汉邀请陶行知、朱其慧二位来湖南指导,帮助推进湖南的平民教育运动。待周方赶到武汉时,陶已离开武汉,朱另有所约也不能来长沙。周方返湘后与向玉楷、罗教铎、蒋兆骧、

伍

张唯一、曹典球、方克刚、曹伯韩几位先生商议，认为湖南是"全国平民教育策源地"，湖南的平民教育运动不能依赖外部力量，要靠自身努力且需从速而为。思想统一后，大家群策群力，马上筹备成立"湖南平民教育促进会"（简称"平教会"），一致推举周方、蒋兆骧、方克刚等负责全部筹备工作。"湖南平民教育促进会"与"湖南省教育会"是平行机构，其任务是筹备平民教育实施的各种方法，宣传、提倡、指导和协助平民教育。它自行独立开展工作，有权对外发布公告、决议。这给周方、何炳麟、罗教铎、方克刚等一批致力于教育救国的仁人志士，搭建了救国救民、步月登云的大舞台。

1923 年 12 月 25 日，湖南平民教育促进会召开第二次筹备会议时，方小川提议：凡大规模之组织，必先有大规模之运动，以唤醒一般群众。今日之会，可否以十三年一月一日，仿苏皖赣鄂先例，举行游行。周方立表赞成，并提出要成立专门的游行大会筹备组进行周密谋划，要广泛发动学校、工商、机关各社会团体的人员踊跃参加。经充分讨论，大家一致赞成，决定在 1924 年 1 月 1 日，举行平民教育运动游行大会，推选蒋兆骧、方克刚为大会筹备主任，负责召集筹备会议。事不宜迟，分秒必争，紧接 12 月 26 日、27 日、30 日和 31 日，紧锣密鼓连续召开了四次会议。参加会议的除两位主任外，还有罗教铎、周方、何炳麟、郭亮、彭慕陶、熊梦飞、欧阳刚中、李六如、贝允昕、李亚农等二十余人。就游行大会各项大小事宜，包括游行线路、队伍先后顺序都仔仔细细、认认真真做了周密研究、安排和布置，并责任到人。

1924 年 1 月 1 日元旦节，暖阳高照，预兆光明在望。长沙市各大、专、中、小共四十余所学校师生，还有政府机关、工商警界各团体人员，共计一万余人聚集长沙市教育会坪，参加轰动省城的平民教育运动游行大会。上午十时许大会主席罗教铎报告开会宗旨，郭亮担任游行总指挥，周方作"湖南平民教育之经过"报告，魏先朴、盛先茂、周天璞等做专题演讲。周方还选派基本平民补习学校的学生登台讲演"读书之必要"和唱歌表演。游行时,各人手执长方形小旗,上书"有钱者快办学""识字者快教人""不识字者快读书"的标语,边走边呼口号"打破阶级教育,提倡平民教育"。游街队伍群情激昂,声势浩大,沿途市民们纷纷拍手鼓劲,招手致意。《湖南平民教育周刊》于1月3日,特发行续刊《平民教育纪念号》,撰文《元旦平民教育游街大会纪盛》予以报道。

这次平民教育游街大会,盛况空前,影响深远,迎来了湖南平民教育运动的新高涨,唤醒了民众自愿接受平民教育的心理欲求。紧接着周方、蒋兆骧趁热打铁,继续完善一切筹备工作,于1月15日正式成立"湖南平民教育促进会"。公推曹典球、方克刚、周方、蒋兆骧、张唯一、曾继梧、李剑农、李六如、贝允昕、罗教铎等十五人任董事,曹典球任董事长,方克刚任副董事长,周方任总干事。郭亮、彭慕陶、曹伯韩、黄芝冈、姜梦周、陈子仁、廖锡瑞等二十人为干事。由湖南省教育经费保管委员会按月划拨200银圆,作为平教会的活动经费。另李剑农、曹籽谷、曾凤冈、刘策成、鄙菊亭、李擎柱等先生给予了经费赞助。曹伯韩作为驻会干事,给以适当薪俸,其他人员皆义务为平教会尽责。

为了宣传平民教育、扩大平民教育促进会的影响,周方负责主办《湖南平民教育周刊》,作为《大公报》的副刊出版;还在《湖南教育》杂志上开辟了《平民教育专号》,在《湖南通俗日报》上开辟了《平民世界周刊》。1925年4月7日的第67期的《湖南平民教育周刊》,周方撰文《平民教育和我国的国际地位》,为平民教育大声鼓与呼:"今年万国教育联合会在英国爱尔兰举行,最注意的事为促进各国全体国民的教育,对于'各国国际地位,将以各国国民教育程度的高下为等差'。我国十二年夏在美国旧金山会议时,当初取得副会长及会中各种委员,国际上很有荣誉的。后来统计各国国民全体的教育程度,我国识字者不及十分之二,逐降至与埃及相等,在赴会各国中列最下等,这是我国最可引为羞辱的一回事。""我希望此后政府和人民，大家合作起来，纵然有要逞个人兽欲的政客和武人，也要请他们看看外人对我的风色；'有国无民'，腾笑世界，国际共管，马上实行，於此祛除病源的唯一良方——平民教育——还不同心戮力去试服一下，将来终于不起，那就呼天莫救了！"

为了满足大众扫盲教育的需要，由曹伯韩负责编写《新千字课》，李六如负责编写《平民公民读本》。还有郭亮、易礼容与彭慕陶在省工会和李亚农在省学联，积极宣传，广泛发动，为湖南平民教育运动推波助澜鼓与呼。周方等创办的基本平民补习学校作为平民教育的倡导、实验与先行者，发挥了示范与带头作用。众人拾柴火焰高，湖南平民教育促进会的各项工作紧锣密鼓，有条不紊地顺利展开。到 1925 年底，湖南平民教育运动山呼海啸，席卷三湘大地。

正当湖南平民教育运动方兴未艾的关键时刻，省长赵恒惕指责平民教育促进会为赤化活动，面令曹典球董事长立即进行清洗。曹典球只得以改组为名，将蒋兆骧、李六如、郭亮、曹伯韩等十余名董事、干事"清洗"出去，曹典球亦自请辞职，改由方克刚任董事长，张唯一仍任董事，周方仍任总干事，彭慕陶仍留任总务干事。郭亮虽去掉了干事职务，仍继续主持各工会夜校。尽管平民教育运动遭到赵恒惕的阻拦与加罪，但周方与同人不为所惧，迎难而上，砥砺奋进，使湖南平民教育事业仍在挫折与困境中自奋发展。

湖南平教独树一帜

1921 年，《湖南全省实施义务教育暂行规程》和《筹施湖南全省义务教育程序及说明书》颁行，规定义务教育为四年，儿童从 6 到 10 岁可以免费上学，最迟入学年龄不得超过 9 岁。据此，很多人认为既然有了义务教育，便不需再实施平民教育。对此周方明确指出，不能把义务教育与平民教育混为一谈，两者的教育对象、教育目的与教育方式是截然不同的。并且平民教育与义务教育不但互不冲突，而且可以互相促进。要树立全省的大教育观，让两种教育互相补充，将湖南的教育办得更好、更切实际。

面对当时全省义务教育并没有得到落实、学龄儿童依旧失学的现状，周方认为原因之一是处于社会底层的家庭，父母多为文盲，对子女上学受教育不太在乎。他们认为小孩读不读书无关紧要，长大卖苦力能挣碗饭吃就行了，谁也没想要为争民主自由、求翻身解放读书，也不懂要求政府为落实义务教育负起责任。平民教育的主要对象，是服务那些学龄儿童不识字的父母兄姐。大人受到教育，扫除了文盲，就会明白教育的意义，自然会营造出良好的家庭教育环境，反过来诱发儿童对受教育的渴求，进而要求政府落实义务教育。所以这两种教育是互相促进的，要齐头并进，不可偏废。周方强调，平民教育一定要合乎国情，顺应民情，适应社会，服务平民，办出湖南平民教育的特色。

为了切实指导全省平民教育的实施，周方在湖南平民教育促进会成立之初，拟就《关于平民教育实施计划大纲》，制定平民教育的设施方案，指导全省平民教育运动的开展。方案内容大致如下：

伍

湖南平教奏凯歌　独树一帜冠九州

第一，专施平民教育者是专设的平民学校、附设的平民学校、露天学校、平民读书处和平民读书会；第二，辅助平民教育者是包括通俗讲演、平民书报阅览所、流动书摊、平民读物编审处、平民游艺场、揭示关于平民教育之文字图画的平民博物馆；第三，平民教育之特殊事项是指平民职业补习所、平民职业介绍所、平民之天才教育、残废者之平民教育。鉴于湖南天灾人祸不断，而且教育经费短缺困难，平民教育环境实为恶劣，所以实施平民教育的途经，主要集中在设立平民学校和平民读书处。基于此，湖南的平民教育方式是：一、采取依靠社会贤达办私立平民学校，公立学校办附属平民学校相结合；二、办短期培训与成人夜班相补充；三、扫盲识字与文化教育相呼应；四、课堂讲学与开门施教相配套；五、聘任专职教师与兼职教师相替补。这些切实可行的措施，解决了当时平民教育实际运作中诸多具体困难和难题，全省各地平民教育扎扎实实、不拘一格、灵活机动、形式多样地蓬勃开展起来，各种平民学校、平民补习班，如山花烂漫，盛开在三湘四水间。

1922 年 5 月 1 日，全省平民教育示范学校——湖南基本平民补习学校，招收一百二十人正式开学。周方下决心，一定不负众望要把这所学校办出成效，探索出成功经验，使它真正为全省平民教育作出示范和表率，开辟一条适合国情民意的平民教育之路，展现于三湘大地。

首先，周方所办平民教育根据受教育者的家庭生活、劳作状况，打破常规不采取全日制教学。然后根据所招学生的年龄结构，将学生分为成人夜班与儿童半日班，分别制订合适的教学计划。由于是免费入学，报儿童半日班的小学生相当踊跃，便分设上午班与下午班。开学后，儿童半日班一天天发展，由两班至四班，四班再到六班。随着班级的增加，当务之急需增聘教师。幸好张良权凭借她在周南女校任教的人缘，很快聘到两位教师，解决了师资问题。但随着学生的增加，办学费用成倍攀升，学校花费只加无减出现亏空，周方又得四处求援，以解难题。

正愁无计可施时，有人给周方送来了锦囊妙计。刚到暑假，晏中彝先生带领新化中小学教员来省城参加暑期讲习会，校董罗翰溟先生领着晏中彝来基本平民补习学校拜会周方。趣谈中晏先生对周方苦干实干的办学精神，十分钦佩也很同情。得知学校眼下经费艰窘，便建议说："静庵先生，俗话说'山不转水转，水不转人转'，我在新化旅省同乡会中有多位商道好友，你我都是新化同乡，我愿陪你去找他们捐资相助，估计多少总会有所收获。"罗翰溟马上接腔说："这是好主意！"周方笑曰："谢谢晏先生送我一计！看来我只能厚着老脸去试一试。"言罢，还叫上彭慕陶四人一同去沿门化缘。一天奔走下来，热心友好的新化同乡陈笙麓、邹天三、潘叔愚、高洁午、陈深如五位先生，对周方兴办平民教育取得卓越成绩和坚忍不拔的精神，敬佩之至。夸他为新化人争了光，愿意尽绵薄之力给予捐助。他们扶危拯溺，一共认捐三百余元，当即获现款一百二十元，解了学校经费一时之困。周方对新化乡亲解骖推食之举，深表谢忱！

在所有教职员工的齐心戮力下，学校一天天在发展，教育事业越办越兴旺。除枫树坪校本部的小学班外，还在洋油池、廖家渡和洪山庙等地也开设了附属小学班。学校一派蒸蒸日上，火红兴旺。可学校的开支更是越弄越大，八月十五中秋刚过，全校又面临饔飧不继的窘况。

那时，长沙各校开游艺会募捐的风气盛行，罗教铎提议也试着搞一次，以缓解学校的困难。周方便带领大家经过一番筹备，分别印十元、五元、一元、五角、三角游艺券若干，挑选了一些游艺项目。还找到校董，建本女校周天璞校长，借一场地做游艺募捐活动会址。全校教职员工出动，开展四次游艺募捐，除去花销，最终尽得不到二百元。其中还有周天璞校董帮忙募捐的款项，还要加上前前后后经过近一月的准备，周方觉得此种募捐得不偿失，不可为之。而尤

伍

湖南平教奏凯歌　独树一帜冠九州

其令人晦气的是，师长刘奎焕本慷慨应允认捐一百元，学校不胜欢喜，便送他两张十元券，四张一元券供他游艺娱乐。谁知他回了一封很客气的信，按所获游艺券面值捎带二十四元外，对认捐的一百元不予理会，毫不在乎自己食言。

周方为平民教育枯心血，劳筋骨，受着辱，一年熬一年，要多难有多难，真是"人没钱不如鬼，汤没盐不如水"。但他从未心灰意冷，总是百折不回，勇往直前。海潮勇于撞击礁石，可激起浪花千层；人生敢于挑战困境，能赢得前景光明。他认为，万事没有越不过的坎，就怕没有敢拼敢闯的胆。现在学校常常无米之炊，单靠校董出资和社会募捐，非长久之计，很难让学校发展。学校不发展，又怎能肩负百年树人的天职？我周方不奢求事事顺利，但必须事事尽力。不管有多难，要千方百计去拼去闯，寻求政府拨款让学校渡过难关。

春天是美好的，太阳把温暖洒满大地，微风将绿茵吹遍郊野，它更把希望带给人间。周方和所有人一样，盼望着春天，寄希望于春天。

1923年的春天终于来到，"阳春布德泽，万物生光辉"。明媚的春光让周方充满希望，他心情特别爽朗，还幻觉学校经济状况有了转机哩。一天晚上，他做了个梦，看见满园紫色的茄子，挂满枝头。按解梦的说法，"行时的茄子背时的瓜"，意即梦见茄子就会好运，梦见瓜类就会倒霉。第二天一大早，他就找到罗教铎，眉开眼笑地说："湘道校长，昨晚我梦见满园茄子，我们会交好运，说不定会有财喜。"罗教铎哈哈大笑说："静庵呀，你是有钱男子汉，无钱汉子难，竟把床头梦也和钱挂上钩。"周方摇摇手忙说："不是没有一点相关。你看，李剑农现任教育司长，你与他相知甚深，倚畀至切。加上人一到春天，往往心情就会愉快而愿行善。梦见茄子，提醒我机会来了。现在学校入不敷出，我们何不求李司长为学校给点资助？"罗教铎一听，茅塞顿开，忙说："这是个好主意！可以去试试。"揣着百分之十的希望，罗周两人按百分之百的努力，去拜会李剑农司长。

刚一出门，周方见一只黑猫沿房柱往上爬，忙指着叫罗教铎："湘道，你看，你看！"罗教铎见后乐不可支地说："静庵呀，按算命先生的说法，这叫'黑虎抱柱，见者有财'！"周方喜出望外，乐呵呵地伸出大拇指对着罗教铎说："对对对，见者有财。又是个好兆头，我们今天肯定会进财。"两人喜笑颜开直奔教育厅。见到李司长一番客套后，周方向他简要汇报学校的教学与今后打算。罗教铎则向李司长叫苦办学之艰难，恳请政府支持，拨点办学经费。听两人坦诚之言，李剑农很和善而关切地说："现今全国无一所官费的平民学校，我深感国家力倡平民教育之必要。你们以己之力，勇挑重担，倡我湖南平民教育之新风，成绩斐然，应当鼓励，应该支持！"言罢，即签发核拨办学津贴二千元。没想此款来得如此顺利，两人欢喜若狂，乐不可支。心想"梦见茄子"和"黑虎抱柱"果然灵验，满载"春天的希望"，致谢而归。

在办学经费有所好转后，周方在儿童半日班增设音乐、体育两门课，聘请游若愚、顾西林两位知名老师任教，让小学生全面发展，健康成长。两位老师特别为周方艰苦办学所感动，不取酬金义务为学校授课。他们的无私奉献，让周方赞不绝口，感激不尽。

在半日班里，周方别出心裁组织十二岁以上的学生，对他们进行"工读结合"的培养。学校在市里承接一些印刷厂的印刷品装订业务，由学生在课余时间完成装订。所得收入发给学生，让孩子们从小受到自食其力的训练。此举赢得学生家长一片感谢，赞颂学校领导关爱贫寒学生，切切实实为孩子们着想。在全省，乃至全国，这样体贴入微、想方设法排困解难，贴心关爱社会底层穷苦孩子的教育，很少有人想过，几乎没人做过。可是周方在想，周方在做，教育为民的办学理念根植于他的脑海，落实在他的一举一动中。

1923 年，湖南省教育会在长沙举行县乡学校暑期讲习会，聘请薛天汉、顾西林来会主讲中小学教育的教学设计，还组织参会的各校领导，到基本平民补习学校与楚怡小学实地进行教学观摩与考察。参会者比较两所学校，对基本平民补习学校的评价更好，无不夸奖它的教学与管理有创意，很实用，值得学习与借鉴。他们归纳四条：

> 第一，教学设施不贪大求洋，以简朴实用为原则；
>
> 第二，教学手段不图虚名，讲求实际，管用有效；
>
> 第三，强调学以致用，坚持学为所用，教为所学；
>
> 第四，培养学生手脑并用，勤奋好学，自立自强。

都说基本平民学校的勤俭办学作风，学以致用的教学方法与实用可行的管理措施，很适合县乡学校办学的实际和需要，各校都有条件做得到，应广为宣传推广。特别是周方倡导的劳动教育和养成教育，被称赞为开全国基础教育之先河，是对传统旧式教育的大胆挑战，是贫穷落后的中国最需要、最适宜、最有效的新型大众化教育，应在全省全国大力普及。

在基本平民补习学校，半日班办得红红火火，很令人满意，可成人夜班的情况就很不理想。开学不到一周，人数不加反减。经调查其原因在于，有的人是当店员的，店主要求晚上有生意要看店；有的是做工的，白天干活辛苦，每天晚上再来上课太累。针对这些具体问题，周方与罗教铎仔细思量，认为无论如何不能让学生流失。周方反观学校的授课时间安排，很感慨地说："我们既然办平民教育，就要千方百计为平民受教育创造条件，一切教学设置，必须方便老百姓，为老百姓解难。只有帮他们排解了求学中的困难，才能留住学生。"听后，罗教铎很赞同。两人慎重考虑后决定，在维持成人夜班正常教学前提下，对参加夜班上课有困难的学生，另外再编班。其授课时间改为周学制，即每周只星期六晚上安排上课，其他时间在家自学，老师加强对学生的自学辅导。学生有疑问，周一至周五晚随时可来学校请教老师。每学期增加教学周数，取消原来的寒暑假。这样改动，每晚上课有困难的学生很感满意，不少曾经退学的学生又重回学校，全班的学习劲头日趋高涨。

还有一些成人班学生提出："你们叫我们读书，我们靠做工糊口，不做工就没有饭吃。有饭吃我们才能安心读书。"对此周方很是理解，成年人必须自己养活自己，口腹问题不解决，谁还顾得上学？想起当年与蔡和森、毛泽东一起筹划赴法勤工俭学，后又去北京大学参加蔡元培、李大钊、陈独秀支持举办的工读互助团，谋的都是"以工助学"之路，现在不也可以试试吗？只是看到长沙的一些职业学校，培养的学生似小姐少爷，肩不能挑，手不能提。虽一批批学生毕业，但社会上一径看不到他们自谋职业开办的工厂、农场、作坊、店铺，这哪对得住"职业"二字！哪里配称职业教育呢？周方认为，一定要批驳社会上鄙视技术的思想，要赞扬劳动光荣、自食其力的精神，让全社会都重视职业教育，看好职业教育。办职业教育，要面向平民、面向妇女、面向农村，把掌握一技之长，能自立谋生落实到每一个受教育者。

再三考虑后，周方找罗教铎商量，经多方比较，两人认为开设缝纫班专招女生学做服装，可能易于见效。他俩毫不迟疑地给要办的缝纫班取名"平民女子工学社"，招收成年贫寒女子，学习文化课和缝纫裁剪，进行工学互助、以工养学的平民职业教育。周方约请校董各捐十元作为开办费，聘请蔡庆熙当主任和授课教师，邹礼智任服装裁剪技师，托朋友租到五架缝纫机，招收九名学生，于1923年7月1日正式开学了。平民女子工学社不收学费宿费，学生伙食自理。白天学缝纫技术，晚上学国文、算术。成绩考查"文""实"并重，严格把关。对于实科，又分"量"的多少与"质"的优劣予以判分。所以学生的学习都认认真真，勤奋努力，绝不懈怠。她们学会缝纫技能后，缝制服装售得收入，学校分三成，七成归学生。首期学生试行两月就见到成效，都能自食其力，学校也可保本运作。同年九月一日又招第二期学生十五人，随后一期一期人数快速增长，以至学校难以容纳。为了解决这一问题，学校董事会研究，平民基本补习学校的首要任务，是面向社会年长失学的成年人，招收失学儿童只是辅助小学的教育，不是学校先定宗旨，故决定停办儿童半日班。由于学生快速增加，缺少教师便是大问题。承蒙周方好友李维汉、谢觉哉等鼎力相助，他们急公好义，自愿来学校义务授课，帮忙解决了师资急缺之难。蔡畅回国后也来校义务授课。对朋友们的无私帮助，周方发自内心感激不尽，铭感不忘。后来办学规模日益扩大，学校将平民女子工学社更名为平民女子职业班，学生劳作所得，改为全数归学生，学校不参加分成，全让利于学生。

事实证明，平民女子职业班很适合开展妇女平民教育。她们在学校既学文化又学缝纫裁剪，能以劳动所得养活自己，自身得到解放，提升了在家庭、在社会的地位，所以特受妇女们的欢迎。她们毕业后，长沙市的毕业生在学校的支持下，组成东、南、西、北、中五个"缝纫生产合作社"，承制各界及市民服装；外县的毕业生有的在各县城和集镇开办缝纫店铺；有的受聘为职业学校或小学教师。总之，平民女子职业班毕业的学生，都能学以致用，一技在身，自谋职业，服务社会。周方用顺口溜夸她们：妇女学文化，能写又能干，敢想又敢说，什么再不怕。妇女半边得解放，建设力量更强大。平民女子职业班堪称平民职业教育之嚆矢，开湖南平民教育以工助学、以工养学之先河，纷纷为全省各地所效仿。

为了确立平民教育应有的教育地位，为国家所认可并享有社会声誉，周方力举将平民教育归入国家正式教育系列，并提出政府应采取的具体办法：一、置员司专司其事，以示重视；二、令行所属各机关公立学校工厂，一律附设平校；三、令行各县知事，以推行平教的尽力与否，为考成之重要部分；四、通令国内从某年起，不识字者征收愚民捐，按年递加；五、仿英美制佣工允许状办法，于某年后不识字者不给予允许状。雇无此状的人工作者，罚其雇主。现雇有不识字工人，雇主务须使之受平民教育，否则工主同罚；六、视学员视察各校，须随地督促施行平教。不尽职者，罚及视学员；七、兵士公丁有不识字者，勒令受平民教育。一年后不能读千字课者革退。以上所举各项办法，皆简而易行，只需口舌纸笔之劳，而即可举办者。政府如果有提倡诚心，正不难朝令夕行也。①

　　湖南的平民教育运动方兴未艾，在全国可谓独树一帜。其中还有亮点，就是深入部队兵营开展扫盲教学。时任湖南省政府主席王东原，受全省平民教育浪潮之感召，亲自到湖南平民教育促进会找到周方说："静庵先生，你力倡之平民教育在湘省已具规模，受到社会一片称颂，本人十分钦佩！现我属下有两个连的士兵驻扎在学宫街文庙内，他们大多不识字，有碍部队素质提高。本人慕名劳驾先生为官兵进行扫盲教育，不知可否？"周方忙答曰："省长看重部队扫盲教育，确有远见！我致力于平民教育，很乐意为部队官兵服务。今省长之托，我当全力以赴，希望由此为部队建设尽己所能。"言罢，两人商定扫盲教学就安排在连队营盘内进行，所需教学费用由省府解决，开学时间越快越好。

　　周方将王东原省长委托为其部下扫盲一事，速告曹典球董事长与方克刚副董事长，两人都表示省平民教育促进会应该全力以赴办好此事，当即委托周方全权负责一切事务，要在全省树立为部队官兵开展平民教育的标杆，以便推广。周方急如星火，立刻制订部队军人扫盲计划。针对学宫街文庙内两个连下属六个排的建制，决定以排为教学班，每个班配备两名辅导教师。教学时间定为24周，每周日集中授课，周一至周五晚上七点至九点为辅导自修时间。教材采用曹伯韩所编《新千字课》，由周方、彭慕陶担任主讲教师。此外，周方分别在他任教的省立一中和岳云中学的学生中，各校选十名学习成绩好，活动能力强的学生，组成两个教学辅导小组，下

――――――

① 引自《湖南平民教育周刊》第75期《读明水君〈平民教育应否归入国家正式教育的商榷〉以后》，静厂（周方笔名）撰。

伍

湖南平教奏凯歌　独树一帜冠九州

到连队担任助教，辅导官兵学习。每组十人中，一人任组长，负责教学辅导工作的组织、落实与检查。其他九人由组长根据各人情况，轮流下班进行教学辅导，保证每天晚上自修时，每个教学班有两名辅导老师到场。根据教学计划，要求平均每周学习三十个汉字，做到会认、会读、会写、会造句，直至能阅读书报，会写短文书信。

通过半年的教学，军营中需要扫盲的近两百名官兵，全部脱盲，能读书报，会写书信。经考核，湖南平民教育促进会给学员们颁发了短期培训结业证。对此，王东原十分满意，赞扬周方不愧是湖南平民教育运动的领头羊，为部队扫盲立下了大功劳。他特聘周方为省政府高级顾问，请他多为湖南教育事业的发展建言献策，贡献智慧。

1924年7月4日至7日，周方、方克刚、蒋育寰作为湖南代表，参加在南京召开的"中华平民教育促进会年会"，各省到会代表共50余人。在会上，周方等三人将带去的湖南平民教育进行概况图表，悬挂于会场，并向各省代表分送关于湖南平民教育的印刷品。按会议程序，周方就湖南省开展平民教育所做的工作和取得的成绩，进行了专题报告。并向大会提出四项议案：一、中华平民教育促进会为各省之集中团体，以便策学全国案；二、成立全国平教用书编审处案；三、平民之天才教育案；四、平民教育经费应规定为全国或各地方教育经费十分之二以上案。周方的提案获得大会主席熊夫人朱其慧和代表们的热烈响应。熊夫人说："办平教如办赈济，觉同胞可怜，良心上不能不办。要办此事，当沿门托钵，为人民造福。取得一石水，二十一行省平分，二石水亦然。"1924年7月9日出版的《申报》"国内要闻二"报道了平教促进会第三次会议，其中记载了周方提出的四项议案与朱其慧的讲话。

周方还在1924年11月4号《湖南平民教育周刊》第四十六期上，撰文《怎样推行军队的平民教育》。在文中，他归纳军队推行平民教育的好处：甲、兵士受了教育，便了解军人天职，而能实行卫国保民的义务。乙、兵士受了平民教育，便与平民发生密切的同情心，可使兵民一体，相亲相敬。丙、受了教育的兵士，骄气戾气，可无形消化；在行伍易于使令，退伍后也自能安分守己。丁、兵士受平民教育为第一步，受职业教育为第二步；知识技能俱全，在军队中可以生产，退伍后也可以生产，自然国力富强了！戊、兵士终日叫嚣驰突，精神上略无修养慰藉之时，便致性情躁烈、心理生理上都受痛苦，更有以教育调剂之必要！己、对于兵士本身生活，知道识字看书报记账写信，便利更多。庚、有知识的兵士，灵敏活泼，能各自为战。周方撰文的目的，就是希望把平民教育在军队中普遍开展起来。其实，为了使平民教育覆盖全社会，普施到需要受教育的每一个人，周方还提出对监狱犯人也要进行平民教育，以利犯人改过自新，监狱更有效管教。他撰写的文章《平民教育的监狱运动》，就刊发在 1924 年 6 月 10 日出版的《湖南平民教育周刊》第二十五期上。

值得欣慰的还有，周方所办平民女子职业班不仅国内知名，其美誉还远播南洋。新加坡星洲公立南洋女子学校，专函周方请求支援缝纫刺绣专业教师。此事让周方开眉展眼，非常乐意帮助志同道合的南洋朋友。他考虑再三，因蔡庆熙身边还有小女儿刘昂要照顾，便与夫人张良权商量，请她去新加坡支援。张良权很理解和支持丈夫的决定，于 1923 年 10 月启程远赴南洋任教。说来凡事都有缘，张良权这一去，又为蔡伯母葛健豪从法国经新加坡回国，助了一臂之力，给蔡周两家的友好互助增添了新故事。

那是 1924 年秋，葛健豪带着不到周岁的外孙女，蔡畅的女儿李特特，由法国经新加坡回国，同行还有患病的欧阳泽。船到新加坡靠岸后，蔡伯母请船上员工送张字条给张良权，告诉她有要事相商。张良权见条后，马上买好水果去船上拜会蔡伯母。

葛健豪一见面即拉着张良权的手说："良权，请救救我们！我们钱不够，船票只买到新加坡。"

张良权满口答应说："蔡伯母没事，我替你们买回国的船票。"

葛健豪忙说："可婴儿太小，不能再走了，需要上岸歇息一下。"

张良权心想这三个老小病人，自己要上课怎能照顾得了？劝她们还是回国为好。但蔡伯母坚持暂不能走了，要张良权想办法先安排她们上岸住下。张良权尊蔡伯母的意愿，很快帮她们办好住宿，请一位有汽车的福建籍朋友把三人送到旅社。又送去饭菜水果，给小孩买好炼乳和饼干。这样住了几天，蔡伯母提出要张良权帮忙找找工作。张良权回校与黎泽芬等几位朋友多处打听，都说一个老人家，还带着婴儿和病人，无人愿聘。便把难处告诉蔡伯母，她只好作罢。就这样，蔡伯母在张良权的帮助下，暂住新加坡近两月后，待国内寄来一百元钱买船票，张良权才送她们三人登船顺利回国。五十多年后，张良权亲笔记叙了这件事。（图5-1）

自蔡和森与周方在岳麓书院交好，蔡周两家的情缘一直绵延不断。葛健豪回到长沙，周方躬请她一同开办平民学校，在湖南的平民教育史上，书写了光辉的一页。

图5-1　张良权记叙在新加坡接济葛健豪情况手迹

湖南平教名冠九州

    风霜雨雪铸造英雄本色，艰苦磨难锤炼人格品德。经过两年多实打硬干的不懈努力，周方通过湖南基本平民补习学校倡导的平民教育理念与实践，在全省风生水起，浪翻潮涌。它以适合国情、顺应民意、除旧创新的独特办学思想，名震遐迩，饮誉三湘。

    1924年7月，湖南省政府特给学校赐名"湖南模范平民学校"，核准每年拨款经费二千元。鉴于乐古道巷颜子庙校址面积偏小，不适应学校继续发展的需要，省政府另拨长沙市小东街三十九号，前大清银行房屋给学校作新校址，并补助经费三千元。不过在具体操办中还是遇到不少阻力，经周方、彭文元、伍天佑等人的不懈努力，又取得省议会苏鹏议长、省教育会主任方小川、何迥程及教育司代理司长向立庭等多方疏通，才使校址划定最终落实。

    后来新校名在报教育部备案时，以"模范"二字不宜作为私立学校专名，改为"民范女子职业学校"，简称"民范"。周方为学校设计的毕业证章（图5-2），外形为圆，表示智圆行方；蓝色做底代表天空。寓意民范毕业的学生，知识广博，行为方正，前程广阔。

    1924年上学期，学校的一部分便从颜子庙搬迁到小

图5-2　民范女校毕业证章

伍

东街。董事们个个似老婆婆抱孙子——喜笑颜开，都认为要乘势而上，加快学校发展。经董事会研究，除对已有房屋进行必要的修缮、改造外，决定新建一栋四层教学大楼，按容纳四百多名学生设计，"安得广厦千万间，大庇天下寒士俱欢颜"，让学校有个大变样。

可是美梦好做事难办，核算下来，资金大大突破。怎么办？是退还是进？以湖南人"呷得苦，霸得蛮"著称的周方说："认准的事不管多难，先干再说。'车到山前必有路，船到桥头自然直'，资金问题总有办法。"工是按时开了，可开工不到两个月，由于所缺资金未能到位，施工方提出要停工。周方与罗教铎，绞尽脑汁均无策可解，罗教铎说："静庵，校事维持不易，实在没法只能暂时停工，筹到钱再说。"周方一听可急了，梅山蛮峒的蛮劲也上来了，急说："湘道，停工？我新造之校，众目睽睽之下中途停工，岂不贻笑大方！况且四百多学生急待教室上课，岂能因小失大？这工无论如何不能停！"话虽这样说，可此时此刻的周方，钱又筹不到，工又不能停，真是两手插进染缸——左右都蓝（难）。

俗话说，有钱日子清甜，没钱度日如年，周方体验最深。被逼得焦头烂额的周方，在走投无路之下，不得不使出下下策，挪用学生膳费和向教职工借支私款，以解学校危难。对此，大家都非常理解支持，不论钱多钱少，个个积极响应。例如邹真顺老师就毫不犹豫地将准备儿子结婚的五百元存折，交周方取用。可见困难面前，辑志协力泰山移，依靠群众没有克服不了的困难。经多方筹款，热心公益的潘叔愚及校董万甄甫各捐一千元；新化曾叔式、曾继梧、陈石擎、晏叔珊、刘锡庸、袁石澜等十余位老乡共捐两千元；还有在南洋的张良权捐助三百元，填补了资金缺口，周方终于又熬过一关。老朋友肖子陶将他与艰苦办明德中学的胡子靖相提并论，开玩笑说："人生大不幸，碰着胡子靖。人生大不堪，碰到周静庵。"可见周方为办学校所受的千辛万苦与冷嘲热讽，是家常便饭，毫不奇怪。难能可贵的是，周方从不放弃，总是开朗地说："碰钉子时常带笑，为树人计不灰心。"他敬仰清代的武训，七岁丧父，乞讨为生，求学无门。14 岁后离家当佣工，吃尽文盲的苦头，挣的工钱屡遭蒙骗，屡受欺侮，便立志行乞兴学。他一生办了三所义学，成为享誉中外的贫民教育家和慈善家，别看他行乞好像失去了个人尊严，但办义学却赢得了众人尊重。武训的心灵如蕙草芬芳，他的人品似纨素洁白！武训就是周方忍辱负重、艰苦办学的榜样。

有钱好办事，学校新教学楼的建筑款一解决，施工便顺顺利利进行。看到新楼节节攀高，周方可是肚脐眼里插钥匙——开心！在无比欢欣中，迎来了 1925 年。他凭借一点点先知先觉的第六感，预感在新的一年里，将会喜事连连。

1925 年 1 月 15 日，是湖南省平民教育促进会成立一周年。周方作为总干事，心中自然有说不出的高兴。回想一年来，心之所思、口之所说、手之所做，脚之所至，无不围绕平民教育。他与曹典球、方克刚精诚合作，艰苦奋斗，付出了大量心血。如采取一系列措施积极筹措经费、扩大宣传、编辑教材；在 17 个县成立平民教育促进分会达 40 余个；指导全省各地开办平民学校 1700 余所，平民读书处 142 个。随着平教运动的不断发展，平民教育波及全省 60 多个县、区，受教育民众达 10 万有余。放眼三湘大地，从繁华都市到穷乡僻壤，平民识字的热潮，波翻浪涌，势不可当，周方为之欢欣鼓舞。作为总干事，为筹备召开湖南平民教育促进会成立一周年纪念会，周方从 1924 年 12 月 13 日开始，多次召集董、干事联席会议，议决纪念会各项事宜，布置任务，下发通知，刊登广告，认真细致做好会前一切准备工作。

1925 年 1 月 1 日，湖南省平民教育促进会成立一周年纪念会在省教育会前坪顺利举行。1800 余人冒雪参加大会，开幕式上周方、荻昂人、蒋育寰分别做主旨报告，学生表演游艺。随后即转入室内参观各平民教育团体及平民教育学校的成绩展览，晚上七点放映电影。为之筹办费尽心机的周方，感慨万端，把奋笔疾书的楹联"新世界是平民大舞台，我们当努力爬上去；旧教育为贵族装饰品，大家应尽量翻过来"张贴在会场，为平民教育鼓与呼，喊出了贫苦大众要做主人的呼声，昭示出平民百姓的勇气与担当。同时还撰写一联："教泽百倍尼山，两年中拥有十万子弟；'圣功'（注：易经蒙以养正圣功也）几同化雨，四月内读完千字课文。"赞扬湖南平民教育取得的显著成绩，为纪念会增彩添色。1 月 6 日的《湖南平民教育周刊》第 56 期"本会周年纪念会纪盛"一文就此给予了报道。当时长沙大公报主笔李抱一，撰文冠周方为"平民老总"刊于大公报，在社会上赢来一片赞同。周方平民老总的美誉，迅即在长沙和全省不胫而走。这是周方 1925 年的头件喜事。

这年又一桩特大喜事是，新教学楼在 1925 年的春夏之交圆满竣工，周方决定将学校全部从颜子庙搬来新校址小东街。

可就在这时，不称心的事也发生了。罗教铎听人谗言，提出另组新的校董会，增开染织科，只留周方继任主事，其他教职工一律辞退。对此周方火冒三丈，坚决反对。尽管周方与罗教铎交往甚密，友情深厚，还是老乡，这次可毫不客气地对罗教铎发飙了："湘遒！董事会为学校的生存和发展殚精竭虑，荣辱与共，你凭什么要更换？这事必须召开校董会集体决议。" 说罢，周方立马召开董事会。会上反对罗教铎的指责声一片，张唯一、何炳麟斥责罗教铎尽出歪招，问他是不是另有私心。经公决，不同意新组校董会，维持原校董会不动。周方负责全校搬迁到新校址的一切事务，仅用两天时间便基本完成。搬来小东街新校址，师生们个个兴高采烈，人人欣欣鼓舞，决心为学校开启新的征程而努力奋斗。此后，学校职业教育的班次达十个，其中有女子缝纫班七个，师范班一个，成人夜校班两个。在新校址，学生出教室便入工场，出工场便入教室，半工半读，毫无暇晷。他们以校训"公实勤俭"而淬历，慢慢养成平民主义、工学主义、勤俭朴实的好学风。

只是彭慕陶与蔡庆熙两位老师，当时由于不满罗教铎另组校董会的所为，坚决不去小东街新校址履职。周方便与刚回国的葛健豪商量，利用颜子庙原校址再办一所"湖南平民女子职业学校"，请葛健豪出任校长，周方任主事，彭慕陶主持校务，蔡庆熙任缝纫教师。从6月底筹备建校，就得到郭亮、易礼容等人的大力支持，不少进步师生纷纷来校报名，8月下旬学校便大张旗鼓地顺利开学了。

还有一件大喜事就是1925年9月，周方、方克刚代表湖南，参加在南京召开的全国平民教育年会。周方在大会做了专题发言，介绍湖南平民教育的发展概况，并与各省代表交流兴办平民教育的体会与实施经验。会后向与会代表分发《平民教育实施方案》和《新千字课》读本，受到与会代表一致好评和高度重视。最后大会决定，1926年秋在长沙召开全国平民教育年会。回省后，周方、方克刚以此即向省政府报告，请求划拨三千元做会议经费。款到后平民教育会即进一步扩展平民教育活动，如编印《平民学校和平民读书处办理须知》，指导学生回乡开办平民教育学校；发动商务印书馆、中华书局、世界书局等书店献爱心，捐赠平民读物近万册，提供回乡学生办学做教材之用；召集暑假回乡学生举办乡村平民教育座谈会，互相学习经验。为迎接全国平民教育年会在长沙召开，提前做好各方面的准备。

1926年9月，全国平民教育年会在长沙如期举行。正好8月份，周方担任全国第十二届教联会提案委员会委员，也为他们举办好这次年会提供了不少方便。全国平民教育会创始人陶行知及各省、市平民教育会代表，还有南洋侨胞代表都来长沙参会。早在1924年1月3日，陶行知给周方的信中夸周方："平民教育，经公实施于前；朱晏诸君提倡于后；知行步趋其间，不过尽国民义务，乃荷揄扬溢量，愧恧曷胜。"这次大会还特别请周方进行发言，全面介绍湖南省平民教育运动取得的显赫成就。当时，全省已有50多个县成立了平民教育会，兴办平民学校2000多所，上学人数超过40万，发行平民读本40多万册，都走在其他省份前面。来自全国各地的代表们

伍

认真参观了湖南平民教育会的成就展览、学生游艺表演，对一切平民教育活动、措施都进行实地考察，无不啧啧赞叹予以夸奖。一致称颂周方为普及平民教育殚精竭虑、义无反顾，堪称"平民教育老总"。陶行知更是赞誉："湖南的平民教育运动办事切实，可称全国平民教育之冠。"这些赞誉，是发自民众的肺腑之言！他们的夸奖胜过任何金奖银奖，周方就是埋头苦干、拼命硬干的中国脊梁！

同年 11 月，时任湖南省政府委员兼教育厅长周鳌山，有感于全国平民教育会对湖南平民教育及周方的肯定与赞扬，特核批每年给湖南民范女子职业学校增加拨款 1200 元。鼓励周方在平民教育的道路上，坚定信念，勇往直前，排除万难，报国为民。

其实在 1925 年 10 月，第十一届全国教联会于湖南召开时，陶行知在会上做平民教育主旨演讲时，就对湖南的平民教育运动给予充分肯定，他说："我们要怎样才能使中华民国有真正的国民呢？不外乎两个办法，一个是普及义务教育，一个是普及平民教育。但义务教育的根本是在平民教育。长沙为平民教育发祥地，各位代表诸君对于湖南应该注意的地方，就是他们那一种特别的教育精神。他们一般办理教育的人，不因种种灾祸及经济困难而稍行束手。如平教费虽然无着依然进行不懈，成绩斐然。这种特别的精神，我们应该带回去。"[1] 与会代表还说，政治、经济和教育为国家三要素，而教育为尤要，而平民教育又为教育中尤要。现平民未具取得国家政权之能力，将来平民教育普及，建设平民社会，庶民可同享自由幸福。

---

[1]　引自《申报》1925 年 10 月 24 日·教育消息·要闻·第十一届全国教联会在湘开会纪（十）。

陶行知还对湖南平民教育给予高度评价，将其与"武昌起义"相提并论，说：

> 普通一般都只知道"武昌起义"，殊不知道有个"长沙起义"。"武昌起义"，造成"中华民国"；"长沙起义"，造成"中华国民"，我们应该把长沙提倡平民教育的那一天，和双十国庆，同一纪念！①

这些来自社会各界的鼓励、赞扬和鞭策，激励周方更加坚定不移地献身平民教育。

1926 年秋冬，国民革命军进入湖南，政局发生了动荡，平民教育工作也受到冲击。有一部分人认为湖南平民教育促进会是资产阶级的思想观点，甚至认为是资产阶级改良主义的东西，《湖南民报》公开撰文"算算平民老总的旧账"，对湖南平民教育进行攻击。周方亦撰文"湖南平民教育的真相"在《湖南平民教育周刊》发表，针锋相对揭露某些人一贯的恶劣军阀作风，坚定不移地高举平民教育的大旗，力克艰难，勇往直前。他还在 1926 年 8 月 5 日的长沙《大公报》上发表署名文章《平民教育与革命》，明确指出：

> 平民教育，是和愚民政策不两立的，换句话说，就是与帝国主义与专制政体不两立的，平民教育普及，民治就可实现；民治实现，帝国主义与专制者的高压，自然不能存在了。那么，打倒帝国主义的工作，除革命而外，最切实而且有用的就是提倡平民教育了，而且革命须重在唤醒民众，领导民众，共同奋斗，尤非先下有平民教育种子，那不知不识的民众不易唤醒，不易领导，

---

① 引自长沙《大公报》1925 年 10 月 18 日，《陶知行先生在平教会欢迎大会中之讲演》，李逸筠撰。

所以平民教育，又成了革命的先驱，和革命的种子了。

这就是周方对平民教育真真切切的深刻理解与认识。

【附】

1924 年 1 月 3 日　陶行知给周方信函全文（载于《湖南平民教育周刊》）第六期）：

静庵先生道鉴久钦高谊，未挹清辉，企慕之私辄难自已。

去岁接奉手示，发缄雒诵，如亲聆馨欬，快慰之情，非言可喻。平民教育，经公实施于前；朱晏诸君提倡于后；知行步趋其间，不过尽国民义务，乃荷揄扬溢量，愧恧曷胜。

沅湘之行，知行怀想数年，迄未如愿，此次赴鄂，满拟一至长沙，敬聆大教，并揽衡岳潇湘之胜，快我夙心。无如束装将发，而京师本社及南京分事务所函电纷来促归，商榷要事。不得已遂变初计，致公抵鄂而知行已返宁垣。高贤在望，领教无缘，怅惘何似。

知行此次于役武汉，因中华平民教育促进会总会总干事未聘定，而各虑盼望总会协助，促其地平民教育之进行者甚急，故会长特说知行赴皖鄂省城与各地热心君子浃洽一切，现促进会总会总干事已延聘得人，吾公夏正二十演之约，尚请与促进会总会直接函商，倘总会以为于时有知行到湘相助之必要，则知行甚愿勉尽棉力，用副盛意。否则知行为改进社事，开春亦须到湘一次。

把晤非遥，不尽缕比，附上关于平民教育印刷品二份。一赠吾公，一赠贵会。同请察核教正。芜湖安庆平民教育会章程及印刷品已去函请其径寄台前，一并奉问，专此祗颂炉安不备。

陶知行谨启　一月三日

民范女校绚丽夺目

1924 年 1 月，在中国共产党人的参与帮助下，孙中山在广州召开了国民党第一次全国代表大会，重新确立民族、民权、民生的新三民主义，确定联俄、联共、扶助农工的三大政策，建立第一次国共合作。为实现以国共合作为基础的统一战线，一些共产党人以个人名义加入国民党。彭慕陶也在 1926 年秋，介绍周方加入国民党。巧的是，当年是周方支持彭慕陶加入共产党，有朋友就戏言彭周兄弟俩是"兄弟国共合作，携手救民除恶"。日益高涨的国民革命运动，为平民教育的发展带来了天时、地利、人和的绝好时机。周方审时度势，顺势而上，心无旁骛，潜心笃志办好湖南民范女子职业学校与湖南平民女子职业学校。

当时湖南平民女子职业学校在葛健豪校长的领导下，周方、彭慕陶同心协力，认真抓好教学，培养学生爱国情操，组织学生参加爱国活动，组织济难会，演街头剧，绘宣传画……许多工作都走在全市学生的前列。学校面貌日新月异，学校声誉日日攀升。在葛健豪与彭慕陶的精心运作与引导下，学校成了中共党组织的外围驻点，一些中共党员被聘任到学校的相关岗位，不少进步组织和群众团体常来学校开展活动。周方都明里暗里给予大力支持。1925 年 8 月 28日反动军阀赵恒惕下令，通缉追捕带病回韶山开展农民运动的毛泽东。在韶山地下党人的掩护下，9 月初毛泽东从韶山秘密转移到长沙后，王季范与周方联系，立即护送他到湖南平民女子职业学校躲避。第二天清晨，由韶山地下党员庞叔侃和进步工人周振岳，护送装扮成商人的毛泽东，经株洲、衡阳一直南下平安到达广州。

伍

1927 年春蔡和森回国，4 月路过长沙时，特别约见刚任湖南省教育委员会委员的周方。贴心老同学久别重逢，有说不完的心里话，表不尽的思念情。在谈到周方致力于平民教育时，蔡和森很庄严地说："静庵兄！我俩虽然形迹上别离了多年，但是我对于你的思想和工作时时留意到。你的思想，天天在前进；你的事业，也天天会前进呀！"周方说："林彬，我很惭愧。你认真研究改造中国与世界的问题，你首先提出'中国共产党'的名称，可我不能马上同你们一路走！"蔡和森说："社会革命事业是千头万绪的，绝不是个个走一条路线可以有成的。你所走的路，完全是社会革命的路，你只守着你的岗位，努力干下去，我俩终久会殊途同归呀！"① 两位挚友心忧天下的肺腑之言，给周方矢志平民教育以巨大鼓舞。当时蔡伯母与蔡畅也在场，遗憾的是此次话别，竟成蔡周同窗的永诀。

1927 年 4 月 12 日，蒋介石在上海发动反革命政变，大肆捕杀共产党员和革命群众。同年 5 月 21 日，驻长沙的国民党第三十五军三十三团团长许克祥在长沙发动"马日事变"，捣毁了湖南总工会、农民协会、农民讲习所等中共领导的革命组织和机关团体，解除工人纠察队和农民自卫军武装，释放所有在押的土豪劣绅，杀害共产党员和国民党左派及工农群众百余人。第一次国共合作全面破裂，国民革命走向失败。随之，湖南的平民教育运动也偃旗息鼓，最终落下了帷幕。但是，"任尔东西南北风"，"咬定青山不放松"，周方在危急和艰难中，挺起胸膛，百折不挠，义无反顾地献身平民教育，教育救国的志向丝毫没有动摇。他竭尽全力，继续前行，紧紧地守住湖南民范女子职业学校与湖南平民女子职业学校，为她们的发展壮大，呕心沥血、尽心、尽力、尽责。

在"马日事变"中，湖南平民女子职业学校遭受查封，被勒令

---

① 引自周方遗著《实验三化教育的枫林学校过去和将来》，第 55 页；在湖南省文史馆编《平民教育家周方先生百周年诞辰纪念册 1892—1992》（第 100 页）中亦可查到。

停办。周方把痛恨埋在心中，很沉稳地面对突发事件，将全校师生安全地从颜子庙转入小东街湖南民范女子职业学校。两校合并后的校名只能用湖南民范女子职业学校，一切教学工作照常运行，确保学生们的学习顺利进行。为安全起见，周方把葛健豪与蔡庆熙母女，安排住宿在女学生集中的新教学楼四楼。为了掩护革命同胞，周方安排被反动政府通缉的袁庶钦（字绍亨），担任民范女子职业学校总务主任；共产党人刘寿祺、杨懋龄先后担任教导主任，杨键群担任校医。同时在毕业学生中，将进步学生常杏云、陶先觉、杨庆熬等留校工作。

另甲级缝纫班学生黄霞仙，聪颖好学，成绩拔尖。1934 年秋，经选拔参加在武汉举办的江南六省（湖北、湖南、广东、广西、福建、江西）职业技能竞赛。通过两天的激烈角逐，她抽签的竞赛作品——女式呢子风衣，从设计、裁剪到缝制，以款式新潮端庄、设计优雅简约、裁剪干净利落、缝制精巧细腻获得服装缝纫组第一名。黄霞仙在如此高级别的竞赛中独占鳌头，为民范女子职业学校和长沙市赢得了荣耀。她 1935 年 1 月毕业，湖北省立女子职业学校曾聘她去任教，但"肥水不流外人田"，最终还是被母校挽留担任缝纫科教师，使学校教师职业技能的整体水平和声誉得以提升。

在黄霞仙老师的悉心教诲和耐心指导下，很多学生都熟练掌握了缝纫技艺，毕业后自谋职业，服务社会，成绩斐然。例如学生侯翠芳，学习刻苦认真，好问好学，勤于动手，常常得到黄霞仙老师表扬。她很熟练地掌握了缝纫技能，后来在家乡小镇开设缝纫社，生意红火，还在村里带了学徒，帮助她们自强自立，欲用一技之长改变家庭贫困面貌。侯翠芳不忘师恩，亲手刺绣一幅门帘饰片（图5-3），馈赠敬爱的黄霞仙老师。上面除绣有黄鹂鸣柳图外，还绣赠言："霞仙老师惠鉴。滋因行旌在即，难舍难离，特为刺绣，籍表葵忱，仰望师尊笑纳，慧眼垂青，知予小子，倦倦依恋，片响难忘。是为纪。时在戊寅暑月，门生侯翠芳拜赠。"师生深情，溢满文中。

黄霞仙既是民范女子职业学校培养的高才生，又是学生最爱戴的好老师，周方校长很是器重她。1941年暑假，她有缘与周方嗣子周书稚结成秦晋之好。周书稚1939年毕业于江苏省无锡教育学院农业教育系，夫妇二人都在枫林中学和民范女子职业学校任教，成了父亲周方兴办平民教育最得力的帮手。

图5-3　侯翠芳赠送黄霞仙老师绣品

周方的学生中还有在成人夜班兼任辅导老师的成从修，其妻张玉英在长沙第一纱厂女工车间做工。周方指导成从修将张玉英反映的纱厂不合理的劳资关系，写成文章《请看第一纱厂的黑暗》在《湖南国民日报》刊登，为纱厂女工反对压迫剥削大声鼓与呼。不久成从修因参加革命活动被捕，周方利用自己的声望多方活动，将其救出。周方正直、仗义、爱生的品格情怀，为众人交口称赞。

有周方和学校对革命力量的保护，又有一批新生力量的加入，虽然时处黑暗统治之下，但民范女子职业学校的进步活动从未停息，地下秘密工作频繁有序，学生的进步思想和学习风气日日渐浓，学校的社会声誉在长沙与日俱增。

溪水江河奔流不息，在于不断汇聚百川；文化教育蓬勃昌盛，在于大胆废旧拓新。周方便是一位既乐于集百家之长，又敢于废旧开新的拓荒者。他似山间的小溪，虽涓涓细流，曲曲弯弯，却百折不回汇入江海；他似原野的小草，虽没有芬芳，也不妖娆，却奉献碧绿装点四野。周方为之奋斗的平民教育事业，扶摇直上，在平凡中彰显伟大。他创办的民范女子职业学校，为湖南的教育事业培育了一朵绚丽夺目的奇葩。

为满足平民百姓求学所需，学校开设了成人夜班、妇女识字班、小学生半日班、女子工学社、女子补习班。（图 5-4）千方百计让平民百姓“有书读，能读书，读好书”。这九个字写起来很容易，但真正落实到缺钱少米的贫苦大众身上，所要付出的智慧与艰辛则非同一般。难能可贵的是，周方与罗教铎他们心系平民，身体力行，切切实实做到了。

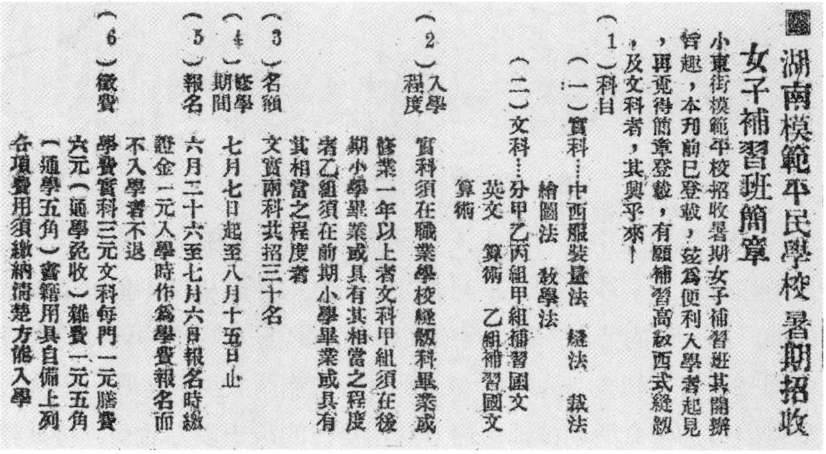
湖南模範平民學校 暑期招收女子補習班簡章

小東街模範平校招收暑期女子補習班其開辦旨趣，本刊前已登載，兹爲便利入學者起見，再覔得簡章登載，有願補習高級西式縫級，及文科者，其與乎來！

（1）科目
（一）實科……中西服裝量法 縫法 裁法 繪圖法 教學法
（二）文科……分甲乙丙組甲組補習國文 英文 算術 乙組補習國文 算術

（2）入學程度 實科須在職業學校縫級科畢業或修業一年以上者文科甲組須在後期小學畢業或具有其相當之程度者乙組須在前期小學畢業或具有其相當之程度者

（3）名額 文實兩科共招三十名

（4）修學期間 七月七日起至八月十五日止

（5）報名 六月二十六至七月六日報名時繳證金一元入學時作爲學費報名而不入學者不退

（6）徵費 學費實科三元文科每門一元膳費六元（通學免收）雜費一元五角（通學五角）書籍用具自備上列各項費用須繳納清楚方能入學

图 5-4　1926 年湖南模范平民学校暑期招收女子补习班简章（载于《湖南平民教育周刊》一百三十期）

学校的培养目标是：让学生成为品行端正，爱国为民，俭朴诚实，知行合一，手脑并用，自食其力的新型劳动者。学校一切教学活动的内容、方式和考核，都围绕这一培养目标展开。周方撰写的校歌是：我有两手，为何废弃？我有聪明，为何蔽闭？用我两手，补缀破碎山河；用我聪明，发扬人类天职。来！来！来！一齐努力，完成天赋的权利。周方就是这样，带领全校师生，唱着校歌，除旧更新，向传统的旧教育勇敢挑战。

伍

至于课程设置，周方想起汉朝刘向"学而不能行之谓病"的教诲，提出"课为用所设，教为用所施"的原则，绝不设置学非所用的课程。所开课程分文化课与实业课，实业课又分实业理论课与实业劳作课。各门课的课时分配，原则上是文化课、实业理论课、实业劳作课"三一三余一"，即三类课各占总学时的三分之一。遵照宋朝陆游所云"纸上得来终觉浅，绝知此事要躬行"，把理论联系实际，强化动手实践和学以致用，列为教学环节中的重中之重，确保学生能掌握一技之长。由此足见周方深谙教学规律，对职业教育具有踔绝之能。

学校注重对学生进行"劳动光荣"的教育，培养学生养成热爱劳动、重视劳动的习惯。每年春季，学校便组织学生参加植树活动；师生的生活用煤，则安排学生负责挑运；每周组织一次全校性卫生大扫除，教室、宿舍、食堂、厕所等公共场所的卫生分配到班轮流安排学生每天打扫。让学生在亲力亲为中体会劳动创造生活、劳动创造幸福的真谛。

在学生品行方面，学校特别注重对学生爱国情怀与文明礼貌的教育。每月组织一次全校性的"华夏文明五千年"系列讲座，一个学期共四次；每学期开展"我的祖国""爱满人间"等作文比赛。学校购置《大众哲学》《政治经济学》《世界知识》《生活》《子夜》《新生》《永生》等进步书籍，由彭慕陶、袁庶钦、刘寿祺几位教师负责管理，置于图书馆不招人耳目的地方，引导学生借阅，提高他们的革命觉悟。

民范女子职业学校在湖南声名鹊起，与周方在教师中坚持师德师风的警示教育是分不开的。他强调："学不立不足以为师；品不立不足以为师；不甘淡泊不足以为师。学风不振，师道不立，何以奢谈教育？"他所聘请的教师，其人格人品与教学水平，在长沙市堪称一流。彭慕陶专攻师范，学业精湛，就是其中最优秀的代表。他工作兢兢业业，任劳任怨，一丝不苟，默默无闻地苦干实干，为学校的创建、管理和发展立下了汗马功劳。更可敬的是，他父子俩为了中国的革命都献出了自己宝贵的生命。

彭慕陶早年加入中国共产党①，在大革命时期与毛泽东、董必武、郭亮、夏晞、宰去病等八人组织领导湖南农民运动。1926 年 6 月任湖南省总工会书记（秘书），与郭亮一道建立工人纠察队，领导湖南省的工人运动。

1927 年 5 月 21 日，许克祥在长沙发动"马日事变"，带兵包围总工会。彭慕陶正在三楼开会，由于来不及转移，从楼顶掀瓦逃跑时，摔伤致残，幸得革命同志相救登上湘江一条破船，送乡下躲避。国民党画像悬示，以他体重换取同等银重之巨偿，通缉彭慕陶。虽然未被抓获，但在同年 6 月 12 日，因致命内伤得不到有效救治不幸辞世。临终，彭慕陶将独子彭黔生拜托嫡亲表弟周方抚养。

兄弟加挚友的永别，让周方备受痛苦煎熬。"夜夜相思更漏残，伤心明月凭阑干。" 湘水长流柔肠断，麓山呜咽悲声凉。回想与慕陶同年同月来到人间，总角相交，舞勺之年百攥园塾馆求学、已冠之年湘江两岸立志救国、而立之年民范女校倾心办学，一路相伴，志同道合，休戚与共，同舟共济。送冷月，迎霜晨，肩相依，手相携，度过多少酷暑寒冬。如今这一切的一切，都只留在了梦中……

情悠悠，悲戚戚，周方擦干眼泪，不惧威淫，不负重托，视革命后代彭黔生如同亲生（图 5-5），与夫人张良权悉心抚养，教育他子承父志，肩负起革命事业。

1937 年 5 月，经徐特立介绍，周方送彭黔生、刘昂和枫林高中工学团毕业的学生李改②三人，赴延安参加八路军，加入中国共产党。

---

① 湖南省隆回县党史和地方志研究室，2022 年 6 月 9 日在《关于彭慕陶加入中国共产党时间的情况说明》的公函中说明："彭慕陶加入中国共产党的时间是 1921 年至 1922 年之间，具体月份不详。"

② 1955 年被授予少将军衔，曾荣获一级解放勋章，二级独立自由勋章。1983 年任南京海军学院政委。

伍

湖南平教奏凯歌　独树一帜冠九州

在延安马列学院学习时，彭黔生与李先念、邓力群同班，后接替周扬任陕甘宁师范学校校长。由于工作出色，深得李维汉、谢觉哉、王震等领导器重。他为革命赴汤蹈火，兢兢业业，努力完成父亲的未竟事业。很不幸的是，1946 年 6 月 27 日，彭黔生带部队随王震南征时，在湖北宣化店遭国民党军袭击，夜间突围中不幸坠岩牺牲，时年 32 岁。一门双烈，千古永恒。1954 年中央人民政府、中国人民解放军总部给彭慕陶父子俩颁发了毛泽东署名的烈士证书。周方专门为他们父子二人撰写了墓志铭与墓联，其中墓联为：

冒万难树革命先声生得伟大；

看两代受主席褒令死也光荣。

图 5-5　周方与幼时彭黔生留影。中为周方、右为彭黔生。

| 135 |

陆

党争丑陋似狗狼

光明磊落在人寰

秉公无私　兴馆务实

　　大革命时期的 1926 年，北伐战争节节胜利，工农运动日日高涨，彭慕陶介绍周方加入国民党。周方认准孙中山"联俄、联共、扶助农工"的三大政策，以及民族、民权、民生的"新三民主义"，希望以国共两党之合作，救国救民，改造中国。可万万没料到的是，加入国民党不出一年，1927 年 4 月 12 日，蒋介石在上海发动反革命政变，大肆捕杀共产党员和革命群众。同年 5 月 21 日晚，许克祥发动"马日事变"，白色恐怖笼罩长沙城。国共合作宣告破裂，国民革命彻底失败，表兄彭慕陶就在这次恐怖行动中被害。周方对国民党的背信弃义极其愤慨，对它失去信任，只有厌恶。他凭着"出淤泥而不染"的荷花品德和"不屈不挠"的菊花性格，对违理弃义的人和事，坚决针砭鞭挞。

　　当时国民党内的佛化思潮甚嚣尘上，甚至出现将释迦牟尼像挂在孙中山总理像上面的现象。周方深恶痛绝，在《湖南通俗日报》撰文《痛斥党的佛化》，遭佛化派所仇恨。1927 年夏，国民党长沙市第三届代表大会召开。在会上，周方、谢祖尧提出"党内不得宣传佛化"，得到曾省斋、缪昆山、肖逢蔚等教育界代表四十多人的拥护。但遭到顽固佛化分子的至死打压，攻击其为有组织的反党行动，提议开除周方、谢祖尧、曾省斋、缪昆山等十三人的党籍。会后长沙市党部下令通缉反佛死硬分子周方、缪昆山等五人。周方等被迫分途出走广州、南京上诉，但是都渺无回音。

　　正在计穷途拙之时，张良权提供信息，上海国立劳动大学成立不久，可能需要教师。周方进一步打听，了解到该校成立于 1927

陆

年 5 月，还得到国民党四元老蔡元培、吴稚晖、李石曾、张静江的鼎力支持，是南京国民政府在上海创办的第一所国立大学。下设工学院、农学院、社会科学院，拥有附设工厂和农场，推行以工读主义为基础的办学思想。这与周方开办平民学校以工助学的办学理念异曲同工，便觉得这是个理想去处可去试试。他自宽自解地想，要是能成，岂不是摔了个跟斗，捡了个元宝，有失有得冒呷亏。他马上信告袁庶钦，请他代理民范女子职业学校事务，约好同命相连的缪昆山，满心欢喜地赶往上海国立劳动大学应聘。

俗话说"运气来了门板也挡不住"，两人顺利地双双被聘，周方还特别受到校方器重，委任成人教育部主事，要他将湖南办学的好经验带到上海来。周方此番经历，又应验了老子的名言："祸兮福之所倚，福兮祸之所伏。"在挫折面前，要学会保持平和心态，勇于面对，绝不沉沦。事物是发展变化的，要在逆境中寻求事物的转换。周方就是这样积极促使坏事向好的方面转换，捕捉新机遇，让长沙的"通缉犯"当上了上海国立劳动大学的"主事"的。他如鱼得水，心情倍感舒畅。不禁想起唐朝孟郊《登科后》一诗："昔日龌龊不足夸，今朝放荡思无涯。春风得意马蹄疾，一日看尽长安花。"人生要知足，才能常乐。

1928 年 10 月湖南省政府改组，鲁涤平任省主席，曾继梧任民政厅厅长，张炯任教育厅厅长。两位厅长都熟悉闻名遐迩的周方，在湖南办平民教育是百姓所敬仰的"社会名流"。当时湖南省通俗教育馆缺馆长，两人觉得周方是不二人选，便专函周方请他速回湘接任馆长一职。正在上海气满志得的周方，碍于两位好友的情面，特别是曾继梧任督办时为民范女校平息颜子庙风波，滴水之恩当涌泉相报，加之民范女校无时无刻不牵挂在心，周方便毫不犹豫于 12 月 1 日就向上海劳动大学请辞，风驰云走赶回湖南。到长沙脚还没站稳就先拜会曾、张两位厅长，感谢伯乐一顾！随后问及被通缉一事，张厅长若无其事地说："时间都过去半年多了，那事已不了了之，你无须多虑。安心当好你的馆长。"既然没有后患，周方也就放心安意了。

从省府出来，周方又心急火燎地赶往民范女校，看望久别的师生员工，向大家问好致谢。之后他单独与袁庶钦相会，询问校内方方面面的情况后，就学校一切事务作出整体安排，通知各部门落实执行。同时告诉袁庶钦，被委任湖南省通俗教育馆馆长一事。袁庶钦忙说："好事好事，省里赏贤使能，祝贺祝贺！学校工作您只管放心。"两日后带着委任状，周方便去湖南省通俗教育馆走马上任了。

周方上任的第一件事，就是深入职工调查了解馆内情况，为建立新的制度，制定新的规划做准备。在长沙教育界，有"湖南通俗教育馆是全省教育界第一肥缺""馆长吃肥缺每月上千元"之传言。周方认为必须弄明白是否属实，肥在哪？如何肥法？经济问题是敏感问题，最为人关注，不能糊涂。

经过走访调查与查账，外面所传基本属实。肥缺的来源有三部分。其一是在《湖南通俗日报》上做手脚：一、报纸印刷费低价高报。印价每千份 8 元，报 11 元。二、报纸每期印刷份数，少印多报。一般每期印三千份，却报印五千份。这样，每月出版按 30 期计算，两项合计每月可向省教育厅多报账 930 元。其二是虚报雇工费。馆内本只雇临时工一人，却报两人，每月多报雇工费 30 元。其三是少报卖报收入。每月卖报收入多少不等，平均每月少报卖报收入约100 元。三项加起来，每月的肥缺是 1060 元，一年达 12720 元。原来这笔钱由馆长一人掌控，馆内其他人都无权过问。

周方盘清了家底，查清了这笔"肥缺"的不菲数额。上任不到一星期，周方召开全馆工作人员会议。大家都纷纷议论，心想新任馆长的三把火今天会怎么烧。宣布开会后，周方先客套两句，就很淡定地开门见山地说："我们馆被视为教育界一块'肥缺'，经了解这一说法并非空穴来风。感谢赵会计，协助我细查馆内各项费用，平均每月虚报金额上 1000 元。这笔款是馆长掌控的，教育厅不知晓，更谈不上干预。"说到这,下面就有人轻轻议论:"这钱数额不小呀!一年算下来一万好几。""那是馆长肥私人腰包了。""应该大家都分一点。"年轻小伙吴岳松直说:"这是对上面欺蒙拐骗呀!"周方接过话说:"小吴说得对,弄虚作假是不应该的。但我想,既然教育厅已审核批准我们馆的年度预算,我们可以好好使用这笔虚报款。"听后,大家都说有钱总是好事,表示同意周馆长的想法。周方见大家对这笔款的去留意见统一,便提出这笔款的具体使用计划:

(一)改善通俗教育馆的办公条件,添置必要的办公用品,费用控制在 3000 元内;

(二)每期出版的《湖南通俗日报》,必须按五千份印刷。每月增加费用 480 元,一年需 5760 元;

(三)增订书报杂志,兼顾外省出版报刊。这既有利读者知晓全国各省大事,又可为我馆办报拓宽新闻渠道,费用机动安排;

(四)定制两辆四轮书车作流动书库,为市民阅览报刊提供方便。要求每辆车能陈列不少于 20 种、100 册(份)的书报杂志,费用机动安排;

(五)为馆内员工增加工资。原主任每月 50 元,馆员每月 30 元,与市内学校相比都偏低。工资偏低难于聘请专业人才,应聘后也不专心馆务。比照市内公立中学主任教员的工资每月 80 元,我馆两位主任每人每月增加 30 元;馆员比照市内公立小学主任教员每月 50 元,八名馆员每人每月增加 20 元。所请临时工原薪 30 元,本着同工同酬原则,每月亦增加 20 元。全年全馆新增加工资:$(30 \times 2 + 20 \times 9) \times 12 = 2880$(元)。

第(一)、(二)、(五)三项为硬性指标,一年所需费用共 11640 元,必须保证。所余费用还剩:$12720 - 11640 = 1080$(元),用在第(三)、(四)两项安排上。此外,多增印的两千份报纸,除大部分用于免费赠阅扩大宣传外,还有小部分报纸出卖,是有收入的。所以落实以上设想，在经费上是不会亏空的。

同时周方强调，这些款项的使用，不必弄虚作假瞒报教育厅，而要光明正大将使用去向按实上报，如实列账备查。

听完周馆长的讲话，大家欢欣鼓舞，掌声经久不息。没想新官上阵的三把火，竟烧得如此炽烈，如此别具一格。杨国础主任不由站起来，扬眉奋髯，激动地说："听了周馆长的报告，我非常赞同，更敬佩周馆长的大公无私与敬业精神。像周馆长这样毫无利己之心的领导，我极少见到。周馆长来了是我馆和我员工之大福！我提议周馆长每月增加工资 40 元。"杨主任话音刚落，立马一片响应，"周馆长也应加薪！"的呼声，接二连三不断。

周方摆摆手示意大家静下来，他语重心长地说："谢谢大家！我提的方案能得到诸位赞同，说明我们都同心同德、诚心诚意为湖南省通俗教育馆效力，希望我们的通俗教育馆越办越红火，我为之感动和欣慰！至于大家都要给我加工资这份情谊，我镂骨铭肌！我每月工资 100 元，比你们都多。这次提出为各位增加工资，是你们原来工资偏低，理应增加。所以请大家支持我的方案，我的工资是不用增加的。"周馆长语重心长的肺腑之言，赢得全场一片赞叹。不知谁一声喊"向周馆长学习！"把大家的激动情绪，推向新的高潮，都不约而同地围向周方。吴岳松紧紧握着周馆长的手，久久不放，两眼凝视，难以言表。

当大家的情绪稍许平静，周方接着说："我们有缘走到一起，这个缘就是为了把文化教育普施民众。因此，为了通俗教育馆的新发展，我们要'芭蕉开花一条心''石榴结籽抱成团'，同心协力，全力以赴。"马上有人接腔："一切听周馆长吩咐。"大家的积极性空前高涨，周方便开门见山地说，为了湖南通俗教育馆的新发展，除认真完成以往例行馆务工作外，还有新的打算和安排：

（一）提升《湖南通俗日报》的办报水平，改善版面设计，优化栏目设置，适当提高稿酬，拓宽稿源渠道，增加新闻信息，不断扩大报纸的发行量；

（二）馆员们自由组合分成两个小组，组长分别由杨国础和吴剑两主任担任。每组在市里各联系一条街道，免费开办街道识字班，在一年内要扫除该街道的文盲；

（三）每个小组配一辆书车，推车上街摆设流动书库，为市民阅读报刊杂志提供免费服务。每半月出勤一天，每天安排两名馆员担任服务工作；

（四）对完成以上两项工作的人员，要给予适当补助。补助标准请两位主任按多劳多得的原则，拟定一个分配细则，报馆长批准后执行。原则上每人每月所得补助不超过十元，所需费用在卖报收入中列支。

（五）馆内一切经费开销，由杨国础与吴剑两位主任分块负责。每项支出必须按计划执行，绝不允许超支。每笔开销必须经馆长核验签字才能报账，年终向全馆公布财务账目，接受大家监督。

这次会议，大家最开心、最满意。它既谋划了通俗教育馆的发展，又关心到群众的利益。大家都夸周馆长是远见卓识、不谋私利干实事，真心实意为群众的好领头。最后大家以热烈的掌声，祝贺通俗教育馆的明天，芝麻开花节节高！晚上，沉浸在喜悦欢欣中的周方，又神清气爽地忙着将馆务会上通过的工作计划，写成书面报告，要尽快向省教育厅汇报。

办事雷厉风行的周方，第二天直奔教育厅，向张炯厅长递交上任后的第一份湖南省通俗教育馆工作计划。张厅长接过计划细看后，笑着说："静庵！你所提出的各项工作，很有开拓精神，既有新意、有突破，又实用，你费了不少心思呀！不愧是名不虚传的实干家。"

面对厅长的夸奖，周方很谦恭地说："厅长过奖，尽职尽责理所当然。"

接下来张厅长愕然惊问："你所拟扩大报纸印量、增加书刊订购、开办识字班、实施流动书库，馆员还要加薪、改善办公条件、提高报纸稿酬，都是要钱才能办的事啊！"稍稍停歇，张厅长拍拍周方的手，郑重其事地说："静庵，你新上任雄心勃勃，又是我和继梧厅长专门请来的，照理我应全力支持。但苦于教育厅各部门的经费早已落案，现在我无任何办法为你增加费用。你所列计划，没有钱空口打哈哈，是不是驰高骛远？"

周方不急不慢地说："只要厅长认可我的计划，就是驰高骛远也有办法。钱的问题请厅长勿虑。"

张厅长不禁笑起来了："我知道你周方苦干、硬干、霸蛮干，是出了名的新化梅山蛮子。可这要钱才能办的事，靠霸蛮能行？"

周方调侃地说："厅长大人，我有时候运气蛮好的。你听说过'冒长毛的麻雀天照顾'吗？"张炯似乎有所领悟，点点头好奇地问："未必有财神爷给静庵送钱来了？"

周方得意地说："您还蛮灵泛的，差不多是那么回事。"

张厅长一听，转忧为喜地说："那可是玉皇大帝下请帖——天大的好事，快说来高兴高兴。"

周方便将细查原通俗教育馆，弄虚作假向省教育厅浮报馆务预算，骗取私财的劣迹，原原本本如实反映给张厅长。并直接说明，打算将这笔虚报得款转私为公，用于扩充馆务之需，请张厅长批准。张炯听后很感气愤与自责，这样的臭事丑事虽不足为奇，但对下属的失察疏管还是感到自责。他赞赏周方的工作严谨入微，更钦佩周方不谋私利，化私为公的人品。当即签字批准通俗教育馆上报的实施计划。同时也再三交代，一切费用切不可超支。周方得此批复欣喜若狂，深深道谢后兴高采烈地打道回府。

回到通俗教育馆，周方叫来杨国础和吴剑两主任，告诉他们张炯厅长批准了通俗教育馆的工作计划，馆内的工作立即按计划实施。员工所增薪水，从张厅长批准签字之月开始计发。消息一传开，馆员们欢呼雀跃，个个喜笑颜开，精神抖擞，干劲倍增。在外兼课的三位员工主动辞掉兼课，表示要全心全意跟随周馆长，心无旁骛地

陆

干好本职工作。很快，湖南通俗教育馆一扫过去的沉闷暮气，馆内欣欣向荣、勃勃生机的新气象四处洋溢。最称心如意的是，《湖南通俗日报》改进后，社会好评如潮，各地订购者纷至沓来，其中长期订户从过去不到一千户，急增到了三千多户。要知道，这可是湖南通俗教育馆的摇钱树！

　　"天时人事日相催，冬至阳生春又来。" 1929 年，周方又遇上了一个顺心顺意的吉祥春天。三月中旬，曾继梧兼任所长的湖南统计讲习所，要派讲习员分赴各县做实地调查统计工作。曾所长郑重其事地邀请各厅处长及各机关团体领导举行一个欢送大会。周方获知此信后灵机一动，马上拜会曾所长，汇报要赶印《湖南通俗日报》两千份，拜托各讲习员带报下到各县，请各县教育局和中小学校尽量帮忙宣传和订阅。曾所长听后满口赞成说："这是好事呀！通俗日报是要广为宣传，扩大知名度，明天开会时你亲自来大会做介绍就是。" 得到曾继梧所长的支持，《湖南通俗日报》到各县扩大发行，其把握就十有八九了。

　　第二天周方按时赶到会场，当轮到他发言时，便笑容可掬地调侃起来："今天我是一位不请自来的'不速之客'，我平生热心公益事业，对一切关乎民众之事，嗅觉忒灵。曾所长派遣列位往全省各县做民情调查统计，这是我省无人涉及过的大好事。今天特来祝贺你们担责荣行，马到成功！我作为湖南通俗教育馆馆长，还有劳各位大驾，帮我馆宣传一下《湖南通俗日报》。今天我也带了报来，请诸位先予过目。"事先做好准备的四位随行馆员，将报纸分发给与会人员。接着周方拜托大家，将报纸带下去分别送给各县教育局、中小学校和乡政府，辛苦做做义务宣传。订报花钱不多，关心天下大事，了解时事新闻，这也是社会进步，国民生活的新需要。周方的讲话，博得听众广泛共鸣，都乐意帮《湖南通俗日报》义务宣传。

　　果然事遂人愿，不到半月，边远各县五六十份的订单如雪片飘来，随后报纸的发行量由以前的三千份，急速飙升至六七千份，馆

里的经济收入大为改观。有钱了就可以扩大馆务多办事，拓宽为老
百姓服务的范围。根据需要，经考核新招收了十名馆员，其中两名
毕业于民范女子职业学校。为了满足群众对文化生活的需求，又新
增设了一些活动：每季度举办一次中华传统文化宣传画展；每月进
行一次街头演讲，围绕中华国粹、文明礼貌、敬老爱幼、邻里和睦
等主题进行；流动书库上街服务，改每两周一次为每周一次。在周
馆长的带领下，湖南通俗教育馆人丁兴旺，事业红火，财源广进，
欣欣向荣。人人各显其能，个个尽职尽责。全馆蒸蒸日上，一派兴
盛景象。一扫社会上对湖南通俗教育馆的轻蔑看法，戏谑它是一朵
不染污泥的洁白荷花。后来周方回忆这段经历，撰写了《我任湖南
省通俗教育馆馆长的经历》一文。（图6-1）

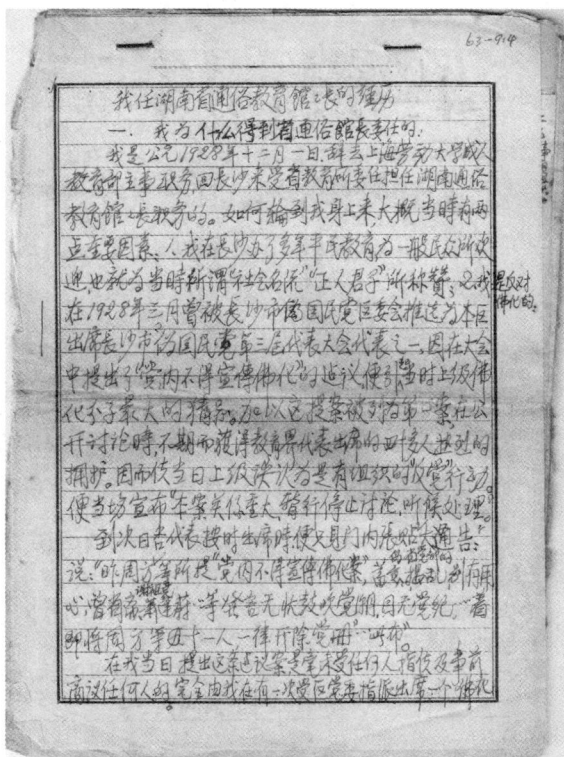

图6-1 《我任湖南省通俗教育馆馆长的经历》首页

陆

无可奈何　懵懂任职

1929 年 2 月，何键接任湖南省政府主席。在省、市两级党部，早就存在甲、乙党派之争。由于"甲"字像钻子，故称为"钻子派"，以彭国均、张炯为首，多为教育界人士。而"乙"字像皮刀，故称"皮刀派"，多为官场中人。何键任省主席后，皮刀派自然尊何键为首。

正当周方苦心孤诣、专心致志于通俗教育馆的事务时，一天早晨八点左右，省党部组织委员张炯亲临民范女校，到校长办公室一见周方便拱手笑曰："静庵，我给你贺喜来了！祝贺你荣任长沙市党部常委。"说罢便将省党部委任令递给周方。

周方接过委任令瞟了一眼，很动情地说："张委员，欢迎您光临！谢谢您的器重抬爱！只是这党务工作，实在非我所愿。我到通俗教育馆任职也是您委任，我乐意做这与民交往的工作。现在全馆上下正齐心协力，干劲冲天，决心做出点成绩，省党部忽然又下这个委任令，这于我馆工作很不利呀！"

张炯接过周方的话说："曾省斋辞去市党部常委，这个位子我们教育界不能让给他们'皮刀派'。你接手通俗教育馆后，各方面的工作都大有起色，因此，你是我们相中的最佳人选，省党部已委任你来接替。"

周方勉为其难地说："张委员，我不懂得这个派那个派，也从未参与什么派。接任通俗教育馆馆长后，别看我好像风风光光，其实我是摩顶放踵，精疲力竭，再兼党务实在难以尽责。加之我心直口快，性情倔强，上次因反佛化案遭通缉，'前事不忘，后事之师'，今日我无论如何是不能受命的。恳请张委员带回委任令，代我向省

| 147 |

党部申述歉忱为感！"言罢，周方将委任状推给张炯，转身就去通俗教育馆了。

张炯很了解周方的犟脾气，不计较他的失礼。见他辞意坚决，只好请万国钧、罗教铎劝说周方，敦促周方一定接受委任。当晚，罗教铎与万国钧董事长一同找周方长谈。从大家多年在一起志同道合，同甘共苦，艰苦磨难走到今天，事业上已卓有成效，现在仍需同舟共济，携手共进。他俩的话，句句推心置腹，情真意切。接着万国钧言归正题，耐心相劝说："静庵呀！张委员至诚待人，绝对不是要利用你，而是认为你既有为又可信，站出来任职可打破市党部的僵局，把工作搞活动起来，对我们教育界是很有利的。"罗教铎也谆谆相告说："静庵，你要想到在市党部任个职对你办报、办通俗教育、办民范女校都只有好处没有坏处呀！昨天你气冲冲把委任令一掷便走了，换了别人谁能忍受？张炯委员不但不计较，还平心静气再三托我俩劝你的驾，对你真算'知己'啦！就论这点私情你也该出山，给他面子，何况还是党务公谊呢？"俩人通情达理的开导，说得周方无言可答。其时民范总务主任袁绍亨有事来找周校长，也参与劝导说："市党务之职切不可坚辞，免招流言蜚语或不明之祸。"面对大家苦口婆心的竭力劝说，万般无奈下周方勉强答应接受了这桩差事。事情终于谈妥，劝者、听者皆大欢喜。

1929年7月29日上午，新当选国民党长沙市常委的周方、肖逢蔚、龚励初、谭巨涛、黄明等五人，在市党部会议厅公开宣誓就职。省党政官员及各厅局长都例行到会，照例致辞祝贺。在这所谓冠冕堂皇的就职典礼上，周方一点也不觉荣耀。因为市党部是什么内幕、曾省斋为何辞职、是哪些人为什么要反对曾省斋、省市党部为何结成"钻子派"与"皮刀派"、两派有什么势不两立的事端、张炯为何死缠硬磨要周方来接任等，都是他毫无所知又未能解开的疑团。今天就这样凭着私人感情，懵懵懂懂贸然就职，前路凶吉未卜。周方心乱如麻，就像十五只吊桶打水——七上八下、忐忑不安，怎么也静不下心来。精神上的煎熬，使得他的脑病又间歇性发作起来。

陆

党派争斗　疾恶如仇

这次国民党长沙市党部常委的改选，是党内"钻子派"与"皮刀派"的一场明争暗斗。表面上看，是钻子派占了上风，但究竟鹿死谁手仍在较量中。就在新当选常委公开宣誓的第二天（7月30日）下午一时许，"皮刀派"的李先教、文任武倡首，与身着军服、佩戴徽章携手枪的五六人，督率三十余痞徒，各持驳壳枪、短棍，横蛮冲进市党部。他们见物即毁、见人即殴，野蛮凶狠至极。市党部秘书处、宣传部、组织部与代表会议场，概被捣毁一空，二十多位代表被无辜打伤，以文亚文受伤最重。一时会内秩序大乱，各代表、职员等纷纷由后门逃命，其恐慌情形，不堪言状。此次暴徒除捣毁市党部外，扬言要痛殴市指委周方，但遍觅未获。当警察赶到时暴徒一哄而散，抱头鼠窜愤愤而去。

本来李先教、文任武等来市党部挑衅，是想威吓教训周方等五位新常委，给他们来个下马威，以报败选之仇。不巧五位常委去省党部商议市委工作去了，暴徒们扑了个空。当即，周方、曾省斋、谭巨涛、萧逢蔚等，即分头向省指委会、清乡司令部、警备司令部和公安局等，报告李先教、文任武等捣毁市党部的犯罪事实。向全社会发布紧急通告，揭露他们的无耻暴行。长沙警备司令李觉立即派兵两个排，保护市代表会；省指委会即推王凤喈、张炯两委员亲往省府谒见代主席曾继梧，汇报市党部被捣事件。曾主席当即指示八月一号上午十一时召开临时会议，讨论处置办法。

第二天7月31号上午九时，市党部马上召开各区执监委员全体会议，就李、文等暴徒的犯罪行为进行无情声讨和谴责，决定开除李先教、文任武、易家钺、邹谦等九人的党籍，报省党部批准。并请惩凶抚伤与善后诸事。但李、文等人认为开除党籍还需省党部批准，出于党争他们有恃无恐，不怕"惩凶"，依然横冲直撞，有意闹大党潮，以补救落选之败。在李先教、文任武、易家钺等人被市党部决议开除党籍之后不到两周，他们又纠集吴剑真、邹谦等人，组织省立一中和大麓中学的少数不明事理的学生举行游行示威，狂呼乱喊"打倒周方肖逢蔚""活捉周方肖逢蔚""解散市党部""周方肖逢蔚滚出市党部"等口号。全市满街都贴满类似内容的标语。

那时周方居住在民范女校，每天只身徒步来市党部和通俗教育馆上班。好心人都提心吊胆怕他遭遇不测，罗教铎还特别提出要周方带上卫兵坐黄包车，以防万一。周方却很坦然地说："他们是纸老虎，我是广大市民早已拥戴的'平民老总'，长沙市民都在保护我。纸老虎敢来侵犯我，就不怕武松老百姓的拳头？我徒步于群众中，能更好地亲近市民，为何要坐黄包车带驳壳枪呢？"果然，在周方"行所无事"的大无畏气度下，李先教、文任武、邹谦等搜罗的兵痞，都不敢再那么气焰嚣张了。有时与周方迎面相逢，见周方横眉冷对，他们反而故意低头避开，这就是正义威慑住了邪恶。

就在"皮刀派"策动学生游行后，市党部中也有人提出，教育界是我们的阵地，何不也发动学校停课，号召学生游行？其声势肯定远大于吴剑真、邹谦之流导演的丑剧。对此，周方坚决反对说："我们千万要镇静，利用学生作党争工具，是极不道德的行为。惩处这般跳梁小丑，怎能兴师动众发动学生罢课游行呢？"大家都同意周方的意见，认为在这件事上，首要的是保证学生正常上课。

当时教育厅是黄士衡任厅长，"皮刀派"故意谎言说长沙市党部有人要鼓动学生游行，弄得黄厅长终日惶恐不安。他立即召开长沙市大、中学校校长会议，一开会就激奋地说："现在长沙市的党潮愈演愈烈，前几日有少数学生上街游行示威贴标语，今又听说还有人要鼓动大规模的学生罢课游行。这样闹起来我们的学校成何体统？校长们肩负培养学生，教人子弟安心读书的责任，怎可让他们卷入党潮参与闹事，贻误学业呢？这是万万不可以的，各位校长要担职守责，保证学生不参与闹事。"说罢，再三叮嘱校长们要切记切记，千万不要胡来。

座中，周方是以民范女校校长身份出席会议的。听黄厅长发言后，首先站起来很直率地说："黄厅长语重心长的讲话，想防患于未然用意是很好的。此次党潮，是党派争斗所致。谁是谁非教育界应当有个明确判断，舆论界与市民也都应有明确的站队。只要不带有色眼镜，对这次暴徒捣毁市党部事件，其是非曲直是一目了然很易明辨的。不管旧的市党部有何过错或不满人意之处，总之新的常委上午刚宣誓就任，各厅长出席监誓，绝不存在任何派系和私恩私怨。可上午刚宣誓完，下午数十匪徒就闯入市党部，在光天化日之下目无法纪地伤人毁物，这省城的治安何以保障？若不惩凶缉暴，共伸正义，将来流鸦所及，市民还能安业安生吗？"

周方越说越激奋，说到制止学生游行示威这件事，首先肯定它是关乎全市治安的大事。但教育厅对李先教、文任武首先教唆学生游行贴标语，却不曾审问与惩治。现在听人谗言市党部会发动学生举行罢课游行，就急于来刹车。这岂不是当禁未禁，偏向不公吗？教育厅不查究于前，哪能防控其后呢？如果教育界人士对此事件不去明辨是非、伸张正义，还视同秦越一样不相干，这教育又成何教育呢？市党部早就决定，绝不以恶对恶、绝不利用学生参与党潮闹事游行，请黄厅长放心。但教育界要讲正义，要主张公是公非。在倡行三民主义教育的时候，更要教导学生明白事理，讲求公正。不卷入党争参加罢课游行是对的，但辨明是非，伸张正义也是必需的。

周方的发言引起到会校长们的一致共鸣，都为之义愤填膺。最后，周方又很诚恳地拜托各位说："今天，在黄厅长的召唤下，我市教育界同人在这里集会，我以市党部常委名义，请求大家擦亮眼睛，莫听匪徒们的污蔑，莫受他们利用，免使正义不伸，法纪不张，道德不立。可恨的是，在光天化日之下行凶作恶的匪徒，现在都逍遥法外，这公理何在？民权何有？"

周方义正词严的申述，言之凿凿，亦不免有旁敲侧击之处，黄厅长听着总不是滋味。不知趣的复初学校胡翼如校长，继周方的发言跟着张唇鼓舌党纪大道理，说教育厅要旗帜鲜明，引得黄厅长把郁闷全倾泻于他，打断其发言并严词训斥："好好管理学生，不要言不顾行。"弄得大家目瞪口呆，会议也就草草收场，不欢而散。

在教育厅校长会议后，舆论界和教育界对暴徒捣毁市党部一事总算真相大白了，匪徒的暴行也有所敛迹。但他们又倡言挑拨，说周方在校长会上羞辱厅长、漠视领导，乘间投隙为打倒周方再造舆论。周方人正不怕影子斜，泰然处之，毫不畏惧。

不畏权势　匡扶正义

　　这次党潮起源于国民党湖南省党部所谓的"皮刀""钻子"两派的权力争斗。"皮刀派"蓄谋已久，本培养李先教与文任武为市党部继承者。谁知"钻子派"提名未参与派系的中间分子周方等人参选，赢得选票夺去了他们的席位，因而积憾成仇，便迅雷不及掩耳地施暴市党部，以雪败选之恨。

　　风潮爆发后，省党部对市党部开除李先教等九人党籍的申请，总是拖着不予核准，致使两派争斗在暗中愈演愈烈，其缘由就在于"皮刀派"有兼任省党部常委的省主席何键在幕后支持。他以权谋私，不论公道，滥施淫威，姑息养奸，在这次党潮中表露无遗。

　　就在新市党部召开第一次各区、支委会议时，何键便以上级委员身份参加会议，同时跟随而来的还有这次党潮首恶分子文任武。周方来接待室见何键时，见文任武也坐在何键旁边，便问何键："主席，文任武不是今日会议被邀人员，他来何意？"

　　何键答曰："他是前任区委，不妨出席听听。"

　　"今日会议只召集现任区、支委，文已被开除党籍，哪有资格参加今天的会议？"

　　"他们被开除之事，不是上级尚未批准吗？"

　　周方坚持说："上级批不批准是一回事，我市党部今天召开会议又是一回事。照民权初步所定，凡各级党部召集的会议，非邀请是不得列席的。"

　　何键仗势说："准我带个随员来列席可不可以？"

　　周方毫不示弱，据理坚持说："何主席，限于事理法权，这难予通融。因为今天会议的议题，就是讨论如何惩处捣毁市党部的凶徒及一切善后问题。首恶文任武来会场自投罗网，在愤怒的群众面前是不是惹火自焚呢？恐怕到那时众怒难犯，激怒的群众抑制不住情绪，难免会场秩序失控，主席在场你也难对付。再说前些日捣毁市党部的风潮还没处理好，怎可再激起新风浪呢？我认为文任武今天是万万不可入会场去惹是生非的。"

听罢周方所说，何键觉得难以强求，示意文任武不入会场。但文任武跟随何键而来，就是要狐假虎威做给大家看，执意坚持要进入会场。

何键便退一步说："可否许他随我入场，只可旁听，不许吱声。"

周方说："我已说得很明白了，文君何必去自寻苦恼！"

文任武说："我愿打愿挨嘛。"

何键又帮腔说："他既愿受气，准他旁听也无碍。任受如何指斥，均不得吭声。"

话已至此，周方觉得让文任武现场接受讨伐，也是一种审判方式。便再三强调文任武不得引起会场骚乱，何健又保证文任武一定遵守诺言，才准许他随何健进入会场。

当天的大会，在讨论惩处暴徒方案时，人人怒不可遏，把文任武痛斥得体无完肤。何键默不吱声，文任武俯首静听。议到要求上级即日批准开除九名凶恶党籍时，何键亦当众答应待召开省委会审慎处理。会议就此结束，文任武也跟随何键灰溜溜地离开了会场。可是会后，何键对自己的承诺总托词应付，一再拖延不予办理。直到学校更动校长时，省政务会议决定：因煽动学生游行示威，撤销吴剑真省立第一中学校长职务；省通俗教育馆馆长周方另有任用，不再任馆长职务。所谓的另有任用，是调民众教育馆任常务委员。这就是党派争斗中，对"皮刀派""钻子派"两相抵销的所谓公允解决办法。未从参与派系的周方，这次却冤屈成了"钻子派"的替罪羊。而开除九人党籍之事，则被上级一纸批文否决了。这就是国民党官场的所谓"秉公处理",哪有"是非黑白"可辩?

　　只是周方正在通俗教育馆工作得风生水起、欣欣向荣之际,因党潮受罚被免职,想办的事无力而为,难免心中感到惋惜。其实对通俗教育馆馆长一职,"皮刀派"早已垂涎欲滴,从不甘心,一直怂恿何健撤销周方的馆长。偏不料黄士衡厅长是非分明,不因党争而颠倒办报办馆的公务正事。他认为在历届馆长任内,只有周方接任不到一年,通俗教育馆的工作就有实质性的大改观,显赫业绩有目共睹。尽管何健多次催促教育厅免去周方馆长职务,但都被黄士衡厅长借故拖延,这次已无法抵挡。后来周方到教育厅专访黄士衡厅长,对他的仗义执言、不为虎作伥,深表感激与敬佩。也表明自己本就厌恶为官,现卸任官职自感轻松痛快,全心全意兴教办学才是自己立志教育救国的初衷。

抢官争官　无耻之尤

被免去湖南通俗教育馆馆长职务后，周方对党务更是心灰意冷，觉得陷入污坑，落得一身肮脏，岂不被人唾弃？便立马请求辞去市党部常委。可张炯又苦口婆心地面慰周方："你这次丢了馆长，已是我方的大损失，如再辞党务，更助长对方威风，万万使不得呀！"还进一步鼓动周方在随后的省党部改选时，去竞选省党部委员。周方一听连连摆手说："这负心违愿的事，我绝对不干。"后曾省斋、肖逢蔚也来做工作，三番五次劝说要周方退一步，担任市监委常务委员。说该职务在党内由于无实权，少有人争，又相对清闲，也不拖累办学。碍于大伙的面子，周方坚辞市常委职务，勉强答应担任市监委常务委员，以谢各位诚意。

周方变换任职后，去市党部的时间和要办的事务少多了，上班基本上都在民范女校。可静心的日子没过多久，省党部正式选举又开始了。周方无意参选，以为会相安无事。谁知事态完全出乎周方所料，想要参选的各路神仙都蠢蠢欲动，各显神通急着拉票，烦心的事仍纷至沓来，搅得他无一宁日。

缪昆山原来因反党内佛化与周方一同被列开除党籍，一同出走上海在劳动大学供职，回湘后又同在长沙市党部工作，平常称兄道弟蛮相好。这次为参选省党部委员事，他专门找到周方直言不讳说："静庵，你不参加此次省党部选举，请帮帮我竞选可否？"

对官场这类拉票选举之事，周方深恶痛绝，毫不顾情面地毅然拒绝说："我前届就辞过参选，这届更无意参选。既不要人给我抬轿，也决不替人抬轿。我要参选的好友太多，我若抬了你，就会得罪其他人。我现在早早公开宣布，决不为任何人抬轿！请能理解。"

缪昆山笑笑说："你这个主张恐怕坚持不了。假若上级和你更好的朋友要你抬，你能不食言，守今日之诺吗？"

周方拍着胸脯说："我素来是心口如一，倘若食言便不算人！"

缪昆山不以为然地说："只怕到那紧要关头，你又忘记今日所言了。"

周方信誓旦旦地保证："大丈夫一言既出，驷马难追。我既提出，万万没有食言一说。假若有那么一天，你尽可扇我耳光。"

周方与缪昆山喁喁私语后不几天，竞选活动犹如粪坑蛆儿翻腾，拉选票的可谓沸反连天，找周方的人接踵而来。曾省斋凭着与周方的旧情，急急忙忙拜访周方，直言要帮他竞选助一臂之力。周方将与缪昆山的承诺转告曾省斋，哪料曾省斋竟然愤愤指责周方不顾情面，不识大局。周方坚决地说："这样的情面是不能顾的，我绝不卷入纷争，以全个人信用。"

继而谢祖尧又来求助，并威胁说："你这样做会众叛亲离，将来寡助无援可曾考虑？"

周方回应："我驷不及舌，做人守信为首，其他不予顾忌。"

紧接着余先砺又来找，碰钉子后对周方所责更加难听，说他："薄情寡义，孤芳自赏，自恃清高。"

周方发自肺腑说："国民党内专做派系私斗，究何益于党？现'九一八'事变发生，灾难当头，国无宁日，还热衷于党内私斗，我实不能抱薪救火了！"

周方的"我行我素"引来一片讥讽，"静庵成名流啦！""静庵要自造天地了！""静庵修成正果了！"……冷嘲热讽不绝于耳。面对乱言鼓噪，周方全无恐惧，毫不在乎。只是下定决心，毅然决然要辞去党部监委职务。经三次申请，终获批准，由姚雪怀继任，终于摆脱了羁绊。在姚雪怀宣誓就职那天，周方以愤不可遏的情感，痛斥国民党官僚政客，有负于孙中山总理，以致东三省沦陷而外敌侵及淞沪。如再只顾私斗而不张国仇，不抵外侮，恐怕国亡种灭迫在眉睫了！周方的激昂陈辞，引得台下众多呼应，不少人咬牙切齿痛恨不已。新当选的姚雪怀以初出茅庐的书生之气，接过周方的沉痛演说，历数何键政府的贪污昏黑，畅发立改前非的期望。秘书长易书竹担心年轻人言多失误，示意其收住话题赶快下台。

但事情还是闹大了，当晚何键电召张炯，严词斥责他："为什么将如此狂暴之徒提升到市党委？周方所言，激于义愤还说得过去。可姚雪怀狂徒直指政府枉法贪赃的胡言乱语，制造政府与民众的恶感，是害群之马。如不立撤严惩，我即径行逮办！"张炯痛惜姚雪怀的才识胆力，连夜通知他走为上计，迅速逃离长沙。并给江苏省长陈果夫一信，要姚雪怀去拜见他。后来姚雪怀在江苏弄到一行政专员官职，也是"失之东隅，收之桑榆"了。

至此，周方干干净净、彻彻底底地脱离了政务党务，终于可以全心全意地致力于自己所钟爱的平民教育事业。其实周方"位卑未敢忘忧国"，对于事关国家、民族之兴衰存亡，无论何时何地，不管教务多忙，总是牵挂在心，从不冷漠，并身先士卒，勇往直前。譬如1929年，时任湖南省通俗教育馆馆长的周方，与王凤喈、胡安悌、萧逢蔚、杜亦吾、柳慕荣、廖志鸣等十几人，为洗仇涤耻，积极筹办长沙"五三惨案周年纪念会"就获得好评。

1929年5月3日，纪念会场设在长沙省教育会幻灯场，头门扎了松枝牌楼，横额为"五三惨案周年纪念会"。两旁书写对联：

牺牲促北伐完成　镂烈铭勋　愿磨岳麓嶙嶙石；
群众愤东邻压迫　洗仇涤耻　幸有湘江浩浩波。

会场内外，满布长沙各界所送挽联花圈。其中何键所送挽联云：

数不尽惨案重重　最苦济南人　无限伤心　正是去年今日；

陆

党争丑陋似狗狼　光明磊落在人寰

祝已往英灵赫赫　默扶民众气　大家尝胆　无忘积世深仇。

　　这一天参加大会者约三千人，上午十时二十分纪念会正式开始，先鸣汽笛五分钟，下半旗志哀。接着举行公祭，后主席团主席王凤喈做纪念大会报告。继而周方、萧逢蔚、殷德洋在会上慷慨激昂发表讲演，痛斥日本鬼子的侵略罪行，号召全体国民抱着牺牲奋斗的精神，卧薪尝胆，誓雪耻辱，打倒日本帝国主义，以求我民族之自由平等。会场时时口号震天，高呼："打倒日本帝国主义！""日本贼寇滚回去！""血债要用血来还！""为济南死难同胞报仇！"大会获得圆满成功，反日爱国激浪汹涌长沙。

　　周方就这样救亡图存、率先垂范、谆谆教诲学生身在课堂，心系国运，屏弃"两耳不闻窗外事，一心只读圣贤书"的旧时说教。培养学生心怀天下，立志报效国家，营造民范女子职业学校爱国爱民爱家的良好风气。

【附】

　　"五三惨案"即"济南惨案"。1928 年，蒋介石领导国民革命军进行北伐战争，日本军国主义担心中国一旦统一，就不能肆意侵略中国，于是竭力阻挠北伐战争的进行。1928 年 5 月，日本以保护侨民为名，派兵进驻山东的济南、青岛及胶济铁路沿线，准备用武力阻止国民革命军的北伐。

　　五月一日，国民革命军克复济南。日军遂于五月三日派兵侵入中国政府所设的山东交涉署，将交涉员蔡公时割去耳鼻，然后枪杀。交涉署其他职员都被杀害，并进攻国民革命军驻地，在济南城内肆意焚掠屠杀。当日，一万七千余人被焚杀死亡，受伤者二千余人，五千余人被俘。制造了惨绝人寰的济南五三惨案。

筚路蓝缕创建枫林

独树一帜办工学团

含辛茹苦十元办枫林

　　周方辞去官职后，诡衔窃辔，超然物外，脑病也日趋渐好。他静心回想民范女子职业学校近十年来的办学思想与教学实践，并与欧战后欧美各国的教育改革进行比对，认为他们的做法可以借鉴。

　　在苏联，他们异常关注不识字的男女国民，曾议决于1927年在苏联全境内自八岁至三十五岁之人民，不得有一人不识字者。

　　在美国，受教育者机会近于均等。小学中学及补习教育，都不收学费，且供给贫儿用品及午餐。于极贫之寡妇，更有家庭生活费补助。

　　在德国，虽战败之后国力万分枯竭，唯于谋教育机会之均等，则不惮于改弦更张，如撤除小学校的阶级制度，停止富家子弟中学预备班。补习学校概不收费，中等学校虽不免除学费，但允许无力供给子弟入学之父母只给教育补助金。革命后的德国，正全力谋求国民教育机会的均等。

　　在比利时，为民众设有补习学校、职业学校、高等工业夜课学校等，均可容社会青年入学，贫苦者免缴学费。

　　从以上各国教育情况可见，都极其重视教育的普及，人人有受教育的均等机会，特别关注贫苦人群，这与周方倡导和维护教育公平的思想不谋而合。他在《湖南教育》1928年第6期发表的《民众教育的今昔观》，就很明确地指出：

　　　　我翻开我国的教育史考起来，可以概括地说，我国自周秦而下的教育，是呈贵族化的教育。因父教其子，师勉其弟的，只有两途，

柒

筚路蓝缕创建枫林　独树一帜办工学团

就是曾国藩所说"不为圣贤，则为豪杰"。圣贤志在立德立言，豪杰志在功名富贵，而根本思想都是想造成社会中的特殊人物，而不是在平民思想上着想。所以教育的来源虽很平民化，而教育的结果转贵族化了！古歌谣唱得好："朝为田舍郎，暮登天子堂；将相本无种，男儿当自强。"这几句话，把中国几千年来传统教育的思想活画出来了。天天以为将相与登天子堂相勉，还能够说是平民教育而不是贵族教育吗？

至于说到现在的学制，和目下实施的教育方式，更可说是彻头彻尾，彻始彻终的贵族教育。大中小学均限地受教，限时受课，限年毕业，而中等以上学校又一律缴费，乡村人士和寒酸子弟，早没有受中等以上教育之可能，是中等以上的教育早已为贵族子弟，资产阶级子弟所垄断了！中等以上教育富贵子弟所垄断，那班少爷公子，自然是享惯了的，哪里梦见艰难困苦，不知道艰难困苦的人，哪里能"困知勉行"以励学？更哪里能盘根错节以做人？我以贵族教育之害，教成流氓式的官僚式的学生，是害及一时的。使一般贫苦天才无力造就，那更可斩断文明种子，摧残进化源泉了！所以教育平民化之在今日中国，实有大倡特倡的必要呵！

早在 1926 年 3 月纪念孙中山先生逝世一周年的纪念会上，周方在所做的演讲《三民主义和平民教育》中（载《湖南平民教育周刊》第 115 期）就明确指出：

中山先生所提倡的三民主义，确是救国救世的不二法门。但是如何才能使民众了解三民主义，实现三民主义，这第一步的工作，恐怕再没有比普及平民教育为更重要了！"他还指出并号召："三民主义，实处处与平民教育相依为命。平民教育，可为三民主义的先导；三民主义，也就是平民教育的后劲。两者的关系，真是相得益彰，两全其美。信仰三民主义和崇拜中山先生的人们，愿大家集于平民教育的旗帜下，先实行思想革命，再来实现政治革命，社会革命呵！

基于这样的认识，教育平民化，为平民办教育，更成了周方梦寐以求的夙愿和为之奋斗的理想。

一个金秋的夜晚，闪闪的群星陪伴着弯弯的月儿，恬静的天空不再寂冷。周方遥望静谧的北斗七星，缀在夜空恰似一把银勺，真想用它斟满银河水，邀上好友尽兴畅饮呀！他马上去找袁庶钦，邀他在校园星月信步，开怀侃直。对这样破天荒的头一回，袁庶钦好奇地问："校长难得清闲，有何雅趣？"

周方神秘兮兮地问："庶钦，这么美的夜色，秋风送爽，秋蝉鸣唱，不出来享受享受大自然的馈赠，你不觉得可惜？"

袁庶钦爽快地说："是呀，'此生此夜不长好，明月明年何处看'，能陪校长怡悦心情，其乐何及！"

周方见袁庶钦引了苏轼《阳关曲·中秋月》中诗句，便问："你可熟悉陶渊明的诗赋？"

袁答："有所爱好，尤追捧陶翁素淡平易的田园诗作。"

"好！遇到知音了。"周方兴趣盎然地背诵陶渊明的《归园田居·其一》：

少无适俗韵，性本爱丘山。
误落尘网中，一去三十年。
羁鸟恋旧林，池鱼思故渊。
开荒南野际，守拙归园田。
方宅十余亩，草屋八九间。
榆柳荫后檐，桃李罗堂前。
暧暧远人村，依依墟里烟。
狗吠深巷中，鸡鸣桑树颠。

> 户庭无尘杂，虚室有余闲。
>
> 久在樊笼里，复得返自然。

周方背完全诗，还拉着袁庶钦的手，又重背最后两句："久在樊笼里，复得返自然。"

听罢，袁庶钦很钦佩地说："周校长好记性，对诗情诗意领悟很透呀！是否感同身受？"

接过袁的问话，周方心怀敬意地说："陶渊明在江西彭泽做县令八十多天，因不愿'为五斗米折腰'便挂印回家，隐归田园。全诗抒发他对官场生活的无比厌倦，对田园风光的倾心向往，表露辞官后如释重负的心情和过上新生活的幸福。你看他辞官后多潇洒。"

稍作停歇，周方又兴奋地说："我现在的处境和心情，正如陶渊明诗中所言。脱离污秽之地，无所约束，回到自然，多好呀！我可以放手干自己想要干的事，返自然过自由自在的生活。"并指着袁庶钦说："你说对不对？到时候请跟我一起干我们想要干的事啊！"

袁庶钦点头满口答应："一定一定！"心想周校长踌躇满志，定有宏图远业。

原来周方心中正在谋划再办一所新的学校。他回想1920年离开北京大学回长沙，先后在省垣（城）多所中学教国文和历史，长期的教学实践令他深感当时国内的教育方式多从日本、欧美舶来，太贵族化，很不适合国情。其教育不过是将乡间富家子弟集中于都市，然后包装成四体不勤、五谷不分的精神贵族而已。培养出来的学生肩不能挑，手不能提，吃饭不种稻，穿衣不种棉。加之现在的学校，是有产阶级的学校，一般贫寒子女基本上没有资格进入。虽有家长省吃俭用将孩子送来入学，没两年反倒变勤劳为游惰，变谨朴为骄奢，鄙视做工务农。回到乡下不愿下地干活，不愿上山砍柴，致使务农的人少了，混饭吃、抢饭吃的公子和小姐多了，徒增社会的不公平。更有甚者，连自己卖力做工的父母都不认了，这样的教育是成功还是失败？若任其发展，难免不破家亡国。自己是学教育的，以教育救国为己任，应该挺身而出，努力改变这种现状。从创办民范女子职业学校近十年的情况来看，周方觉得还是成功的，路子走对了。与欧美国家的学校相比，中国的教育要更加为平民百姓着想，更为平民百姓开门。思来想去他决意再办一所学校，对现行的教育思想、教学方式和培养目标进行彻底变革，一定要为百姓争得教育公平，实现教育平民化！

周方把这一想法跟好友罗元鲲、罗教铎、何炳鳞等教育界贤士细细商谈，他们都表示很有同感，旧的教育应该废弃。性急的周方马上邀请志同道合的罗元鲲、黄士衡、罗教铎、何炳鳞、万国钧、曾毅夫、刘寿祺、周冕、刘宝书、万甄甫等组建校董会，认真商讨具体建校方案。经过周密的分析研究，决定在长沙北门伍家岭旁的枫树坪，免费借校董周冕家的大屋过厅，牵萝补屋做教室，先办初小班。在讨论取什么校名时，周方建议取名"湖南私立枫林农村实验学校"。其中"枫林"的缘由是：一因校址在枫树坪，纪其地；二因杜牧咏秋山红叶"停车坐爱枫林晚，霜叶红于二月花"。枫林秋后霜华，回黍谷之春，生寒郊之色。象征我们倡导的教育，是建设农村，繁荣农村，有"大庇天下寒士俱欢颜"之意。大家听后，连称："佳雅典丽！"新学校就定此名，董事会决定周方任校长，负责筹备一切开学事宜。

为了赶在春季开学，周方马不停蹄、兵不解甲地忙着为开学做各项准备。他在民范女子职业学校的师资训练班，物色他的两名优秀学生免费任教；找民范、岳云、衡粹三校无偿支援一些旧课桌椅、讲台、黑板，稍加修缮加漆，正好派上用场；周家大屋厅堂常有人过往，对上课有影响。周方急中生智，在厅侧留出一条行人道，竖九根木桩，买三丈白官布，四周用布围起来，留个宽敞的出口，一间白幔教室漂漂亮亮围成了。另外还制作了校牌、校旗，所有花费

柒

筚路蓝缕创建枫林　独树一帜办工学团

只十元大洋，周方自掏腰包全解决。终于赶在 1931 年 3 月，湖南私立枫林农村实验学校正式开学。他常常得意地自我陶醉："我就爱寻难事做，再难的事周静庵都能搞定！不是十元也办起了学校吗？"

学校招收的第一班学生，都是伍家岭附近的农家子弟共三十二人，年龄六岁至九岁，其中男生二十四人，女生八人，全部免费入学。学校开设识字、算数、常识、唱歌和体育五门课，虽然条件简陋，但教学管理健全，教学制度完善，教学计划规范，教学内容实用，教学秩序井然。开学第一天，师生都感新鲜，都很投入，一切工作有条不紊地顺利进行。

开学不到十天，省督学周调阳来学校考察。进屋厅看过后，他拉着周方到一旁轻声说："静庵呀，你们的教学还是有规有矩。但是我佩服你好大胆，还不怕丑！在大路边办一所这样用白布围起来的学校，还好意思说'我办了一所农村学校'，这个样子像学校吗？"

周方笑笑说："仲篪，你不要这样说！可惜你不是美帝洋人的督学，偏生在穷中国的穷湖南。在贫穷的中国，要多有不怕丑的周静庵，要多有布围的枫林，中国教育才有普及的可能！在现今国情下，如若不提倡我这种勤俭建校，简易实用的小学，恐怕你仲篪再督学一百年，也普及不了长沙近郊的教育啊！"

周调阳认真思量周方所言，频频点头，紧握周方的手肃然起敬地说："我受教了，确确实实佩服你从实际出发，大胆敢干、实打实干的硬干精神！"言罢即掏出十元大洋交与周方，自愿当学校校董。自此，凡关乎枫林的事，他总是尽其所能给予支持。

枫林农村实验学校的开办，很快在伍家岭周围传为美谈，大量学龄儿童和小学后失学的青少年，都纷纷要求来枫林上学。如此一来，要扩大规模升办中学才能满足百姓需要。靠租借民房显然不能满足办学的需求，必须自建校舍方可解决问题。但盖屋首要问题是钱，到哪去筹这笔钱？"钱"困扰着周方，寝食难安，他又想起武训，决心学习武训的兴学精神，忍辱负重，四处募钱。

　　他向教育厅申请、求富商们捐赠、找朋友解囊，毕竟数额不小都未能如愿。要人出钱如同刀子放血，实在太难太难。正无计可施时，他突然想起在市党部任职期间，有一笔三千多元的办公费，由于党部"钻子""皮刀"两派共同执监而互相牵制，致使谁也动用不了这笔款。周方觉得可以钻这个空子打打主意，便向市党部申请将这笔未动款，拨为枫林建校之用。没想这回真还瞎猫撞到死耗子——运气来了。"钻子""皮刀"两派都想标榜自己支持教育事业，反正谁也得不到这笔款，都同意拨给枫林用于建校。当时财政厅张慕舟厅长佩服周方力辞党务，专心专意办教育的精神，很爽快就予照准，应允按工程进度分期拨发校方。

　　在困难面前，懦夫总感万般无奈而退缩，只有斗士才敢直面困难勇往直前，周方就是这样的斗士。有了钱，校董们个个喜上眉梢，一致决定盖一栋兼有办公室的两层教学楼。经周调阳批准，就在枫树坪划拨了一片土地用于建校。不到一年工夫，新教学楼拔地而起，枫林在一年内就告别了"白幔教室"。（图7-1）

图7-1　枫林农村实验小学校舍全景照片

　　建了教学楼，还需要修建供学生活动的操场。周方与校董们商议，万国钧校董答应自捐五百元，还代为募到三百元，建操场的资金很快得到落实。正好新盖楼房前有一片荒地，用于做操场再合适不过。夫人张良权慷慨地将一栋八间房的瓦屋全捐给学校，最适宜用来做图书室。这样，与教学楼配套的操场、图书室都齐备了。继之王东原校董捐廿四史一套、大洋一百元；何炳鳞、周仲篪两校董捐儿童文库；其他校董和商务、中华、世界、开明各书局，均有所捐赠。由此，学校图书室除开报章杂志，藏书破六千册，其规模俨然一农村图书馆。为美化环境，校园里遍种乔木绿篱花草，绽红泻绿，芳草吐翠，一派欣欣向荣。周方还在校门两边柱子挂上所撰对联：

　　　　枫丹桔绿饶生趣；
　　　　林鸟池鱼寓化机。

　　在教学楼大门两侧挂上所撰对联：

　　　　以书蔬猪鱼为研究对象；
　　　　向禾麻菽麦做实验工夫。

　　1934年秋，经校董们决定学校更名为"枫林中学"（原校名"枫林农村实验学校"依然沿用），招收中学生。当地老百姓都夸赞："感谢周校长，我们乡下也办起了像模像样的洋学堂！"（图7-2）
　　后来衡阳画师姚子仙先生到长沙拜会周方，专绘一幅"丹枫图"画卷赠予他，还题上周方的七言绝句：

　　　　麓山好景爱枫林，红叶经霜识岁深。
　　　　更美树人同树木，十年已抱百年心。

图7-2　枫林中学校门照片

　　这帧集画、诗、书三绝于一体的画卷，周方爱不释手，将其悬于厅堂，生蓬荜辉光。可见"枫林"之于周方，足以生天地之色、慰百年之心！

"三化"教育破旧创新路

　　在省垣（城）的小学中学，可说不计其数。周方偏偏想办一所看起来不三不四、方枘圆凿的学校，是有他坚定不移的信心与抱负的。他认真分析了中国近三十年所办的学校，都是稗贩东、西洋都市制的教育，多是面向富人子弟。传授的知识脱离实际，教非所需，学非所用，不合国情民意，怎能造就国家需要人才？怎样服务社会民众？他认定除了彻底改造，别无选择。

　　周方仔仔细细地从四个方面分析了当时中国的现状，归根结底问题症结都在于教育。

　　（一）中国虽然领土广阔，但这时期可用于耕种的水田旱地只十三亿多亩，占全部国土面积的 14% 左右。按当时的农业人口，平均每人可耕土地三亩左右。而欧美国家对人均土地使用的估算，平均每位农业人口需要可耕土地十六亩，可见中国可耕土地资源之匮乏。要满足国家建设和国民生活的需要，就要靠科学技术提高农作物的单产量。

　　（二）农业生产技术普遍落后，农民不懂土、肥、水、种的有效管理和使用，只能"靠天吃饭"，致使农作物产量很低。当时全国平均单产，棉花不如埃及；玉黍不如意大利；烟草不如苏俄；大豆不如加拿大；小麦不如日本；稻米产量更大大低于西班牙、意大利、日本和美国，中国显然处于落后状态。意大利教授特来贡尼说，他们是以"最科学的方法，获得最丰硕的收成"。所以，要提高农业产出率，农民必须有文化，用科学的办法耕种。

　　（三）中国是一个农业大国，国家物产绝大部分靠农业。当时国家每年的外贸出口，90％以上都是农产品，工业品少之又少。可见，全国人民的生活来源和国家的经济支柱都离不开农业的发展。要发展农业，首先要提高农民的知识水平。

（四）农村文盲遍地，占农村人口的90％以上。没有文化、没有知识、没有技术，能发展生产种好田吗？能提高农作物的产量吗？能让自己过上富裕日子吗？而要扫除农村文盲，必须办教育。

教育是强国之本，教育兴则国运兴，教育强则民族强。周方认为中国是个大农业国，农业、农村、农民的落后贫穷，是制约国家进步、发展、富强和人民富裕的瓶颈。而解决农村症结的关键，九九归一又落脚到教育，特别是农村教育！只有广大农民受到教育，有文化、明事理、懂技术，提高生产力中劳动者的总体素质和生产技能，发展农业，振兴农村，富裕农民，我们这个大农业国才能富强。周方这种"重农、惠农、兴农"的教育理念，很有科学性前瞻性，完全顺应当时的国情民意。虽然跨越近百年，但与今天国家全民奔小康紧紧抓住"三农"攻坚破难的战略别无二致。这就是慧人慧眼的先知先觉。

清代思想家、教育家康有为认为，国家的强弱完全决定于教育；梁启超把办教育看作是国家兴衰、民族存亡的关键。清代名臣、洋务派代表张之洞说："古来世运之明晦，人才之盛衰，其表在政，其里在学。"他们强调教育于国家的强盛与发展，既重要又必要的观点，都深深印在周方脑中。

那么中国应该办什么样的教育？怎么去办中国的教育？这是周方日思夜想，认真探究的劳心问题。他认定教育必须为社稷立心、为百姓立命，续历代文明之绝学，开万世生灵之太平。他海纳百川，博采众长，广泛吸取历代教育家和自己恩师的教育思想和教育理论。如孔子的"有教无类、因材施教"，孟子的"智力平等"，墨子的"躬行实践，学以致用"，荀子的"要培养德操"，韩愈的"道德教育、智力教育、政治教育"，王安石的"改革教育制度为新法服务"，朱熹的"立志不定，如何读书"，蔡元培的"养成完全之人格"，徐特立的"培养具有创造性的劳动者"，黄炎培的"教育与生活联系，教育与劳动结合，注重学和用的联系"，等等。按照教育学的理论，结合当时的国情民意和自己的教育实践，周方进行了全方位仔细研究分析。他葵藿倾阳，更遵循孙中山的新三民主义，以学生为本，建立起一套全新的以"三化、四自、五子"为主旨的教育理论与教学体系：

三化——劳动化、生产化、社会化。即以劳动化医游惰，而造成健全的民族；以生产化医消费，而造成丰乐的民生；以社会化医自私自利，而造成普遍的民权。

四自——自治治人，自立立人，自养养人，自卫卫国。即做到奉公守法以治人，立德立品以诲人，自力自强以济人，保土卫国有担当。

五子——纯洁的脑子、强健的身子、万能的手膀子、轻快的脚脖子、流利的嘴巴子。脑子纯洁，就能成为奋发有为的青年；身子强健，就能胜任艰巨的人生使命；双手万能，拿笔可以成文，拿锄可以挖土，拿枪可以杀敌，拿扁担可以挑水挑煤……腿脚轻快，能登高涉远，积跬步以至千里；嘴巴子流利，能彼此沟通，达意表情，述事说理。

孙中山总理的"新三民主义"以民生主义为中心，将其作为大同世界的基石。周方在三化教育中也是民生优先，以生产化为中心。他强调，按中国的国情，必须"以农立国，以教兴国"。教育必须服务农业、服务农村、服务农民。加之当时的平民教育只流行于城市未普及于乡村，而要发挥平民教育改造中国、提升国民素质的最大效能，就非普及于文盲遍地的广大农村不可。周方便提出"以书蔬猪鱼为研究对象，向禾麻菽麦做实验工夫"的办学方针；撰写校歌："四体不勤，五谷不分，读书呆子古来轻！手脑合作，即知即行，且耕且读乐盈盈。书蔬猪鱼供研究，禾麻菽麦逐生成。创造幸福，享受幸福，努力即人生！"；在《三化教育弹词》中还写道："堪笑一般书呆子，捧着书本读不停。单把读书当教育，不讲世理和人情。做人做事从不晓，礼义廉耻更不闻。这样'学生'是'学死'，学成腰驼背又胀，学得手不能挑脚不行。结党成群抢饭碗，你争我夺不太平。原因皆是教育坏，不重劳动重斯文。肩不能挑手不做，不靠吹拍靠哪门？今后教育要改革，手劳身轻心地善，体脑结合百利生。大、中、小学同改进，人人生产国不贫。衣食足了知礼仪，仓廪充实更自尊。互助互让互尊敬，和平一统太平春。"

这凸显了周方针对国情以农为本、重实践、重应用、手脑合作、劳动光荣的教育理念。

在三年的教育培养中，周方鼓励学生爱农、学农、为农，坚持"劳工神圣""双手万能"的教育，批判好逸恶劳的剥削阶级思想。他将劳动作为教育的重要内容，以锤炼学生身心。学校专门开设生产技能课，教学生在学校农场学习种植果蔬和养殖家畜家禽的技能。学生在圆满完成课堂教学任务外，通过生产劳动，逐年做到"一年生自食其菜；二年生自食其饭；三年毕业后个个能自食其力"。从而奠定民生和乐、世界大同的始基。这种革故鼎新、体脑并重、知行合一的教育，为贫苦子弟开辟了一条"谋生—就学—成才"的希望之路。它化民成俗，健全学生体脑身心，进而健全整个民族。周方新的教育思想与教育实践，强调"五子"训练，使学生个个达到"四自"目的，成为新型劳动者，开创了湖南乃至全国的旷世新教育。

在教学计划的具体实施中，周方创新"集中课程单元教学法"。他认为初中所学课程，应赋予学生自我生存与适应社会、改造社会的能力。每年所开课程要主次分明，确定一门中心课，使其学有专攻，免平均耗散精力。

第一年以国文为中心，务使学生对白话、文言都能阅读与写作。因为国文是各学科出纳的门户，也是作为中国人说理、论事、达意、表情所时刻必需的工具。第一学年应全力以赴学好国文，为阅读古今书报、研究各科各家学问、参加社会活动奠定扎实基础。而相应的辅助学习科目，则是史、地、音、体、公民、生理卫生等，以拓宽学生的知识领域。

第二年以数学为中心，它是学习各门自然学科，认识自然界的基础。国民向来不注重科学，缺乏科学头脑，其原因就是对数的观念欠明确所致。有了国文做基础，第二学年以研习数学为中心，而辅之以物理、化学、生物等自然科学，就会得心应手。这样设置课程，既筑牢数学基础，又了解科学的价值与自然界的伟大，为破除迷信与神权培养生力军。

第三年则按学生毕业后是继续升学还是就业，采取"双轨"制教学。即根据学生的自身资质与家庭经济状况，分成毕业后升学与就业两种去向，相应设置不同的课程。升学者以自然科学为中心，选习农、工、医、教、英语等科目，以便满足进入高中或高农、高工、高师的需要。就业者则重视应用科学如农工医教专业技能的学习，努力掌握一技之长以适应就业所需。

教学方式按不同科目各有不同。数理科目注重理论推演与实际操练；农工教医科目注重动手训练。教师推行启发式因材施教，力避注入式灌输；学生加强研究兴趣和自学能力培养，充分激发个体学习潜能，获取"教""学""做"三者并进的培养效果。

周方特别强调"教育即生活"，学生要"学活"而不是"学死"，倡导学生积极参加丰富多彩的课外活动。如开展演讲、辩论、朗诵、书画、体育等竞赛，组织话剧、舞蹈、声乐、器乐等表演。学生们兴致勃勃地积极投入各项活动，整个校园龙腾虎跃，各显才艺，充满青春的活力和蓬勃向上的朝气，学生得到全方位的健康成长。

为了让学生家长对枫林中学全新的教育思想和教育理念有所了解，并予支持，周方特意撰写印发《致各家长书》让学生带回给家长。若家长不识字，要求学生给家长细细讲解，并摁手印为证。

致各家长书

列列学父兄钧鉴：

敬启者，本校为实验农村教育，试行新颁部章，求适合学生需要，以期诸"学以致用"计。对于课程支配，采逐年订定中心课程办法：如第一年以国文为中心，而辅以史地公民及生理卫生等课。国文为各科出纳之门户，故第一学年即"先其所急"。而不同于其他中学之英算国并重也。第二学年即以数理为中心课，辅之以物理化学生物英语等各科，教诲学生植科学根基，养成精细缜密之科学头脑。第三年拟文实分组，其家资和资质可升学者入文组，以英文为中心，为升学考试需要辅以相关课程。无意升学者入实组，以教育农事为中心，而卫生合作地方自治等，亦在辅助科之列。英文则照章免习。俾不升学者，可以学教育及农事，或服地方公务，此均岁经研讨而订定次序。虽分年视之有异于部章，而合三年计之，则完全与部章相合，此应为各学父兄告者一。

本校为求实现三民主义之教育计：以劳动化、生产化、社会化为中心。而下手加紧"五子"之训练（纯洁的脑子、强健的身子、万能的手膀子、轻快的脚脖子、流利的嘴巴子），以求达到"四自"目标（自治治人、自立立人、自养养人、自卫卫国），故于三年之中，统以"生活农夫化"，使能刻苦耐劳；"纪律军队化"，使能奉公守法。此本校同人认为国难时期之教育，不能不如此以改变青年偷安苟活之心理，而日进于惕厉修省者也。故担煤挖土种菜蓄养等劳作，日有定时，但均行之课余，而不使荒学业，此本校特有之训练，应为各学父兄告者二。

至于德业之修养，本校特加注意。诚以青年时代为一生成败之关，导之得所则欣欣向荣；趋于下流则滔滔陷溺。故采用级任导师制，一如小学之有级训导，且以英算科任副之。生活有常规，语默有定则，一切应对进退，起居作息，衣食住行，胥将范之以礼义廉耻，使之日习于新生活而不自知，因以养成其奋发蓬勃之朝气，革除其偷安苟活之旧染。故于牌室逍遥购买零星食物，均应为本校历禁。而于身体之健康，与精神之娱乐，仍特设体育国技球术歌咏音乐戏剧等组，以导诸正规。并为劝善惩恶起见，将记奖记徵各分数，并入学业成绩内核算，以促其注意。内此皆本校贯彻"三化""五子""四自"教育之具体办法。总期归"手脑合一""教养合一""德智合一""学校社会合一"，而实现其"学以致用"之唯一主张也。

以上所陈，为求学校与家庭密切联络，务应协同督励，以宏教育兴国，至为感荷！又本校所采逐年订定中心课程办法及训练方法，均在实验期中，未敢自以为是，尤欢迎学父兄祥为指示，俾便随时修正，祈切盼切！

　　即颂

台绥

周方的告家长书，得到广大家长普遍支持。称赞枫林中学的教育是"为社会所需，学生所喜，家长所盼"。

"三化"思想创新路，教育革新树灯塔。枫林中学坚持实行"三化"教育与"五子"训练，彻底改革消费教育的旧传统，以手脑并用、自力更生，培养学生进步的思想、健康的体魄和生产劳动的实用本领。通过实施"劳动创造世界"的教育，将学生训练成具有农工的身手、科学的头脑、艺术的追求、求实的作风。打破学校与社会的藩篱，让学生走向社会，树立奉献社会的决心、体恤民情的爱心、感恩图报的诚心。

枫林中学这一系列的教育革新，都在向着新民主主义的教育目标前进。它像一座灯塔，照亮教育变革的方向，在湖南教育界产生了巨大影响，获得社会广泛支持与赞扬。省、部督学来校视察，一致称赞推行"三化"教育，符合国情，顺应民意，注重应用，讲求实效，学生欢迎，是今后中等教育发展的方向。

教育部督学郎季门先生来学校考察，向学生做演讲时说："我做教育部督学十余年，走遍了中国各省，很少看见过切实推行劳动生产的。枫林中学的做法，正是教育部所要实施于十年后全国各中学的办法，贵校早已行之，望努力为各校先导！"

郎督学的颂扬给周方以极大鼓励。但他并未沾沾自喜，而是为同道者太少感到可虑。他坚定自己的信念，愿做一朵报春的梅花，一往无前地朝着"三化"目标，探索国家教育新发展而不懈奋斗。

柒

筚路蓝缕创建枫林　独树一帜办工学团

新苗工学团独具一格

周方的三化教育有很多创新。其中独具一格的高中工学团，虽是一株新苗，却是相当成功的教育试验。其《发起辞》大声疾呼：

"教育生活化""教育社会化"，在今日已呼声震天，早成为一般教育者之口头禅了！然而细察现在我国的教育，多半是"学非所用，用非所学"。不是与生活脱节，便是与社会脱节。结果，"人人找事，事事求人"。这种最普通的怪现象，我教育界可不猛省改进吗？

即就一般教育现状论，普遍设立中学，而职业学校就寥若晨星，而且门可罗雀。社会认教育为升官发财的工具，而不认为是就业做事的工具。这种虚荣心理，真可误尽苍生，贻害社会！我们为教育言教育，何可不痛改前非，将中学普施职业化、劳动化呢？

更有最令人痛心疾首的现象，就是"学校重地，无钱莫入"。在贫苦的家庭和一般公教人员的子女，哪一个不是为筹学费头痛呢？但是得到学膳入了学的青年，又哪一个不是嬉皮笑脸、好逸恶劳，而且贱事劳动，耻事生产职业呢？现教育养成了这么多的大少，哪得不向社会混饭吃、讨饭吃、偷饭吃、抢饭吃呢？人人天天要吃的饭，而至於要混、讨、偷、抢，这人类何得生存，社会何由安定得发展呢？

我们勘透这些，决计从旧教育中来实验劳动化、生产化、社会化的新教育，尤其要实验半工半读的工学团教育，以求普救青年，普救社会，并想普救我中华民族啊！凡同情于我们的兄弟诸姑姊妹，其兴乎来！

这篇《发起辞》令人警醒，使人振奋，这也是一篇挑战旧教育，针砭时弊的檄文。

枫林高中工学团创办于1934年秋，招收的都是初中或初师毕业，出身于贫苦家庭，能刻苦耐劳的学生。在校学习的三年间，他们既是学习、教课、劳作三结合的学生，又是参加农村建设工作的骨干力量。

工学团所开课程有：公民、史地、国文、乡村建设大意、教育原理、心理学、乡村教育、农村大要、作物学、肥料土壤学、数学簿记学、昆虫学、遗传学、农业合作及合作法、社会学、化学物理学、教学法、养蜂学、园艺、军事训练、小学教育行政（图 7-3），两年总计要修完 104 个学分方可毕业。总共开设二十一门课，都是周方深入农村调研，为适应农村开发和建设需要而设置。

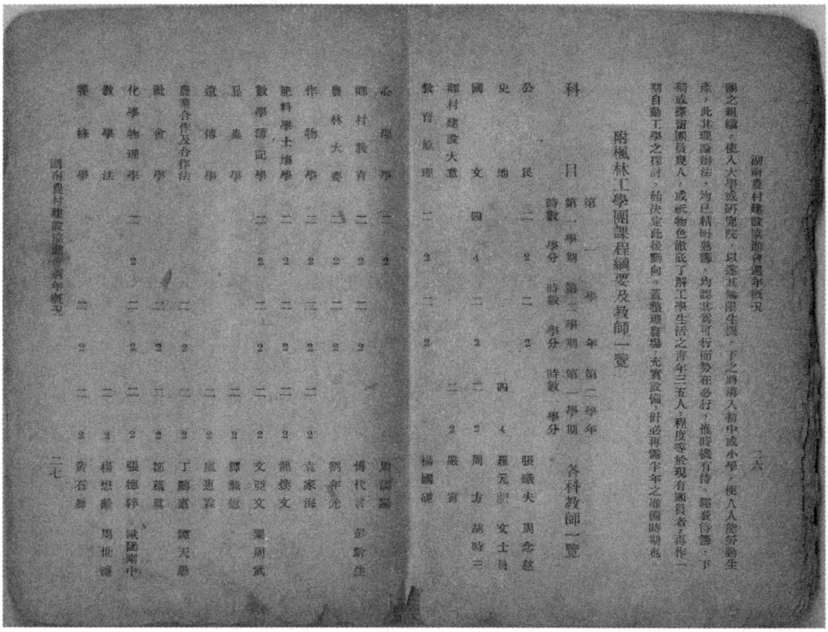
湖南農村建設協進會週年概況　二六

團之組織，使入大學或研究院，以遂其無限生機，下之將導入初中或小學，使人人能勞動生產，此其理論辦法，均已精研熟籌，均認其爲可行而勢在必行，惟時機有待，經費俟籌，下期或擇留團員幾人，或祇物色澈底了解工學生活之青年二五人，程度等於現有團員者，再作一期自動工學之探討，始決定此後動向。蓋整理農場，充實設備，計必再需半年之準備時期也。

附楓林工學團課程綱要及教師一覽

科目	第一學年第一學期時數	學分	第一學年第二學期時數	學分	第二學年第一學期時數	學分	各科教師一覽
公民	二	2	二	2			張曦夫　周念慈
史地					四	4	羅元鯤　文士員
國文	四	4	二	2	二	2	周方　胡時三
鄉村建設大意					二	2	嚴實
教育原理	二	2	二	2			楊國礎
心理學	二	2					周調陽
鄉村教育	二	2	二	2			傅代言　彭斯生
農林大要	二	2	二	2			劉年光
作物學	二	2	二	2	二	2	袁家海
肥料學土壤學	二	2	二	2	二	2	龍毅文
數學簿記學	二	2	二	2	二	2	文亞文　粟周武
昆蟲學					二	2	譚瀚[illegible]
遺傳學					二	2	盧惠春
農業合作及合作法			二	2	二	2	丁鵬遠　譚天爵
社會學			二	2	二	2	鄒蘊眞
化學物理學	二	2	二	2	二	2	張德粹　賦陽剛中
教學法					二	2	楊想蘇　周世濟
養蜂學			二	2	二	2	黃石熊

湖南農村建設協進會週年概況　二七

图 7-3　部分工学团课程

柒

筚路蓝缕创建枫林　独树一帜办工学团

在鄙视劳动、蔑视工农的旧中国，周方创办工学团被认为是离经叛道。大力推行重视劳动、尊重工农、手脑合作、工读互助的新教育时，所遇到的社会阻力使周方寸步难行。加之当时学校的教学条件，尚难满足培养高中学生的要求，其办学的艰难困境难以名状。但是周方动心忍性，迎难而上，先抓主要矛盾，竭尽全力完善办学基础设施。例如为解决工学团的农学耕作用地，周方罗雀掘鼠，找到校董周仲篪、文亚文、杨柏荣、余砥吾，向他们说明工学团办农场缺地的情况，几人慷慨地将自家土地免费提供给学校办农场；为组建高水平的师资队伍，多管齐下聘请罗翰溟、向郁阶、邹蕴真、刘策成、张德粹、文亚文、杨柏荣、周仲篪、丁鹏翥、谭天愚、袁家海、欧伯健等一批长沙教坛名师。这些名师不仅不取课酬，还自贴车费纯尽义务。他还邀请湖南省农业界知名专家刘宝书、周声汉、杨惠南、罗孰厚、陈熹等先生，给工学团学生义务做农业科技讲座。对他们的奉献精神，周方钦佩万分，也深感自己献身平民教育，披荆斩棘改革旧教育，并非孤军奋战，而是惺惺相惜、患难相扶，众人划桨开大船，更是愈战愈勇，拼搏向前。枫林中学新兴的工学教育，如火如荼地不断壮大发展。

在枫林高中工学团，周方另辟蹊径、不落俗套，极力推行手脑并用的"全人生活教育"，把学生培养成具有"五子"兼备，身心健全的合格人才。其社会化的"全人生活教育"，是将农工商学兵的生活都冶为一炉，把社会所需的教、养、管、术融为一体，施行"教管合一"的人格感化教育。其自力更生的工学教育，是以工助学、以学促工，践行知行合一的哲理，使学生学以致用，能文能武。这样的新潮办学理念，加之名师云集，众人拾柴燃起的熊熊烈火，吸引着莘莘学子。枫林高中工学团为救济贫寒子弟升学，解脱对高中学堂"宫墙外望"的窘迫，踏出了一条茁壮成长的新路。

枫林高中工学团是免收学生学费和膳食费的，它要求学生用自己的双手，以工助学，在生产中学习实际生产技能，用劳动所得支

付上学所需费用。因此，学校
设有校内农场与岳枫农场（图
7-4），种植稻蔬果木（图7-5），
饲养鸡鸭猪兔鱼；学校建有化
学工艺社，生产油墨、化妆品、
凡立水、凡士林等；学校开设缝
纫社，制作男女服装（图7-6）；
开设印刷厂，承接文化印刷品。
学生每天除保证六节课的理论
教学外（含晚上授课），还安
排四节生产实践课。

图7-4 与岳云中学合办的岳枫农场

学生分成农牧科、化工科
与缝纫科，按照教学计划与课
程表，有条不紊地参加文化学习、技能培训与生产劳动，实行勤工
俭学、半工半读。各科备有专业技师与技术工人，培训和指导学生
学习专业技能，生产各类产品。印刷厂不另设科，根据业务情况，
轮流抽派学生参加印刷与装订工作，主要为创收而设。全校的多层
次教学与生产，统筹管理、协调运作，井然有序地进行。

在课程设置上，将文化课与农艺、工艺课相结合；在教学过程

图7-5 学生在菜园劳作

图7-6 学生缝纫服装

中注重自学方法与研究能力的培养；在技能培训中强调理论联系实际，着重实用技能的掌握。如学习家禽饲养要学会选种、孵化、饲养和防疫等技能；学习果蔬栽培要掌握品种、土壤、季节、肥料和病虫害等知识；学习化工生产要掌握设备性能与操作、原材料的性质与配比、工艺生产流程、产品质量检验。将生产安全作为铁的纪律，必须严格遵守，教育学生人人懂得"生产必须安全，安全为了生产"。

　　工学团的农场和工场生产工作，根据学校条件设置有六大项，供团员自愿选择参加：

　　农场：种植稻麦、蔬菜、果树、花卉，畜牧、养鱼及农产品加工等。

　　竹木工场：制造各种常用竹器、竹架板及修建工作。

　　化学工场：制造油墨、粉笔、肥皂、化妆品及生产纸张等。

　　缝纫工场（仅限女生）：裁剪缝制中西服装、少儿服装及其他来料加工。

　　印刷工场：印刷各种书籍、课本、笔记本、作业本、图书、报刊等。

　　机械工场：制造新式改良汽灯、各种常用农具和冷作加工等。

　　工学团团员参加农场或工场的生产工作，所需工具及原料、种子，凡是属于共同所需，由工学团提供；只是个人需要，则由团员自行解决。

　　工学团团员在工场、农场工作生产的产品，出售后所得收益，按以下比例分配：

　　对于农场生产品，扣除地租、种子、肥料成本，对于工场生产品扣除原料成本，然后生产劳动者得十分之七；剩余十分之三按公益金、指导教师酬金与公积金（作为生产周转）各占十分之一分配。

　　枫林高中工学团始终以"三化教育"为标向，培养学生具有"四自""五子"，德智体全面发展。对毕业后无力升学深造者，着重培养他们有一技之长，能够自食其力，不要成为社会上好吃懒做、游手好闲的高级游民。为此，周方下决心坚决改变社会上轻视体力劳动的恶习，教育学生提高对"劳工神圣""双手万能"的认识。经常组织学生参加校园绿化、环境卫生维护、运米运煤等公益劳动。还亲自带领工学团的学员，胸佩"枫林高中工学团"符号，挑着自己生产的菜蔬到市场去卖。常以蔬菜新鲜、不过夜、不浸水，引得市民争相购买。用实际行动向"鄙视劳动者"的旧传统和旧教育挑战，理直气壮地向社会宣扬：劳动光荣！劳动创造世界！一时间，周校长领队的枫林高中工学团"菜担子"，成了长沙街头的一道独特风景，各新闻报刊都争相报道这别具一格的育人新事。

为努力办好枫林高中工学团，周方费尽心机、绞尽脑汁，凡事亲力亲为，尽力改善办学条件，探索教学新路。一次，为了改良学校农场生猪饲养品种，他在从南京回长沙的火车上，还被人找碴儿、出难题。

我国著名的畜牧学专家，留美归来的彭文和教授是周方的亲表弟（其姑姑的儿子），1934年在南京国立中央大学农学院任教。这年5月，作为湖南农民教育馆教育主任的周方，出席在河北定县举行的全国"乡村工作讨论会"。定县代表在大会上大力鼓吹波支猪杂交种，体大生长快，很值得在农村养猪推广。对此周方特别感兴趣，打算要在枫林工学团培育此优良猪种，以便向湖南农村推广。会议结束后，周方专门到南京国立中央大学农学院，找到彭文和咨询在湖南改良生猪品种一事。彭文和则指点表兄周方：盘克公猪比波支猪更好，因为盘克公猪发育快，更适应湖南水土。周方在他带领下参观农学院的养殖场，看到由盘克猪杂交的改良猪六个月长到了一百八十斤。而当时湖南本地的优良猪种，至少要九个月才能长到一百八十斤。经专家指点，又亲眼所见，周方便花费八十元，在农学院挑选一只十二斤重刚满月的盘克公猪，装笼运回湖南。

周方在南京乘船，给猪仔也买了船票，同坐房舱。顺利到达汉口后转火车，他同样给猪仔买了车票，带在身旁。却不想走了一站后，

柒

宪兵路警过来要周方将猪仔放到行李车厢去。周方说："不行！我的猪仔按规定买了三元六角的半票。小儿三岁免票，六岁半票，我的满月猪买了半票，还不能同小孩一样和我坐在一起吗？"经周方这么一理论，路警当时没有再说话，但后来查票的接二连三，坚持要周方将猪仔放到行李车厢去。无奈，周方只好同意照办。开始周方惦记着小猪仔，火车每开过一站都要去行李车厢看看。孰料深夜周方鼾睡正浓直过了岳阳站到汨罗站才醒。时已黎明，周方赶紧去猪仔存放车厢，哪知猪仔和箱笼杳如黄鹤，没了踪影。周方心急如焚，立马向车长询问猪仔丢失一事。车长态度很好，答应与沿途过来车站联系，帮助盘查猪仔下落。可直到列车到达长沙，猪仔仍无消息。周方急于下车，便给了车长十元钱做赏格，请他务要费心寻找猪仔。

周方回到枫林中学后，即去湖南省建设厅汇报此事。厅领导很重视，以厅名义令行湘鄂铁路各站，务期查获。三日后岳阳车站来电话，告"猪仔在岳阳站，要原物主亲往验收"。得此消息，周方悬着的心总算放了下来，即日乘车赶往岳阳。一到车站见猪仔活泼如初，周方心中愁云尽扫。因猪仔有惊无险，平安无事，也不计较其他，还赏格十元，作为车站职工饲养猪仔三天的辛苦费，最后带猪仔顺顺利利乘车返回。

猪仔运回岳枫农场后，最感兴趣的要数岳云中学的何炳鳞校长。他建议周方选择本省优良母猪，待一年后与盘克公猪交配。一年后，杂交产下的改良猪仔，生长速度果然要比本地猪快，其杂交优势随着幼猪的成长，越来越明显。事情传开后，来学校农场索要盘克公猪配种的农户接踵而至。为帮助农民改良本地猪种，学校安排刘寿祺、彭黔生具体负责盘克猪的配种工作。一时推广优良猪种的饲养新风，在伍家岭周边蔚然兴起。遗憾的是不到一年时间，盘克公猪在与农民的母猪频繁交配后，患上了软脚病而死亡。周方虽然扼腕叹息，但没有责怪负责配种工作的刘寿祺、彭黔生。他毫不气馁地告诫大家：失败不可怕，可怕的是一蹶不振、不总结经验、不吸取教训。他决定时机成熟后，枫林高中工学团还要为发展生猪养殖业，继续培养和改良杂交新品种。

为农村建设殚精竭虑

　　周方在致力于平民教育的同时，还以湖南农村建设为己任。他认为："吾华素以农立国，建设农村，复兴民族，坐言起行，以从事农村之建设为急需。"

　　1934 年秋，周方与黄士衡、方克刚、向郁阶等发起成立湖南农村建设协进会。经过数月筹备，于 1935 年 5 月 29 日正式成立，拥有会员 324 人。六个团体会员是：湖南农村委员会、湖南农事试验场、湖南第二农事试验场、湖南省立农民教育馆、民范初级女子职业学校、枫林农村实验学校。

　　遵照农村建设协进会规程（图 7-7），经会员投票选举，黄士衡、周方、方克刚、彭国钧、狄昂人、欧阳刚中、丁鹏翥、袁家海、向郁阶、姚瞬生、刘年光等十一人为理事；陈熹、张开琏、罗教铎、刘策成、

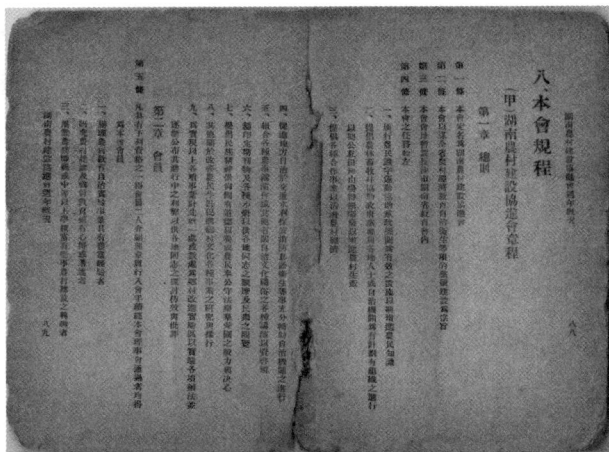

图 7-7　协进会章程

刘湘山等五人为候补理事；黄士衡任理事长。朱经农、王季范、何炳麟、刘宝书、彭允彝、李抱一、周调阳等七人为监事，谢祖尧、余籍传、刘蕊等三人为候补监事。周方兼任总干事，主持日常工作。

为唤醒民众，组织民众参加农村建设，周方在《湖南农村建设协进会周年概述》中明确提出："且同人之所以勇于为此，固亦有见夫时代所需之产物，每始乎微而终乎钜。农村之必须建设；以农立国如吾华之农村，更不能不建设；破败荒落如我内地之农村，尤不容不急谋建设；是固人同此心，心同此理者！"并大声疾呼："一人之力不胜，萃千人为之；千人之力不胜，萃万人十万人以为之；十万百万人之力不胜，则继以十年百年千年之功。倘天地不终否，人类不澌灭，农村之开发终有日，农村之建设、民族之复兴，终必有其时也！"气贯长虹地表达了湖南农村建设协进会对建设农村和复兴民族的巨大决心、坚强意志和百倍信心。与此同时，周方约同狄昂人、缪昆山、文亚文、刘卧南、王廷闿等，向长沙市党部请求将长沙北郊划为农村建设实验区，请拨建设实验费二千六百元，以枫林农村实验学校为基地，以枫林高中工学团的学生为基本力量，在长沙郊区实施农村教育、合作、卫生及经济改善、风俗改良的试验，为全省农村建设提供示范样板。

1934 年 2 月湖南省教育厅设立农民教育馆，欧阳刚中任馆长，周方任教育主任。结合湖南农村协进会工作的需要，周方执笔撰写《新劝世文》《农村杂字》《新增广》《抗战必胜弹词》等韵文读物，主持编印《湖南乡土地理教材》《怎样选稻种》《螟虫及其奸防方法》等十几种农村通俗书刊，在长沙郊区农村实验区内供民众学习、宣传及演唱用，并向全省农村发放，唤醒民众，积极推动农村文化教育事业和农业技术的发展。

为了普及农村扫盲，培养学生服务社会的能力，从小学会"为国效力，为家担责"，周方还别出心裁地开展家庭扫盲教育。他在枫林农村实验学校妇女职业班和小学部，挑选部分成绩好的学生加以培训，担任"小先生"。指导他们放学后在家教家人识字，试行"小先生制"扫盲教育。扫盲对象为自家不识字的弟妹、兄姐、父母、叔婶、爷奶或邻居，其又定名为"外学生"。湖南省农民教育馆把周方编撰的《农村杂字》作为扫盲教本免费送发；专门制订扫盲计划，规定每天教学时间不少于十分钟，授课地点一般在"小先生"家中；在枫林高中工学团选派学员担任小先生的辅导员，指导教学方法，辅导教学疑难；还负责对小先生的教学工作进行量化考核，期末农村建设实验区给予表彰与奖励。

　　周方推行的"小先生制"扫盲教育，有规有矩，一律按章行事。制定有小先生制纲要（图7-8）、辅导员考核办法和其他表格（图7-9）。每期外学生的基本情况都有统计（图7-10）。

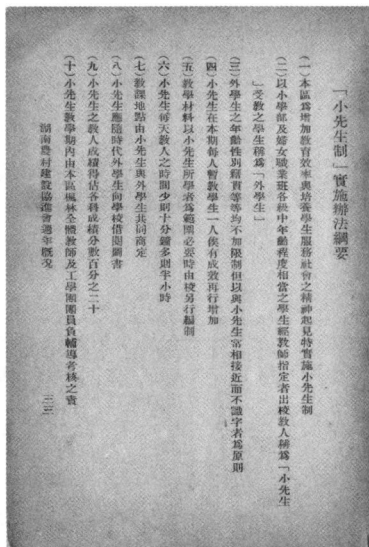

图7-8　小先生制纲要

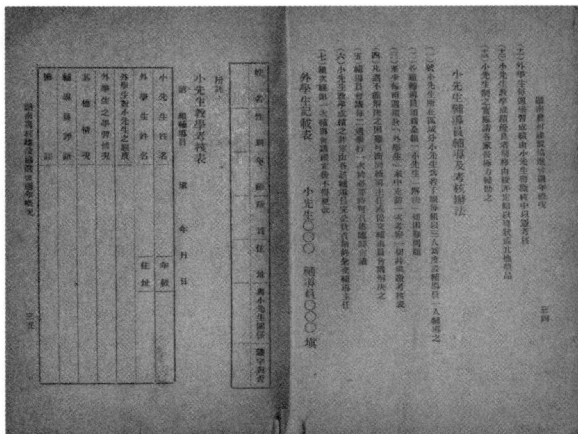

图7-9　考核办法和其他相关表格

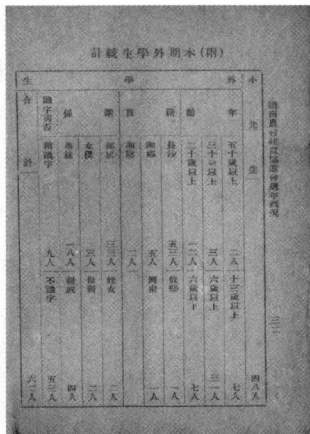

图7-10　外学生情况统计表

在实施小先生制扫盲教育时，并非一帆风顺。不少家长认为一个家庭农妇要学什么文化，何必耗费时间和精力？对此，小先生们也凑在一起想对策，商定采取撒娇哭闹的办法，吵着要家长学习。这一招还真管用，母亲就怕孩子哭闹，便都答应学习。枫树坪的肖二娘，年纪三十六岁，家中有五个孩子，最小的才四岁，老公在外帮人驾船跑运输很少在家，屋里屋外杂七杂八的事全落在她一人身上。家中老二肖彩莲被选为小先生，担起在家教妈妈识字的扫盲任务。尽管肖彩莲说了许多识字扫盲的好处，肖二娘总以没必要学认字，家里的事忙不过来而坚决不学。在周方校长的鼓励与支持下，肖彩莲身前身后缠着母亲做工作。她照周校长的指点对母亲说："妈呀，我在班上当学习委员，学校布置的事情我都不能完成，那老师和同学会怎么看？我还有脸面当班干部吗？"肖二娘也说："你就知道顾及自己，想没想过做娘的一大堆做不完的家务事，哪有工夫跟你学识字？"肖彩莲马上接过话，答应往后她和姐姐一定帮着妈洗衣、洗碗、喂猪、带弟妹，给妈妈腾出时间学文化，况且每天学习的时间就二十分钟，也不耽误太多的事。最后终于把母亲的工作做通了，母女俩高高兴兴达成协议，下决心认认真真学好《农村杂字》这本教材。功夫不负有心人，通过两人的努力，在学校组织的期末识字听写竞赛中（参赛的外学生共 62 名），肖二娘获得了一等奖。她拿着奖状和奖品回来，很得意地说："看来我老来学吹鼓手，也还跟上去了。"一家人喜笑颜开，围着母亲夸个不停，比过年还喜庆。

一个学期下来，外学生识字读文大有长进，小先生们也热情高涨，乐此不疲。"小先生制"家庭扫盲活动，获得显著成绩。它一举两得，既扫除了乡村文盲，又促进了家庭和谐，母慈子孝乐融融，收到了意想不到的效果。

周方开展的农村建设可说是新招迭起，还特别参照定县、邹平、无锡等地农村建设的工作经验，以枫林中学作为农村实验中心，以枫林工学团学生为基本力量，在实验区内开办各项社会事业，将学

柒

筚路蓝缕创建枫林　独树一帜办工学团

生工学教育与农村建设办得有声有色。

他在沙湖桥、桑园、福安团、周家嘴、朱家花园等地，开办农村简易小学，由湖南农村建设协进会为每所小学提供开办费十元，选派工学团的优秀学生负责管理，对村里失学儿童进行识字扫盲，由农民教育馆免费配发教材。授课教师则由枫林工学团选派优秀学员承担，每天安排下午上课，农村建设协进会给他们每月发四元伙食费。工学团学员们积极性很高，因在学校受到的"三化""四自""五子"教育，都能在这些社会活动中得到展示而乐此不疲、踊跃参加。老百姓对开办农村简易小学，就地扫盲学文化的好事，个个赞不绝口。反过来，学生们也得到锻炼与提高。1955年被授予少将军衔，1983年任南京海军学院政委的李改，回忆起这段求学生涯总说，不忘恩师周方校长的教诲，在枫林高中工学团的三年学习，工读互助，学用结合，终身受益。

为方便农民学文化，周方又出新招开办流动教学，以便利民众为原则，以送教上门为方法，以因人施教为旨归。学校安排枫林工学团的学员们利用周末，肩负书籍、手提黑板、口吹哨笛，游行于村陇，施教于民宅。授课时，妇孺围坐，抱女哺儿，咿唔互答，在轻松愉悦中学识字、学算数，自在其乐。尤为百姓赞颂的是工学团学员龙绍箕，在严寅主任和李鹏宵老师的指导下，承担的流动教学取得显著成效。才开始时，因其乡音重，长沙人难懂，反逗引个别顽童讥笑，使得教学难入民众之门。但龙绍箕不气不馁，走家串户，拜访士绅，会商保甲，联络友善，不厌其烦地讲明扫盲道理。大家都被他至诚所感，父老称其谦恭、妇女喜其诚恳、顽童感其笃挚，居然村村邀请龙先生上课。他穷己足力，担任九处教学，仍不以为苦。他风霜雨雪，濡毛发，涂手足，忍饥挨饿，不以为疲，一心只为扫除乡村文盲。

金鸡嘴易氏住宅，是龙绍箕的第一流动教学点（图7-11），男女老幼常聚精会神地倾听，久久不愿离去。后来根据群众意见，

图 7-11 金鸡嘴易氏住宅流动教学

他将教学时间与地点都固定下来，实行定点定时教学。大家都夸："龙先生真热心，为我们上课循循善诱，风雨无阻，不辞辛劳，至诚感神，古今无二。是枫林中学培养出来的好先生！"

周方还想方设法开展其他多种多样的为民服务活动，如设置巡回书库，制作书车、书架，选派学生定期送书到偏远的农村供百姓借阅；与卫生部门联手，开展农村医疗卫生事业。学校派校医带领学生肩挎药箱到农村巡回医疗，给群众送药上门，进行简易病的治疗，普及卫生常识，除害杀菌，保护环境卫生；开办民众乐园，利用晚上时间开展说书、弹唱、化妆表演、放映幻灯片，向群众进行爱国主义和乡规民约教育；向农民推广种养业新品种。学校农场广辟苗圃，引进农林作物新品种，给附近农民提供种植秧苗。学校养殖场引进鸡、兔、羊和猪的优良新品种，培育成功后推广到附近农村，惠及广大农民。

周方这些"社会即学校，生活即教育"的办学方略，赢得社会普遍赞扬，广大农民都说："我们最欢迎、最需要这样心系农民、方便农民、扶持农民的办学方式！"

　　周方在 1935 年秋赴江苏无锡教育学院参观时，了解到他们在农村教育中实施小本贷款，帮助贫困农户谋生的做法，很成功且容易效仿。他便在湖南农村建设协进会董监会议上一一汇报无锡经验，并提出在长沙市北郊农村实验区也试行小本贷款。与会人员一致赞成，将其列入湖南农村建设协进会 1936 年度的重点工作，由枫林高中工学团具体实施。会上黄士衡董事长慷慨捐款五十元做试办资金。周方拟好的章程也经会议审议通过，规定以一元起贷，每户最多贷五元，整借零还，按月还本一元，不收利息。消息一传出，枫树坪及伍家岭其他村就有十三户人家前来贷款，多用于做零售小买卖的本金。事后调查访问，这些贷款户以三四元贷款，养活了一家人。最有趣的是伍家岭的李小二，夫妻俩仅生一女儿，在枫林小学班读书。他惯以打牌抽头为营生，其他农活基本不干，外号叫二懒。一天他跑来学校，提出要贷款五元做小本生意。周方做学生家访时知道他的底细，便说："你惯行打牌，我们是不借与打牌赌博的。"李小二忙说："我在家是打牌，不过今后再不想打牌过活了！若是你们可借五元与我，做挑洋油（即点灯的煤油）卖的生意，我马上把家里的麻将牌押给你们，可以吗？"周方见他说话很诚恳，便让他约好可靠担保人，即贷款予他。第二天李小二按规定贷到五元，开始挑起洋油担做起小贩了。自此，再没有发现他打牌的形迹，他老老实实做小生意，一家过得欢欢喜喜，小女孩在学校也变得精神多了。没想区区五元资本，竟能扶持一个家庭，由不务正业者而变成踏实的小贩。

　　小本贷款为农村和农民带来了实实在在的好处和收益，慢慢地被推广到长沙市的东郊、南郊和岳麓后山。不到半年工夫，凡有农民教育、民众教育的同志工作之处，都有农村建设协进会小本贷款的踪迹。（图 7-12、图 7-13）运作一年后周方通过实地调查核实，总结它具有十大功绩。

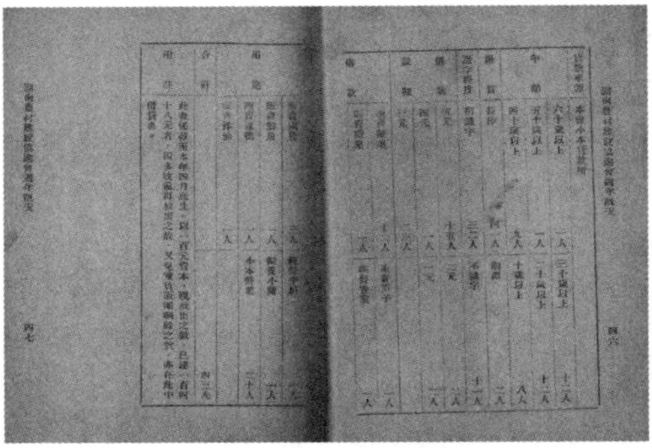

图 7-12 伍家岭、枫树坪两地小本贷款统计表

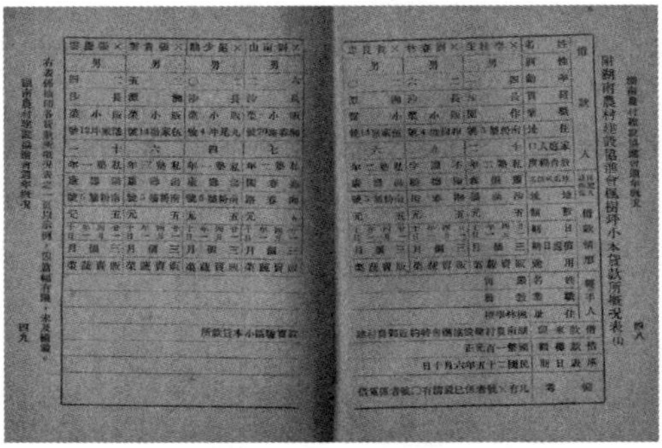

图 7-13 枫树坪小本贷款所概况

（一）充裕农家经济——农家屡受天灾人祸之侵蚀，啼饥号寒者得此小款救济，月可获利数元，以补家庭生计。如乡下白菜每斤一百二十文，市区一百八十文，每斤可赚钱六十文。村民张玉吉借贷三元，批白菜百余斤入市，仅一日之力便获利近一元。其他经营小本贸易者，每日获利少则三五角，多者八九角甚至一元。

（二）活跃农村金融——农村经济破产，资财集中都市，遂形成银行有钱不易放出。举办小本借贷，以都市过剩资金贷放农村，农村金融借资调整，贫户渐转宽裕，农村经济自然活跃起来。

（三）有利农产副业——农户通过小本借贷，有钱从事农产副业如养鱼、喂鸡、饲养牲畜，直接增加家庭收入。特别是遭受天灾农作无收，更要靠农副产业以兹弥补。经统计，小本借贷的农户虽多数用于做小买卖，但用于养殖者也不在少。彼等所获之利，亦不亚于贩卖小菜，而其功绩是生产了社会食物。

（四）促成农民团结——一盘散沙之中国，久已见讥于外人。农民占全国人口百分之八十，团结成群就可基本改观现状。小本借贷定时定点开展，农民同一时间聚集同一地点，无形中就有了一种组织。除还本付息外，还留下大家进行时事讲述、常识教授、开展娱乐，自然而然就将大家团结在一起了。

（五）改良地方风俗——管子云："衣食足而知荣辱。"人并非甘心为非作歹，受经济压迫铤而走险者居多。小本借贷直接救人于贫困，又注意灌输遵纪守法、为人处世的道理，破除了村民好逸恶劳的赌博陋习，引导村民形成勤劳淳朴的民风，收到了显著成效。

（六）养成勤俭习惯——在小本借贷时，凡懒惰好赌之人，一律不贷；凡挥霍浪费者一律不贷。彼等知晓告贷不易，遂改掉恶习，养成节俭度日，余钱储蓄的好习惯。

（七）灌输民族思想——复兴民族必先复兴农村，向农民灌输民族精神，让他们知道有家有国有民族。小本借贷事虽小，但它是国家与民族团结互助的缩影。激发广大农民的家国民族情怀，共同走上富裕路，中华民族岂不复兴？

（八）普及识字教育——提高民智首重识字，但百姓未能认识，以致乡村文盲遍地。小本借贷对不识字者，存在许多不便，激起农民学文化的自觉需求，变"要他学"为"他要学"，为普及识字教育，扫除文盲提供了先决条件。

（九）增进国民健康——小本借贷将农民与学生联系在一起，相互交流蔚然成风。其中话题自然涉及生活起居与卫生健康，从中农民学到许多身体健康、饮食卫生和防病治病的科学知识，对增进国民健康大有裨益。

（十）调剂市场物价——凡物以稀为贵，商人则居奇制胜。欲压抑价格，须增加货源，拓广流通。农民通过小本借贷，参与商贸，增添商品，有助市场繁荣，自然就能平抑物价。

枫林中学独树一帜的教学方法和经世致用的办学实践，给旧的教育制度和旧的教学方法以猛烈冲击。在鄙视劳动、轻视工农的社会，周方大张旗鼓地推行手脑合作、工读互助、劳动光荣的教育，把学校融入社会，让学生投身民众，成为教育界最为时尚的热点。教育厅朱经农厅长亲临枫林高中工学团考察后，誉其为"建设农村之先锋队"。并约教育界同人买枫林工学团种的菜、养的花。蒋伯谦博士受中央经济委员会之命，视察南方学校，在《国民建设》月刊上刊文《南行所见的三个新兴学校》，盛赞三所学校为全国之样板：一是枫林高中工学团的自立教育、艰苦作风；二是广西干部学校的文武并重教育；三是浙江湖湘师范的适应生活教育。由此枫林中学名扬全国，凡是论到教育，大多都会谈到周方与枫林中学，夸"周方不单是平民教育家，还是创新改革家"。从当年枫林中学校徽（图 7-14）可见，上面的斧头和书本寓意就是"工读结合，学以致用"。

图 7-14　枫林中学校徽

捌

抗战救亡众志成城

保全国脉学校内迁

日寇侵华狼烟四起　抗战救亡众志成城

1921 年底，周方用二十元创办民范女子职业学校，1931 年春又用十元大洋创办枫林农村实验学校，后称枫林中学。他肩负教育救国的使命，矢志不渝地献身平民教育，披荆斩棘、栉风沐雨、筚路蓝缕、忍辱负重，为之奋斗不息。他勇敢挑战旧的教育制度，从教育理论、教育思想到教育实践，除旧创新，别具一格，闯出了一条适合国情民意的"三化"教育新路，为彻底变革旧中国的教育，进行了卓有成效的探索。在学校校董们同心同德的积极努力和社会贤达的热情支持与鼎力资助下，两所学校欣欣向荣，如日中天。独树一帜的办学思想和办学理念像艳丽的报春花，在湖南和全国教育界抢先绽放。

可是，就在周方踌躇满志，心无旁骛地放开手脚拓展平民教育事业之时，第二次世界大战爆发了。在亚洲，罪恶滔天的日本军国主义向中华民族发动了惨绝人寰的大规模野蛮侵略。中华大地硝烟四起，战火连绵，中国人民被抛进烽火连天、尸横遍野、国破家亡的战争深渊。

1931 年 9 月 18 日夜，日军兵分南北两路向中国军队驻地北大营发起了进攻，开始对华赤裸裸地野蛮侵略。这就是日本军国主义一手炮制的"九一八事变"，这一天成了中华民族的国耻日，点燃了全国人民反抗日本侵略的滔天怒火。面对日本侵略者的大规模进攻，长春地区的东北军自发进行反击，但战至第二天长春便陷落。

可耻的东北军黑龙江洮南镇守使张海鹏，在国难当头时，却卖国投敌，奉日军命令派徐景隆率三个团从白城子出发向江桥进犯，

捌

抗战救亡众志成城　保全国脉学校内迁

参与日军对当时的黑龙江省城齐齐哈尔的侵略。1931 年 11 月 19 日，五千余日军侵占齐齐哈尔，黑龙江省府被攻陷。1932 年 2 月 5 日，哈尔滨被日军占领，东北三省全境沦陷，老百姓被迫背井离乡，四处逃亡。

面对生灵涂炭，山河破碎，国家危亡的民族灾难，是黑龙江军事总指挥马占山率领部队，打响了中国人民抵抗日本侵略的第一枪，在江桥抗战中率先以武装斗争反对日本法西斯的侵略。1932 年 4 月 15 日，中华苏维埃共和国临时中央政府主席毛泽东，发表直接对日作战宣言。全国民众和各党派、各界人士，以各种形式积极投身抗日救亡运动。

抱定救国救民志向的周方，与全国抗日军民一道，毅然投身抗日洪流。在地处后方的长沙，他积极参与唤醒民众抗日的宣传发动工作，慷慨激昂进行抗日演讲，笔耕不辍撰写救国文章，陈述"九一八"事变的事实真相，义愤填膺地揭露日本军国主义的侵略野心。他教导青年学生："日本鬼子侵占我东北三省，烧杀掳掠、奸淫蹂躏，惨无人道，无所不为。三千五百万同胞的家园被毁，近百万平方公里的土地被占，日寇伪贼野心勃勃妄图灭我中华。同学们，中华民族到了最危险的时候！我们要有民族自尊心和危机紧迫感，团结起来众志成城保卫家园！我们要挺起胸膛，以决死的精神，走出课堂积极投身抗日救亡运动，与日本侵略暴行决战！向怯懦的卖国行径宣战！把日本鬼子赶出东三省，还我祖国山河！"在周方校长的发动带领下，全校师生群情激奋，到市区积极参加反对日本侵略的集会游行；举办抗日演讲和宣传栏；表演抗日快板剧；配合长沙市抵制日货委员会，宣传抵制和监督禁用日货。在广大民众自觉自愿地积极参与下，长沙市的抗日救国运动，如浪潮澎湃迅猛展开。

日本侵略军自 1932 年全面占领中国东北后，源源不断地运兵入关，扬言速战速决占领中国。1937 年 7 月 7 日晚，震惊中外的卢沟桥"七七事变"，日本军国主义以此为借口，发动蓄谋已久的全面侵华战争。

卢沟桥上中国军队的抵抗炮声，吹响了中华民族抗日救国总动员的战斗号角。全国人民不分党派、阶级、民族、宗教、职业、性别、年龄，奋勇掀起抗日救国的汹涌浪潮。国共两党从生死对立转为共赴国难，事变发生后仅两个半月，以团结御侮为核心的第二次国共合作全面形成，结成了全国最广泛的抗日民族统一战线。中华大地抗日烽火燃遍长城内外，燎原大河上下，形成了中华民族史上空前团结御侮、抵抗侵略的崭新局面。此后在长达八年的时间内，国共双方军队分别以正面战场和敌后战场为主体，共同为中华民族的抗日救国立下了惊天地、泣鬼神的不朽功勋。

在素有光荣斗争传统的湖南，抗日救亡运动蓬勃兴起，众志成城，全民动员，人人参与。1937 年 7 月 24 日成立的湖南人民抗敌后援会，主要由文化机关和民众团体组成。它组织庞大，会员众多，是长沙影响力最大的抗日救亡社会组织。湖南农村建设协进会和平民教育会就是它的团体会员。湖南人民抗敌后援会不直接参与前方战事，主要是维持后方秩序，破坏敌人活动，提供我方军需，对抗敌将士予以精神与物质援助。抗敌后援会在其成立宣言中呼吁湖南民众"抱定决心、长期抵抗；团结精神、严守纪律；镇静沉着、安定后方；经济绝交、制敌死命；肃清汉奸、以消隐患；捐款劳军、毁家纾难。"

周方十分拥护这一主张，在湖南农村建设协进会和平民教育会中，与会员们一起积极参加组织抗战募捐和救济难民活动；发动青年学生举办抗敌救亡演讲与画展、排演街头剧；与儿童救济协会组织难童高唱《松花江上》《义勇军进行曲》《大刀向鬼子们的头上砍去》《保卫大武汉》《牺牲已到最后关头》《中国不会亡》等抗战救亡歌曲，唤醒民众爱国爱家，坚决抵制日货；深入学校、机关、工厂，组织抗敌剧团和宣传队，演出《卢沟桥的烽火》《最后关头》

《警号》《倭寇毒》等抗日剧目。指导学生在《国防建设》月刊上撰文，拥护中国共产党 1937 年 8 月陕北洛川会议制定的《抗日救国十大纲领》，翻印新华社的文章编成《抗战情报》，宣传和促进全国的统一抗战。

1937 年，在中国共产党的推动下，实现了国共两党联合抗日的统一战线。徐特立从延安回到湖南，就任中共驻湘代表兼十八集团军高级参谋①，积极宣传抗日。周方是徐特立的得意门生，又同是湖南教育界顶梁柱，便亲往拜访。周方请徐特立来民范女校作报告，介绍延安军民方兴未艾的爱国抗日热潮。还在《国防建设》月刊上发表文章，拥护中共抗日救国纲领。受全国各地爱国青年奔赴延安的感召，民范师生的抗日热情极大高涨。在周方的指引下，先后有几十人或奔赴延安，或参加各种抗日组织，勇往直前，积极投身中华民族的抗日救亡运动。

1938 年 7 月抗战一周年之际，周方编写了《抗战必胜弹词》，由湖南农村建设协进会刊印发行，提供给各机关单位和演剧社团，进行抗战救亡宣传与演出。这篇《抗战必胜弹词》通俗易懂，朗朗上口，在每段弹词后还有"说白"，以解说弹词要旨，男女老幼都易懂易记，为广大民众喜闻乐见。为宣传抗日，唤醒民众，鼓舞士气，坚定信念，发挥了特有作用。其中很多片段为孩子们所喜爱，都耳熟能详常常挂在嘴边当儿歌吟唱，无意中又进行了广泛宣传，以致弹词在长沙家喻户晓，尽人皆知。其中不少段子成为顺口溜，譬如：

　　　全民抗战靠民气，民气不振威不扬。只要人人有了自信力，四亿一心谁敢当。

　　　上海失守敌内侵，南京屠杀更猖狂。良民齐集机枪射，妇女

① 莫志斌：《杰出的无产阶级教育家——徐特立年谱简编（1877—1968 年）》，《湖南师大学报（哲学社会科学版）》1985 年第 4 期。

轮奸死路旁。儿童运往东洋去，壮丁强迫背刀枪。文化机关被炸毁，财物抢劫一扫光。沦陷地区人民痛苦说不尽，深仇大恨令人欲断肠。

倭寇侵华非民意，只是少数军阀呈猖狂。国内财团政党多反对，弄得民怨沸腾气怎扬。军心瓦解战争难持久，哪能与我长期相颉颃。敌方征兵到老龄，我方壮丁用不完。十人征一四千万，人多气势更激昂。忍将血肉筑长城，誓把倭寇一扫光。

莫论敌占我地广，地广对他没用场。占领城市增负担，广大农村属我方。爱国人民拒日货，纵占城市难经商。农村充满游击队，日军昼夜都惊慌。敌军后方接济远，军费开支不可当。地广线长难接应，抗战持久必败亡。

我为世界伸公理，我为民族争荣光。我为人类张正义，我为世界抗顽强。正义人道永不灭，从来多难可兴邦。孰顺孰逆很明显，胜利必然在我方。

过了难关即福地，挨过黑夜即天光。坚定信心齐奋斗，出钱出力输军粮。四万万人都一致，心齐便抵万吨钢。有了信心增力量，众志成城谁敢挡。坚定信念勿自馁，最后胜利属我方。

《抗战必胜弹词》在长沙传诵甚广，妇孺童叟都能背上几段，知晓中日之战是持久战，坚信中国必定胜利。

作为湖南人，遇强敌而死战不退的性格自古有之，素以民风彪悍，崇文尚武著称，其刚毅、勇猛、坚忍、有担当和吃得苦、不怕死的秉性，让日寇为之胆寒。正如林则徐所云："苟利国家生死以，岂因祸福避趋之。"抗战爆发后，湖南民众踊跃参与各种内容丰富、形式多样的抗日救亡活动，掀起了"毁家纾难""捐款劳军"和"募捐购机"的热潮，为支援前线抗战作出了巨大贡献。1937 年 10 月 15 日，旅沪湘绅熊希龄先生专函赞颂湖南在淞沪抗战中的捐款义举："此次淞沪抗战，救济难民，蒙诸公热心资助。前后汇拨三万元，连同省政府汇款至四万元之巨，匪仅湘侨同声感佩，即各省旅沪人士亦莫不赞扬备至。"

1938 年 10 月，随着广州、武汉的相继沦陷，湖南由抗日战争的战略后方转为正面战场的前线阵地，省城长沙遭到日军大规模地轰炸和全面进攻。湘水哀号，麓山悲鸣，湖南人民抱着血战到底、抗战必胜的信念，"宁为沙场鬼，不做亡国奴"。积极参军参战，平均每 15 个湖南人中，就有一人入伍从军奔赴战场，铁血奋战，保卫家园。自 1939 年 9 月到 1945 年 6 月，在湖南境内展开的著名战役就有长沙保卫战、常德会战、衡阳会战、雪峰山战役，谱写了抗日战争相持在湖南，反攻在湖南，胜利在湖南的光辉篇章，为世界反法西斯战争作出了彪炳史册的不朽贡献！

魔鬼铁蹄蹂躏中华　　战时措施解我国殇

　　丧心病狂的日本军国主义随着平津沦陷，频频挑起战事，飞机四处狂轰滥炸，魔鬼铁蹄蹂躏中华。太原会战、淞沪会战、南京保卫战、徐州会战连连展开，中国近半个世纪积累的国家财富化为乌有。为了从根本上灭亡中国，日军专门针对中国高等学校进行全面摧毁，对教育设施进行地毯式狂轰滥炸。全国一百零八所高校，九十一所遭到惨重破坏，十所被完全摧毁。从 1937 年 7 月至 1938 年 8 月，各高校财产损失约六千五百万法币。其中以图书馆遭受破坏最重，国立学校损失一百一十九万余册，省立学校十万余册，私立学校一百五十三万余册，总计达二百八十三万余册之多，其中很多经典线装孤本化为灰烬，荡然无存。中国的高等教育及科学文化事业遭到无以名状的劫难和灭顶之灾，乃中华民族百年之国殇！

　　看看犹太人，在亡国两千多年的历史进程中，他们失去了自己的祖国，但依然团结一心活了下来。尽管七零八落浪迹世界，但犹太人自身的信仰与民族习性没有被湮没或同化，而是完整地被保持与延续下来。其缘由之一就是他们亡国也不亡本民族的信仰、文化与教育。面对日军的亡我野心，中华民族要誓死捍卫国土、捍卫文化、捍卫教育，誓死保全国脉！

　　中央研究院院长蔡元培、北京大学校长蒋梦麟、清华大学校长梅贻琦、南开大学校长张伯苓、中央大学校长罗家伦等一百零二人，联合发表声明揭露日本侵略军破坏我国高等学校的罪行，为保全国家的教育不被战争毁灭，提出"教育为民族复兴之本"，要求政府采取果断措施，将一些高校迁往内地。国民政府采纳专家建议，为

捌

抗战救亡众志成城　保全国脉学校内迁

延续国家教育，保存中华民族教育文化命脉和学术薪火，决定实施大学内迁的战时教育措施，有计划地将平津和东南沿海一带的大学迁往西南、西北。主要去向是大西南的重庆、成都、昆明、贵阳等地。还有一部分大学由大城市迁往本省比较偏远的县镇，使之躲避战火，免陷敌手，以保存国力，支持民族持久抗战。内迁的这些大学如中央大学、北京大学、清华大学、南开大学、交通大学、复旦大学、武汉大学、浙江大学，同济大学、北平大学、北平师范大学、北洋工学院等，几乎囊括了国内所有的知名高校和大部分高级知识分子，这是中华民族科学、文化、教育的星星火种，必须誓死保存。

自 1937 年七八月开始，东部高校陆续踏上了艰难困苦的内迁流亡之路。譬如北京大学、清华大学、南开大学的校长蒋梦麟、梅贻琦、张伯苓，于 1937 年 8 月 28 日同时接到教育部公函，指示三校南迁长沙，联合组建长沙临时大学。三校到达长沙后，于 11 月 1 日正式开学。12 月 12 日，遭受日军主力猛攻的南京雨花台在正午时分陷落，下午二时中华门又被攻陷，12 月 13 日南京全部沦陷。紧接着日军进逼武汉，长沙危在旦夕。刚上课月余的长沙临时大学又再度西迁，兵分三路奔赴昆明。其中两路乘车船赴滇，另一路由曾昭抡、李继侗、闻一多等五名教授，十一名教师和二百八十四名学生组成，于 1938 年 2 月 20 日出发，由长沙经益阳、常德、桃园、芷江、晃县、玉屏、贵阳、镇宁、沾益等地到达昆明，全程三千余里艰苦卓绝的长途跋涉，跨越了湘黔滇三省，这是中国教育史上震惊世界的伟大长征，彰显中华民族誓死不当亡国奴，誓死捍卫文化教育命脉的决心和信念。三路迁徙队伍先后抵达昆明后，于 1938 年 4 月 28 日成立"国立西南联合大学"，5 月 4 日正式开学。危难中的祖国，将士沙场拼死决战，教授讲台递薪传火。

西南联合大学是在祖国山河破碎时组建的一所全世界最贫穷、最破烂的大学，但更是"中国教育史上的一座珠穆朗玛峰"。它汇聚着三百多位中国最负盛名的专业泰斗和顶级专家，保存了中国文化、教育、科技的精英血脉，培养了三千三百多名中国各领域的顶尖学者，其卓越辉煌是中国教育史上令人景仰的历史丰碑。

联大的校徽（图8-1）就很有创意，它简洁又内涵丰富。外廓为一等边三角形，内部三条线段又将三角形分成三个小三角形，代表三所大学联合组建成一所新的大学。上书"联大"两字，即西南联合大学。校徽选取三角形的稳定性与锐利的边角，正与校训"刚毅坚卓"相呼应。它是中华儿女英勇顽强，誓死捍卫民族教育命脉的象征。

图8-1　西南联大校徽

1939年底，这场史无前例的中国大学远征迁徙基本完成。它既保全了国家民族之精髓国脉，更释放出伟大的民族精神与家国情怀；既支持了全民抗战，又促进了大后方的文化教育发展，维系中国教育事业薪火相传。到1940年全国共有高等学校一百一十三所，在校学生五万余人，恢复到了战前水平。它向全世界庄严宣告：中国的高等教育没有被战火摧毁，教学科研没有停滞。当年南开大学张伯苓校长说："敌人此次轰炸南开，被毁者为南开之物质，而南开之精神，将因此挫折而愈益奋励。"清华大学梅贻琦校长说："物质之损坏有限，精神之淬励无穷，仇深事亟，吾人宜更努力灭此凶事。"他们的豪言壮语，彰显中华儿女面对日寇侵略挺身而出、不畏艰险、坚忍不拔、决战到底的雄壮气概。

在日本军国主义的侵华战略中，一直将进攻和夺取长沙，作为占领全中国最重要的目标之一。自1937年11月24日始，日军对长沙进行大规模飞机轰炸，遂使长沙成为湖南受害时间最早和最长的重灾区。1938年1月13日，长沙市中等学校教职员抗敌会举行战时中等教育座谈会，讨论战时学校教育办学问题。基于全国高校抗战时期内迁的总体势态，会议决定"整个教育制度应当继续维持，不可使任何阶段中断。初中、高中，初职、高职、师范俱不得停办。

省城学校应当疏散到各县各乡，以学校为中心，分区推广民训工作，并补助各校迁校经费。"这一决策使学校免遭战火涂炭，保存文化教育命脉，誓与日本侵略者决战到底，夺取抗战最后胜利。

1938年上学期，长沙战事一步步吃紧，省城各中等学校都按座谈会精神，纷纷考虑觅地内迁。周方未雨绸缪，于1937年底至1938年上学期，分批将地处长沙市小东街的民范女子职业学校，迁到新化县城的罗氏宗祠和唐氏宗祠两处开办。继续聘袁庶钦任总务兼教导主任，并聘苏镜、李涵葳、常杏云、罗又益、陶先觉、张竹如等地下共产党员担任教师。掩护并支持他们的革命活动，如在课堂上宣传共产党的主张、在校内油印共产党及民族解放先锋队的宣传品、翻印延安寄来的宣传资料、教唱进步救亡歌曲等。

1937年5月，周方印刷出版《十五年来的民范》一书（图8-2），记叙学校的发展历史，告诫全体师生在抗战中也要保证民范弦歌不绝。周方还利用校刊《乐业》，宣传革命烈士秋瑾的生平事迹和革命诗抄，鼓励学生以秋瑾为榜样，发奋学习，立志救国救民。新化民范女校还组织学生到部队后方医院慰问伤兵，洗涤床单绷带。学生的学习课程及管理规章还是与在长沙时一样，继续坚持以工助学、体脑结合、学以致用、勤俭朴素的培养

图8-2　《十五年来的民范》封面

模式，给新化教育界带来了一股教育新风和办学新理念。因学校的进步氛围与安全环境，中共地下党新化县委机关就设立在民范女子职业学校内。

枫林中学地处长沙郊外的枫树坪，相对市区中心受战火威胁要小，周方没急于考虑迁校。但它地处兴汉门车站、新河车站、飞机

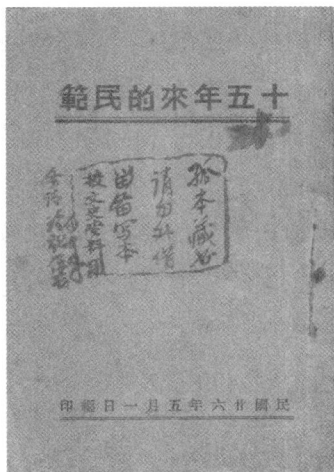

场以及新河铁路桥附近，敌机不时光临，学校四周被日寇飞机扔下不少炸弹。学校修筑了防空壕，制定了师生疏散方案，对敌机轰炸做了防空准备。为了防患未然，防止长沙沦陷造成办学中断，周方决定尽早觅址提前为迁校做好准备。经再三研究，决定去宝庆（今邵阳）寻一块合适之地做学校战时校址。1938 年 7 月中旬趁学校放暑假，周方从长沙乘汽车去宝庆。不料刚挤上车，放在外衣口袋的票夹子就被小偷盗走，携带的三百多元钱瞬间不翼而飞。这身无分文还去得了宝庆吗？周方稍加思索，心想定下的事情不能取消，没钱也要干：我周某向来就是拣难事做的，怎能碰到为难便退缩呢？他没有下车，泰然处之继续前行。

行至湘乡站，突然航空警报拉响，客车只好停下来躲避，乘客们趁此机会都下车吃饭。周方一大早起来赶车，没来得及吃早餐，此时已饥肠辘辘。能来碗面条多好，但又身无分文，他看着别人津津有味地吃，更是饥火烧肠。人总得吃饭，活人岂能被尿憋死？周方不管三七二十一吃了再说，不就是几角钱的事嘛，点了一碗肉丝面美滋滋地很快吃完。肚子是舒服了，没法付面钱可尴尬了。周方厚着脸皮非常诚恳地跟老板说明丢了钱夹子，请求那碗面记个账，待返回时再加倍付钱。店老板摇摇头，以不赊账为由不肯。周方又掏出一支金尖派克钢笔做抵，老板也不要，说只认钱不认笔。这可逼得周方如来佛抓头——无计可施。幸好同桌吃面的一对夫妇听周方所言，发善心掏三角钱为周方解了难。这对夫妻是宝庆府隆回县桃花坪人，先生欧阳，太太廖氏，在湖北咸宁任教，趁暑假返乡，在长沙与周方一起上车同坐一排，都是教书人一路上相互搭讪很是投缘。欧阳先生帮助付了面钱，周方十分感谢，遂将自己带的《抗战必胜》弹词，送了一本给欧阳先生，并在扉页上题赠"乐与人为善，郊原自有秋"作为纪念。欧阳先生邂逅教育家并能小予帮助，很感欣喜，忙从包中取出一本自编的抗战讲义，也在首页题"得道者多人助"回赠周方。不愧是两位文化人，都恰如其分切合实情地题字

捌

褒奖对方。畅谈正酣时警报解除，汽车鸣笛召旅客上车。两位先生谈笑风生，继续踏上留下趣事的旅程。

到了宝庆，周方先找到枫林校董李主一、肖放民两先生急借三百元钱，然后四处奔走，看房子、找地皮。经友人贺涤心介绍，终于在距城五六里远的南门外茨草坪，看中了天主教堂两座房屋和种有桐桔的十五六亩山地，双方以一千二百元初步谈妥。周方觉得还算便宜相安，担心夜长梦多变卦，当晚立交二百元现金做押契，再出两张五百元期票，分别在八月底和九月底赎回，另给中介六十元做酒水钱，此事很顺利地办妥了。

第二天周方赶回迎官桥老家，火速飞函枫林中学各校董和好友，告知在宝庆南门外已购得两座房屋和十六亩山地，费用一千二百元，请诸位帮助尽快筹款一千元。到了八月中旬，除校董姚雪怀汇款四十元外，其余都无回音。等到八月二十四日，依然一文无着。离八月底交款五百元的期限就剩一个星期，周方心急如焚，终日如坐针毡。彭云桃见丈夫为筹款整天急得像热锅上的蚂蚁，很是心痛，便轻声告诉他："静庵，仓里还有些存谷，可卖了换钱呀。"周方一听喜从天降，立马拉着云桃去查仓，发现有八十多石稻谷。云桃的勤俭持家和顾全大局，给了周方意外帮助。他深情地望着贤妻，紧紧握着她的手十分感慨地说："云桃，在我最为艰难时，你毫不犹豫舍家支持，只有你最理解我，最心疼我！"云桃两眼瞪得圆圆地盯着周方说："谁叫你是我夫君呀！不疼你疼谁？"

听着夫人朴实无华的真心表白，周方内心一阵心酸。多少年来自己在外一心扑在学校，很少关爱云桃，几乎没有管过家，一股愧疚与自责感油然而生。男儿有泪不轻弹，此刻的周方眼含泪花搂着云桃深情地说："云桃，我有愧于你，我对不起这个家！"云桃依偎着丈夫，毫无怨言地说："你在外面干大事，我知道很难。我不怨你，我支持你！"

有这样明事理、重情义的夫人，周方觉得是天赐之福。想起两

图 8-3　周方与彭云桃合影

人的婚姻虽说是父母指腹为婚，没想如此恩爱，还真是天作之合！周方喜不自禁，却又赧颜无地。他紧紧搂着妻子说："这些年我很少回家，也很少给家里汇钱。虽然在外挣钱也可观，但都花在办学上。云桃，这个家全靠你撑着，害你受苦啦！"（图 8-3）

云桃扬着头很开朗地说："我不觉得苦，你让我脸上有光，哪个有出息的男人成天守着老婆呀！你辛辛苦苦办学校，把钱都花在最该花的地方，让老百姓有书读、学识字，大家好了，国家好了，我们这个小家自然也会好呀！"

听了夫人一席感人肺腑的心里话，周方从内心感激涕零。云桃虽然文化不高，也没外出见过世面，但她从小受到良好的家教熏陶，人好心善、勤劳俭朴、孝顺父母、通情达理、胸怀宽阔，这样的老婆打起灯笼都难找。由此周方深切感悟，这爱情呀，就应该相互信任宽容，彼此理解帮扶，如此才能迸发出无穷的力量。如果只是陶醉在卿卿我我，甜言蜜语的绵绵爱恋中，那就会消磨意志，失去人类爱情所应有的崇高与魅力。周方很欣慰，上天恩赐给自己的爱情，就属前一种。

第二天周方即开仓粜谷。当时谷价每石二元六角，为快点筹款周方按每石二元五角出售。可惜无人问津。周方再减作每石二元四角五贴通告于街上，这才招来生意，两天便枭尽，合计得二百余元。还差二百五十元怎么办？周方苦思冥想只能求老父亲出面，设法到周氏公祠借公款以解燃眉之急。蓉轩公在乡间一直兴教办学，知道没钱寸步难行。见儿子为办学筹款弄得焦头烂额，已百般无奈别无他法，便答应召集族老一起想想办法。在商议中，大多数人都认为周方办学是为百姓积德行善，周氏家族历来注重教育，应该帮他解难救急办好学校。但也有人质疑：卓甫在长沙教书，每月收入不菲。在长沙办学校何用来我们乡下借钱？如果办学校还要自己倒贴钱，那何必去吃苦受累还赔钱呢？

面对族老们的提问，周方很耐心地解释："现在国家贫穷落后，国难当头，文盲遍地。我学的是师范，又立志教育救国，想以平民教育为老百姓服务，为国家效力。办教育是为国家培养人才，提升国家人力，是社会公益事业，不是经商办厂矿，不能靠办学校挣钱发财。"

族老绍鸣公接腔说："卓甫呀，你想的说的都很对，我们也支持你办学。但做事也要量力而行呀。你不是大财主又如何去办大财主才能办的事呢？年轻人不要好高骛远，先安心教书，待发了财再去办学校，何必现在自己作难自己？"

周方听后很感动，诚恳地说："很感激绍鸣爷爷的关爱与提醒。现在办学校确实很难，办私立平民学校更是难上加难。但国家的富强兴旺，人民的幸福美满，离不开教育！普及教育是全民的事，众人拾柴火焰高，没钱的我也要尽责为国家教育这团火，添上我的一把柴。清朝的武训没钱，他行乞兴学，就是我效仿的榜样。'寻难事做'是我坚守的信条，在艰苦危困中撑持的祖国，需要有寻难事做的'傻子'。避难就易是人生的惰性，也是'聪明人'投机取巧的法门。可是每个人都找容易的事干，那么披荆斩棘的事又谁去完成呢？我国贫穷落后的面貌又如何改变呢？早在明朝的朱舜水都明白，'敬教劝学，建国之大本；兴贤育才，为政之先务。'我学的是师范专业，还想学武训的精神，立志磨血革命，教育救国，让平民百姓都有书读，培养人才兴盛我中华！希望各位族老、乡亲帮我一把，渡过这次难关，在下叩谢了！"

周方充满真知灼见，情真意切的心窝话，让族里长辈尤为汗颜，个个赞叹不已，为迎官桥出了有志气、有担当的平民教育家感到自豪！族老一致同意由周氏公祠捐赠二百元给周方办学。周方急忙站起来向众位长辈深深鞠躬，万分感谢迎官桥家乡人明事理、讲道义、献爱心的高尚情怀。本是向周氏公祠借钱，没想到却变成捐钱，这是大义大爱呀！迎官桥这片沃土不但养育了迎官桥人，还造就了迎官桥的博爱精神！他情不自禁地发出肺腑之言：桑梓情无价，故里爱无疆。

为了回报父老乡亲，给家乡办件实事，周方想了一个让迎官桥鲜活起来的好主意——把市场引进乡村。鉴于迎官桥周边没有商品交易场所，周方当即向族老们提出在迎官桥街上开辟墟场。大家一听，都说开设墟场既方便百姓，又活跃经济，繁荣迎官桥，这可是一个了不起的金点子。过去没人想起，现卓甫提出来了，应该马上建。接着周方和族老们对开设迎官桥墟场的具体问题一一仔细商讨，最后议定由周氏公祠筹办，每月逢3、逢8为赶墟日，下月初三起正式开市，在全乡张榜告示。后来由于管理得当，百姓积极，商品类多、质好、价优，交易童叟无欺，迎官桥墟场日渐兴旺。周边高平、巨口铺、龙溪铺、新化，甚至远在百里之外的邵阳，也常有人来这里赶集。迎官桥竟成了市井繁华的"迎官市"，名噪宝庆府。

回到家里，周方与云桃算算这几天的筹款，总共四百五十元，与八月底要赎回的五百元期票还差五十元。彭云桃又赶回娘家，募得五十元钱交与周方，并告之是娘家兄弟的馈赠，不用还的。同时也叮嘱周方："卓甫，你为办学在外四处奔波劳累，受气遭侮，我很心痛。不过还想提醒你，也要替我们自己的家想想。我们一直住着祖上的房屋，成家多年也该有栋自己的住宅，免外人闲话呀。你在外教书，俸禄不少，在乡下盖栋房子也不是难事。"周方笑笑说："云桃，你的想法很好，只是我们盖房子莫急在眼下。你想想，我努力办教育，把学生培养好，他们有本事了就可以自己都盖住房。到那时，老百姓家家富裕都有房子，我们肯定也会有房子的。"听了周方的话，云桃明白老公只是逗自己开心而已，心上挂念的还是他的教育事业。她就此打住，勉强笑笑不再多予理论。

在家人和族人的鼎力帮助下，周方凑足了五百元钱，终于从债务折磨中得以解放。他由衷地感到迎官桥乡亲们是多么的淳朴友善，周、彭两家亲人是何等的可亲可爱！他更坚定了战胜困难，矢志教育的决心和勇气。8 月 29 日一早，周方告别家人赶往宝庆，将五百元钱亲交牧师，按约赎回期票。这不仅表明他个人的诚信，更是维护中华民族的信誉，因为受票方是一位挪威籍的牧师。

当天下午，周方又急急忙忙赶往长沙。一是新学年开学在即，二是九月底还有一笔五百元期票要赎回，仍毫无着落。回到枫林中学，周方把开学事宜全盘布置好，并委托袁庶钦、严寅两人负责检查、协调各部门的开学工作，自己全力以赴又为筹款而奔忙。

几天下来，周方为筹钱脑不停想、口不停说、手不停挥、脚不停走，像个陀螺似的被抽得团团转。幸得袁家海、丁搏九两校董捐资，还清在宝庆的两百陆十元押契和酒水垫款。而九月底到期的五百元期票，仍是山穷水尽，无任何办法可想。万般无奈周方觉得只有去找找省教育厅，希望从慈善家胡文虎先生给湖南十所学校的捐助款中想想办法。

南洋著名华侨胡文虎继承父业，新开发的"虎标良药"畅销整个西太平洋和印度洋的广大地区，包括人口众多的中国、印度和东南亚三个市场。由此他获得"东南亚华侨首富"和全球"万金油大王"、报业巨子的美誉。他还是大慈善家，热心于文化教育和医药慈善事业。在国内先后捐建和捐助数百上千所大、中、小学校。当时，胡文虎捐款三万六千元给湖南省教育厅，用以建设十所"文虎院"。

其中枫林小学部因被评为长沙市优良学校，获得建设文虎院的资格。每所文虎院获款三千六百元，限建于原校原址，且视建筑进度分期付款，动工时首付一千元。

基于这一情况，周方希望能变通一下获得那一千元款，便分别呈文省教育厅和长沙市政府，请求将款拨给枫林建文虎院。但上面以战乱时期炮火连天，朝不保夕的长沙不能搞建设为由，不应允发款。周方没有泄气，灵机一动想到元月召开的战时中等教育座谈会上有决议，政府要补助迁校经费，何不请求教育厅予以通融，挪用那一千元给枫林做迁校补助费呢？想到此，周方立马跑去教育厅秘书处，拜会周仲箎主任："仲箎有劳你了，感谢先前对枫林迁校宝庆一事的赞同和关心。现在我为迁校购地债务弄得骑虎难下急死人了，还得请你帮我渡此难关才行。"周仲箎忙说："不要急，你要我如何帮你？慢慢说。"周方便一条一条说出自己的想法：一、枫林获准建文虎院是定案，建十所文虎院的款额胡文虎先生早已汇至教育厅存到了银行；二、现在长沙战乱危急不能动工盖房，资金被闲置在银行；三、对各校战时迁址，政府会予以经费补助。基于这三点，请帮忙游说朱经农厅长，将建文虎院的首期拨款一千元，通融一下移做枫林战时迁校的补助。周仲箎一听很直率地说："静庵你也太性急，太冒失了！钱没筹齐就去签约购地，也太胆大妄为了。"周方忙点头认错："是太冒失了，可也是时局所逼，非办不可呀。"周仲箎很理解周方，知道他全力以赴办学校，十多年持之以恒，常常落得日不宁、夜不安，令人敬佩，便说："静庵，我感觉你为此事已心力交瘁，也晓得你非得此款不可。你今日先回学校，明早再来问信。我总以万分同情之心，替你去碰一次钉子罢！"

一夜坐以待旦的周方，熬到第二天早上七点急忙赶往周仲箎办公室候信。等人时总觉得时间过得尤其慢，好不容易等到八点，周仲箎来了。周方忙起身迎上去，两眼祈盼地望着周仲箎轻声问："主任先生，获批了吗？"周主任进到办公室请周方就座，不紧不慢地说："你是受人敬重的校长，朱厅长很体谅你。你的困难是战争所致，你是在替政府承担责任。"这些话很好听，但周方只想知道钱的结果，便急不可耐地打断他的话问："到底批没批？"周仲篪用手轻轻点着桌子笑笑说："批了！你赶快去备印章来办手续领钱。"周方可是绝处逢生，压在心头令他喘不过气的大石头，终于落地了。谢过仲篪，周方三步并作两步跑回枫林，写好印领，领出支条，赶到银行兑寄宝庆，按时了清契价及其他欠款。学校文虎院教学楼见图8-4。

　　周方就是这样痴心教育，遇艰难不言退缩，为树人至死不渝。在贫穷落后的社会环境下，兴办平民教育事业，就得有周方这种一心想着劳苦大众，寻难事做，不畏万难的勇气和实干精神。心忧天下，勇于担当的湖南人精神，深深印刻在周方的脑海中，贯彻在他的行动中，激励他为所追求的目标不懈奋斗。他毫无私念心底宽，不求个人富贵荣华，只求人间仁义和美。就像蜡烛，燃烧自己，照亮别人，只谈奉献，不言索取，让普天下尽在光明、正义、平等和友爱中，这是多么高尚、淳朴的品德啊！他奉献给社会的精神价值，重于他办学的功绩。

图8-4　学校文虎院教学楼照片

文夕大火长沙焚毁　枫林迁址高平办学

　　湖南省会长沙，是国民政府抗击日寇最重要的战略基地之一，储备了大量的战略物资，自然成了日军重点摧毁的城市。1938 年 8 月 17 日，十八架日机空袭长沙，投弹百余枚，毁民房三百余幢，死伤百姓八百余人；25 日 18 架日机又空袭长沙，投弹六十余枚炸死炸伤居民六十余人；10 月 10 日，35 架日机三次空袭长沙，死伤市民三百余人。

　　1938 年 10 月日军占领武汉，11 月 9 日攻陷距长沙仅 130 公里的岳阳，第三天即 11 月 12 日，日寇先头部队抵汨罗江北，以致湘北门户旋即洞开。原本是抗战大后方的长沙，被推到了抗战第一线。面对日寇的疯狂进犯，国民政府采取"焦土抗战"的政策，计划焚烧长沙。

　　1938 年 11 月 12 日上午 9 时，蒋介石侍从室正式指示湖南省政府主席张治中对长沙采取焦土政策，密令"长沙如失陷，务将全城焚毁，望事前妥密准备，勿误！"。张治中立即召集警备司令酆悌和省保安处长徐权，落实蒋委员长命令。下午 4 时，酆、徐两人制订了一份"焚城计划"，确定长沙市天心阁为放火中心点，对引火材料的发放和控制，起火的命令、信号、秩序、纪律等都做了具体且详尽的规定；还成立了"破坏长沙指挥部"，明确 11 月 13 日凌晨两点以前，进入准备位置。放火前，先发布日军轰城的消息，以便于疏散市民，并施放空袭警报，由警备队督促市民出城；放火时，以城南天心阁处举火为号，全城同时行动。张治中还下指令强调："须在我军自汨罗撤退后，再下令开始行动。开始行动时，必须先发空袭警报，使居民躲避，等到再放紧急警报时，开始行动。"

悲剧的是，事态的发展完全脱离了原计划的部署。

11 月 13 日零时，100 多个纵火班携带汽油、煤油等燃料到达准备位置，将燃料浇在了街道和房屋上，整个长沙变成了一座"汽油城"。也在此时，城内"日寇已经到了长沙近郊新河"的谣言不胫而走，扰得市民惊恐不安。凌晨两点左右，南门口外的伤兵医院突然起火，城内更加惊恐疯狂。当时警察和消防队员都已撤离，现场大火无人扑灭。不到一刻钟，南门一带就有三处起火。

城内待命的纵火队员不知真相，见到南门方向燃烧的火光，误认为是指挥部发出的信号，便执行全城放火计划，纷纷将火把投向事先准备好的油桶和浇了汽油或煤油的房屋。很快城内几百条火龙齐蹿夜空，满城烈火熊熊燃烧，两千多年的长沙古城，顷刻之间葬身火海，荡为灰烟。

这场恐怖而又无情的大火，活活烧死全城 3 万多人，百分之九十的房屋焚毁倒塌，所有的地面文物与建筑几乎全部烧光。在第二次世界大战中，长沙被列入四座毁坏最严重的城市，另三座是斯大林格勒、广岛和长崎。长沙大火还与花园口决堤、重庆防空洞惨案，并称为中国抗战史上的三大惨案。

当时的《中央日报》社论载文："长沙近三十年来，物质、人力欣欣向荣。全国都市中，充实富庶，长沙当居首要。百年缔造，可怜一炬。"因为 1938 年 11 月 12 日的电报代码是"文"，大火又发生在夜里，夜即夕，所以此次焚烧长沙史称"文夕大火"。

在文夕大火中，长沙全市几近焚毁，民范女子职业学校地处长沙市小东街，校舍化为灰烬，荡然无存。枫林中学虽在市郊枫树坪，所受损失也很惨重。早在长沙战事吃紧的八月份，周方就与董事长仇鳌和严寅主任商量：是留在长沙近郊，带领学生和民众打游击，还是把学校迁往乡村后方，实现"三化"教育，用以奠定国家民族前途的百年大计？正在犹豫不决时，周方向政府请领枪支武装民众的报告未能获准，三人便遵照政府命令决定尽快迁校，以保全学校战时安全，把维系教育做为首要任务。由于邵阳同处战乱之中，长沙满城烽火连天，邵阳四处风声鹤唳，其市内学校也纷纷搬迁。周方先前在南门外茨草坪购置的房产不可用了，只好将枫林中学搬迁至周方家乡新化永固镇高平，借用高平小学作为临时校址。1938 年11 月 10 日全校搬离长沙，三天后长沙文夕大火。虽然大火中校舍被毁，但全校师生员工万幸撤离，及时避过焚城一劫！

高平地处新化南面边陲，开发较早，民风勤朴，崇德尚学。枫林中学迁来后，受到当地乡绅和百姓热烈欢迎，还专门举行祭祀活动，为这所家乡人创办的、从省城迁来的学校祈福。他们选择好吉日，准备好贡品：鸡、鱼、肉"三鲜"，果盘，香烛。在族长主持下，位列前排的族老们每人手持点燃的三炷香，带领众乡亲一起面向"天地君亲师"牌位和至圣先师——孔子尊像，虔诚地三鞠躬。表达追忆先祖、传承文化、涵养品行、感恩孝顺、弘道扬善之情，以期破迷开悟，沟通天人之界，得到教诲与护佑。礼毕族长发言，欢迎和支持学校迁来高平。接着周方讲话答谢父老乡亲的关爱与帮扶，表示一定把学校办好，服务家乡，报效乡亲。祭祀完毕，鞭炮爆响、唢呐欢奏、锣鼓齐鸣，热闹火爆得很。祭祀虽简约，却喜庆非凡，情谊厚重。

周方将学校从长沙搬迁到高平，得到家乡如此真诚地欢迎、帮助与支持，这就是民心。日本的侵略可以炸毁我校舍，但摧毁不了我民族的坚强意志！我们万众一心，一往无前，最后胜利必定属于中华民族！夜幕下，周方走出校门，环视月光下宁静的村野：故乡是那么美好，和平是多么可贵，再难再艰苦，也要把学校办好，报效父老乡亲。

学校迁来高平正值年冬岁尽，不便立即招收新生。为了不负乡亲们的期望，尽快给高平百姓带来利好，周方安排严寅主任负责，组织教师在高平辖区内先开展流动教学，按枫林工学团在长沙的做法，义务送文化送知识到村到户。这步棋很见效，乡亲们第一次在家门口不交学费就能学识字、学文化、学知识，无不竖起大拇指夸奖说："自古没有免费上门教识字的呀，是卓甫先生开了先例。"学校在老百姓中有了很好的口碑，真是隔着门缝吹喇叭——鸣（名）声在外。1939 年元旦过后学校便紧锣密鼓组织招生，2 月 27 日（星期一）正式上课。周方根据高平及周边地区学龄儿童和失学青年的具体情况，分别招收小学社教班、初中工学团、高中师资班。依然延用在长沙的办学思想，对课程设置与教材选用，以服务农村、农业与农民需要为主。例如增开农事、土壤、合作、卫生、地方自治等课程；对学生实行"三化""四自"教育和"五子"训练，强化"手脑并用"与"学以致用"的教学方法。贫困学生免交学费和宿费，保证贫寒子弟都能入学。继续倡导社会即学校的教育，开展流动教学、巡回书库、编写壁报、民众扫盲、化妆讲演。培养学生劳动光荣的品德，师生均赤足草履，自种蔬菜，挑米、挑柴、挑煤，种树筑路。大力倡导"劳动光荣"的新风尚和新思想，为农村"移风易俗"树立了崭新的榜样。

周方还亲力亲为，带领学生采挖马齿苋。他告诉学生，马齿苋是药食两用的野菜，具有清热利湿、止痢消炎等功效。多吃马齿苋可降低高血压，对中风及糖尿病都有预防作用。学校食堂还将它晒干做成咸菜。更重要的是，此举可培养学生艰苦朴素、勤俭节约的好品德。在周方的影响下，一到春天枫林学生就主动上山挖春笋、下田间采野菜，补充食堂菜蔬。

周方在湖南省第二民众教育馆兼任辅导主任时，曾到武冈、新宁、城步等县立学校宣讲"三化""四自""五子"教育思想与教学实践，备受教育界同人赞许。凡周方做过演讲的学校，师生们都从赤足化、劳动化做起，培养俭朴勤劳的品德。在这几个县，周方很受人们敬仰。这年暑假，周方校长又出新招，安排高中师资班开展社会教学实践，选择武冈县农村进行民间调查和抗日演讲。由他与教导主任严寅带领全体学生步行前往，进行社会即学校的开门办学。

在学校集合时，个别家境较好的学生是骑马来的。但一见年近知命之年的周校长和已过不惑之年的严主任都赤脚草鞋，便自觉地把马匹寄养，与大家一起步行前往。走到第二天，严主任和同学们见周方校长走路已感吃力，便劝他坐轿。但周方毫不犹豫地说："我有颗赤诚之心，要与大家艰苦到底。我提倡劳动化教育，在长沙就喜欢迈开两腿行走，很少坐人力车。谢谢大家的关心，我不坐轿，要与同学们一起共历艰难，赢得这次教学活动的成功！大家要知道，梅花香自苦寒来，人生需要经受苦难磨炼方能有所造化。若见苦就躲就逃，那获得的人生就只能是平平庸庸、碌碌无为。试问同学们，这样的人生有谁愿意？"周方的身体力行与极富哲理的教导，给了同学们极大鼓舞，个个振作精神，愈行愈奋。

尽管中途也有个别同学打退堂鼓，想返回学校。但在周校长、严寅主任和绝大多数同学的身教与鼓励下，经过四天的长途跋涉，终于全部顺利到达目的地武冈。县教育局长杨仲璋很盛情地接待周方、严寅及学生一行。直夸枫林中学培养了吃苦耐劳、勇于实践、知行合一的好学生。并盛赞周方校长不减当年勇，以身作则，言传身教，为人师表，不愧是敢为天下先的教育改革家。

在杨仲璋局长的精心安排下，师资班的同学们对武冈一些乡村做了为期一个星期的社会调查和村头演讲，收集了农户家庭的人口数量、性别比例、经济状况、教育程度、卫生习惯以及民风习俗等原始资料，加深了对农村的了解，对农民的感情，认识到中国发展农业、建设农村、扶持农民的重要性与紧迫感，可说收获丰盈，眼界大开。严寅主任说得好："古有孔子带弟子周游列国，今有静庵领学子遍访乡村。其诲人之理，育人之道，如出一辙。"同学们也深有体会地说："是周校长带领我们迈开了人生奋斗的第一步，学会把困难踩在脚下，将自己根植于社会基层，让理想在努力中实现，我们受益终生。"

捌

事实证明，周方推行这样的实践教学是成功的，必要的。他以身作则，为未来之民族注射新血液，为当前之青年示以新典型。只有教诲学生胸怀爱国之志，心存为国求学，懂得体恤民情，知道艰难辛苦，才能学会做人，立志报效父母家国。

由于周方另受教育厅所聘，还要参加在邵阳举办的湖南省第三届假期民教讲习会并发表演说，便请严寅主任带领学生乘车返回高平，辅导学生完成《武冈乡村调查及农村建设思考》的调查报告，列入毕业实习成绩评定。

枫林在高平的教学，风生水起，标新立异，博得社会广泛赞许。但是高平地处边远山区，地瘠民贫，交通闭塞，还时有匪患，学校的长远发展颇受制约。1939 年底，周方与负责新化民范女子职业学校教务工作的袁庶钦，认真商讨调查后，在新化县城南郊的上田觅到一合适院落，准备来年学校搬迁新化。周方总是不断开拓进取，防止掉入"志小则易足，易足则无由进"的泥坑。在新年将要到来之际，他踌躇满志，信心满怀，谋划着学校的搬迁，总愿枫林中学踵事增华，踔厉奋发。他撰写七绝"星霜一纪展经纶，李笑桃妍气象新。漫道百年难自主，千秋由我不由人"直抒胸臆。

玖

校迁新化雄心壮

三化教育再辉煌

枫林"脚子"我光荣　时代骄子我争当

　　历史的车轮驶入 1940 年，抗日战争处于战略相持阶段。全国各类学校留守后方坚持办学，在艰难中不屈奋进。周方租用新化县城南郊上田坪山垅刘经元大屋，同年元月十八日，师生们告别了高坪，浩浩荡荡将枫林中学整体搬迁至新化。这年，学校董事长改由仇鳌担任，其他校董成员基本没变。

　　新化上田坪山垅刘经元堂大屋，大小共十余栋，楼上楼下凡八十余间房，做教室、寝室、礼堂、食堂、办公室足够。四周的宽敞空地，可开辟球场、操场。还有菜圃、鱼塘、猪舍、牛栏，完全可以用来种花、种菜、养殖，满足劳动生产与实践教学之用。只因年久失修，长期闲置，荆棘丛生，蓁莽荒秽，需翻修开垦。

　　全校师生到达上田安顿好住宿，周方便请来泥瓦匠和木工修缮房屋，并发动学生在老师带领下平整场地，打扫庭院，清除杂草废物。在学生大会上他深情地说："日本鬼子侵略我们的国土，焚毁我们的家园，无恶不作，逼迫我们从省城流亡到新化。感谢新化的乡亲们接纳了我们！在这国难当头的艰苦时期，我们要尽力尽责，在后方努力维系国家民族的文化教育命脉，办好学校，完成学业。现在我们的办学条件很差，全国各大、中学校的办学条件都很差，这是国之殇，是日本侵略者带来的祸害，犯下的罪行。我们要把仇恨转为志气，为国分忧，为国担责，在艰苦中磨砺，在贫困中奋起。我们要克勤克俭，节省每一个铜板，支援抗战前线，坚决把日本侵略者赶出中国！要用我们勤劳的双手，发扬枫林中学勤俭办学的传统，自力更生在上田建设一所美丽的家园！"

校迁新化雄心壮　三化教育再辉煌

　　周校长情真意切的号召，激起同学们积极建校的满腔热情。大家同心协力挖沟排水、填洼平坡、清障除草、洒扫庭院、布置教室和宿舍，干得热火朝天。奋战一星期，刘经元大屋面目一新，楼房窗明几净，庭院清洁卫生。还新建了绿化带，橘树、柚子树和桂花树亭亭玉立；月季花、杜鹃花和山茶花满园吐翠；瓜果菜蔬郁郁葱葱。学生们用劳动创造了美好的学习和生活条件，切实体会到"双手万能""劳动创造世界"的真谛。

　　学生停课劳动一星期，但每天的早、晚自习是不停的。周方校长指定学生在这一周内，要阅读并背诵秋瑾于1905年写的诗歌《黄海舟中日人索句并见日俄战争地图》：

　　　　万里乘风去复来，
　　　　只身东海挟春雷。
　　　　忍看图画移颜色，
　　　　肯使江山付劫灰。
　　　　浊酒不销忧国泪，
　　　　救时应仗出群才。
　　　　拼将十万头颅血，
　　　　须把乾坤力挽回。

　　秋瑾是近代中国女性革命的一面旗帜，她为伸张女权而奋斗，为革命建国而努力。奔腾的爱国激情，昂扬的决战斗志，荡漾在整首诗中，充满作者忧国之情，救国之志。周方校长敬仰秋瑾，在国难之时挑选这首爱国诗歌，布置学生阅读背诵，教导学生以秋瑾为榜样，学习她立志救国救民，正是恰到其时。

　　同时周方校长还布置学生重温已学过的岳飞《满江红·写怀》和《孟子》中的"生于忧患，死于安乐"篇。这三篇诗文都是爱国励志的名篇，每人读后必须结合国情时事，撰写一篇读后感交班主任。题目自拟，字数不少于一千。学校组织评选，评出二十篇优秀文章给予表彰奖励，并出刊供大家阅览。

周方这种结合时事，在实践中教，在应用中学，学用结合的训导方法，足显其用心之良苦，诲人之善诱，收到了"点石成金"的教育效果，学生们爱国爱校的思想愈加高涨。他们宣传抗日、抵制日货更主动，更起劲，三五成群进城演讲，张贴抗日标语，到商店清查日货。学生会的干部主动请缨，发动学生课余为学校修建操坪球场。学校选好一片荒地，大家挖高填低，挑土运石，不到一个月时间，一个周长三百米的运动场基本平整完成。学生们人人都为学校发展添砖加瓦，不少同学自豪地说："我们自己动手，用双手改善办学条件，创造美好的学习环境，劳动使我们感到自豪，感到光荣！"周校长对学生们爱国抗日、勤俭建校的精神，给予了高度赞扬，坚信少年强则国强！

转眼到放寒假的时候了，除要完成期末各项例行工作外，对于刚迁来新化的枫林中学，聘任教师和招收学生是学校的重中之重。好在 1938 年上学期就搬迁新化的民范女子职业学校，继承和发扬长沙的办学传统，坚持学以致用、手脑结合、以工助学、工学相长的职业教育理念，坚持教育平民化的办学方向，既学技能，又学文化，贫苦学子还免交学费，在新化获得一片好评，周方在长沙"平民教育老总"的美誉，也在新化传颂开来。当听说是周方校长办的枫林中学招生，报名学生接踵而至。至于师资问题，周方采用民范、枫林两校资源共享、教师互用的办法，教师基本不缺。个别课程需补充教师也不难招聘。这个寒假相对来说，周方没感太大的压力，便回迎官桥与亲人团团圆圆、快快乐乐过了一个温馨、幸福的热闹春节。

不过在假期中周方也没闲着。为了开学后能把主要精力放在枫林中学，周方就民范女子职业学校个别校董和少数老师在开办缝纫班上的不同意见，专门撰写文章统一大家的认识，以保障民范缝纫

玖

班平稳顺利发展。周方在文章中指出，民范女校自 1921 年创办即开办了女子缝纫班，一直为社会和学生所看好。在《教育与职业》1937 年第 22 期上，发表的《民众教育与女子职业教育》中，他就谈道："女子缝纫教育，开办易且工作设施不难获取，它不板滞而富有研究兴趣。半年一年学习，不害其为有用之才；三年五载探求，无减于其独得之乐。合乎'即知即传人'之旨趣，便于推行导生制。已毕业学生，有的举家姑嫂婆媳均在家包作衣服，自带学徒，俨然成立缝纫工厂。"这次，周方又从七个方面对办女子缝纫班的必要与可行，进行了系统阐述：1.服务人民需要；2.便利女子从业；3.辅助农村生产；4.服装与时更新；5.男女合理分工；6.妇女自立解放；7.缝纫不愁失业。文章从实际出发，有一说一，令人信服，大家阅后很快统一了认识。加之民范的各项工作有袁庶钦、苏镜、黄霞仙、常杏云和陶先觉等老师担纲，周方放心把主要精力集中投放到枫林中学。

春节过后正月初十，周方赶回上田枫林，召集严寅、周洛清、周书稚等开会，研究学校搬迁新化后的各项工作。大家一致赞成周方提出的办学原则，坚持枫林在长沙建校以来的办学传统，遵循"三化"教育与"五子"训练，培养具有"四自"能力的新型人才。长沙省城的办学模式继续在新化推行，但要结合新化县的实际，因地制宜本土化。认识统一了，思路明确了，全校上下拧成一股绳，齐心协力抓落实。在新的一年、新的校址，周方创新求变、违世绝俗的教育举措，一桩桩在新化枫林中学得以落实。

其一，"劳动化"教育是枫林中学的首倡，且一直坚持不懈。学校搬来新化，学生照样自挑行李书箱入学，不赞成家长送，不准请挑夫。在校每周安排两小时的劳动课，课余要参加全校性的卫生大扫除、挑米、挑煤、种菜等劳动。根据学校需要，有时还安排植树、修路、修操坪、挑砖瓦等公益劳动。目的就是要教育学生热爱劳动，尊重劳动人民。旧教育把学生培养成骄奢淫逸，肩不能挑、手不能提、脚不能走的少爷小姐，枫林中学要把学生培养成品行端正、身体健康、学有所长、能干能扛能提能走的全面人才。

由于旧观念、旧习俗的影响，当时社会上也有把参加劳动的枫林学生，讥讽为"枫林脚子"，视为卖苦力的下等人，寓有轻蔑、讽刺之意。枫林学生不免觉得有失体面而感自卑。个别学生还有怨气，"我们是堂堂的中学生，怎么变成卖劳力、被别人耻笑的脚子？"也有老师担心，学生家长对子弟在校参加劳动会有看法。针对这些问题，周方理直气壮地将"脚子"与"少爷"对比，将"劳工神圣"与"社会寄生虫"对比。他以"劳动光荣"作专题讲演，把学生参加劳动作为不可或缺的教育，切切实实提高学生对劳动的正确认识。他循循善诱地告诫学生："人类一切文明和财富都是劳动创造的，大家要懂得劳动的光荣与伟大。德国思想家、哲学家，全世界劳动人民的革命导师马克思与恩格斯分别说，'劳动创造世界'，'劳动创造了人本身'。就凭这一条，有什么理由鄙视劳动？在枫林中学，劳动锻炼让我们有了万能的手膀子，轻快的脚脖子，强健的身架子，我们愈劳动身体愈壮实。劳动改善了我们的生活条件，美化了我们的校园环境，这些都是我们劳动化教育收到的成果，大家不是亲眼所见吗？劳动万能，劳工神圣，这是无可置疑的真理。'脚子'是天字第一号劳工，我们枫林脚子要以神圣的劳工自居，不要自轻自贱，而应该自豪荣光！如果枫林学子个个炼化成钢筋铁骨的'脚子'了，那就个个都有'铁肩担责任，双手挽乾坤'的本事。抗战建国的任重道远，不正需要枫林这样的青年担当吗？"

周校长的教诲，让同学们切切实实明白了劳动的深刻意义，个个都以劳动为荣，乐于做"枫林脚子"。每逢课余劳动个个积极参加，生龙活虎地以劳动锤炼身心，愈劳动愈精神。更可喜的是，社会上不少有识之士都认为，枫林中学的劳动化教育是治疗当今社会好逸恶劳、贪图享受、不劳而获等恶劣旧习的一剂良方，应该大加推广。其他学校的学生，慢慢地也不再轻视枫林"脚子"了，有的还学枫林学生的样，也脚穿草鞋，肩挑行李，以参加劳动为荣。在新化，"枫林脚子"成为对枫林学生的赞誉。

其二，"生产化"教育是枫林中学的独活。周方信奉陆游所言："纸上得来终觉浅，绝知此事要躬行。"以"工学结合，以工助学"，培训学生在生产实践中学以致用，自立自强。尤其对帮助贫寒子弟解决无力上学的困难，更是最经济、最见效的好办法。使那些寒士不会因"只照绮罗筵，不照逃亡屋"的社会不公而被压抑埋没。生产化教育还非常符合"天助自助者"原则，让越刻苦辛劳的青年就越有所获，越有前途。枫林中学在长沙推行的"一年生自食其菜；二年生自食其饭；三年毕业后个个能自食其力"的培养目标，在新化照样执行。为更好地实施勤工俭学、以工助学，学校新建化学工艺社，配备专业技师，指导学生制粉笔、油墨、墨水、鞋油、牙粉、洋纸、药料等；学校开辟农场，配备专门农艺师指导学生开展园艺、果蔬、畜养和农产品加工。

学生利用周末和课余时间，井然有序地参加各自选报的生产项目，学习技术，生产工农业产品，各自乐得其所。生产的产品，学校按纯收入的百分之七十分给学生。让学生既减轻了经济负担，又提升了生活质量。这种实打实的全新生产化教育，学生乐意，家长满意，很多学校都来枫林中学参观取经。

其三，"社会化"教育是枫林中学的品牌。它秉承"教育即生活，社会即学校"的理念，将培养学生融入社会大课堂。因为人都是社会的人，不可能独立于社会。而要学会做社会人，更多的是要参加社会实践，而不是单凭课堂讲授。学校经常组织学生利用假期走向社会，进行工、农、商各行各业的专项调查与市井乡村的民俗民情访问。开展多项社会服务，诸如家庭扫盲、流动演讲、文艺表演、宣传壁报、公益卫生等。还组建助耕队，为抗日军属和病老农户助耕助种助收。这一系列的社会实践活动，引导学生深入社会，了解社会、关注社会，进而融入社会。教导学生以天下为公，乐善好施，力戒私念，服务人民，以产生普遍的民权思想。

1941 年秋，周方身先士卒脚履草鞋，率领全校学生，步行七十里到新化锡矿山（今属冷水江市）开展社会实践，培养学生艰苦勤劳，不畏艰难的品格；了解锡矿山的历史，金属锑的用途与开采；实地感受矿工们的辛劳和社会底层的凄苦；树立改造社会、效力国家、服务人民的志向。

通过参观访问，学生们学到了在学校没学到的知识。工程师悉心告诉他们：早在明代末年这里发现一种带银白色的矿物，被认为是锡矿，故此地被称为"锡矿山"。直到清光绪十六年（1890 年）才弄明白是锑矿，但地名却未改一直沿用至今。光绪二十三年（1897 年）创办"积善"厂，为锡矿山最早的锑炼厂。锡矿山在 1912—1935 年间的锑品产量占世界产量的 36.6%，占全国的 60.9%。

同学们又好奇地问，锑和锡有什么差别？工程师耐心地给学生介绍：锑与锡的性能大有差异。锡的最大特点是塑性好，富有延展性，可轧制成 0.04 毫米以下的锡箔。锡基轴承合金（巴比特）是优良的耐磨材料，它有较低的摩擦系数和良好的韧性、导热性和耐蚀性。而锑则质坚而脆，容易粉碎，无延展性。锑在合金中的主要作用是增加硬度，被称为金属或合金的硬化剂。在一些金属中加入比例不等的锑后，其硬度就会提高。如锑与锡、铅、铜的合金，强度高、极耐磨，是制造轴承、齿轮、印刷铅字合金及军火的好材料。随着科学技术的进步，含锑合金及化合物的使用范围还会更加广泛。

工程师还告诉同学们，据统计自 1897 年开采以来，锡矿山累计产锑约占全国的三分之一、世界的四分之一，以其锑资源之丰富、品质之优良、产量之巨大而著称于世，被誉为世界锑都。大家都为自己家乡有这样富有的矿产资源而自豪！

这次社会实践，同学们在思想上受到深刻教育。他们看到矿山生产极为落后，矿工们在艰苦恶劣的井峒里，不见天日，"埋了没死"地干活，忍受压迫剥削，生活极度贫苦。认识到老百姓遭罪之源就是人剥削人的制度。这社会极不公平，必须要改造！要把掠夺我国资源，盘剥百姓的美、俄、德、英、法、日、西、葡等外国资本家，统统赶出去，让劳苦大众翻身得解放。

在锡矿山同学们身临其境，接受了一次深刻的爱国爱民教育，进一步激发他们抗日救国的热情。《矿山日报》发表新闻评论，赞扬枫林中学师生们艰苦朴素，不惧辛劳，脚穿草鞋爬山越岭，深入现场学习矿山生产知识，体察矿工苦难的教育实践。夸奖周方校长培育学生不步人脚，在社会大课堂教育学生，革故鼎新，首创社会即学校，开门育人之新风。

当然，学生在校以学为主，课堂教学自然是重中之重。学校除坚持教案检查、教学研讨和 "因材施教" 外，周方还别出心裁提出 "因材施考"。因材施教老师们都好理解，说到因材施考就有些茫然。周方解释说，考试是检查学生掌握知识情况和老师教学效果的手段，而不同的考试方式，学生的应试效果会有差异。因为在学习中，随着学生形象思维、抽象思维和逻辑思维能力的差别，对不同类型知识的学习、理解和应用，会有差异。例如有的学生善于理性推演，有的学生长于实用操作，所以要兼顾学生不同的擅长而设置不同的考试方式和不同的试题，让学生扬长避短，尽量展示自己所长。这样才能全面、准确考查与评价学生的学习实情，发现学生所长。尤其对职业教育，因材施考更有必要。

在教学中，周方还强调要注重学生个性特长的发现，并加以保护与引导培养。例如对学生在唱歌、器乐、舞蹈、表演、朗诵、武术、书法、绘画等方面的爱好，学校专门成立课外兴趣小组，委任教师专责辅导，每周授课两小时。在课程设置上，学校仍按照在长沙已获成功的做法，以 "教必所需" "学必所用" 为原则，逐年订定中心课程，循序加大课时量，进行攻坚训练。教师要加强学生自学能力培养，倡导启发式引导讲授，力辟注入式灌输授课。国文注意预习，数理重视演习，地理注重制图，历史强调列表，公民重视行为操守等。

到第三学年，按学生各自经济条件和学习能力分流，依然沿用长沙做法设"文"（升学）、"实"（就业）组。实组学生可选的专业，较长沙时有所增加，分别开设农艺、工艺、教育、医卫、自治等应用课程，使毕业后学生的就业门路和谋职渠道更多更广。

针对第三学年的课程设置，严寅主任提出："增加专业，对学生当然最为有利。但学校要配备更多专业教师和相应设备来承担课程教学，其师资聘任与设备添置费用，肯定会增加许多困难。"周方摸摸头想了一下说："我们学校现聘教师中，学理工、医农、文史专业的都有，只是技师型教师有点缺口，还有办学费用增加，这些肯定都会带来新的困难。但是，办法总比困难多，要多想办法去克服。唐朝著名政治家、文学家权德舆指出，'育才造士，为国之本。'我们办教育就应以学生为根本，学生需要，就是我们努力的方向；学生成才，就是我们努力的目标。如果见困难就退，遇麻烦就躲，又怎能育才造士？办好受社会欢迎的教育？因此，怎样设置课程，怎样教好学生，是要考虑的主要问题、关键问题、核心问题！"

周方校长"以学生为中心，真心关爱学生"的办学思想，在枫林中学成为大家敬业的信条，"爱生如子"是每位教师必须遵守的师德。为医治教育界普遍存在的"有知识神贩而无人格陶冶"的弊病，周方要求教师对学生既"教"又"育"，任课教师都要兼任班级生活指导员，与学生心心相印，融为一体，将人情感化纳入思想训育中，营造教师"身教""德化"的新教风。"枫林脚子我光荣，时代骄子我争当"成为师生们自勉自励的座右铭。在生活上周方也坚持"以学生为中心"的原则，与师生同餐共宿，力倡膳食制度由学生自主管理。学校成立膳食管理会，以学生为主负责管理全校膳食工作，派老师协助和指导。如食堂工作人员的聘请，对所有食物、用品的采购和每日各项消费的监督，以及每日每月的账表，都要审查公布。

这种做法，既让学生练就处理自身生活的能力，又使膳食工作得以改善。食堂费用没增加，但饭菜质量大提高。每日菜蔬种类变换，每月还能"打牙祭"吃两次粉蒸肉，博得师生一片好评。校园里，莘莘学子如春花吐萼，如玉笋抽芽，勃勃蓬蓬不可遏抑。

枫林县中两校同繁荣　挽联如云悼念蓉轩公

　　1940 年下学期，省教育厅派雷震清督学来新化视察。刚到新化的次日清早，他微服私访，踏着熹微的晨光，沿着永兴街，越过园珠岭，兴趣盎然地向上田进发。他从枫林中学的后门进到校内，独自转了一圈才通报学校办公室与校长相会。他听了周方校长对学校工作的简要汇报后，便去办公室查看各项表册簿记，随看随问，不放过任何细小疑点。

　　早餐铃响了，周方提出单独招待雷督学，但他要去食堂与学生同餐，餐后他顺道看了看学生宿舍。到上课的时间，雷督学要周方回办公室不要陪他，遂独自随机听了四位老师的讲课。

　　通过一番实地考察，在全校师生员工大会上，雷督学发表视察讲演，以"动""活""方"三字，概括枫林中学与众不同的办学新姿态。他说："贵校主张劳动化，实在算表现了'动'的姿态。'动'是现代教育所必需的，贵校做到了劳动、自动，很是难得。更希望从动的当中更加些静的精研工作。其次说说生产化的'活'的姿态。本来'教育即生活'，生产化的教育就是切近生活的教育。贵校标举生产化，处处能从生活上出发，能从生活上着眼，这种'活'的教育，才是教人做'学生'而不是'学死'。在'活'的当中，我还希望更进求精进、求'实'效，比人家所种植经营的都好些。第三关于枫林'社会化'的姿态，我可以把一个'方'字来概括。'方'字有规矩的意义，也有稳打稳扎的意义。你们不做贴标语、喊口号的轻便工作，而做呆呆板板送上门的教育，你们太'方'而不圆滑了！但是天下难事，都要蛮干实干苦干才有成绩的。你们这样的切实地做去，也就可说教导有'方'了！从'方'的立场，更从教材、教法方面做些'深'的研究，才更是枫林伟大的成就！总之，枫林的三化教育，是最适宜的新教育。努力做去，三化教育有办法，三民主义教育便有办法。中国教育有办法，世界大同也有办法了！你们'枫林脚子'就会成为'时代骄子'！"雷督学热情洋溢的讲话，给全校师生以巨大鼓舞，博得满场热烈掌声，更加激化起枫林中学全体师生，信心百倍地朝着"三化"教育的改革之路，阔步向前。

枫林中学考察完后，雷震清对周方说："静庵，枫林中学你是校长，新化县立中学你也兼任校长，我不能只看看枫林吧？"周方忙说："好呀，热烈欢迎雷督学去县中指导！"俩人便有说有笑一路去县立中学。

进到学校，雷督学见校园整洁，秩序井然，教学完全恢复正常，感到很满意。碰巧有学生在上体育课，训练队列正步走，个个精神抖擞，摆手踢腿动作规整。他便对周方校长说："静庵呀，学校能很快搬回来，让学生有这样好的环境学习，体育课也有操场上了，全凭你挺身而出，持正不阿，敢摸军队的老虎屁股呀！"

周方说："督学，维护教育的尊严和师生的权益，走遍天下都有理呀！无私无畏，有何怕可言？"

"极是，极是。不过我知道，那时候上上下下对新化县立中学这事都感棘手。你说说，是怎样把它摆平的？"雷震清饶有兴趣地问。

周方见雷督学还蛮有雅兴，便将事情的来龙去脉，原原本本给他细细道来。

1938年民范从长沙迁来新化后，周方受聘兼任新化县立中学校长。当时学校校园被军政部四六后方医院占用，学校只得搬迁北渡村租用民宅上课、食宿，给师生的工作、学习和生活带来极大不便。面对这种流亡办学的窘况，走马上任的周方心想，若维持现状我不就是个无能的维持校长吗？为了维护教育的尊严和全校师生的利益，他决定尽快让学校搬回来，恢复正常教学。但抗战时期，去触碰军政部四六后方医院，其难度与危险可想而知。一般的人想都不敢想，但周方是寻难事做的人，他义无反顾，就要迎难而上。

周方深知，全民支持抗战乃民族之大义，绝不能与四六后方医院有任何不礼。他先发动师生四处奔走造舆论，印发《告全县父老兄弟书》，介绍学校在北渡村办学的处境和困难。另外又主动与医院结交友谊，组织三十多名学生，慰问四六后方医院的抗战伤病员和医务战士。为他们表演快板《抗战必胜弹词》；演唱《松花江上》《大刀进行曲》《二月里来》《义勇军进行曲》《中国不会亡》等抗战歌曲；独奏笛子《游击队之歌》；拉奏由民间音乐家阿炳创作的气魄豪迈、情感充沛、倾吐不愿当亡国奴的爱国主义二胡曲——《听松》。学生们的表演，激发了伤病员高昂的抗战热情，坚定了抗战必胜的信心。赏心悦目的表演还给伤病员们以心灵慰藉，笑声、掌声回荡在四六后方医院的上空。学生们还帮医院打扫卫生，洗晒纱布和绷带，协助护士做内务整理工作。凭借每月一次的学生慰问，学校很快与医院建立起水乳交融的军民情谊。

学校与医院的友好往来在县城传为美谈，周方择机邀请医院院长潘江与县长王秉丞至北渡村参观学校。让他俩实地看看学生的学习和生活条件，亲眼见见教学的困难，师生的艰苦。边参观周方边动之以情地说："我们都为人之父，谁愿意让自己的小孩在箪瓢屡空的环境读书呢？少年强则国家强，少年兴则民族兴，而要少年强少年兴，靠的就是教育呀！故维护学校的利益就是维护国家的利益、民族的利益。它既关乎每位学生的小家，更关乎我们国家和民族这个大家。不知二位意下何如？"

两人都说："正是，正是，是这个理。"

接着周方又说："日本侵略者轰炸、烧毁我们的学校，逼迫沦陷区的学校跋山涉水，迁徙西南云、贵、川等省，沦落为流亡学校。但各学校均能镇静自若，学生们埋首攻读，彰显了一大批人为国家培养栋梁的理念与坚持。新化现在是后方，可我们的学校却成了流亡学校。"

听话听声，锣鼓听音。潘江院长接过周方校长的话说："周校长，我们医院也是为了抗战才来到新化，占用贵校场地让你们受苦了。贵校学生来医院慰劳，抗战爱国一条心，我们很是感谢！王县长，若另有合适之所，我们医院可以换个地方呀。"

听潘院长如此诚意，周方很感激地握着他的手说："院长深怀大爱，尊重教育，我铭感五内，可敬可佩！"继而转向王秉承说："还仰仗王县长出手相助呀。"

潘江与周方推心置腹地恳谈，感动了王秉丞县长。他接过两人的话，很坦率地说："全力支援抗战，努力办好教育，都是卑职之责。二位所言都很在理，所提问题应该妥善解决。"

周方忙拱手施礼："那拜托父母官了，为我们排困解难！"

潘院长则帮腔道："县长大人心系军民，乃众望所归。"

最后三人达成一致意见，待王秉承县长落实好后方医院新址后，县立中学即搬回原址办学。很快，新化县中就搬回了原址，周方当即做了一副楹联，以激士气。

击楫渡江，冀光复旧物于此日；

闻鸡起舞，期振兴中华以他年。

听完周方绘声绘色的叙述，雷震清调侃道："静庵，原以为你新化梅山蛮子就会霸蛮，没想到你还精得很，采用双炮将军，轻而易举就赢了棋。"

周方说："督学高抬了！我做事一贯推崇'智圆行方'，智就要圆通灵活，行就要方正规矩，这样事情才能办得顺通。"

雷督学竖起大拇指，发自内心地赞扬周方："言之有理，你尽心竭力为县立中学和新化老百姓办了件大好事！湖南多有你这样一心扑在教育上，敢作敢为有担当的校长，我这督学就可歇脚了。"

雷震清在新化视察枫林中学与县立中学后，对抗战时期两校不但保持正常教学，还有许多新招数、新发展，感到非常满意。称赞周方："你身兼两校校长，呕心沥血干实事，成绩斐然。送你八字：两校共荣，战时扬名。"事实证明，战争没有摧毁我们的教育，中华儿女不可战胜！雷震清充分肯定周方倡导的劳动化、生产化、社会化教育，说"是成功的，可行的，很值得推广"，并支招要周方向中央教育部申请，在枫林中学实施"三化教育"的改革实验，争取政府拨款支持。

周方一心教育救国，从国情实际出发，对怎样办教育，办什么样的教育，怎样培养学生，培养什么样的学生，不断进行深入研究探讨与实践。枫林中学迁来新化上田后，他甩开膀子继续以敢为人先的魄力，推行"三化"教育改革。顿时枫林中学新的教育思想、新的办学理念、新的教学实践，让新化人耳目一新；学以致用、知行合一、勤俭朴素的校风，也给新化各学校带来育人的新风尚和办学的新思路。慕名来枫林就读的学生日渐增多，周方又在上田加租怡园、蒲园，形成一校三处办学的格局。但是，运转两月后，三处办学的弊端逐渐显现。特别是教学班级分散，课堂教室相距较远，教师授课东来西往，给教学和管理造成诸多不便。

为了改变这种状况，方便老师和学生的教与学，周方想把上课教室尽量集中。他在紧靠怡园旁典当一片土地，发动学生利用课余时间，协助建筑队平场地、挖地基、运砖瓦。历经三个月，一栋可容纳一百六十人的教室和寝室，一座可容纳四百人的礼堂兼食堂圆满落成。另又加租蒲园农场，增辟花山农场，共拥地百余亩，分别发展稻作果木和培植桐、茶、漆、板栗等树苗，供学生学农实习。化学工艺社又扩充粉条业务，多安置以工助学的贫苦学生。因忍苦耐劳的严寅主任被第六师范强行聘走，学校教导工作则由周洛清和周书稚分理，还增聘了富有教学经验的英、数、国文教师。学校工作忙而不乱，井井有条；师生员工精神抖擞，欢欣鼓舞。学校一片

玖

校迁新化雄心壮　三化教育再辉煌

欣欣向荣，就如芝麻开花节节攀高。

正当周方踌躇满志，枫林中学稳步发展时，突然噩耗传来。1941 年 1 月 24 日（庚辰 12 月 27 日酉时），周方慈父蓉轩公因族务劳心，复感风寒，不幸病逝，享年七十七岁。周方得信如晴天霹雳，摧心剖肝，痛彻心扉，连夜赶回迎官桥为父守灵。他一路悲悲戚戚，眼前闪现父亲的慈祥容貌，耳边传来父亲的谆谆教诲。永不忘怀：自己的成长是慈父的培养；自己立志教育救国是慈父身先士卒的熏陶。

周方紧赶慢赶，于次日凌晨回到家中。走进灵堂一见先父遗容，撕心裂肺的悲痛让他泪如泉涌，泣不成声。待周方情绪稍许稳定，振甫领卓甫、健甫两弟一起叩拜七十八岁的慈母春英老太太，商讨如何办理蓉轩公的丧事。鉴于蓉轩公在乡梓处尊居显，其功德、声望与口碑在高平峪无出其右。族里众多老人提出，蓉轩公的丧事要隆重操办。周家兄弟细细商量，鉴于时逢战乱，四野不宁，年关临近，家家事忙，决定蓉轩公丧事从简从快办理，这样于己于人都好。细细说通老母后，周方代表全家向族里长辈们诚恳致谢，并解释说明蓉轩公丧事从简的利好，恳请体谅理解！乡邻们对春英老太太的明理阔达，都表敬佩。三兄弟联袂撰写祭文《哀启》予以公告。文中最后深情写道："呜呼痛哉！儿女伺奉无状，事先不能为之屏繁剧，临事不能服劬劳，临疾又疏于医治，致先考以健康之躯，而溘然以逝。椎心泣血，痛悔莫追。第念先考修己之纯，待人之诚，接物之恕，任事之勇，从公之廉，教不孝等义方之训，其昭昭在人耳目者，多可以风世励俗。倘荷仁人君子赐以表章，俾芳徽不坠于沧海横流之今日，其立懦廉顽，化民成俗，有由矣。岂仅可永人子不忍死其亲者之孝思乎。"深表对先父的崇敬与感怀。

尽管蓉轩公的丧事操办从简，但鉴于他的名望与美德，纷至沓来的诔词、祭文、祭诗、挽联，数以百计。加之赠者不少是显赫的学者名流和军政要人，他们或是蓉轩公的挚友与弟子；或是周方的

图 9-1　周方父亲周昌镜蓉轩公

图 9-2　周方母亲彭春英老太太

同人与知己。这些祭文、挽联等悬挂于灵堂，一展蓉轩公的声望和丧事的不凡，一时传颂四方。可见很多事情，一旦有压舱之石的内容，形式如何就无足轻重了。那些出自社会贤达的挽联，赞颂蓉轩公的人品事业，情真谊厚，意境深远。其对仗工整，节律协和，乃楹联之上品。随意看看几副挽联，就知人贵文雅，珠联璧合，非同寻常。（图 9-1，图 9-2）

　　仇鳌（国民政府铨叙部部长、中华人民共和国成立后任中南军政委员会委员、湖南省军政委员会副主任）：

　　　　办团兴学树成规，歌颂遍闾阎，平生事业缘经术；
　　　　教子课孙垂雅范，渊源本仁孝，仲嗣声华迈等伦。

　　朱经农（中央大学教育长、国民政府教育部常务次长）：

　　　　三化美储才，群重枫林垂梓荫；
　　　　十年惭树木，每怀丛桂仰椿晖。

玖

校迁新化雄心壮　三化教育再辉煌

刘寿祺（1949年后任湖南省教育厅副厅长、湖南师范学院院长）：

我公真陆地神仙，眼观四代，寿近八旬，当年丛桂敷荣，自有仪型光甪里；

仲子是平民老总，学富五车，教倡三化，此日灵椿遽陨，无端风木泣皋鱼。

马子谷（1949年后任湖南省民政厅副厅长）：

与仲嗣谊订苔岑，分道扬镳，匡时竟创千秋业；

叹大老都归零落，故乡回首，长号并作万涛声。

曾继梧（护国军第一军总司令）：

习传曾与共师承，自丧竹亭，子贡更非回也匹；

揽胜方将循宿诺，同登首望，接舆弥叹凤兮衰。

袁朴（国民政府陆军副总司令）：

诗洒怡情，风度直追陶靖节；

乡邻解难，月旦钦崇鲁仲连。

李文（国民革命军第四军团司令官）：

于乡肆教养卫之能，实至名归，合境士民沾德泽；

为学约天地人之博，火传薪尽，满门桃李哭春风。

岳森（国民政府湖南第六区行政专员兼警备司令）：

毕平生心血於易俗移风，浩气应长存，典则千秋垂令德；
合全华民族以抗战建国，老成忽凋谢，鼓箛万里助哀号。

在数以百计的祭文、祭诗、挽联中，还有民范女子职业学校、枫林中学、永固联乡小学、新化县立中学，以全校学生名义赠送的挽联。分别为：

子为学界名流，三化正提倡，稔悉渊源缘义训。
公乃乡板耆宿，一朝传噩耗，应数遐迩动哀思。
（民范女职）

弼襄仲嗣育群英，溯厥渊源，导自高坪衍朴学。
缅想太翁脣景福，沛其惠泽，要登衡岳树丰碑。
（枫林中学）

於本校有经史与复兴之功，年来更积极维持，德水常留人去后。
遗代表以束刍及絮酒相荐，共悼此老成凋谢，梅花怕赋岁残时。（永固联小）

太师厌听椒花颂。吾侪罢读蓼莪诗。（新化县中）

还有一幅黄霞仙个人以"小门生"名义赠送的挽联：

学诗学礼，家传续东鲁遗言，教泽溯渊源，阿大师一代名儒，光增竹帛。

玖

> 大德大年，道统绍西周正脉，老成遽凋谢，予小子重来问字，
> 章废蓼莪。

黄霞仙是民范女子职业学校毕业的学生，又是民范、枫林两校的教师，当时已与周方儿子周书稚订婚，是周方的准儿媳、蓉轩公的准孙媳。黄霞仙兼有三重身份，所撰挽联充满对蓉轩公的怀念与敬仰。

蓉轩公的丧事一改民间大操大办之旧习，未大摆酒宴，未搭台唱戏，可说超凡脱俗，办得简朴、低调。周方觉得这是"无心插柳柳成荫"，无意中在自家进行了一次乡俗民风的丧葬改革，开红白喜事从简操办之新风，意义非凡。恰合自己追逐光明，接受新思想的心意。

在整理各方宾客敬赠先父的文稿时，周方看到梅城古试院谢玉芝先生所撰《周蓉轩先生传》中，写到有关自己的一段话："静庵创办枫林中学，前后十载，由省而高平而上田，屡易其地，世局即有沧桑，琴书必无辍响。举三化、四自、五子之目标，必欲贯彻始终而后快。其魄力湛雄，精神固结，如星辰之环绕而拱北，如江河之百折而必东。几疑何由得此，及详核其先世之家学渊源，始知其师承有自。如岐山公之爱听书声，至易箦而不改；蓉轩公之始终镇校，不忍诿责他人。均可谓视教育为终身事业，死而后已者也。"字里行间饱含对周方三代人的褒奖和鞭策。他觉得重任在肩，绝不能有负众望，必要传承父祖的优良品行，献身教育事业。办完丧事，在家陪伴老母过了春节，周方便赶回学校，为三化教育的实验与推广，谋划更广阔的前程，搭建更精彩的舞台。

赴重庆谋教育改革　周副主席恩重如山

　　周方开创"三化"教育新思想，躬身实践十余年，卓有成效。在教育界从省、部督学到学校的校长们，赞扬之声不绝于耳。努力将"三化"教育普遍推广，让中国的教育源于本土，适应本土，普施大众，是周方一生孜孜以求的奋斗目标。

　　1938年，中国正处于抗战时期，陈立夫接任国民政府教育部长。周方认为他接任后还是为中国教育做了一些实事。他面对烽火连天、灾难深重的中国，为适应抗战的需要，亲自拟定《战时各级教育实施方针纲要》，建立了一套有利于战时教育的制度与纲领，为战时的教育指明了方向，使混乱的教育界走向稳定与规范。他励精图治，革除中国大学盲目实行西方教学内容的反常现象，修改大学科目，将"三民主义"等内容作为学生必修的教学内容。他确立贷金制度，用以资助救济那些没有经济来源的好学青年。他着力推进国民教育，主持制订和颁布了《国民教育实施纲要》，决定分期改变全国小学教育不普及，学龄儿童就学率极低的现状。

　　陈立夫的这些举措，与周方励志竭精改革不适合国情的旧教育基本合拍。加之教育部督学郎圭第和省教育厅督学雷震清都建议周方将推行三化教育上报教育部以申请补助，使他萌生去教育部拜会陈立夫部长，争取获得政府对开办三化教育实验班予以经费支持的想法。当时也有人说风凉泄气话，毫不遮掩地说："周校长想办这种通天的事，谈何容易？就凭枫林中学一校之力，怕只是一场黄粱美梦。"但周方坚定不移地说："我认定教育救国，矢志平民教育，倡行改革，为国育才，为穷苦百姓争取教育平等，天经地义。我开

玖

校迁新化雄心壮　三化教育再辉煌

创和躬行'三化'教育的思想与实践，唤醒民众，教化民众；以愚公移山和精卫填海之精神，依靠民众拯救危难国家，是经天纬地的事业。我一年做不出成绩，誓以三年五年；三五年没有成绩，继以十年百年。社会的大生命，是继继承承，永无止绝的！我愿磨血革命，为革新教育，普施'三化'，育才树人以强盛我们的国家和民族，奋斗到老！"周方就凭湖南人忧国忧民的志气，勇于担当的胆气，敢"吃螃蟹"的勇气，矢志教育救国，披荆斩棘，一往无前。

1942年的深秋，和风轻拂，白云飘逸，四野泛黄。踌躇满志的周方，想起唐代诗人刘禹锡的《秋词二首》之一："自古逢秋悲寂寥，我言秋日胜春朝。晴空一鹤排云上，便引诗情到碧霄。"心情格外爽朗。尽管年将半百，但自信"我言秋日胜春朝"；"三化"教育改革恰似"晴空一鹤排云上"。他安排好学校各项工作，交由周洛清和周书稚两人全面负责，毫不迟疑地远赴重庆去教育部申办三化教育实验班。

可周洛清和周书稚两位老师还是劝说周校长，时值烽火战乱，为安全起见待时局转好再去，不急在今日。周方却说："不在今日难道等明日？清朝诗人钱鹤滩的《明日歌》说，'明日复明日，明日何其多。我生待明日，万事成蹉跎。'改革旧教育，时不我待，只能争分抢秒，岂能成为蹉跎？"这就是周方务实求真，说干就干的办事风格。

当时湖南省教育厅从长沙搬至耒阳，又逢战乱，周方只得从新化步行去耒阳。中途在南岳行素中学会见了新化老乡邹干于校长，两人细细讨论开办三化教育实验班的问题，很是投机。邹校长给予充分肯定和支持，表示去教育部汇报理所当然，祝马到成功。

走走停停费时五天，周方顺利到达耒阳。他将开办三化教育实验班的申请报告和《枫林中学高初中实验班计划大纲》交教育厅批示转呈教育部。周方的良苦用心与矢志不渝，深深感动时任教育厅厅长的朱经农和好友刘寿祺。他俩非常赞同并出谋划策，细心订正报告中实验班的实施办法，三人对实验目标稍做文字修改为：

第一，实验手脑并用的"全人"的生活教育；

第二，实验学校教育与社会教育合流的"全民"普及教育；

第三，实验集中课程的单元教学；

第四，实验教学训导合一的人格感化教育；

第五，实验寒俊青年自强自立的工学教育。

这样修改，其表述更加清晰、简洁、明了。

抗战时期沙市、宜昌相继沦陷后，川湘间的水路交通被迫中断，从津市至三斗坪另开辟了一条陆上通道。它位于长江以南，洞庭湖以西，澧水以北，湘鄂两省西部山地的东缘。此路开通后，成了陪都重庆到华中的唯一通道。沿途商旅络绎不绝，每天众多肩挑背扛的力夫，奔波在这条羊肠小道上，很快成了繁荣的命脉商道。据当时清江城池口检查哨的统计，每日路上来往之力夫，平均有一千左右。全线路不下万人的从业力夫，多逗留在津市，三斗坪及沿线各大村镇。一年中运输最忙的季节为十、冬、腊三个月，农忙时则为运输淡季，行人相对要少很多。

在耒阳把事情办妥后，周方向教育部写了一封信，告知将亲自汇报三化教育改革，还去一信给好友萧祉民告知自己行程。然后马不停蹄乘车绕道至长沙，换轮船到达津市。他在当地雇一挑夫，凭借他平时练就的"轻快的腿膊子"，乐呵呵地徒步踏上了"难于上青天"的蜀道。

第一天由津市向北过澧县，因年岁不饶人，周方不敢放脚走，常被挑夫催促。第二天过松滋、枝江；第三天四天，过宜都、长阳。连日来天气晴好，白天赶路，晚上宿店泡泡脚，酣睡一晚，行路的疲劳得以消除。虽然一路原野空旷，草木黄落，枯荷随风摇，菊萎蝶犯愁，但周方并不觉荒凉伤感。他去重庆宏愿在心，旅途又人多热闹，倒觉萧瑟秋风同样是美景，"长风万里送秋雁，对此可以酣高楼"，很是自得其乐。

因为是旺季，路上行人往来如梭，百分之九十以上都是挑夫。周方与他们邂逅结伴，看到他们忍苦耐劳、淳朴豁达、团结互助、乐观友善，很是钦佩。深深感慨，他们身上饱含中华民族的力量！

到了第五第六天，跨荆门山脉遇上蒙蒙细雨，路途泞滑如油。特别是过十里长塘、萝葡塘等最陡峻的山路，要套上草鞋防滑才能行走。而走不了几十里，就要更换新的草鞋。挑夫也越走越慢，爬坡时还要靠周方拉才上得去。连日来，两人同行同宿同甘苦，你帮我扶，彼此照顾，成了友好的忘年交。挑夫很感激周校长的平易可亲和友善待人，连夸他："先生可亲可敬，没有架子，体谅我们力夫。好人定有好报！"

整整七天步行五百里，周方顺顺利利，平平安安到了三斗坪。令周方格外欣慰的还有，路经稍大的市镇，只要见到缝纫工厂、军人眷属工厂、缝纫合作社，都有长沙民范女子职业学校毕业的学生。她们无不感恩母校、感恩周校长。周方用教育普惠民众的初衷，已结硕果遍布各地，更是欣慰之至。桃李满天下的自豪让他一扫旅途的疲劳，稍许歇息，换坐统舱满心欢喜地直奔重庆。

轮船沿长江逆流而上，经巴东三峡，沿路览夔府、白帝城、万县、忠州、丰都、长寿等地胜景，水流湍急，山幽秀丽，奇峰突兀，怪石嶙峋，峭壁屏列，千姿百态，恰似一幅幅浓淡相宜的水墨画，随着江水奔流而来。从小饱读诗词的周方，赏景品诗，一首首律诗绝句，在脑中呼之欲出，牵动着他的所思、所忧、所感。

周方陶醉在美景诗歌中，心潮浪涌家国情怀，志存高远又想起范仲淹的千古佳篇《岳阳楼记》："嗟夫！予尝求古仁人之心，或异二者之为，何哉？不以物喜，不以己悲；居庙堂之高则忧其民，处江湖之远则忧其君。是进亦忧，退亦忧。然则何时而乐耶？其必曰'先天下之忧而忧，后天下之乐而乐'乎。噫！微斯人，吾谁与归？"

在观景、赏诗、怀古中，不觉轮船已靠岸重庆朝天门码头。周方携带两件行李箱下船后，心神愉悦地拾级登上山城，待走入朝天门已满头大汗。此处街巷棋布，交通四达，市井繁华。周方无心赏景，叫一黄包车径赴枣子岚垭五十号，拜会老友萧衽民兄。一见面，他乡遇故友，犹似久旱逢甘雨。衽民不仅热情招待周方，还帮着找教育部请求申办三化实验班立案事项和访友诸事，都按周方信中交代，一一妥当安排。他的热情好客、乐于助人、细致入微，处处都焕发着中华美德，令周方敬佩不已，感激不尽。

第二天周方去教育部会见了主管司长，在座的还有两位官员。呈交经湖南省教育厅批示，申办三化教育实验班的立案报告后，周方对所涉问题都一一详细汇报。主管司长等领导先后两次约见周方，认真地听取周方的汇报，赞扬他心忧国家，情系百姓，关注社会底层，艰难办学，是教育界之楷模；还肯定他潜心教育改革提出的"三化教育"是新思想、新观念、新举措，合理可行，符合大众需求，很适合国情，并在实践中已见成效；同时还饶有兴趣地询问了学校是怎样落实学以致用、体脑结合、以工助学、自食其力等具体问题。最后，表示待呈报陈部长后，再约会周方。对此答复，周方很是满意，似乎对获准开办实验班，也已有七、八成把握。他感谢司长对三化教育的肯定，高兴之下诚恳地提出求见陈立夫部长。司长笑笑说："先生的意思我会禀报陈部长。"

从教育部出来，满心欢喜的周方找到萧衽民，告诉他与教育部主管司长交谈的情况，而后两人又一同去拜会黄炎培、杨卫玉两位先生。黄、杨二位与周方都是从事职业教育二十年的老相知，重庆相会格外亲切。三人围绕职业教育侃侃而谈，有道不尽的话题、表不完的感慨。一致认为怎样培养不鄙视劳动，不轻薄技术，身怀一技的实用型人才，是当前职业教育的务实之举。中国的普通教育与职业教育，应是双腿并进。重点应面向人口占绝大多数的平民，面向地域广阔的农村。听了周方介绍与教育部主管司长会面的情况后，

校迁新化雄心壮　三化教育再辉煌

两人均认为教育部批准开办三化教育实验班应该问题不大，很替他高兴。

按事先之约，第三天周方与张伯苓、陶行知、梁漱溟相会，黄炎培也高兴到场。几位教育界资深前辈在战乱之时与周方共商教育改革之大计，实属难得。陶行知对周方气充志定坚持平民教育，赞叹不已。他们认认真真听取周方介绍三化教育思想创立的起因、主旨和方略，细阅周方带来的三化教育实施纲要、教学计划和相关统计数据后，给周方以高度评价：

三化教育理论切合国父孙中山先生的新三民主义思想，是建立在民族、民权、民生基础上的大众教育。当前中国教育最大的弊端乃盲目效仿洋学，不符合国情，缺少本土化。周方将贵族教育转向平民教育，使教育面向广大底层民众；把都市教育扩展到乡村教育，使教育服务农民，正为我农业大国所必需。周方先生坚持经世致用，理论结合实际，教为学所需，学为用所求，重视实践教学、劳动教育和手脑并用，应答了教育界一直存在"如何培养人，培养什么人？"的争议。至于周方先生"教育即生活，学校即社会"的全新理念，在枫林工学团科学地把职业教育融入基础教育，为学子铺设升学与就业两条路，是中等教育培养模式的创新。这样的教育，培养学生具有奉献国家、服务社会、自食其力、自我发展的能力，是合乎国情，为民所需的大众教育。

他们还指出周方的三化教育思想和改革实践，解决了当时国民教育中最为突出的四大弊病，即教育盲从洋学、罔顾平民、忽视应用、贱视技能。这关乎国民教育发展的方向，教育部应高度重视，支持周方的三化教育改革。

这次畅谈得到多位教育界泰斗对实施三化教育改革的首肯，更加坚定了周方冲破旧教育藩篱的信心和决心。

没过两天周方得到通知，陈立夫约见他。得此消息，萧祎民建议周方最好准备点见面礼。周方认为陈立夫于教育部长任上做了很多实事，特别是其在战火纷飞的年代主持大规模的高校内迁，维护国家赖以发展的教育事业，得国人交口称赞。于是他写了一副嵌名对联："立人自是千秋业，夫子其为百世师。"会见时周方将之赠予陈立夫。陈部长特别看好，欣然笑纳，自谦"愧不敢当"。他与周方客客气气地慢慢交谈，夸周方立志平民教育，艰苦办学，创新"三化教育"，成绩斐然，难能可贵。国民教育需要改革，已经拟定改"洋学教育"为"国学教育"，实行贷金制度，资助困难学子求学，大力普及学龄儿童教育。周方先生倡导的改革与教育部想要进行的改革完全契合，且已先行一步，可喜可嘉！

接着陈立夫又表示开办三化教育实验班的申请，部里专门进行了研究，认为是可行的，准予先行先试。得到陈立夫部长的肯定，周方非常感谢。在座的主管司长还向周方确认一所私立学校开办三化教育实验班所需农场、工厂和社会教育所需的种种设施器材及装备，是否有财力支撑。周方很恳切地答道："我办学素来是'大处着眼，小处下手'的。部方既然认为我的计划合理可行，我便'有钱大干，缺钱小干，没有钱也要蛮干'。学校现在已建有枫林农场、岳枫农场、枫林石印部、枫林缝纫合作社、民枫化工研究社、正大肥皂厂等农工业生产与实践机构，绝不有言无实。"大家听了周方激昂慷慨的回答，都为他的真诚实干而感动。

会后周方按章高兴地去领取实验班开办费，然而原本申请教育部拨款七万元，却只获准两万元，真是哭笑不得。看来要国民政府把钱真正投到为老百姓办教育上还很不容易。不过还巧，周方遇上了在重庆任职的王东原。他曾请周方为其部队扫盲，一直以师相待。得他帮忙介绍，周方向中央救济准备金保管委员会委员长许世英申请枫林初、高中工学团招收两个班的逃亡学生，所需教学设备和生活补助费，获得六万五千元。周方此行总共获得拨款八万五千元，待回新化后可以大干一番了。

其时恰逢周恩来在重庆代表中国共产党同国民党进行国共合

作、促蒋抗日，并主持南方局、国统区和南方各省党的工作，包括军队工作、统战工作及宣传文化教育工作。当时（1942年）周恩来的秘书刘昂（蔡庆熙女儿）专程看望从家乡湖南远道来渝的世伯，并将周方献身平民教育，含辛茹苦舍家办学，潜心教育改革的业绩，禀告周恩来。周恩来特别为之感动，觉得中国的革命、中国的教育就需要这样一心为民、埋头苦干、拼命硬干的人！于是他特别委托刘昂转交二千银圆以示褒奖。周方感动不已，很想面谢周恩来。但周恩来谆嘱刘昂转告，"千万不能声张。"并再三交代，"如果反动政府人员知道了，学校会办不成，他们将停止一切补助，迫使学校关门。"对周恩来机敏地洞察时事，体贴入微，着眼长远的关怀，周方由衷敬佩和感激。后来他撰藏头嵌名联赞扬周恩来："恩斯勤斯，惠此中国；来之劳之，协和万邦。"1976年敬爱的周总理与世长辞，周方沉痛万分，深深哀叹：有千金之赐，无面谢之缘。并撰诗告慰总理在天之灵：

> 鞠躬尽瘁为人民，死撒骨灰心特惨。
>
> 肃反复台澄核毒，完成遗志世长守。

同时也题藏头嵌名联赠邓颖超：

> 颖脱长征，二万五千留伟跡；
>
> 超群联众，半边天下建奇勋。

周方重庆之行如愿以偿，满怀感激告别张伯苓、陶行知、梁漱溟、黄炎培和好友萧衽民，于1942年12月乘船离渝返湘，途经乌江渡时诗兴大发，写下《乌江晚眺》畅抒心怀：

> 一湾江水碧如蓝，路自迂回山自环。

百尺飞虹新启钥，东风好度玉门关。

　　这首七绝语意双关，一方面写晚眺乌江景色，赞颂新落成的乌江大桥，让天堑变通途。同时回顾自己改革教育所历经的迂回坎坷，此次跋山涉水赴渝，三化实验获教育部拨款支持，又受周恩来和多位教育名宿嘉许，峰回路转心潮激荡。他预料满怀喜悦地回湘后，就可以大张旗鼓开展教育改革的实验工作。此行就像乌江架大桥，前路广阔通畅，他便有了以上佳句"百尺飞虹新启钥，东风好度玉门关"。

　　当时周方的外甥刘承志在由南京西迁重庆的国立中央大学就读经济学，特撰七律赞颂年近半百的舅父，跋涉来渝满载而归。其诗云：

惜将蜀道比登天，公步凌云健若仙。

一片丹心为后学，廿年磨血效前贤。

纵谈事业全由己，果信树人老益坚。

薄酒山城聊尽意，喜同桃李祝高年。

枫林中学创新发展　三化教育再续辉煌

周方从重庆回到学校，第一件事就是将教育部批准三化教育实验班的喜讯和得到周恩来嘉奖，以及张伯苓、陶行知、梁漱溟、黄炎培对三化教育的高度赞许，在大会上通报全校教师职工和学生，号召大家甩开臂膀、铆足劲头、同心协力，努力办好三化教育实验班，让教育改革的灿烂之花盛开枫林。顿时整个校园沉浸在喜庆奋进的欢乐中，师生员工群情激奋，斗志昂扬，齐心谱写枫林中学创新发展的最美篇章。

周方认真分析学校情况，鉴于校园分散在上田坪山垅的刘经元堂、怡园和蒲园三处，拥地三十多亩的花山农场又相距坪山垅六七里，有碍学校统筹管理，更不利于学校的进一步发展，只有重新选址建校，才能改变这种状况。周方组织人员经过多地考察，反复论证，决定出让花山农场的土地、建筑和设施，退租刘经元堂，购置紧挨怡园的上田杨寓园的田地予以建校。

新校址既定，1943年开春周方便聘人测量场地，规划设计。随即鸠工庀材，工程队进场开工。本着"劳动建校，自筑而居"的精神，发扬"枫林脚子"爱劳动的美德，周方还组织学生自力更生，课余参加制砖、烧砖、烧石灰，上山搬运木材，建设学校。暑假期间，不少学生自愿留校参与施工，学校提供伙食，每天另补助一角钱。学生们协助挖地基、和石灰、运砂石砖瓦木板，在传递砖瓦上楼层时，还一组一组自发开展比赛，在确保安全前提下，看哪一组干得快又好，并每天出黑板报表扬。这种爱校如家，劳动光荣的浓烈热情，当时也只有在枫林中学才可见到。

经过大家的努力，到 1944 年上学期，一栋三层楼的木结构教学大楼和一栋二层办公楼以及礼堂（兼食堂）、厨房、宿舍、浴室、厕所等建筑，都顺利完工。只是工程结账时，因物价不断上涨，尽管现有教育部和赈济委员会所拨八万五千元，周恩来副主席奖励二千元，还有承蒙周方的好友罗湘迢、谢干青等慨拨锑矿余利一千元，老校董邹焕廷捐助五百元，和另向社会募捐的约六千五百元，总共九万五千元全用上，还欠债一万一千多，令周方焦头烂额，度日如年，惶惶不可终日。

在这万难之时，瓦厂老板和泥木工、石匠，都敬仰一心一意为平民百姓办学的周方校长，又为师生积极参与建校，运砖递瓦平场地所感动，体谅学校确实困难，便自愿所有费用打九五折结算，还同意分两次支付。可爱的学生们也一致表示，学校应允的每人每天补助的一角钱全部捐献建校。来自工友和学生的这份深情与资助，情深义重，难能可贵！这是中华传统美德"重义轻利"的真实写照，岂能用金钱衡量？周方千恩万谢，不忘大家雪中送炭支持学校的建设，一定努力办好枫林中学，服务人民，报效社会，感恩各方好心人。

尽管周方千方百计马不停蹄地筹款还债，到 1944 年腊月，还欠约二千元实在无法可还。眼看年关逼近，周方因欠债如坐针毡，不可终日。一天他想碰碰运气，又去走访在城区的几位好友提出借款，无奈仍然两手空空。不得已他绕道去校董杨协昌家，一来拜访他母子，二来或许可筹到款项。可是不巧，杨协昌外出不在家，杨母接待了周方。在谈到建校事时，杨母很体谅地问道："年关将到，学校开销又让你为难了吗？"周方感激杨母体谅之心，将学校困窘一五一十详细诉说。杨母深深叹口气说："哎呀，如今办学校荆棘载途，真难为你校长呀。我蒲园还有存谷百多石，可给你度年关。"说罢，就去房中取出仓门钥匙交与周方："你去和蒲园耀奶奶说，请她开仓量谷记账就是了。"真可谓绝处逢生，周方感激不尽，便表示要立张借据。杨母却连连摆手："这算不上一回事，记账就够了。

若还需钱用，待到腊月二十间你再来。"万急之中突遇慷慨好义的巾帼丈夫杨母，帮助周方安稳地度过了年关，这与古人"指困相赠"的豪爽实无二样！周方恭恭敬敬向杨母诚恳鞠躬，致谢告辞。

回校的路上，周方百感交集。想起二十年来矢志教育，从长沙到新化，筚路蓝缕，栉风沐雨，含辛茹苦，一路坎坎坷坷，登山越岭，攻苦茹酸，终于有了今天的成功！他深深感到，完整的人生少不了磨难。磨难是人生的财富，是多彩人生的一抹浓墨重彩。平民教育是大众的事业，民族的事业，它好比一棵大树，民众就好比土壤。没有土壤大树何以参天？离开民众事业何以成功？自己年逾半百，心血枯了，胡须白了，齿牙松了，但百年树人的赤心没有动摇！为民奉献的志向绝不改变！尽管在办学中困难重重，周方都是一肩硬扛，绝不到教师们面前倾诉叫苦。他只把学校最阳光的景况展示在师生眼前，让他们看到前程，看到希望。鼓励教职员工以饱满的斗志、向上的激情、奋进的心态、全身心地投入培养学生的耕耘中去。

1944年3月，全校师生欢天喜地搬入新校址。新的环境让人满怀新的希冀和美好憧憬，更加意气风发地投入学校各项工作中，大家都满怀信心地祝愿学校再铸辉煌。

周方秉着教育部批准的实验班开设计划，马上在枫林中学全面落实三化教育和五子、四自训练，以"劳动化"健全民族的身心；以"生产化"发展民生的经济；以"社会化"训练民权的普遍。实验从五个方面并进。

第一，实验手脑并用的"全人生活教育"，教导学生爱学习、爱劳动、喜锻炼、重实践，成为既有报效国家的品德和体魄，又有建设国家、服务社会的文化和技能的人才。

第二，实验社会与学校互融的"全民普及教育"，把工农商学兵的教育冶为一炉，将社会所需的教、养、管、用统筹一体。要使学校所处的新化上田，无失学的儿童与不识字的民众。

第三，实验集中课程的单元教学，课程设置兼顾学生升学与就业的需要，坚持实用为主。试行学分制，将素质教育列入考评，培养全面发展的社会化学生。

第四，实验教导合一的"人格感化教育"，任课教师必须管教管导，凭借自身人格的力量感化学生，把校园、课堂演化成充满情感的世界，让学生在潜移默化中受到真善美的熏陶，成为德术双全，爱国爱家爱人民的血性青年。

第五，实验自力更生的"工学自助教育"，以工助学，工学相济，达到知行合一、自强自立的理想境界。为贫寒子弟开辟自我奋斗的求学之路，搬开压在身上的"脑荒"与"腹荒"大石头，改变穷苦命运。

学校各农场、工场、合作社的生产，是落实三化实验改革和维系学校生存发展与实践教学的保证。周方竭尽全力，采取切实可行的有力措施，在保证教学实践需要前提下，确保生产收入只盈不亏，争取实现以校养校的目标。

第一，枫林农场以种植蔬菜为主，满足全校师生日食所需。另抓好生猪喂养和养鸡、养兔、养鱼，并开展改良品种研究。

第二，蒲园农场以生产粮食作物和油菜为主，另抓好果树和名贵花卉栽培，开展培植桐、茶、漆、板栗树之实验。利用场内水塘养鱼养鸭。

第三，进行农产品加工：酿酒、制酱、打豆腐和菜蔬果品深加工。开展循环利用，加工副产物用作养殖饲料和有机肥料。

第四，办好化学工艺社，拓展粉笔、油墨、靴油、牙粉、肥皂等生产。办好印刷厂，扩大印刷、装订业务。

第五，与民范女子职业学校合作，扩充缝纫工厂。在城里中心地段设立服装定做与销售门市部。

正当周方披坚执锐，为三化实验厉兵秣马准备大战一场之时，突然又有好事从天而降。

一是从民范女子工学社甲级缝纫科第一班毕业的学生吴绶君，

玖

校迁新化雄心壮　三化教育再辉煌

由家乡专程来长沙看望恩师周方校长。吴绶君当年曾留校工作过，周方对她耐劳忍苦，公而忘私的品德赞赏有加。这次便直接向她提出，母校缝纫科因学生增加，尚缺老师，希望她留下来担任实习指导教师，帮忙解决一时之急，待聘到教师后即不强留。吴绶君满口答应，并表示义务授课，一切自理，以回报母校之恩。周方特别感激，但坚持食宿一定由学校妥善安排。

二是毕业于日本帝国大学札幌农学院的封慕孚教授（上海人），向慕周方的三化教旨和五子训练，经周方表弟彭文和教授牵线，不远千里愿来枫林中学执教。周方可是如鱼得水，喜不自胜。封慕孚教授留学回国后，曾在西北农学院担任教授多年，又承办过多个农场。他蕙心纨质，襟怀坦白，铁骨铮铮，教学与管理经验十分丰富。周方便将农场全交封教授与学农的儿子周书稚负责管理，另配三名学农的技术员和七名高中工学团习农的团员，就这样风风火火大干起来了。他们完善规章制度，合理利用资源，统筹协调农事，科学选种育苗，讲求精耕细作，实施果蔬套种，充分利用地力，使农场生机勃勃，欣欣向荣。无巧不成书，新中国成立后封慕孚教授的儿子封晋，又与周方的儿子周书稚、周方的外甥刘鑫涛，分别在衡阳和长沙共事。他们在大学都是学农的，缘自周方走到一起，为国家的农业发展同力协契，奋楫笃行。

一心为民的周方，不但努力办好学校农场，还非常关心学校附近上田农民的农业生产和家庭养殖。他办夜校为周边农民讲授选种、育苗、灌溉、施肥、除虫、抗病等农事知识；安排周书稚老师带领工学团学员，下到田间地头现场教农民林木嫁接、扦插压条的技术；为学校引进各类优良品种，如宁乡土花猪、肉鸡九斤黄、台湾甘蔗、西红柿等，推荐给周围农民喂养与种植。

由于新化枫林中学不断发展，学生人数增加，现需重新打一口新井。工人在校内选好地址后立马开工。井打到十米左右便见水了，水质很好，清澈透亮，再打两米足可保证全校师生用水。周方到现场查看后很高兴，觉得打井位置选对了，真是"蛹打呼噜——茧（捡）着了"。不过他提出，要再深打两米，共14米深，这样水井的蓄水量更多，碰到天旱，可以为周围村民提供抗旱用水。周方时时事事心系民众，上田坪山垅的村民无不交口称赞。袁氏族老袁国先老人，竖起大拇指直夸："周方校长把学校办到我们屋门口，是袁氏祖上积的德，是我们的福气！帮我们扫除文盲，传授农业技术，引进果蔬和禽兽新品种，还无偿提供抗旱用水，办实事、给实惠，真是我们贴心的平民老总！"袁国先老人在族里德高望重，大家都尊称他"国先公公"。为了支持枫林中学，在制定的乡规民约中，国先公公特增加一条：村民要维护枫林学校周边的环境和治安，不得随意进入校内，不能有任何影响学校办学的话语行为。周方对此万分感激。学校与村民一直和睦相处，这样好的周边环境为学校各项工作的顺利开展多了一份保证。

"木欣欣以向荣，泉涓涓而始流。"枫林中学的三化实验，恰逢繁荣之时，围绕"造成健全的民族、丰乐的民生、普遍的民权"全面铺开，宛如春笋破土蓬勃向上。学以致用的生产劳动教育得以落实；以工助学的自强自立实践顺利实施；社会即学校的人才培养模式日臻完善。这一系列办学举措，获得了广大民众的翕然称许。一时间，远在长沙、湘乡、蓝田（今涟源市）、邵阳、隆回、溆浦的学生，都慕名前来求学，这彰显了枫林中学教学改革的成功和全社会对枫林中学的真情褒奖！

拾

长沙复员建校步履艰难

两地民范枫林携手图强

高平战役可歌可泣　花甲周方奋勇尽力

　　抗日战争到 1945 年初，日本侵略者在华陷入穷途末路，已是强弩之末。为了扭转战局，日军垂死挣扎发动湘西会战（也称雪峰山战役），妄图占领湘西战略要地芷江机场，摧毁芷江空军基地，以保证作为大陆交通线的湘桂、粤汉铁路畅通。中日双方都调集重兵，对决这场中国抗日战场上的最后一役。日寇由第二十集团军司令官坂西一良率部，在第五航空军支援下动员八万余人，兵分三路分别由邵阳、东安等地向湘西进犯。所到之处，烧杀掳掠，无恶不作。其中北路第三十四师团进攻路线正是新化、辰溪、溆浦。中国则由国民政府陆军总司令何应钦与第四方面军司令王耀武将军指挥，以王牌第七十四军、第十八军、第七十三军等近十一万兵力，在部分中、美空军支援下，采取层层阻击最后聚歼的"天炉战法"，誓死保卫芷江空军基地。其中负责正面防守新化、蓝田等战略要点的是七十三军第七十七师和第十五师。新化再一次面临着血与火的严峻考验。富有"霸蛮精神"的湖南各界民众，毫不畏惧，全力支援抗战。男女老幼齐动员，送信带路、募捐粮食、运送弹药，军民团结，众志成城，誓将日本侵略者埋葬在新化境内的高平峪。

　　1945 年 4 月初，日寇先遣队一〇九联队四千余人，途径栗平、顺水桥进入高平峪，以配合左右两路日军进攻雪峰山、龙潭等地。4月 13 日，一〇九联队又有千余人夜入金凤山及茶山宿营，第二天从茶山出发占领龙潭附近制高点青山界、圭洞、红岩岭等战略要地。随后前往龙潭时，在马王界遭到中国军队的猛烈阻击，援军十八军十八师之五十三、五十四团，在高平的黄信村歼敌一百多人。直到现在，

拾

黄岩村茶马古道旁的山上，还留存着当年两条长约三公里的战壕。

4月下旬，日军最擅长山地野战的精锐部队第四十七师团第一三一联队，由邵阳黑田铺经太芝庙西窜，企图北犯安化、蓝田、新化，截断国军第七十三军与其他部之联络。

在这种战争形势下，新化不再是抗战后方，而成战略前方。全县风声鹤唳，战火一天天燃起。县政府急令各学校立刻放假，疏散学生躲避战乱。枫林中学和民范女子职业学校接到通令马上放假，妥善安排学生回家躲避日寇。因有些学生家庭住地已被日军占领无法回去，周方就在没有战祸的新化第七区油麻，办了临时分校作为这部分学生的避难之所，配备老师专职管理安抚学生。

高平属新化第五区，日军先头部队已经进犯。由于家有八旬老母和妻儿，又值清明扫墓之际，且周方认为迎官桥山峦环绕，遍地竹林树丛，利于躲避隐藏，故他还是决定回家一趟。他布置好一切校务，转移收藏好部分校具、资料、图书。另有部分珍贵图书，他装箱自己肩挑不离身。就这样他冒险回到了高平。哪知就在他赶归之日，恰逢日军首次过境，以后由此至隆回、溆浦一线，与国军发生拉锯战，新化五区全面陷于日寇之手。周方即配合当地政府发动村民挖地窖藏粮食，将猪牛羊牲口赶往山林疏散；组织青壮年，扶持老人和有病的村民，转移上山。

就在迎官桥沦陷第二天清晨，日寇开始搜山抓夫修筑工事。周方挑着书箱在山林与一落单日寇偶然相遇。穷凶极恶的敌人直冲周方而来。周方撂下书箱与其厮打，并向林子深处且打且退。对殴中周方趁势来个自己擅长的"落地捡柴"，猛地将日寇摔倒在地，抢起扁担照准其脑门使劲劈去，又照准脑袋猛击数拳，揍得他头破血流当场毙命。别看周方年逾半百，但其实他少时练过武术，如今终于派上用场了。一介花甲文人，如此血性，为报民族仇国家恨，孤胆劈敌顽，身手不凡，大长了国人志气！他肩挑的书箱也没受损，里面收藏的《万有文库》《廿四史》《大版昭明文选》《大版王子安集》《唐文萃》《明文庄》等珍贵古籍都完好无缺。这件事极大地鼓舞了乡民，从此来犯的日寇不时遭到百姓禾枪（用竹制成，六尺左右，两头削尖，常用于挑稻草、柴火）、锄头、扁担和柴刀的袭击。"高平峪是口锅，日本鬼子来一个煮一个"成为当地勇杀日寇的佳话，在高平一直流传。

5月初，日寇四十七师团九十一联队、一三一联队的重广支队，相继进入高平。5月7日，第九十一联队与骑兵四十七联队经由巨口铺、栗坪、顺水桥、金凤山、迎官桥、大桥边、马王界，联合先头部队一道进击湘西水口、安江，以图攻占芷江。南下进驻罗洪的国军第十八军十八师，与日军九十一联队先遣队在天竺山牛栏寨血战五天五夜，同时七十三军十五师、七十七师亦加入战斗，最终牛栏寨制高点控制在我军。

5月18日，七十三军同十八师进入白沙界一带攻击日军。十五师由龙凤山及分水界向南；十八师由罗洪、黄金坳、巴油向东；七十七师由苍溪山向西南，三路合力围攻日寇。战斗惊心动魄，抗日将士与鬼子肉搏血战十余次，毙敌一百多人。其时狂风大作，大雨倾盆，电闪雷鸣，白沙界小泥凼血流成河。后来战火燃烧之地寸草不生，可见当时战斗之惨烈。

自5月初始，我军集中兵力在凤升、枣山、雪界、杏升、江未、茶山、金凤一线布下防线十余公里，与日军第四十七师团一三一联队，第九十一联队与骑兵四十七联队，血战了整整二十个昼夜，阻击日军使之未能向前推进一步。

5月23日，在迎官桥与车塘这几公里长的战线上，我军五十三团、五十四团官兵与日军九十一联队又展开两天激战，重创日军九十一联队。日军死伤过半，第九中队长管原大佐被当场击毙。日军只好迂回到水东，经水口、炭山里、老芽印进入高平黄信、侯田等地，最后在高平茶山上面的龙世界又激战一场。中、美战机助阵猛烈轰炸，打得日军抱头鼠窜，伤亡惨重，粉碎了日军企图越过雪峰山占领芷江机场的目的。

在这次高平峪阻击战中，中国军队集中优势兵力，周密部署，参战将士浴血奋战两月，历经天竺山牛栏寨战斗、茅坪白沙界血战、禾枪脊战斗、茶山龙世界战斗、中黄信遭遇战与争夺战等二十余场大小战斗，歼灭日军千余人。中国军队阵亡六百多人，其中担任阻击战主力部队的十八师，阵亡将士三百余人。

抗战胜利后，国民政府为纪念陆军第四方面军第十八军十八师在湘西会战高平战役中为国捐躯的抗日将士，1945年底在新化县永固镇（现属隆回县高平镇）高平中学后山坡上，修建了湘西会战阵亡烈士公墓，将十八师三百多名阵亡将士的遗骸合葬在一个大墓内。墓碑全称为"第四方面军第十八军十八师湘西会战阵亡烈士墓"。国民革命军十八军军长胡琏题"民族魂"刻于石碑（图10-1）；国民革命军十八师师长覃道善题联："为五千年民族争光，歼彼倭寇；替四百兆同胞效死，复我河山。"著名平民教育家周方满怀无限崇敬，撰写墓志铭记载高平、罗洪阻击战中，国军将士英勇顽抗与惨烈牺牲的实况，寄托对英勇抗敌的卫国将士无限的敬仰和哀思。墓志铭残碑现还留存隆回县高平。另有三块石碑，分别刻记着阵亡烈士名录；时任湖南省政府主席王东原的题联："伟绩著丹书，姓字共江山并永；丰碑磨碧落，光辉与日月同辉。"与时任新化县县长胡翰的题词"浩气长存"。高平峪的山山水水，将永远铭记这段惨烈抗战，气贯长虹的光辉历史！

图10-1　民族魂残碑

【附】

从现存墓志铭残碑上可认读的铭文：

□□□□杀淫掠之惨毒，我高坪人盖□□□□□□皆亡之愤矣。

忆敌八年以来，凡有进犯，鲜不坚为靡而锐为摧，此次湘西会战竟能反守为攻，[追]敌及数百里外，寇尸枕藉，山谷马伏弃掷无算。时德正溃降于西欧，日亦败退于湘西以为东应，是则我高坪守军之死，不仅保我梅城，直竖反攻先声，以光我国史于无既矣。

十八师师长覃公道善悯袍泽：成仁此役者之不可长暴露而不欲百世祀也！聚尸骸于高坪中学之后山，筑为公墓且构忠烈亭以纪之。我高坪士民其可忘其来苏之功乎？

方居迎官桥老屋，沦为"豕突"，伏窜草间偷活，我飞机之[姿态]、我炮声机枪之鞺鞳，均得探望而侧闻之，且仆敌以求庇国军，而适我军云至□□□……

追述寇灾至此，其歆感又何如者，而岂其一人之歆感耶？故于公墓成筑，为记其事以纪死者之惨烈、而永高坪人士之思于无极也。

湖南私立枫林中学校长　周　方（谨撰）

湖南高坪私立中学主任　王成翰（敬书）

湘西会战是中国抗战史上最重要的战役之一，中日双方各自投入精锐部队以强对强，激烈厮杀两月之久。中国军民一寸山河一寸血的浴血奋战，激起了中华民族战胜侵略者的信心和勇气。这场战役最终以日军损失兵力近三分之一，全线溃败而宣告结束。它标志着中国抗日正面战场由防御转入反攻阶段，敲响了日本侵华战争最终失败的丧钟。1945 年 8 月 15 日，日本裕仁天皇以广播"终战诏书"的形式宣布接受波茨坦公告，无条件投降。1945 年 8 月 21 日，

拾

长沙复员建校步履艰难　　两地民范枫林携手图强

在湘西会战的战场芷江举行了"芷江受降"典礼。9月2日，日本投降签字仪式在停泊于东京湾的"密苏里"号巡洋舰上举行，宣告中国人民抗日战争和世界反法西斯战争的彻底胜利。

高平峪一直被誉为是"别处大旱，此地有收，别处大难，此地无忧"的福地。三国时期置县治，避过无数硝烟战火。但在抗日战争胜利的曙光即将来临之时，高平峪却受到从未有过的灭顶之灾。战后的高平峪，四野狼藉凄凉，到处断壁残垣，尸横遍野，血流成河。当时兼任新化寇灾善后委员会高平分会副主任的周方，心念乡民，情系桑梓，通过"快邮代电"向新化县政府及社会各界通报高平遭日寇劫后的惨状："万恶倭寇，节节内侵，豕突狼奔，演成空前浩劫。高平紧接陷区，三度为铁蹄蹂躏。负累之重，受祸之惨，为全县冠。"文中粗略统计了日寇在高平期间烧杀奸掠先后四十余昼夜所犯下的滔天罪行："四乡民众，遭敌残杀者千余人，受伤者二千余人，被掳未归者一千余人。焚烧村庄街市千余栋，冲毁房屋数更倍蓰，粮食什物，十室十空；种子牲兽，劫杀殆尽。"文中还强调：战后高平，"危疫流行，四乡灾黎劫后归来，遍染恶疫，死亡日计数十人。且蔓延甚广。尤其焦虑，现医药缺乏，救护无力，死亡甚惨。"紧急呼吁政府："恳请颁发急赈，并蠲免本年各项赋役，尚望海内同人，胞与为怀，惠与救济。"周方竭尽职守，为民请命，赈灾呼救，获得政府赈灾粮一百二十石，为当时高平老百姓度过战乱灾难，恢复生产，一解火燎之急。高平人民永远记得周方先生爱国救民的功绩。

1945年抗日战争胜利，全国人民欢欣鼓舞，尤对抗战将士无比敬佩和景仰。罗教铎与周方两人商定，卖掉在长沙文夕大火中焚毁的民范女子职业学校小东街校舍地皮，将所得48亿元金圆券（当时的流通货币），全部捐赠给八路军抗日王牌师———二九师刘伯承部，以示犒劳。毛泽东知道后，对他们肃然起敬，十分感激 [1] ！

---

[1]　周志懿：《有一种根叫故乡》，人民出版社，2017年，第143页。

抗战胜利复员建校　愈挫愈勇绝不退缩

抗日战争展示了中国人民强大的民族觉醒、空前的民族团结和英勇的民族抗争。当时为避战乱，延续国家文化教育命脉，沦陷区的学校都跋山涉水，择址迁徙而沦为流亡学校。抗战一胜利，绝大多数学校就纷纷迁回原地复校办学。在湖南，许多迁离长沙的学校也都努力迁返长沙。

1945 年秋，周方在新化获知，在长沙北郊枫树坪的枫林中学校舍尚未全毁，便怀着重整旧巢，把枫林中学从新化迁回长沙复员的心情，于重阳节赶赴省城长沙看个究竟。一到枫树坪，周方禁不住涕泪交流，只见昔时整洁美丽的校园化为一片狼藉荒凉，惨不忍睹。校舍中的两座高楼被炸毁成一堆瓦砾，散落在荒烟蔓草中。环视战毁后的校园，唯有周方的小小居室三楹，还残留着躯壳挺立在瑟瑟秋风中，这就是所谓的"尚未全毁"。周方纵然痛彻心扉，仍没有灰心气馁，决意重整旗鼓，让枫林中学在长沙复员。

第二天，周方到市里寻找知好，拜会省厅熟人。这次运气蛮

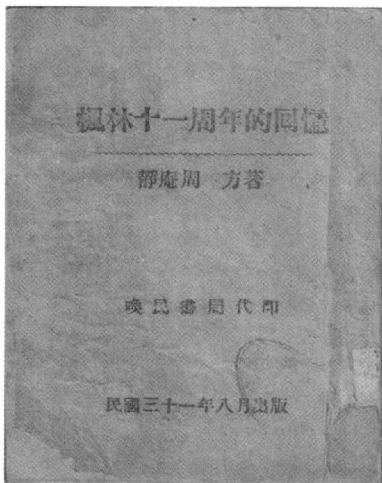

图 10-2　《枫林十一周年的回忆》封面

好，见到了省主席吴奇伟。周方与他畅谈三化教育，并示以小册《枫林十一周年的回忆》（图10-2），提出为落实教育部的批复，想迁回长沙复员枫林中学，尤其是实验班，请政府按期逐步增进，拨经费予以支持。吴奇伟翻看小册子，连连点头，诚心诚意地非常赞许，爽直中肯地说："静庵，你所倡导的三化教育，是很合时代需要的。所以你请求把枫林中学迁回长沙复员，作为省立学校代表我觉得很可以。只要所费不多，如你所说按期逐步增进的办法，我与王厅长说，谅可照办。"

一听主席此言，周方喜出望外，辞谢后立马去见教育厅王凤喈厅长，并把吴主席的话一一备告。本想王厅长会尊吴主席之意，照准枫林中学回长沙复员。哪知大谬不然，王厅长一盆冷水泼来，带着假笑说："主席既然答应了，要他有钱来办才好。要教育厅来办是无法列入预算的！"碰上这么个阴阳怪气的厅长，周方怎样说都油盐不进，无奈只好另寻他路。

想了想，周方找到枫林中学校董、教育厅主任秘书余砥吾。不想周方刚说明来意，余即劝他："静庵，容我直言，吴主席的话照例要七折八扣的。他全不知湖南情形，哪里这样容易？现教育厅自身复员还没有办法，各省校复员也没有办法，哪能收枫林中学作省立代办呢？"周方说："砥吾，只要你肯帮忙，替我们多说几句话，把枫林中学这种劳动生产社会化的教育普及到各中学，比扶植十个百个培养肩不能挑，手不能提的少爷小姐的学校，要强得多哩！你是精研教育的，专办'升学为升官'的贵族学校有什么用呢？"余主任接过话题说："静庵，你只晓得为自己说好。不错，枫林是奉教育部令核准办实验班，可行素也是实验班，周南、明德也办的是五年一贯的实验班。答应了你，他们援例请求，又如何办呢？"周方马上说："他们几校是比较有基础的学校，他们所实验的是专为升学采用的五年一贯制，偏重招收富贵子弟，多收些学费也无妨。你是枫林校董，应该知道枫林是倡导平民教育，强调为劳动大众办实验教育，注重半工半读的工学教育，所收的学生多半是贫寒子女，是概免学费的。拜托你具体情况具体对待，重视平民教育事业，帮帮天下的劳苦贫寒大众呀！"遗憾的是，周方苦口婆心的求助，并未打动余砥吾主任。

"碰钉子时常带笑，为树人计不灰心。"周方依然不停歇地四处找门路、想办法。当探知枫林中学常务董事、湖南省教育厅前任厅长、原湖南大学校长黄士衡教授已回长沙，便又兴冲冲地走访他，将吴主席、王厅长、余主任的话，全盘转告，共同商量下一步的办法。黄董事深感同情地说："静庵呀，你办枫林实在够苦了，但是官厅中的人，总不体谅你，不支持你。我陪同你到各厅熟人处去走一走，介绍你多与他们认识认识，看有点办法不。"周方很高兴："很好！我知面不知心的朋友多，却少有敢于仗义执言的。你的面子大，望多替三化教育作宣传，使他们知道我的求人，并不是为自己，而是为新教育、为寒苦青年！"

第二天起，黄士衡教授不辞辛劳，陪同周方由教育厅而民政厅、财政厅、建设厅兜了一个大圈。数天的奔走周旋，言者谆谆，听者"唯唯"！尽管无人不认识周静庵，也无人不面誉周静庵，但最终获得教育厅的一纸指令是：准予自行回长沙办理实验班；所请代办暨补助，碍难照准。几天苦心孤诣的辛劳，最后获得如此批复，令周方怅然若失，啼笑皆非。但倔强的他，仍坚定不移，一定要谋划好抗战后民范、枫林两所学校重返长沙的新发展。

10 月底，周方赶回新化，到民范、枫林检查完教学情况后，将袁庶钦、李涵葳、肖贡廷、周洛清、周书稚、黄衍熏、罗惠如等两校管委会老师召集起来开了个"诸葛亮会"。主要商讨抗战胜利后，民范、枫林是迁回长沙还是留在新化的问题。此时罗教铎因治病离校，学校事务已不参与。会前，周方就去省厅争取枫林实验班恢复长沙办学的情况，先向大家做了通报。然后说，两所学校在长沙和新化哪里办，是我们眼下要慎重考虑的大事，请大家畅所欲言，各

拾

长沙复员建校步履艰难　两地民范枫林携手图强

抒己见。会上大家集思广益，个个踊跃发言。有的认为长沙是两校创建之地，又是省城大地方，发展前景广阔，应该搬回长沙复员；有的说，回原地复员是眼下潮流，我们回长沙理所当然；有的则认为，长沙旧校址在抗战中毁于一旦，恢复实验班省厅一文钱都未拨，重新建校谈何容易；有的认为，两校在新化已立根基，继续在新化办学，顺风顺水很好发展。综合大家发表的意见，周方最后发言："大家所说不无道理，但是我们要放开思路，大胆一点考虑。我建议在长沙与新化同时兴办民范与枫林，开创两地四校办学的新格局。"

周方的话，语惊四座，完全出乎大家意料。年过花甲的肖贡廷老师办事求稳求实，他委婉地提出："要在两地办四所学校，不是件简单的事，光启动资金就不轻松。我佩服静庵校长的远见与气魄，但也请三思而行，量力为之。免弄成老母猪钻篱笆——进退两难，不好收场。"年轻老师黄衍熏，相对气盛敢闯，接着说："我赞成周校长的意见，谋划学校的发展要看远点，大胆点。面对国家战后要恢复、要发展的大趋势，我们要把握住这个机会。两地四校是办学的创新之举，是继往开来，能拓展民范与枫林的办学规模。研究一桩事情办不办得，我认为首先要分析它该不该办。若是应该要办的事，有困难也要千方百计克服，尽量去办！若前怕狼后怕虎，那是成不了大事的。"

老师们你一言，我一语，以高度负责的精神，对学校的发展进行了热烈的讨论，周方十分欣慰与感激。他发自内心地说："为办平民教育，在座各位与我风雨同舟一路走来，只有付出，不言索取。今天的讨论，开诚布公，各抒己见，我非常感谢诸位的坦诚谏言！在战乱时期，我们从长沙来到新化，与新化人民心心相印，休戚与共。沿袭长沙薪火，民范与枫林在新化办得有模有样，成绩斐然，博得社会一致好评。抗战胜利了，我们不能离新化人民而去，要留下来继续为发展新化的教育做贡献，继续为新化人民有书读尽力。新化的平民百姓和我们鱼水情深，教育强新化就会强。而长沙是民范、枫林两校的发源地，在那里我们有很好的口碑，老百姓盼望我们回去。教育部核准办理枫林实验班，省厅也照准回长沙开办实验班，在长沙办学，学校的发展空间更大，我们不能轻言放弃。因此，综合大家的意见，我决定在长沙、新化，按两地四校模式办学！"周方校长的决定，高屋建瓴，远见卓识，有情有义，大家表示一致赞同。决心同心同德，不畏艰难，努力实现两地四校的办学目标。

1946年一开春，周方决定亲赴长沙，全力投入民范和枫林两校在长沙的复员。他全面安排好新化民范与枫林两校的校务与教学：民范女校请袁庶钦全权负责一切事务，李涵葳分管学生训导；枫林中学由肖贡廷任主事，周洛清任教导主任，罗惠如任训育主任，周书稚任事务主任，陈石岩管庶务。考虑应对不测，周方还专程拜会枫林中学校董、自己的老师罗瀚溟，在需要时恳请代行校长职权。他真诚地拜托各位，尽责尽力做好两校在新化的守成工作，使民范和枫林两校日新又新！

布置停当，周方择日与黄衍熏离新赴长。黄衍熏系周方儿媳黄霞仙的胞弟，长沙人，湖南大学毕业后受聘枫林中学任教数学与物理。这次被周方选做帮手，事实证明再合适不过。

2月10日到了长沙，周方与黄衍熏先去省教育厅和长沙市教育局走访相关部门，了解外迁各校复员长沙的情况。经两人细商，认为民范女子职业学校规模较小，前期准备相对更简，便决定先办理民范复校。经两人多处探访了解，最后决定租借长沙肇嘉坪新化会馆作为校址。

周方的新化永固镇同乡马子谷，曾于1918年与其兄马非百在沩痴寄庐寄住近两月，后经周方引见与蔡和森、毛泽东相识，一步步走上革命道路，于1926年在上海加入中国共产党。中华人民共和国成立后马子谷担任湖南省人民政府委员兼省民政厅副厅长，省民族事务委员会委员、省政协常委。这次马子谷从福建回到湖南。为掩护他继续从事革命活动，周方让他担任长沙民范女子职业学校董事长，周方与罗元鲲主持校务。民范除开办缝纫班外，还增设会计班，共招收学生五十二人，于1946年3月4日正式开学授课。

而枫林中学的长沙复员，受阻于无力在枫树坪原址重建校舍。周方与黄衍熏遍访多地都未能找到合适之处。时间一天天过去，周方计穷势蹙，一筹莫展。在这船头上跑马——走投无路之时，黄衍熏灵机一动，想起可将自家在长沙北郊马栏山的祖屋，免费借给枫林办实验班，由此可解燃眉之急。周方一听，真是喜出望外，拍着黄衍熏的肩膀忙说："你这的的确确是雪中送炭，让枫林绝处逢生呀！"不过马上又问："衍熏，这么大的事，你做得了主吗？"黄衍熏说："我二姐肯定同意。"周方知道，二姐是指儿媳黄霞仙。但光她同意还不行，便提醒他一定要和家里老人和所有兄长姐妹商量。

经周方提醒，黄衍熏忙去电信局打电话，将事情原委先说给二姐黄霞仙。她回答说："你乐善好施，扶倾济弱，真帮了我公公的大忙，姐夫家非常感谢你。不过你一定要与爸妈、兄、姐、妹都商量，并且安排好父母的住处再做决定。尽管我们姐弟五人都在外不需住房，但毕竟是黄家的祖屋，不能草率从事。"黄衍熏觉得二姐所说言之有理，便分别电话与黄伯谦（哥哥，在湖北黄石）、黄庚仙（大姐，在重庆）、黄灿仙（小妹，跟随大哥也在黄石）电话相商。不出所料个个都表示同意，说物尽其用，随缘乐助，应该尽力而为。特别是兄长黄伯谦，听到是姻伯办学校需要借屋，表示坚决支持。他说："我只上过四年小学，十四岁便离家学徒修车。我仰慕读书人，特别敬重为民兴教的姻伯！"其时，黄伯谦已是湖北汉冶萍公司有名的汽车维修技师。他只要听听汽车发动行走的声音，就能准确判定是否有毛病，故障在哪里，在汉冶萍公司很受敬重。但他从不自傲，为人耿直、待人谦和、喜结善缘。周方得道多助，恰似遇上大慈大悲的菩萨了。

兄弟姐妹们意见统一后，黄衍熏急忙赶回马栏山，将枫林临时遇到困难，想借家里老屋办学的事，慢慢说给父母亲听。二老见儿女们都同意，又是帮亲家解难，也表示同意："亲家为老百姓办学堂，我们理应出力相帮！"这可乐坏了黄衍熏，心中悬着的石头终于落了地，立刻请周方赶来马栏山。

周方一到马栏山，首先拜会黄公介眉亲家公、粟福云亲家母，千谢万谢重情义、明事理的黄家人。并告借用房屋多则两年，少则一年。对于给二老带来的不便与困难，周方实感愧疚，恳请宽恕！介眉公忙说："不碍事不碍事，亲家你办学是惠及当代，恩泽子孙的义举。我们能同心并力帮扶一把，也是缘分。"言罢，领着周方一起去看房屋。

这是一栋两层楼的木结构瓦屋，除中厅两侧上下共有八间厢房，比较宽敞。另一栋青砖平房，有六间房。周方与黄衍熏商量，将楼房安排做教室与寝室，中厅兼做会堂和食堂。平房留下两间给二老居住，其余四间一间做办公室，一间做仓库，两间做教师宿舍。可喜的还有：黄氏族老们夸奖周方将学校办到马栏山家乡来了，慷慨无偿借给学校两亩荒地，用做体育运动场。真是山不转水转，多亏黄家两代人的鼎力相助，枫林复员长沙如愿以偿。通过这件事，当时在新化枫林中学教语文课的阙娟娥老师，对黄衍熏一家人的乐善好施，急人所难，尤为钦佩；对黄衍熏的大义担当很是赞赏。后来两人喜结连理，同心同德致力教育事业。

为了尽快开学，周方与黄衍熏还叫来严寅，一同在长沙紧锣密鼓做各项准备。承蒙长沙市教育局负责中小学教务的李旦冥科长多方帮助，枫林中学顺利办好一切办学手续，由严寅担任教导主任。于三月十一日，枫林实验班在长沙马栏山正式开学，学生按文（指升学）、实（指就业）分科开展教学实验。

就这样，民范、枫林两校除在新化继续办学外，终于在1946年春，又顺顺当当重返长沙，开台鸣锣唱戏啦！为打开两地四校办学的新局面，周方特别强调要把注重培养学生品行端正、知能兼备、学艺俱全、勤劳体健作为四校培养学生的一致目标。使学生毕业后自立自强，开拓创业，以其知识技能服务社会，成为国家有用之才。后来黄世衡非常感慨地撰文赞颂周方"而予最有感于其'寻难事做'之主张，及百折不回，经千艰万困，而不心灰意冷，此非具大智慧、大定力者不能。……今之枫林，果在流亡中有所建树于新化；在劫灰后，又能迅速复员于长沙。其自奉之俭，与人之介而和，每手不停挥，足不停趾，口不偃舌。其所倡三化教育、五子训练之教，真身体而力行者哉！"

两地四校同奋进　携手图强言不尽

民范、枫林在长沙的复员工作，虽然获得基本成功，但是校址都是临时租用或借用。寄人篱下办学校终不是长久之计。周方继续留在长沙为从根本上解决校址校舍问题日夜奔波，千方百计筹集资金，以图尽快建好校舍、筹设农场工厂、完善办学条件。而新化两校的工作，在大家的不懈努力下，不负周方所望，一步步都在稳步向前推进。

新化民范女子职业学校的工作，在袁庶钦主任的统领下，有条不紊顺利开展，在校学生还有所增加。为了进一步扩充学生实践教学场地与学生的就业机会，袁庶钦主任将校办缝纫社的生产规模扩大，增聘两名缝纫老师，增加学生实习课时。他经常深入课堂和工场，检查教学情况，解决工场生产问题，特别注重生产安全与服装质量。由于当时的熨斗是烧木炭的，他下班后还要到工场查看熨斗里的木炭是否熄灭，并抽检学生缝制的服装质量。他对工作的兢兢业业、认真负责、任劳任怨，受到师生们的一致赞扬。一次他夫人患病住院，周方让会计送去一千元法币补助家用。但袁庶钦坚决不收。他说："校长的关爱之情我领了，但钱无论如何不能要。现在学校初到新化，钱要用在刀刃上。"他就是这样一心想着学校，只图奉献，不求索取的好老师。他受周方所托，暗中支持地下党的工作，党内同志称他是没入党的布尔什维克。

在民范女校，为了占领新化服装市场，必须不断创新服装式样。黄霞仙老师精心设计了女式连衣裙和男式青年装。这些服装，风格简约、庄重、大方，备受市民青睐，被老百姓称为"民范裙"和"民范装"。黄老师还利用裁剪服装后的边脚余料，设计出拼接式童装。其色彩搭配协调，式样活泼明快，又节省布料成本，物美价廉很受家长喜欢。学校除在县城设立了服装销售与订货门市部外，还在冷水江、洋溪、横阳三个镇增设销售点。这一系列行之有效的举措，使民范以工助学，以工养学的工学教育得到长足发展。学生增收、学校增效，真是荷花池里养鱼———一举两得，让师生们喜乐开怀，笑语连连。

在新化枫林中学，受周方重托的几位老师，都把校事视为家事，唯恐稍有差池。他们除全面管理好学校各项教学、训导、校务等工作外，还想实现老校长行前"日新又新"的嘱托，争取有新的发展。

善于理财的陈石岩出了个主意，提出集合知己好友，成立一个五百石谷的"友爱会"，各人自家中挑谷入会，支持学校发展。学校免息一年一还，如此循环滚动。大家认为这是个好点子，能解决学校眼下缺钱的燃眉之急。陈石岩、周书稚、肖贡廷、罗惠如、周洛清，率先签字承诺每人借谷二十石与三十石不等，以为倡导。不到一个星期，就有二十四位热心好友参加友爱会，共借谷五百八十石。

筹集到了钱，就好办事了。他们先还清几笔零星债务，接着把校舍粉刷一新，将澡堂、厕所、猪舍顶棚予以加固。学校面貌大有改观，到1947年春，所招学生有所增加。他们向着学校"日新又新"目标迈进的热情更加高涨，酝酿要盖一座大礼堂。便由陈石岩执笔，向周方校长写信请示："今年学生增加，大家要求把前后两栋楼房之间建一座长十二丈、宽三丈、高两层的砖瓦屋，下层作礼堂，上层作寝室。请校长批复！"周方得信后复函力阻，说学校还有银行贷款未还清，如此大工程不可轻易为之。嘱咐他们待秋伏天气晴好时，可以先备好泥砖，再择时兴工盖楼。

周方的回信，却未能阻止几位老师盖楼心切。他们认为学校不断发展，就缺一栋像样的礼堂，盖好了肯定会给周校长一个惊喜。

于是瞒着周方，先行后闻，在蒲节（即端午节）后就动工了。不到两月屋架好了、墙体建好了，屋顶也盖好了瓦，工程进展令人满意。周书稚将这情况如实写信禀告父亲，还请求父亲宽恕大家自作主张盖礼堂的所为。正在为重建枫林校舍四处筹款的周方，看信后不觉喜惧交加。喜的是尽管几位老师违命盖房不该，但本意是为着学校发展，且已顺利完成主体工程；惧的是不知又欠下多少债务，如何圆场？殊不知还有更大的灾祸即将降临，却全然不为大家所料。

在我国民间，有一个传统祭祀节日，即农历七月十五中元节，俗称"烧月半""七月半"或"鬼节"。传说去世的先祖，每年农历七月会被阎王释放半月。而晚辈则要在此期间接祖送祖。接送的时间各乡各俗不同，一般差异三至七日。在接到先祖的几天里，每餐要准备酒菜，敬供先祖用膳。到七月十五日（有的会在十四日）送祖时，要准备供品、纸钱、香烛，仪式一般选傍晚或晚上在户外进行。这个中元节与除夕、清明、重阳三大节日一样，旨在弘扬孝道、维系亲情、凝聚人心，所以代代相传已有千年，非常受重视。坚守传统孝道的周书稚趁着学校放暑假，便于农历七月初五回到迎官桥，准备为逝去的先祖"烧月半"。

农历七月初七，周书稚刚吃完晚饭，陈石岩派校工杨师傅，从新化枫林火速赶来迎官桥急告：当日清晨，新化上田雷电交加，狂风暴雨吹倒了枫林新盖的楼舍。周书稚一听，魂惊魄悸，不禁锥心长叹："老天爷怎么不长眼呀？如此作孽我们！"待杨师傅稍稍吃点便饭，两人又连夜赶回枫林。

第二天一大早，周书稚赶到学校，目睹刚刚新盖的大楼梁栋倒塌、砖瓦全碎的惨状，一时悼心失图，痛不可言。所幸仅屋毁没伤人，这是不幸中的万幸。周书稚静静心后，请来陈石岩、肖贡廷、罗惠如、周洛清，在废墟现场认认真真商量后，肖贡廷主事综合大家意见，作出决定：这是天灾难躲，大家不要太悲伤自责。然后众人马上清理被毁现场，收集能用的木梁、门窗，全力做好新学期开学准备。

这事暂不汇报老校长，而礼堂还是要盖。

这次天灾带来的严重挫折，没有压倒周方带出来的枫林硬汉。他们重整旗鼓还要再干。

好在这年秋季新招学生又有增加。九月下旬他们开始重建礼堂。继续发扬枫林爱劳动的传统，组织师生课余挑沙、运砖、递瓦、和石灰，既节省了施工费用，又加快了工程进度。待礼堂快竣工时，周书稚写信禀告周方，如实告知前盖礼堂被狂风吹倒，现重盖的礼堂已基本完工。请父亲在12月内回校，举行落成典礼。周方阅信，先悲后喜，哭笑不得。他匆匆赶回新化枫林，看到新落成的大礼堂，自是眉欢眼笑，喜不自禁。细询所遭天灾后，周方盛赞师生们不畏艰难、百折不回、勤俭努力、不屈不挠的精神，感佩肖贡廷主事和各位老师尽心、尽职、尽责的担当与爱校精神！

他真诚地勉励同事们：昔西哲费希特于拿破仑入侵而德意志破败之余，独倡改造德意志民族性新教育，而卒以成强大之德；格龙维（丹麦思想家、教育家）于丹麦危亡之倾，独创民众高等学校以唤起民族之爱国观念，而卒以成殷富之丹。"教育救国""良师兴国"，此实按之古今中外，而不爽者也！郎督学赞誉枫林三化新教育为全国之先导，枫林之迈进，更可一往无前！周方的教诲，鼓舞着枫林每一位教职员工的士气。在任何困难和挫折面前，大家都咬钉嚼铁，无所畏惧。学习费希特，学习格龙维，以教育振兴我中华民族！

为了在枫树坪废墟上尽快复员枫林中学，周方含辛茹苦、百折不挠。他奉献教育，屹然山立的精神感染了社会友善人士和亲朋好友，一年下来先后通过各渠道筹措款项：通过余建秋署长从湖南救济分署获得二百万元补助费；从教育厅获得枫林复员费三百三十万元；求得丁鹏翥校董承保，在农民银行贷款二百万元；得到老朋友邹蕴真（躲避日寇时，曾得周方相助，携家眷在新化枫林避难）资助，免息借谷二百石，还向其戚友李君、戴君借谷二百石。周方一边筹款一边基建，用所筹集到的资金，以及后来陆续在市民银行和中央信托局贷到的钱款，确保学校重建顺利完工。到 1948 年 2 月，枫林如愿复员长沙，同时还添置了必需的办公用具、图书和理化实验仪器。枫林实验班也从马栏山黄衍熏家搬回了枫树坪。

北宋大诗人苏轼云："古之立大志者，不惟有超世之才，亦必有坚韧不拔之志。"周方就是这样一位献身教育，坚韧不拔的大志者。他矢志教育救国，践行磨血育人，以图变求新的办学理念和经世致用的办学方针，开创"三化"教育新思想，革除旧学制流弊，挑战读书做官的贵族教育、游民教育、虚荣教育。可悲的是在官本位的旧社会恶习下，和一心只为升官发财的国民政府里，周方普惠民众的教育事业很难得到公平的扶助与支持。他只能凭自身的信念、理想和毅力，在艰难困苦中团结志同道合者，挺起肩膀扛起平民教育的重担，自强自立，硬撑苦熬，跋涉前行。抗战胜利后，周方钵肝刿肾，在长沙、新化两地办四所学校，薪火相传、携手图强、成绩斐然。1946 年枫林复员枫树坪后对教学班级和培养学生的统计就足以见证其丰硕成果。

表 1　枫林中学复员后教学班级和学生人数统计表

教育类别		1946 年		1947 年		1948 年		1949 年	
		班级（个）	人数（人）	班级（个）	人数（人）	班级（个）	人数（人）	班级（个）	人数（人）
中小学教育（含新化）		33	889	38	914	44	858	43	873
长沙工学团教育		5	41	7	41	6	48	6	66
长沙社会教育	民众班	4	383	6	417	8	318	7	423
	流动教学处	6（处）	279	9（处）	378	10（处）	433	10（处）	670

周方曾在《枫林释名志感》中写道："唯是教育者之用心，每撼'教育救国''教育建国'之宏愿，而始肯牺牲其毕生精力，以从事此艰苦之工作。方之痴心，固未尝一日而不思以此'救国''建国'也。""故方自从事教育，即不敢妄自菲薄，便以救国建国悬为理

长沙复员建校步履艰难　两地民范枫林携手图强

想企图。而对此三化教育之主张，尤自认为乃实现三民主义教育之唯一路径。树人之计，岂仅百年，独有千秋，不容菲薄。人人抱百年心，应不随流俗竞荣利于一时，而各具超人之思想与志趣；醉生梦死之社会，庶可由此而振醒；自私自利之企图，庶可由此而打破；继往开来，化民成俗，其在兹乎？"

　　周方就是抱定这样的信念，百折千磨终不悔，但求霖雨济苍生，痴迷执着于教育事业。他自1921年二十元办私立平民补习学校，后为平民女子职业学校，开平民职业教育之先河，并发起成立"湖南平民教育促进会"；1931年十元办枫林，后又办枫林工学团，献身平民教育穷当益坚。二十八年筚路蓝缕，摩顶放踵，跋蒥千里，谋教育平等，倡妇女解放，创三化理论，熠熠生辉。虽然学校多次迁徙，惨遭焚毁，仍志不可摧，情不可移，坚持办学，弦歌不辍。到1949年，长沙、新化两地培养的学生成千上万。单新化校产、农场、工厂，粗估价值二十余万，还有农场、鱼塘拥地百余亩。在物质上可说是"一本万利"了。至于其精神财富，社会贡献，岂可估量？每念及此，周方感到苦中有乐，劳有所值，不枉此生。想起1925年在湖南平民教育促进会成立周年纪念庆祝会上，他所撰楹联："新世界是平民大舞台，我们当努力爬上去；旧教育为贵族装饰品，大家应尽量翻过来。"现已美梦成真，周方由衷地感谢几十年患难与共、风雨同舟的每一位志士同人！衷心感谢给予他关心、帮助、支持的所有社会贤达、各界人士和平民百姓！永远不忘家人亲属的关爱、理解与贴心扶持！

　　由"五四"时期发端的我国平民教育运动，伴随着旧中国的革命与抗战的历史，曾经大潮激荡；也经历了从万众响应的辉煌高潮到少人问津的艰难低谷。参与其间的众多勇者豪杰也在其中不断分化转变。而周方始终坚定信念，高举平民教育大旗，为国为民，披荆斩棘、力克艰难、奋勇向前。随着真正以劳苦大众为本的新中国的建立，矢志平民教育的周方，也迎来了生命与事业新的辉煌。

拾壹

新中国屹立东方
黑夜逝去见太阳

湖南和平解放　　翻开崭新篇章

抗日战争胜利后，中国共产党顺应全国人民和平建国的迫切愿望，毛泽东、周恩来、王若飞以弥天大勇，飞赴重庆同国民党进行和平谈判。最终经过艰苦努力，国共双方于 1945 年 10 月 10 日签订了《双十协定》，1946 年 1 月 10 日签订了《停战协定》。但国民党反动派在美帝国主义的支持下，于 1946 年 6 月底，撕毁停战协定和政协决议，悍然对解放区发动全面进攻。中国共产党领导解放区军民英勇地进行自卫反击，开始了伟大的人民解放战争。

到 1947 年 7 月，中国人民解放军由战略防御转入战略进攻，迅速改变了国共力量的对比。1948 年 6 月，在中国人民解放军不断取得胜利的形势下，蒋介石为稳住华中，牵制桂系，任命程潜为长沙"绥靖"公署主任兼湖南省政府主席。鉴于程潜与蒋介石、李宗仁矛盾较深，其言行表示出有走和平道路的可能，中共湖南省委根据中央指示，决定争取程潜实现湖南和平解放，遂成立了军事策反小组。仇鳌受邀参加策反工作，还联络政治、文教、工商和社会各界人士，造成湖南和平解放的强大社会声势。周方跟随时任枫林董事长的仇鳌(曾为同盟会会员,将船山学社支持毛泽东办自修大学)，时任民范董事长的马子谷，原周南女校同事、教育界好友周世钊等，一同积极开展反对内战，争取湖南和平解放的活动。组织学生到大街小巷，进行反对内战，争取和平的演讲。1948 年 8 月 1 日，周方参加了省会各界知名人士共 578 人联名发布的《长沙各界为拥护当

拾壹

局主张，避免战祸，呼吁和平宣言》活动。1949 年 2 月，"长沙市和平促进委员会"成立，仇鳌任主席。周方竭尽全力支持，积极参加了"反对内战，争取和平"的宣传活动。

在中共地下党的不懈努力和长沙各界进步人士的参与、推动下，程潜决意脱离国民党政府。1949 年 2 月，程潜早年的学生、国民党第一兵团司令陈明仁所部，由湖北调驻湖南长沙等地区。程潜向陈明仁表达和平起义的意向，陈明仁表示愿意一致行动。4 月，中共中央主席毛泽东委托民主人士转达对程潜走和平道路的殷切期望，进一步坚定了程潜和陈明仁倒戈起义的决心。

7 月，程潜和陈明仁接受《国内和平协定》，于 8 月 4 日率长沙"绥靖"公署、第一兵团和所属 3 个军部、9 个师、3 个保安师共七万七千余人通电全国起义，长沙宣告和平解放。毛泽东主席和朱德总司令立即向程潜、陈明仁及全体起义将士发出贺电："诸公率三湘健儿，脱离反动阵营，参加人民革命，义声昭著，全国欢迎，南望湘云，谨致祝贺。"

1949 年 8 月 2 日，长沙成立了以仇鳌等人为首的长沙市各界迎接解放联合会（简称"迎解联"），组织各界群众为迎接中国人民解放军和平谈判代表团入城，并为组织慰问队慰问中国人民解放军和起义的国民党军警，做了周全布置。

8 月 5 日晚，皓月当空，威武雄壮的人民解放军一三八师，从东屯渡出发，经五里牌，进入小吴门，举行隆重的入城仪式。十万以上的百姓，箪食壶浆、敲锣打鼓、夹道迎接。鞭炮声、歌唱声、欢笑声、口号声，此起彼伏，肩背相望，响彻长沙夜空。周方率民范、枫林的师生，与省立一中、第一师范、长郡、明德、周南等许多学校的学生，激情浩荡，挥舞彩旗，迎接英雄的解放军凯旋进城。狂欢的人群欢歌曼舞，通宵达旦。湖南和平解放了，得民心，满民意，顺应历史潮流！

仇鳌对长沙和平解放给予高度评价，他说："自辛亥革命以来，长沙多次易守，这次和平解放，不放一枪一炮，百姓安居乐业，实乃 38 年中绝无仅有之盛举！"除仇鳌所言之外，长沙和平解放还有极为重要意义：它为促进华南、西南和西北一些地方的实力派，以及国民党军队的爱国将领，走向和平起义的光明道路，发挥着不可替代的推动引领作用。

随后，人民解放军继续向中南、西北、西南各省胜利大进军，到 1949 年 9 月底，除西南和广东、广西部分地区外，全国绝大部分地区获得解放，国民党蒋介石集团被彻底赶出中国大陆。1949 年 10 月 1 日，三十万军民欢聚北京在天安门广场，举行轰动世界的开国大典。毛泽东主席在天安门城楼上向全世界庄严宣告：中华人民共和国中央人民政府成立了！中国历史进入全新的纪元。中国人民傲然站立起来，结束了一百多年来被侵略、被奴役、被压迫的屈辱历史。到 1949 年 12 月底，人民解放军全部歼灭了中国大陆上的国民党军队，解放了除西藏以外的全部中国大陆。

中华人民共和国的成立，使中国发生了翻天覆地的变化。一夜之间，人民当家作主。昨天的一切，彻底消亡；今天的一切，翻开新的篇章。新中国百废待兴，同时也百业正举。教育部一马当先，于 1949 年 12 月 23 日至 31 日，在北京隆重召开中华人民共和国第一次全国教育工作会议。与会代表二百余人，周方应邀参加了这次盛会。

大会上中华人民共和国教育部第一任部长马叙伦致开幕词，他说："这一次的会议，是新中国诞生后的第一次全国性的教育工作会议，它标志着我们新的工作的开始，因此是具有极其重大的意义的。"根据《中国人民政治协商会议共同纲领》，他指出中华人民共和国教育的性质是"新民主主义的，即民族的、科学的、大众的教育"。主要任务是"提高人民的文化水平，培养国家的建设人才，肃清封建的、买办的、法西斯主义的思想，发展为人民服务思想"。他指出："全国教育的制度，各级学校的课程、教材、教学方法、

拾壹

师资，等等，都要求一个彻底的，同时是有计划有步骤的变革和解决。"还强调指出工农教育的重要意义是"有效地帮助工人农民在文化上翻身，使他们掌握起文化科学的武器，使他们的智慧与才能得到充分的发挥，是巩固人民民主专政，建设工业化的新中国的条件"。会议提出今后相当长的时期内，发展教育应以普及为主，着重为工农服务，使普及与提高正确结合。

听了马叙伦部长的报告，周方感到欢欣鼓舞，对所提新教育的性质、任务和要求，欣然赞赏。他觉得自己在茫茫黑夜中探寻和践行的平民教育思想与三化教育改革与之甚是相符，几十年为之奋斗的路子走对了！在31日的闭幕会上，周方被安排在大会做重点发言，共提出六点建言，主要内容如下。

第一，怎样普及劳动生产教育于各级学校。"爱劳动""重生产"应为我国今日主要政策，尤为教育青年所不可刻缓之实际课程。加以要肃清封建的、买办的、官僚主义的反动思想，更需先根绝青年"读书人做官"的虚荣心理，建立劳工神圣，双手万能的思想不可。今后由小学而中学大学及一切训练班，首先要以普及劳动生产教育为前提，才可符合中国共产党与新民主主义的一般政策和文化教育政策。

第二，各级师范学校和师范大学，应特别注意培养劳作和工农师资。前项所提普施劳动生产教育是否有效，最要紧的关键在师资是否得人心。若没有"实干"而且"能干"的好导师，那是不会有好成绩的。所以在各级师范院校，特别要培养劳作工艺专才，或吸收已具工农技术的优秀分子，再加以教育科学知能和教学方法。

第三，举办工农速成中学，尤宜重视科学生产，才可成为胜任中华人民共和国建设的骨干。如原操皮匠业者，教之化学煮染皮料；原操染织业者，授以新法染织；原业农圃者，教以科学选种、施肥、除虫和新法畜殖。不仅可逐步深造以成专才，还会在此速成中学期间，被育为知能两全之中级生产干部。大学要社会化，通过自修大学，帮助有志者凭借工读结合，业余完成专科或本科学业。

第四，特别奖助职业教育。为贯彻以工农领导各阶层的人民民主专政的国策，对职业教育务必以全力来倡导奖励，才可能使生产落后的中国尽快翻身起来。现在受惯了封建习惯熏染的青年，视劳动如桎梏，视生产为下流，不以"吃白""吸血"为耻，而反以"安坐而食"为荣，以致各职业学校招生寥若辰星；各中学招生便趋之若鹜。这种青年思想非彻底改造不可！而改造的要点是：重视劳动生产，理论与实际配合，奖助职业教育。

第五，提前策动扫除文盲工作。全国文盲占比百分之八十五以上，扫盲任务极其艰巨。要成立识字运动委员会，统领全国城乡一体化扫盲，宜愈早愈好。效法苏联，从中央到地方，加强扫除文盲工作的层层策动。

第六，分别改造与奖助私立学校，对边远贫瘠区域、为劳苦大众设教者尤以特别补助。私立学校除营业式者应予取缔外，应肯定多数实在为国家社会"育才兴学"下了很大的工夫。它们免使学生失学、教师失业，在安全社会和策动群力两点上，有它们很大作用。对以下三者：（1）私人或团体锐志兴学，愿牺牲一切以终身从事教育者；（2）对工农阶级或其他特殊民族、贫苦大众和盲、哑、残疾，而举办半工半读之教育者；（3）对反动时代不满，而私人教育研究符合民主，有其具体办法与一贯作风，以求实验其理想者。在新民主主义政治下，当予特别奖励。

周方的发言，中肯务实，对症开方，在与会代表中引起强烈共鸣。大会秘书就发言要点，在会上连续重复宣读三次以帮助大家备忘。后来教育部在制订1950年工作计划时，周方的发言又被列为重点建言，在制定教育规划和政策时大部分内容被采纳。

会议期间，周方还将自拟的《自修大学纲要草案》（图11-1），呈旧友政务院秘书长兼统战部部长李维汉。其主要内容是：解放后教育设施大转变，可厉行自修大学或大学扩充教育，让一般

拾壹

新中国屹立东方　黑夜逝去见太阳

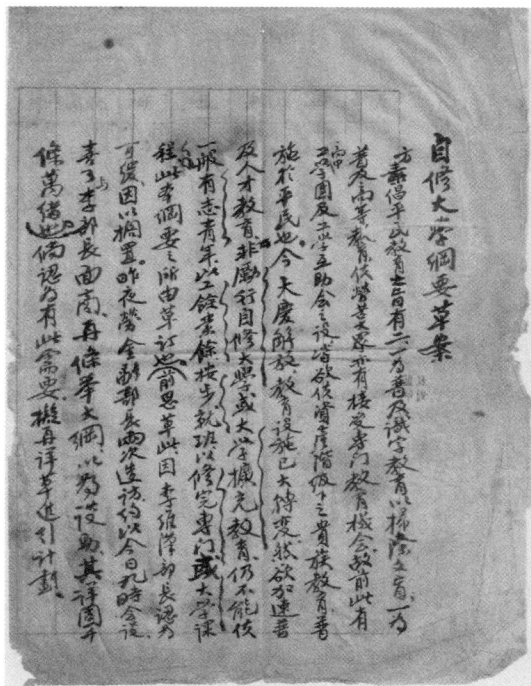

图 11-1　《自修大学纲要草案》首页

有志青年以工余业余，按部就班修完专科或本科课程，获得大学学历。周方还对有关自修大学的办学宗旨、科系设置、教学方式、组织领导、考试评定、收费标准、毕业待遇等问题进行了阐述。总之，周方深刻领会了国家要调动一切社会资源，创造各种条件发展教育，满足各阶层有志者接受教育的精神，提出要让这些人都可以通过业余学习，获得大学教育。

统战部副部长金城两次造访周方，告之李维汉部长肯定了他所拟自修纲要草案的提案内容。该内容很好地延续了 1921 年毛泽东、何叔衡所办湖南自修大学"使文化普及于平民，学术周流于社会"的办学宗旨，是为在职成人提供业余上大学的机会，是新中国多渠道进行大学教育的好办法。金城还告诉周方，李维汉部长将约他单独面谈。

很快，李维汉部长就与周方相会。见到故交、好友，周方很是激动。李部长仍似当年和蔼可亲、平易近人，让周方毫无顾忌。他畅所欲言，详细汇报开办自修大学的整体方案与实施细则。李部长听后，肯定周方所提建议方向正确，切合国家现实，迎合群众需要，所提措施值得参考。当即郑重交代秘书，认真组织讨论，对带政策性的问题，要慎重研究。临别时，李部长紧握周方的双手，夸他心系教育，务实求新；替国劳心，为民谋益，初衷不改。勉励他今后继续为国效力，并衷心祝愿静庵老兄身体健康。

让周方倍感欣慰的是，1951 年起国家开始试行中等函授教育。到 1952 年，大学也开办函授教育，为广大在职人员提供业余深造机会。这与自己建言开办自修大学的构想基本一致，只是名称改为函授教育。

周方的恩师，中央人民政府委员徐特立老先生参加了这次教育大会。周方程门立雪，专门拜见了徐老。师生久别重逢，盛筵难再，格外亲热。在向恩师汇报近况时，周方很惭愧地说："当年与润之、林彬一道探寻救国救民之路，我选择了教育救国，致力于平民教育。当时因舍不得丢脱我刚起步的平民女子职业学校，谢绝润之的热情相邀与耐心相劝，未与好友同行。现在毛主席已完成他的伟大功业，登上大舞台大显身手了。可我虽然尽心竭力于平民教育，但因反动统治而理想与抱负很难实现，至今还无所建树，自问真堪愧死了。"徐特立老师忙说："静庵呀，你不要妄自菲薄。你对人民教育事业是有贡献的啊。"恩师的鼓励褒奖，让周方心中宽慰了许多。他表示中华人民共和国成立了，更当努力献身人民的教育事业。

大会结束后，当年的湘籍挚友李维汉、李富春、蔡畅等国家领导人，受托在北京怀仁堂设宴款待周方。一见面，蔡畅握着周方的手很关切地问："静庵兄，身体还好吗？"周方很感激地说："感谢毛妹子（蔡畅乳名）。你看，蛮好的。要是林彬（蔡和森又名）能看到新中国成立该多好呀。"李维汉极其沉重地说："是呀，今天的胜利是无数先烈用生命和鲜血换来的，我们永远怀念他们。"
大家把酒言欢，欢若平生，一往情深地忆往事、叙真情，相谈甚笃。
周方为当年因病未能与李富春、李维汉、蔡畅等一同赴法勤工俭学
而遗憾；十分感谢李维汉、蔡畅，还有谢觉哉给平民女子学校义务
讲课，支持他的平民教育事业；恭贺各位现在都是国家的栋梁，人
民的领导。三位好友也由衷地称赞周方，数十年如一日，心系劳苦
大众，锲而不舍地献身平民教育，殚精竭虑，受尽磨难，却咬定牙根，
无怨无悔。现成绩斐然，可钦可佩！他们特别郑重提出，中华人民
共和国建设求贤若渴，请周方考虑来京效力。周方婉言谢绝，并真
诚地说："谢谢各位挚友抬爱。国家解放，百废待兴，教育正可有
大的发展。我要趁势而上，回湘继续把民范和枫林办好，有条件还
要争取办大学哩。"三人十分理解周方矢志教育的宏愿表示尊重他
的选择。周方为国为民默默奉献，真心实意甘当老黄牛，不为名、
不图利、不求官，苦干、硬干、拼命干，展现的就是中国脊梁的品行。

　　周方与既是国家领导人，又是老朋友的三人亲密无间、推心置
腹地开怀畅谈，抚今追昔感慨万千，深情厚谊深深刻印在他美好的
记忆中，展望明天更要坚定地献身平民教育！

宏誓大愿谋发展　识时达务重学习

怀着幸福与自豪的喜悦之情，周方回到了长沙。他将新中国第一次全国教育工作会议的盛况，以及受李富春、李维汉、蔡畅等国家领导人热情邀请，欢快餐叙的情景，还有拜见徐特立恩师的大喜事，意得志满地向民范、枫林的老师们进行了介绍，让大家分享幸福与喜乐。

1950 年元旦过后，周方立马组织学校教职员工，认真学习马叙伦部长在教育工作会议上的报告。他号召大家要热爱新中国，拥护共产党，努力改造旧思想、旧观念、旧习惯、旧传统，以更大的热情和努力，投入祖国的建设；并提出坚定地跟共产党走，按建国要求，除旧立新把学校办得更好、更加生机勃勃。

踌躇满志的周方，弘誓大愿谋发展。他遵循全国教育工作会议精神，对 1949 年 10 月刚编制的《湖南私立枫林学校新教育实施计划草案》，组织力量进行修订。鉴于枫林中学实验班与工学团一贯的教学方针，与新民主主义的新教育思想不谋而合，故而教师们在讨论时，很快取得统一认识。新时期枫林中学的发展规划，以全国教育工作会议精神为指导，基本内容如下：

第一部分　实施新教育的理想

一、彻底落实三化教育和五子训练，以期达到新中国民族的、科学的、大众的文化教育目标，走为人民服务的道路。

二、彻底实施"爱劳动"教育，务使在校青年训练成为具有农工的身手、科学的头脑、艺术的兴趣。

三、彻底改革消费教育的旧传统，以生产方法，自力更生，维持与发展教育，使每一位学生最少获得一项生产技能。

四、彻底实施导师制，以期师生彼此亲切，而收人格感化之效。

五、彻底实施健康教育，使每个学生锻炼出强健的体格。

六、科学设置课程，分年集中讲授。减少不必要的学科，以集中学习精力。推行学分制，便于学生自由选习，适应个性和专长发展。

七、彻底打破学校与社会的界限，培养每个学生不但有服务社会的决心，而且有服务社会的本领。

八、彻底面向社会教育，使学校周围五公里以内，无失学儿童，无不识字民众。

第二部分　实施新教育的做法

该部分内容，分别从操作原则、行政组织、学校生产、课程教材、劳动生产、社会服务、健康运动、生活辅导等八个方面，进行了详尽阐述。例如提到学校管理，要求彻底实行民主制度，校务由师生共同参与，以达公开公正、互谅互助之目的；提到学生培养，务以招收农工子弟为基准，尤注意学以致用，体脑结合，培养其康乐奉献精神，俾能耐劳忍苦，造就新时代的新青年；提到教师选聘，必须是拥护共产党，热爱新中国，学有专长，能日求精进向上，刻苦耐劳，爱生如子，善于带领学生开展活动，且态度和蔼，虚心接受意见，关爱体贴他人者；提到劳动生产，明确指出校园整洁、庭院布置、蔬菜种植、果园培植、喂猪、养鸡鸭鱼羊、缝纫实习等动手工作，均可利用课余时间，组织师生共同参与，生产所得，公平分享。

第三部分　完成新教育的步骤

一、发展准备时期

自 1950 年 1 月起至 1952 年 12 月止，以三年时间作好本规划全部开展之准备。中小两部课程，应改造完成。学生劳动生产与服务社会之风气，应彻底养成。并能彻底做到真正民主作风。要尽量运用游资扩充生产设备。必要时小学部可与区公所合办；初中部亦可与其他学校如与民范合办；高中部也可另作农艺训练班办。

二、扩充初中小学设备时期

自1953年1月至1956年7月止，共期三年半，各种生产工作应逐渐有盈余，除保留一部分作生产之扩大外，其余概用作初中部及小学部扩充设备和改善教师待遇之经费。在本学期应新增添初中部与小学部各六个班所需图书和仪器，还要新开辟足供五百学生活动的场地。

三、完善中小学设施时期

自1956年下期起至1959年下期止，共期三年达到小学十二个班、初中九个班的规模。对民众图书馆、科学馆、体育馆、乡村公园、民众俱乐部等设施，力求完备。高中农艺训练班视需要逐年增加，集中学校财力物力，扩充教学设备。

四、筹备发展高等教育时期

自1961年起，学校生产应不仅能维持办学开支，并年有盈余。故应开始筹备发展高等教育或专科讲座。保守考虑，学校设备、设施已足够开办一所农业专科学校，只待人才经费两有着落，即可开办。然具体时日暂不能定，须视国家政策与民众教育的协调发展再决定。

第四部分　相关说明

该部分内容从八个方面对发展规划中的细则问题进行补充说明。特别指明，枫林中学是一所私立学校，其后究竟如何发展，完全视国家对私立学校的新政策而定。若该规划与新政相悖不适应，则必须照新政办。另本规划包括新化、长沙两部在内。唯新化先以守成为多，俟长沙实验有效，即推行到新化以深入到农村。还强调本规划成败的关键，系于全校教职员工。如不能志同道合，就是硬干十年八年亦终难完成。故务需同人以公而忘私，以服务大众的精神来完成此项有意义、有伟大价值之宏愿。

　　枫林中学所订新时期发展规划，其办学的教育理念与运行机制，在当时实属罕见独特，极合乎 1949 年后培养新青年的需要。此外，周方还组织学校教职工下乡开展劝学活动，也是极其罕见又难能可贵的办学之举。当时农村青少年（特别是女孩子）失学情况普遍，为改变这种状况，周方发动教职工，利用假期深入新化县各乡村郊野，走家串户开展劝学工作。家在外县的老师，周校长也要求他们规劝家乡的失学青少年。枫林中学对于贫寒子弟，一律免费入学。

　　1951 年，新化枫林中学新招三个班（二十六、二十七、二十八班），其中二十八班四十多名学生，全是劝学入校的新生。原二十八班学生，从邵阳市人大常委会退休的处级干部，八十九岁的陈代明老人特别感慨地回忆说："当年枫林中学的劝学活动，我是受益者。是黄霞仙老师来家劝学，我失学两年后入学枫林中学，因家庭困难还免交学费和食宿费，顺利完成初中学业。1954 年毕业我参军到空军部队，转业分到地方政府工作直到退休。枫林中学的劝学，改变了我这个农村苦娃一生的命运，我一辈子不忘周方老校长，不忘班主任黄霞仙老师，不忘母校枫林！"

　　中华人民共和国像初升的太阳，光芒万丈。周方欢欣鼓舞，斗志昂扬。他以前所未有的信心与期盼，号召民范和枫林的师生，以愚公移山的不惧艰难、精卫填海的志坚行苦、夸父逐日的勇往直前，协心戮力实现心中美好的愿景！全校师生围绕"劳动化、生产化、社会化"的三化教育思想，紧跟新时代，开展破旧立新的教学改革活动，如强化生产实践的训练；突出劳动光荣的教育；增开中国革命斗争史课程等。两校把教育融入社会大环境，结合刚解放新旧制度交替的时代背景，将破除封建糟粕贯穿于教学，教育学生除旧纳新取得明显成效。

　　按照周方的布置，各教研组集体备课，课程讲授结合社会实情，剖析封建社会落后的思想观念、伦理道德和生活习俗，让学生了解什么是封建糟粕，应该怎样批判和抵制。老师们的讲述来源于实际，通俗易懂，譬如：

封建等级制度 封建社会按贫富与出身，将人分成不同等级而享有不同权利，人为造成社会的不公平。如刑不上大夫，礼不下庶人；穿戴出行按等级各不相同；包办婚姻，买卖婚姻，等等。这都是践踏人权的等级制度。

男尊女卑 封建社会一直维系男尊女卑的价值观，男人享有的社会、政治、经济地位都比女人高。社会规定女人不能超越男人，限制女人受教育的权利与自由发展，人为地制造男女不平等，阻碍妇女解放。

愚民政策 统治者把民众视为愚民，只能按其意图行事和就范，以巩固对老百姓的统治。《论语·泰伯》子曰"民可使由之，不可使知之"就是鼓吹愚民政策。中国一千多年的落后，以及国人骨子里存在的奴性，无不是封建专制思想和愚民教育所造成，扼杀了民众的独立自主与革新图治精神。

体脑对立 把体力劳动与脑力劳动截然对立，宣扬"劳心者治人，劳力者治于人"和"读书做官论"的剥削阶级思想，造成体力劳动者与脑力劳动者之间的不平等。这些观念都妨碍对理论知识和应用技能的学习和融合，严重影响学生对生产技能的学习。

宿命论思想 宿命论认为皇帝、贵族和草民都是命中注定，在社会上各人只能认命，所有的不平等无可非议。宿命论为封建糟粕提供理论基础，宣扬万事万物是上天安排，谁也不能改变。它是精神鸦片，麻醉人民的意志和思想。

进行这样的讲授，在那时是相当前卫的，说明周方的教育思想是紧跟时代，不断更新进步的。让学生认识社会生活中封建糟粕的落后与危害，对学生解放思想，接受新事物，热爱新中国大有裨益。学生们回到家里，还会向父母兄姐讲述封建糟粕的危害，帮助邻里

拾壹

新中国屹立东方　黑夜逝去见太阳

乡亲提高思想觉悟，跟上新社会的发展。学生刘莉莉，就在家中反对封建主义，支持姐姐反抗父母亲的包办婚姻。

有的学生还请教周方校长，像《三字经》《弟子规》《增广贤文》《论语》这类读物，是否能读。针对这一提问，周方校长悉心回答学生："同学们问得很好。这类作品反映的是古代的社会生活与道德伦理。尽管不容置疑是经典之作，但古人的创作不可能超越所处现实社会，不可能脱离当时的客观存在，必然留有那个时代的印记。它们内容广博，教益深远，在思想观念和文化知识方面，绝大多数内容也是让人深受教育的。至于存在其中的封建糟粕，相对较少，应该说'瑕不掩瑜'。因此，我们不能一叶障目予以否定，而是要好好学习华夏文明灿烂夺目的国学经典，并努力传承发扬。对其瑕疵我们也不隐讳，区分正确与谬误，批判地接收。一句话，取其精华，弃其糟粕，这就是正确对待古代典籍和文艺作品应采取的正确态度。"周方校长的一席话入情入理，让学生们拨云见日，明白反对封建糟粕并非否定中华传统文化，国学经典一定要认真研读。

中华人民共和国成立前夕，华北局组建了华北人民革命大学，刘澜涛担任校长，为国家建设培养急需的军事、政治、经济、文化、教育及群众工作等方面的革命干部与建设人才。

识时达务的周方，为了改造旧思想，紧跟新时代，他勤学不辍。得知华北人民革命大学招生的消息后，他争分夺秒地安排好长沙新化两地四校的各项工作，并报校董会，聘黄衍熏任新化枫林中学副校长。1950 年 3 月，得统战部部长李维汉的引荐，周方入华北人民革命大学政治研究院第二期学习，被编入第七班。入该研究院学习的学员，都是高级知识分子、有声望的民主人士以及国家的统战对象。

学员们来校学习的目的，就是通过接受教育，改造旧时思想，消除旧时观念，拥护共产党，认同新政权，使自己融入新社会，为中国建设做贡献。教学内容为马克思列宁主义毛泽东思想，中国革命理论；中国共产党的组织和历史；新民主主义的政治、军事、经济、文化、土地、民族等各项政策。学习形式主要是听报告、学文件、讨论、座谈，再对照个人情况进行检查、反省，还要互相评议，与考试成绩一同评定学习的优劣。合格者准予毕业，未能毕业的学员还会受到惩处。班委会对周方的评定是：学习目的明确，学习态度端正，敏于接受新思想、新理论。为人耿直厚道，坦率直言，开展批评与自我批评，结合实际不空谈，在教育理论方面有独到见解。最后加上卷面考试成绩，周方综合评定获得全班为数不多的甲等好成绩。同年12月周方圆满完成学业，喜获校长刘澜涛签署的华北人民革命大学毕业证（图11-2）。

图11-2　华北人民革命大学毕业证

拾壹

在华北人民革命大学政治研究院第二期学习的同学中，有两人周方印象最深，一个是沈从文，另一个是包惠僧。

沈从文（1902年—1988年）是湖南凤凰人，中国著名作家，创作的《边城》是"牧歌"式小说的代表作。1950年3月2日，沈从文进入北平城内拈花寺的华北大学进行思想学习，4月转入华北人民革命大学政治研究院第二期学习。他与周方是湖南老乡，都喜爱田园山野，都体谅劳苦民众。毕业后沈从文先后在中国历史博物馆和中国社会科学院历史研究所工作，主要从事中国古代历史与文物的研究。他的《中国古代服饰研究》填补了中国物质文化史上的一页空白。

包惠僧（1894年—1979年）受周恩来总理安排，1950年3月入华北人民革命大学政治研究院第二期学习。周方与包惠僧都受过周总理的恩泽，又有缘为同学，很是相得。包惠僧在革命大学通过学习改造后，写了一份长达3万言的《思想总结》，对自己前半生的思想进行了梳理，对每一阶段的错误及其根源进行了检讨，态度十分诚恳。1950年12月在华北人民革命大学毕业后，任中华人民共和国内务部研究员，后任参事。

华北人民革命大学政治研究院的学员中，经历不凡、学有专长者比比皆是。从沈从文与包惠僧两人戏剧性的人生经历中，周方感叹：人生的哲理千条万条，认准方向，走对路子是第一条。周方看准新民主主义道路，认定它是全国人民幸福的康庄大道，坚定不移地大步流星，直奔向前！

壮心不已志弥坚　化私为公心底宽

1950 年底，周方从北京学习回来，神清气爽，面目一新。虽年近花甲，但仍以饱满的热情和强烈的责任感，壮心不已志弥坚，要为祖国贡献力量，要为教育事业新增光彩。

1950 年，朝鲜战争爆发。国内五万万同胞，同仇敌忾。举国上下，全力以赴支援抗美援朝。作为鱼米之乡的湖南，义不容辞地为志愿军提供粮食后勤供给。当时长沙急需粮食仓库，周方主动将长沙北郊枫树坪的枫林中学校舍，捐献出来做粮库，支持抗美援朝。枫林中学则与民范女子职业学校合并，更名为民枫职业学校，校址设在民范所在地长沙肇嘉坪。周方一家也从枫树坪枫林中学搬出，买下蔡锷北路 290 号一幢二层小楼安顿住下。

新组建的民枫职业学校，董事会仍由仇鳌、王季范、黄士衡、马子谷、周方、罗元鲲、向郁锴、丁鹏翥、周调阳、刘寿祺、何炳鳞、邹蕴真、谭天愚、甘融、孙伟等十五人组成，仇鳌任董事长，黄士衡任副董事长。周方继任民枫职业学校校长，甘融任副校长。学校的教学工作按部就班，井井有条地顺利进行。从当时学生的毕业照中可看出，学校校名有时被称为"民枫职业学校"（图 11-3），有时被称为"民枫技术学校"（图 11-4）。

新学校组建后周方很谦和地对甘融说："甘融贤弟，1915 年我俩同时考取湖南高等师范学校，你荣登第一名，我是第六名。现在第六名当校长，第一名当副校长，委屈贤弟啦。"甘融忙摆手说："兄长过谦，一次考试纯属偶然，不足挂齿。民枫有静庵挂帅，甘融定鼎力相助！"言罢，两人满面笑容拱手互敬，彼此间无争名夺利之嫌，

拾壹

新中国屹立东方　黑夜逝去见太阳

只有团结一心之说。

图 11-3　民枫职业学校学生毕业照

图 11-4　民枫技术学校学生毕业照

周方在民枫职业学校，紧跟国家形势，大力开展抗美援朝的宣传教育活动。他们在学生中培养了四十四名宣讲员、四十名读报员、两支文艺宣传队共六十八人。老师领队，带领学生走向社会，深入街头巷尾，向市民宣讲抗美援朝，保家卫国的重大意义；介绍志愿军的英雄事迹；控诉美帝国主义的侵略罪行。每次参加宣讲、读报、控诉会、看演出的市民，少则十几人，多则上百人。学校还以班级、团支部名义，向志愿军写慰问信四十八封。这些活动除唤起群众抗美援朝的爱国热情，以实际行动捐款捐物外，更培养学生树立为国效力、为民担责、保家卫国的理想和抱负。

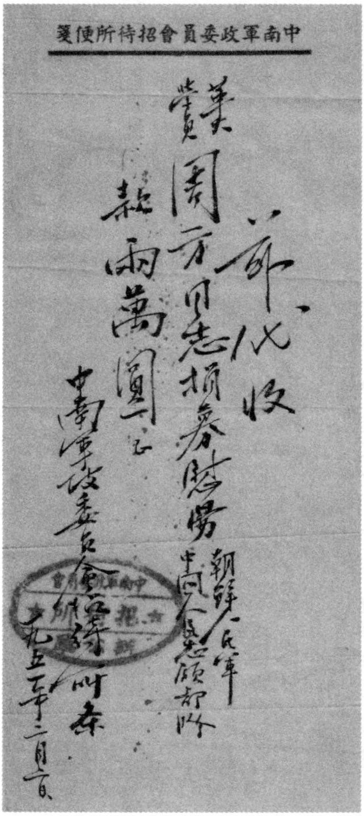
中南軍政委員會招待所便箋

茲代收
周方同志捐募慰勞朝鮮人民軍中國人民志願部隊
款兩萬圓正
中南軍政委員會招待所条
一九五一年二月二日

图 11–5　周方捐款收据

1951 年 2 月 2 日，周方以革命大学学员身份，向中国人民志愿军部队和朝鲜人民军，捐募慰劳款两万元。中南军政委员会招待所开出了代收证明（图 11–5）。

对新组建的民枫职业学校，周方最关心的还是教学质量。他特别注意合并后教学工作的统筹兼顾，师生员工的团结协作。根据在北京学习的经验，他从提高教职工思想觉悟，统一办学思想入手，召开全校教职工会议进行政治思想教育。周方以自身体会，将心比心和大家说，我们现在由两校并一校，最需要的就是同心同德，团结包容。我们都是从旧社会过来的知识分子，身上不可避免地留有旧社会的印痕。现在解放了，我们要热爱新国家，主动融入新社会，自觉

拾壹

接受共产党的教育和改造，使"旧我"变成"新我"。周方举例华北革大同学沈从文和包惠僧，二人都是大名人，但依然接受改造。这是大势所趋，不以个人意志为转移。只有认真反省自我，剔除思想上的封建性、买办性和个人主义糟粕，才能进步，跟上新潮流。周方认识到现在的教育是"民族的、科学的、大众的文化教育。人民政府的文化教育工作，是以提高人民文化水平，培养国家建设人才，肃清封建的、买办的、法西斯主义的思想，发展为人民服务的思想为主要任务。"这是教学工作中必须遵循的方向，只有牢牢把握这个方向，民枫职业学校才能取得新成就，获得新发展。

周方还把刘澜涛校长在华北人民革命大学关于"忠诚老实问题"的讲话，传达给大家："忠诚老实，是作为人民的勤务员，人民国家的干部，所必须具备的先决条件。所谓忠诚老实，就是为人民服务，必须采取全心全意、言行一致和实事求是的态度，而不能是相反的态度。任何阶级，任何党派，以至于任何个人，凡是对真理、对人民采取忠诚老实态度的，最后一定得到胜利，有光明的前途；反之，则必定走向失败，走向没落和死亡。"他告诫大家，要把忠诚老实落实到自己的思想改造和教学实践中去，忠诚老实对待国家和人民、忠诚老实对待自己的同志、忠诚老实对待一切工作，这样就不会被新社会抛弃。周方校长的谆谆教诲，让老师们心中豁然开朗，不再迷茫，明白了今后的路应该怎样走。

周方还和老师们提到马叙伦部长的指示："我们的教育应该以工农为主体，应该特别着重于工农大众的文化教育，政治教育和技术教育。教育应着重为工农服务，学校要为工农子女和工农青年开门。"这段指示与众人三十年来办平民教育，坚持"劳动化、生产化、社会化"的办学方向，推行"以书蔬猪鱼为研究对象，向禾麻菽麦做实验工夫"的办学理念，如出一辙。他还自豪地说："实行教育为工农服务，民范和枫林是先行者，也是倡导者。我们有成功的经验，也有失败的教训，这是我们的优势。"中央教育科学研究所宋荐戈副研究员指出："在旧中国，爱国的教育家和广大的教育工作者积累了宝贵的经验，这是人民的精神财富，理当继承和发扬。"周方鼓励教师们放下非工农出身的思想包袱，自爱、自信、自强地轻装前进。我们创立的三化教育思想，我们成功的办学实践，是宝贵的教育财富，要好好继承和发扬。一时间教师们的思想豁然开朗，个个精神振奋，丢下包袱轻装上阵。关心时局，学习政治，钻研义务，蜂舞并起，踊跃争先。

为了把热爱新中国落实到师生们的日常行为中，周方在全校开展学习与落实《长沙市人民十大爱国公约》活动。具体内容是：

1. 忠实执行政府法令；

2. 积极响应祖国号召；

3. 加强时事学习；

4. 展开爱国主义竞赛；

5. 搞好岗位工作；

6. 保护工厂仓库；

7. 检举潜藏匪特；

8. 追查谣言根源；

9. 不听反动广播；

10. 不包庇地主。

学校将爱国公约张贴在学校公告栏中，还印发到班级。组织全校讲座，举行主题班会，表彰先进分子，让爱国公约深入到每个人的脑海里，落实到行动中。

为了强健学生体魄，丰富校园文化生活，周方召集教师开会研究决定：从1951年开始，每年上半年举办校田径运动会，下半年举行全校歌咏比赛，让学生以欢乐愉快、健康活泼的精神，融入欣欣向荣的祖国建设中去。

拾壹

新中国屹立东方　黑夜逝去见太阳

歌咏比赛以班为单位，任课教师要随班参加，非任课教师自选班级，做到师生同台同乐，同声歌唱祖国。每班自选两首参赛歌曲，但其中一首必选《国歌》，即抗战时大家已熟唱的《义勇军进行曲》。为了培养学生吃苦耐劳，勇于挑战困难的精神，在田径项目中，增设男子一万米负重十公斤，女子五千米负重五公斤的快走竞赛。特别规定该项比赛的设奖面，高于其他项目，可达参赛人数的百分之五十，比赛时，沿途做好安全保护工作，校医必须一直在现场。这两项活动的开展，对培养学生吃苦耐劳的精神，健康学生体魄大有裨益，深得师生们的喜爱和拥护，各个班级都积极准备，整个校园笙歌鼎沸。

1951 年 2 月，周方接受省主席王首道签发的聘书（图11-6）担任湖南省文物保管委员会委员。儿子周书稚不禁问父亲：“爸爸，上次在北京蔡畅姑姑他们建议您留京，您却谢绝了，为何这次又接受聘任？”周方笑笑说：“稚儿，这你就有所不知。王首道省长所聘，我不觉得是官职，只是一份工作。我一辈子不愿为官，你是知道的。不图名利，勤勤恳恳干实事才是吾之所求。”

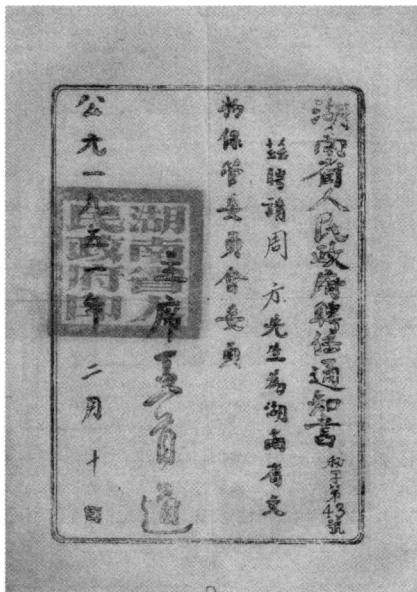

图 11-6　王首道签发聘书

周方接受了新工作，尽己所能、全心全意地去做。他认为，文物是人类社会发展过程中珍贵的历史文化遗存，不可再生。其历史价值、艺术价值、科学价值和纪念价值，乃是任何物品不可替代的。湖南是文物大省，文物资源丰富，特色十分鲜明。源远流长的湖湘文化，无不闪耀在众多的历史遗存中。因此，应在全社会营造重视文物、关心文物、保护文物的自觉氛围，群策群力，挖掘湖南的历史文物资源。总之一句话：办一切事情，处理一切问题，都要想着有利于国家，有利于人民。这就是周方一以贯之的办事理念。

他向省文物保管委员会提出书面建议：1.要在全省各级政府（直到街道、村），设立文物保护机构，全面负责文物保护工作；2.要广泛普及文物知识，教育公民懂得什么是文物，人人担负保护文物的责任和义务；3.要全民动员，关心文物、寻找文物、提供文物信息；4.对自愿捐献文物的个人或单位，要给予相应奖赏；5.对破坏、污损、销毁文物的人和事，要严加惩处。

在社会调查中，周方发现很多废品收购处，把收购来的珍贵善本古籍、碑帖字画，卖给造纸厂做造纸原料；在农村，农民在打土豪斗地主时，分得的一些明、清时期的陶瓷壶、杯、碟、盘，因不识宝，被当作普通器皿，随意用来盛喂鸡鸭饲料或清水。他亲自在废品店购得一件带铭文的青铜壶，交与省文物保管委员会。建议文物保管委员会采取应急措施，组织人力去抢救收集，特别是纸质珍品、青铜陶瓷。这些建议当时都被采纳，对保护湖南文物发挥了积极作用。

1952年下半年，长沙市召开第一次学校工作会议，对中华人民共和国成立以来，各学校存在的主要问题进行了归纳总结，指出：

第一，一般教师教学上还没有发挥主动主导作用和全面负责精神，对学习苏联教学多不够；

第二，部分学校现在还严重存在混乱现象，教师不安心教学，学生不安心学习。学校中组织多、会议多的忙乱现象还未克服；

第三，学生知识水平低，健康状况差。

会议认为以上问题产生的原因，最主要是领导上没有及时坚决面向教学，把教学作为学校压倒一切的中心任务。会议特作出决议：坚决面向教学，学习苏联，逐步改进教学，提高教学工作质量，培养德才兼备，身体健康的建设人才，支援国家大规模经济建设。会议还将此作为1953年上学期各学校工作的总任务。

回到学校，周方不折不扣地传达会议精神，组织教师们认真自我检查，找问题、定措施、补欠缺，使学校一切工作，都能合乎上级要求，都有利于学生健康成长。

周方还及时将长沙的这些做法和经验，布置给新化的民范、枫林两校，使他们的工作相比其他学校先行一步，无意中在新化起到领头雁的作用。

与此同时，省教育厅指出私立学校存在的主要问题，是对学生的培养跟不上国家发展的需要，党的方针政策得不到全面落实，不少学校的课程设置太随意，缺乏科学性，办学经费往往得不到保证。因此，教育厅决定将分期接管私立学校，归于公办。

这突如其来的决定，让周方始料未及，认为没有了自己的学校，所拟宏图抱负将成泡影。但转念细想，社会主义要消灭私有制，私立学校岂能长久？社会新潮汹涌向前，岂能逆流而行？自己在旧中国办学30余年，创新教育，革除旧制，难于登天。遭尽百千挫折，受尽无数煎熬，虽从未退缩，但孤掌难鸣、和者寥寥，终未盼来三化教育的松茂竹苞。中华人民共和国成立，工农民众当家作主，三化教育合乎新潮，人民教育事业前程无量。私立学校由政府公办，人力、财力和物力都有可靠保障，枫林中学的发展只会日新月异。周方又想何不将学校捐献政府，"化私为公"心底宽。学校转公办前程远大，乃其心之所愿，这是一举两得的大好事。

周方将己所思提交到校董事会，经多次研究，最终一致表示赞同把学校捐献出来。1954年6月下旬，周方将民枫职业学校捐献国家。长沙市政府接管后，校名未变，除新派校长外，教职员工全都留下继续办学。直到1956年，学校才更名为长沙市第十六中学。在新化，周方同样照此办理，将民范女子职业学校和枫林中学捐献给了国家。新化县接管后，民范女子职业学校与方鼎英先生创办的新化大熊中学合并，成立新化县第三中学。枫林中学校名没改，县教育局派谢知信担任校长，在上田坪山坳原校址、原校舍、原人马，延续办学。直到1958年下半年，枫林中学才更名为新化县第九中学。

由于湖南省农林厅急需农业技术干部，周书稚在1950年10月被调往国营大通湖农场，任畜牧分场副场长。当时周书稚有两女两男四个孩子，长女刚七岁，小儿还不到半岁。没想夫人黄霞仙不惧困难，竟毫不犹豫支持丈夫服从新中国需要，离家远去益阳大通湖，周书稚十分感激。不过当时学校不少老师都担心，夫妻两地分居，一个女人带四个小孩，还要工作，其艰难重担黄老师只怕难以担当。正在北京学习的周方，写信特别夸奖儿媳黄霞仙，舍小家顾国家，支持丈夫的工作。信中还特别告诫儿子周书稚，到了新单位要拜工农为师，虚心学习，勤勤恳恳、任劳任怨工作。果不然，周书稚不负众望，于1951年采用人工授精方法，成功繁殖出全省第一头黄牛。消息传回，全家人欢欣雀跃，倍感骄傲。黄霞仙更感欣慰，丈夫的工作初战告捷，自己再苦再累都值得。

1953年1月21日，具有统战性、荣誉性的湖南省文史研究馆成立。同月，周方接到省主席程潜签发的聘书（图11-7），成为湖南省政府聘任的首批文史研究馆馆员。

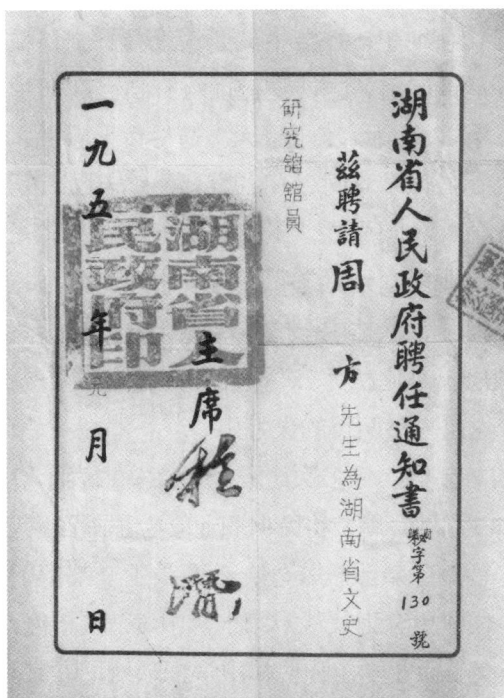

图11-7 程潜签发聘书

拾壹

新中国屹立东方　黑夜逝去见太阳

党和政府对周方的无比关怀和高度信任，他由衷地感谢。决心努力发挥党外人士参政议政、建言献策、存史资政的作用，为新中国的文物保护和文史研究，贡献自己的绵薄之力。他努力紧跟新形势，活到老学到老，适应新环境、学习新工作。

遵照省文物保管委员会和省文史研究馆两单位领导的要求，周方认认真真参政议政，扎扎实实做社会调查。在一年多时间内，他以书面形式提出"宣传文物保护、扫除城乡文盲、开展卫生运动、破除封建迷信、统编中小学教材"等五项建议。当得知抗战胜利后，为纪念陆军第四方面军第十八军十八师在湘西会战高坪战役中为国捐躯的抗日将士而修建在新化高坪的"湘西会战阵亡烈士公墓"（周方为其撰写墓志铭）没有得到很好保护的消息后，周方提出要在全省做一次普查，对类似的革命遗存以及历史文物，要建立档案，加强保护，损毁的要尽量修复。他还撰写了文章《回忆蔡和森同志》，除细述蔡和森在长沙的求学与革命活动，蔡母葛健豪与蔡畅相关史实外，还回忆了自己与蔡和森在岳麓书院同窗，一起探求救国救民之路，一起兴办扫盲夜校的往事；在沩痴寄庐一起开办平民教育扫盲班，同筹赴法勤工俭学；蔡和森赴法登船前与之在黄浦江码头上的依依惜别；1927 年两人最后一次推心置腹的深谈。文章为中共党史研究与编写蔡和森传记，提供了重要史料，载入 2008 年 11 月湖南大学出版社出版，湖南省文史馆组编的三集《湖湘文史丛谈》中的第一集。

1954 年元月下旬，国际主义战士罗盛教的父亲罗迭开老先生从朝鲜访问归来抵达长沙。2 月 1 日，周方特意去交际处约见罗迭开，迎接他从朝鲜访问归来。两位新化老乡一见面格外亲热，乡音未改情更浓。周方尽地主之谊盛情招待罗迭开，陪他一边趣谈，一边游览长沙市容，还请他参观了民枫职业学校，给师生们介绍访朝见闻。

在回交际处的路上，两位老人饶有兴趣地走进一家照相馆，眉开眼笑地合影留念（图 11-8）。在照片的背面，周方撰联抒怀：

图 11-8　周方、罗迭开长沙合影（左为周方，右为罗迭开）

万里慰军民，邻邦子弟称儿女。

十年相伯仲，萍水交游若弟兄。

临别，周方还赋词《浪淘沙·颂罗盛教》馈赠罗迭开：

抗美到成川，泥栎河边。崔莹落水救生还。冰窟无情君竟逝，永别家山。

父老泣灵前，泪透心田。湘中新化好青年。模范团员罗盛教，义贯云天。

后来周方还将合影送给王季范一张。回到新化，罗迭开写信感谢周方的款待，托人到枫林中学将两人合影带给周方儿媳黄霞仙。

1954 年端午节后，周方收到王季范来信，劝慰他还是要服老，年岁已高不要蛮干了。言在京的许多老朋友，邀他去北京定居，德

拾壹

高望重的仇鳌老先生都有此意。阅信后周方很是感激，加之蔡畅、李富春夫妇曾托信，要他携夫人张良权去北京。特别是挚友毛泽东主席电邀周方来京，夫妻俩听从润之及各老朋友所言，决意把学校的工作全部移交，定居北京安度晚年。在天津工作的小儿子周书秩、儿媳孙启媛特别赞成，因为老父亲年逾花甲，脑病时发，双亲来京后更便于照顾。

1954 年夏，离湘赴京之前，周方于 7 月 22 日特意去韶山访问了毛泽东旧居。韶山招待所的王主任热情地接待了他，还有毛主席当年的同学毛柳春、韶山招待所赵柏秋、管理员毛乾吉作陪。参观时王主任介绍：韶山这一片山地，是一条狭长而灵秀的山冲，数十里绿水青山掩映。相传虞舜南巡至此，赏心悦目，遂与妻臣在山上奏起韶乐，引得凤凰来仪、百鸟和鸣，因而得名韶山。毛主席旧居上屋场，是一幢坐南朝北、呈凹字形的土木结构农舍。1893 年 12 月 26 日，毛主席诞生在这里，度过了他的童年和少年时期。周方慢慢参观，万千思绪潮涌心头。缅怀毛主席一家为中国革命牺牲的六位亲人，由衷敬佩。忆当年与润之在岳麓山、在沩痴寄庐、在清水塘、在湘江边、在长沙的一切往事历历在目。他有感而发，即兴吟诵：

扶桑观日出，星宿探河源。
我为韶山行，此意非偶然。
国家希世杰，灵秀萃山川。
是何灵且秀，目击胜耳传。

随行的人，都拍手称赞，齐夸"扶桑""星宿"寓意绝了！周方还吟诵了两副藏头对联，其一赞毛泽东：

泽润生民，普天同庆；东南其亩，随地皆春。

其二赞颂韶山：

韶奏南薰，民康物阜；山徽仁静，人寿年丰。

周方从韶山结束参观回到长沙，便忙于做赴京相关准备和安排，以赶在 10 月 1 日国庆前到北京。9 月中旬周方两老携小女儿周书秾，依依惜别长沙迁居北京。行前，湖南省文物保管委员会和湖南省文史研究馆联合召开了欢送会。

拾贰

居京养老不忘党恩
老骥伏枥忧国为民

来北京幸会挚友　盼两岸早日统一

北京的秋天，乃四季最美。白云漂浮在湛蓝的天空，琉璃瓦闪着耀眼的金光。红艳艳的枫叶、黄澄澄的银杏、阿娜多姿的秋菊，点缀着大街小巷和胡同小院。漫步京城，繁花吐艳，秋蝉声脆，微风拂面，云影时变，此乐何极！

1954 年的初秋时节，周方满心欢喜地来到了祖国的心脏——北京。他将在这里安度幸福晚年。他从内心感恩党感恩祖国！世间的事情是"因""果"相关的，你有无私奉献的"因"，就有色香味美的"果"。

喜爱田园山川的周方，没有居住在北京闹市，而是选择地处城郊接合的卢沟桥。他记恨日本侵略者在卢沟桥挑起的"七七"事变；他感怀中国将士在卢沟桥打响了全面反抗日本侵略者的第一枪！他景仰这片热土，在卢沟桥城内街四十九号安了家。因周方除有平民教育家的美誉外，还是光荣军属（图 12-1，四儿子周书谷为现役军人），当地政府对他很是关心。

图 12-1　光荣军属证书

拾贰

周方感谢地方政府，很快就把家搬迁安置好。喜好追古溯源的他，首先就是探知当地人文掌故。卢沟桥始建于金朝世宗末年的1189年，金明昌三年（1192年）完工。因桥身跨越卢沟河，故称卢沟桥，是南方各省进京的咽喉要道。周方携夫人张良权信步桥上，见两侧石雕护栏各建有一百四十条望柱，柱头上均雕有石狮，且一狮一态无一重复，感叹古代工匠的雕琢绝技可谓巧夺天工。史载本有六百二十七狮，尚存五百零一狮。桥头立有一碑，正面刻乾隆御笔"卢沟晓月"。

周方一家近20人，但来卢沟桥定居的只有他、夫人和满女三人。原配彭云桃于1945年病逝；长子书杭早年夭折；次子书稚由湖南大通湖农场调湖南衡阳农业局工作，儿媳黄霞仙带四个小孩在湖南新化枫林中学任教；三子书稔在长沙史家坡小学供职，三儿媳李细娥与女儿都住史家坡；四子书谷在武汉中国人民解放军防空学校训练部任教；五子书秩，因参加学生爱国运动受追查，于1948年10月与两位知己同学放弃武汉大学学业，与一女同学假扮夫妻，躲过反动军警盘查，历尽艰险波折，奔赴江汉军区鄂中军分区参加了革命，1949年后在天津铁道部第三设计院技术室任职；长女雪宜早年夭折，次女书穰在东北地质学院（现属吉林大学）就读；全家只有幼女书秾高中在读。夫人张良权没有生育孩子，周家儿女视她如同生母，一家人和和美美、敬老爱幼。老太太幸福地活到期颐之年，彰显周家孝道家风。

到卢沟桥后，周方特别关心他的本行——教育。当他了解到妇女们参加农业生产，家中的幼儿得不到良好培养教育时，便向当地政府提出书面建议开办幼儿园与托儿所，这是解放妇女、关爱儿童最行之有效的爱民举措。他用两个月的时间，对附近六十多户家庭的人员组成、老少占比、经济状况、学龄儿童与幼儿人数，做了调查统计，还提供建幼儿园的地址方案，供上级部门决策参考。在调查中，他还发现有学龄儿童没有上学的情况，特别以女孩居多。他谏言上级部门,要从政策上规定学龄儿童不能失学。学校要派老师下到社区底层,对失学儿童家庭做劝学工作。凡存在学龄儿童失学的街道村镇,要追究当地政府领导的责任。不久,卢沟桥第一所"晓月幼儿园"开园了,失学儿童也予清零。家长们欢天喜地,夸人民政府为百姓办了件大好事。周方也很有成就感,夫人张良权夸他"这个'闲事'还真管对了"。

1954年国庆节前夕,统战部部长李维汉委托属下,设宴招待部分居京湘籍民主人士,欢庆建国五周年。周方荣幸受邀参加。毛泽东、谢觉哉、李维汉、李富春、蔡畅、徐特立等领导人送来问候,欢迎他来京安度晚年。王季范、仇鳌、章士钊、易礼容、黄芝冈、马非百、邹蕴真、刘策成等居京的老朋友,久别重逢,同餐共饮,互诉衷肠,无比畅怀。他们有的曾在民范和枫林担任董事长或董事;有的义务担任授课教师,是周方献身平民教育的坚强后盾。酒浸浓浓意,壶溢深深情,周方借花献佛,敬各位同人健康长寿,感恩当年在湘对他开展平民教育的鼎力支持与帮扶。大家传杯递盏,抚今追昔,痛往昔烽火连天,喜今日国泰民安。感谢党和国家,百姓安居乐业,吾辈老有所依,老有所乐,晚景如春。大家互致福禧,据鞍顾眄,皓首雄心,决心要继续为新中国奉献力量。

席间,老朋友们精神矍铄,畅所欲言。大家还兴奋地谈起1953年7月27日在板门店签订的《朝鲜停战协定》,抗美援朝胜利结束。这场战争打出了中国的胆气、中国人民的志气和人民军队的勇气。无坚不摧的中华民族,昂首挺立在世界东方!现今当务之急,还要凭这"三气"解决台湾问题。仇鳌说:"解放台湾事不宜迟,各民主党派人民团体已于1954年8月22日发表了《解放台湾联合宣言》。"王季范要服务员找来报纸,给大家摘读联合宣言:

> 我们严正地向全世界宣告:台湾是中国的领土,中国人民一定要解放台湾。

拾贰

居京养老不忘党恩 老骥伏枥忧国为民

　　中国人民决不能容忍蒋介石卖国集团窃踞台湾，决不能容忍美国侵略集团侵占台湾……

　　仔细听完诵读，在座各位群情激昂，热烈鼓掌坚决拥护。表示一定响应号召，为解决台湾问题竭尽绵薄之力。临别时互祝保重，期待再聚。

　　回到卢沟桥，亨嘉之会的喜悦让周方兴奋不已，但台湾问题更让他心神不宁。他心知台湾不解放，中国就没有全部解放，更何谈国家统一，民族兴盛？但自己已年迈体衰，又能为祖国统一做点什么事呢？

　　正在周方为此忧虑费心时，国庆假期到了。儿子书秩、儿媳孙启媛，女儿书秾，陪着父亲参观北京城内名胜古迹。周方怡然自得，感叹共产党的领导才有今日之国泰民安，山河锦绣！同时抓住这次进城游览机会，周方分别去西单堂子胡同 17 号拜访徐特立恩师；去安定门车辇店胡同 25 号拜访王季范老友；去东四 8 条 54 号拜会章士钊老人。拜会中除互致国庆祝贺外，谈论话题大多围绕台湾问题。他们强烈控诉台湾当局依仗美国的海空军庇护，常常袭击祖国大陆沿海岛屿，轰炸祖国大陆沿海城市，打劫大陆和各国通商船只，派遣特务暗中骚扰破坏，还扬言要与美国签订共同安全双边条约等罪行。对解决台湾问题该怎样尽力的问题，综合各人所言统一认识：一是积极参加宣讲工作，在全社会造就一定解决台湾问题的强势舆论；二是利用 1949 年前与国民党高层人物间的个人私交，开展统战工作，给他们指明出路，劝说他们以民族大义为重，为实现祖国统一做贡献。这些工作，切实可行，随时可做，几位老人也都力所能及。此次拜会，可说是"三个臭皮匠，赛过诸葛亮"，周方稇载而归，为实现祖国统一出力的计划，已成竹在胸。

　　回到家里，周方静心梳理在国民党军政要员和社会知名人士中，曾经交往相好可能会拥护祖国统一的人员：

陈立夫：1942 年 12 月在重庆就三化教育实验班与周方晤面，支持周方的教育改革，两人相交甚好。陈后与蒋介石不和，于 1950 年 8 月 4 日，带着全家离台迁居美国。他是希望祖国统一的。

袁朴：原新化县永固镇人，周方父亲蓉轩公的学生。任国民政府陆军副总司令，获陆军二级上将军衔。1941 年 1 月蓉轩公去世时，他撰联沉痛哀悼。此公秉性诚朴，思念故乡，乐于办学，与周方兴趣相投。

李文：原新化县龙溪铺人，周方父亲蓉轩公的学生。任国民革命军高级参谋。1949 年 12 月在四川投诚，但 1950 年 3 月借机逃到香港，后转赴台湾，却并不受蒋介石器重。

李模：新化县龙溪铺人，周方父亲蓉轩公的学生。为国民革命军陆军少将，任国民政府第十战区司令长官部视察专员。1949 年移居香港，与李文是堂兄弟，与周方相交默契。

刘修如：新化人，任台湾内政部门社会司负责人。对台湾社会学政策建设贡献至巨。对周方刻苦耐劳，特立独行的精神，尤深赞佩。与周方时有联系。

谢冰莹：原新化大同镇（现冷水江铎山镇）人。其父亲谢玉芝与周方都先后任过新化县立中学校长，蓉轩公去世还赠送了挽联。谢冰莹于 1948 年赴台湾，任台湾师范学院教授，是中国历史上第一个女兵作家。她很敬重周方，对待祖国统一问题态度鲜明，曾说："台湾是中国领土的一部分，绝对不能分离！"

罗教政：1945 年毕业的新化枫林中学第 8 班学生。对周方校长和周书稚、黄霞仙、黄衍熏老师都很敬重。与黄霞仙老师的外甥杨平章、杨顺章还是枫林同学。后留学美国获经济学博士，在台湾金融界颇有影响。

除上述几位外，还有一些老熟人和学生，周方都想方设法与之联系，忆往事话友情，言国家统一之宏愿，道两岸骨肉之亲情，晓以大义，明喻利害。还因人而异转述中央人民政府对台人员政策：

拾贰

居京养老不忘党恩　　老骥伏枥忧国为民

"除蒋介石外，任何人都容许弃暗投明，回到大陆与家人团聚，任何人都可以受到立功赎罪、既往不咎的宽大待遇。" 周方就是这样期望有识之士都以同胞血脉之情，着眼长远，维护中华民族根本利益，为和平解放台湾，实现祖国统一献策献力。

后来袁朴传话："两岸本是一家，不应对立分割，统一才是国家正道。"1973年，陈立夫在香港《中华月刊》上发表文章，呼吁"中国统一的真正实现，使世界知道，中国人是不可欺的""中国人无论在大陆或在台湾以及海外各地，势必额手称颂，化干戈为玉帛"。

1955年秋，湖南省副省长、省政协副主席唐生智赴京参加全国政协会议。周方约他来卢沟桥家中做客，专门面谈和平解放台湾，统一祖国大业。并将促台湾回归的书面建议面交唐副省长，其中提到民革要利用与台湾当局的特别关系，充分发挥其应有的特殊作用，并表示愿赴台打前锋，做一名马前卒。他告诉唐副省长，已与毛主席的老师刘策成老人约定，在国家需要时，两人携手前往台湾规劝熟悉的国民党高层人士致力祖国统一。

在居京湘籍友人中，周方与王季范来往最多。王老是周方夫人张良权在衡粹女校上学时的老师，却非常自谦，见周方都以"老总"相称（老百姓称周方"平民老总"）。周方每次到季老家拜会，总受恳挚留餐款待，两人无事不聊。王季范是全国人民代表大会代表，他参加人大会议前常找周方共商为国建言的事情，甚至还会请周方代笔撰写发言稿。可见两人亲密无间，相互信赖，情意绝非一般。每年春节，王季范都要孙女王海容给周爷爷张奶奶拜年。二十世纪六十年代初，王海容与周方长孙女周乐民都在北京上大学，两人也常相见，以谈论学习为多。王老告诉周方，润之的父亲是他表叔，母亲是他亲姨，可谓亲上加亲。凡毛主席的私客来京，都在王季范家餐宿。毛主席还用稿费资助他在北京的居宅月租，时不时还另给费用。谈到当年在湖南第一师范时，王老对青年毛泽东的赏识、保护与支持，更是津津乐道，欣慰至极。

王季范爱国特殷，与周方如同一心。每遇国际大事，必叫周方共相交流，一起分析，斟酌商谈。例如共斥美蒋签订军事同盟，阻挡台湾解放的行径；还有1955年为反对美国的霸权与核讹诈，世界和平理事会召开了第三次保卫和平大会，并发动了以反对战争、禁止核武器为主题的"反对使用原子武器"世界签名运动，都是两人特别关注之事。周方还特为撰联：

> 毁核务净毒流，永为人类幸福；复台统一祖国，完成夙愿和平。
> 台胞火热水深，伐暴救民谁敢阻挡；举国词严义正，毁核销毒永保升平。

王季范读后笑夸：静庵的联语，如同白话，张口即成联。通俗易懂平民化，还是平民老总知平民。两人尽兴交谈时，若有新的见地，如广开言路，广引遗才，保护文物，破除迷信，为官清廉等建言，王季范即要周方快笔成章，他直呈润之。

只是从卢沟桥到市区还是较远，两人相会总显匆忙。仇鳌、易礼容、罗章龙、陈书农、沈从文、马非百等好友，同有此感。王季范希望周方按众友意愿，快点搬到市区来住为好。周方觉得大家说的也对，且每次相聚总为回家的交通问题费心。此事在蔡畅关心帮助下，周方于1956年秋，搬到市区东四府学胡同三十二号，一座四合院的东厢房，面积约六十平米。蔡畅还送了一件貂皮大衣给张良权。为感谢蔡畅的关心，周方特填词一首《浪淘沙·赠蔡畅同志》：

> 撑持半边天，责在妇联。承担一切有何难。重整长征原队伍，扩大仙班。
> 老病作斗争，斗即心安。风流人物正盈前。充实满腔新血液，事事乐观。

拾贰

周方在卢沟桥居住了三个年头，临别时也饶有兴趣地吟诗一首《别芦沟月色》：

> 三年寄寓卢沟桥，晓月频照我床头。日久情亲忘尔我，时眠时醒任去留。
>
> 今我欲别芦沟去，月若先知想留住。前宵窥我整行装，昨夜暗下想思泪。
>
> 月兮月兮尔何苦，此生何处非乐土。京寓虽然窗向南，我坐中庭可迎汝。
>
> 尔我情亲永不离，哪须再计风和雨。吟成风雨掩残照，儿女竟以诗相垢。
>
> 哪知夜半月满床，惊起全家开口笑。

此诗赋月有情，人月相依，天地共鸣，不忍别离。喻意与卢沟桥难舍难分，读来情意缠绵，沁人心脾。

移居府学胡同后，出行方便多了。周方先登门感谢蔡畅、李富春、李维汉诸位领导的关心照顾；随后逐一探望师长谢觉哉、徐特立，拜访湖南老友仇鳌、王季范、李六如、马非百、何炳鳞，友人施金墨（北京四大著名中医之一）等。蔡畅的外甥女刘昂就像亲女儿一般，对世伯、伯母周方夫妇特别孝敬。天冷了送床垫大衣，还请人给二老做布棉鞋。到了春暖花开，驾车接二老去市郊潭柘寺、颐和园赏景踏春；秋高气爽时，开车接二老游览长城、香山、十三陵。还经常送戏票、电影票、歌舞团的演出票给二老。有时间刘昂丈夫钱之光（时任纺织工业部部长），也一同来府学胡同看望周方世伯和伯母。周书秋、周书秋兄妹常去拜访刘昂姐，感谢她对父亲的关爱与照顾。

搬到府学胡同后，相比于卢沟桥时周方与外界的联系多多了。湖南老乡经常欢聚，乡音未改情义深，家长里短话不停。对国家大事尤其牵挂在心，如祖国统一、国家第一个五年计划的实施、扫除文盲、普及科学、破除迷信、移风易俗、革新技术、改良品种、注重中医、推广简化字，等等，都是大家喜欢议论的话题。个个集思广益，建言献策。如就解放台湾问题，周方提出：全党、全军、全民要大张旗鼓宣传祖国统一，震慑台湾；政府部门要创造机会争取两岸关系破冰，逐步开展对话；可组织多种多样的民间友好团访台，加强海峡两岸的民间联系；组织教育、科技、医药、艺术等团体，开展对台合作交流，不断增进友谊。周方还建议德高望重的宋庆龄和邓颖超，领导和组织全国妇联台胞家属访问台湾，让血脉情与骨肉亲逐步化解前嫌。他表示，凭借自己"与善人交，寻难事做"的信条，且有许多朋友和学生在台湾有一定知名度，若国家用得着，愿参加访台团去做爱国统一战线工作。

总之，每次欢聚都让周方兴奋不已，收获不少。那些记载着友情和幸福的合影，周方非常看重，特别珍藏。（图12-2、图12-3）

图12-2　在京好友庆仇鳌先生八十大寿合影前排右六仇鳌、右七仇鳌夫人刘庄先女士，左四王季范；二排左六周方

拾贰

居京养老不忘党恩　老骥伏枥忧国为民

图 12-3　1960 年 4 月北京颐和园万寿山合影右起周方、何炳鳞、王季范

爱民为民修正果　乐在朝阳学楷模

　　周方居住的府学胡同，位于北京东城区西北部，当初因"顺天府学"设在此胡同而得名。府学胡同在明清两朝是北京士子进修、学习、考试的地方。顺天府学的西部是学宫和孔庙，东部是文丞相祠，再东为文昌祠。

　　北京的四合院，有着深厚的文化内涵，其装修、雕饰、彩绘充满民俗风情。如以蝙蝠加寿字，寓意"福寿双全"；以花瓶插月季寓意"四季平安"。而充溢着吉辞祥语的饰彩、楹联，都被嵌在门簪、门头和抱柱上。

　　然而在这本是学风清雅、文气浓郁之地，却仍有不少文盲，周方认为这是莫大的悲哀和讽刺。1956年，周恩来总理号召全国人民向科学进军，全国掀起第二次扫盲运动高潮（第一次扫盲运动是1952年开始）。把利民为民牢记心头，修成正果的周方，特别拥护周总理号召。早在1949年12月召开的第一次全国教育工作会议上，周方就在大会发言中提出要开展扫盲运动，如今他一如既往以自己"寻难事做"的精神，把扫盲落实到个人，落实到家庭，让府学胡同成为无文盲胡同。

　　经调查，周方获悉在府学胡同住户中，文盲率达60%多，其中妇女占三分之二。她们普遍认为读书识字是男人的事，妇女读书无用。针对这一现象，周方依靠街道办事处，对居民开展妇女解放、男女平等的座谈。列举识字带给个人、家庭的好处，奉劝不论男女都要积极参加扫盲学习。鉴于成年人白天都有事要做，街道办事处领导与府学胡同小学联系，提供一间教室给周方晚上办扫盲学习班之用。很快，街道扫盲夜校顺顺当当办起来了，主要招收家住府学胡同及附近的不识字的成年人，由周方讲授常用字的识、读、写和造句。

在扫盲教学中，周方结合字意还扩充讲解相关的历史、地理、自然和生活常识，兼学算术的加减乘除。周方的讲授，注重化难为易，化繁为简，通俗易懂，让大家在轻松、趣味中识字学知识。除星期天外，每晚学习一个半小时，每周一三五讲新课，二四六复习前一天所学内容。这样安排教学，既循序渐进，又让学员不至于缺一次课就跟不上教学进度。扫盲学习班以周方为主讲，张良权帮助答疑和批改作业。周方还自费为学员们提供写字用的作业本和铅笔，规定每两个星期交一次作业。老两口夫唱妇随，把府学胡同扫盲夜校办得风生水起，很快在东城区东四传为美谈。通过三个月的学习，府学胡同的男女成年人，都能认读和书写约一千个汉字了。周方被评为东城区扫盲先进个人，他编写的扫盲读物，也作为全国通行启蒙读本被广泛使用。

老有所为的他，开心地哼起《扫除文盲人人夸》顺口溜：

没文化，寸步难，忙忙碌碌苦没完。不识字，睁眼瞎，图表不认实难堪。

吴运铎，能著书，皆因苦学下功夫。张秋香，肯钻研，文盲成了研究员。

学榜样，下决心，要把铁杵磨成针。来夜校，学文化，扫除文盲人人夸。

还有顺口溜《妇女学文化》：

妇女学文化，扫盲好办法。学会生字歌，吟唱不离口。

妇女姐妹都来唱，口到心到识字多。坚持学习不急慢，两月摘掉文盲帽。

　　能写能画多能干，任职担责不忙乱。巾帼顶起半边天，扫盲生产舞翩跹。

　　周方开办街道扫盲夜校获得社会好评，激发了他还要为街坊邻里再办点实事的心愿。他和夫人张良权合计合计，觉得办街道图书室，让居民特别是老年人和中小学生方便阅览书报，一定很受欢迎。想好后，老两口说干就干。周方从自己收藏的古籍书中，挑出适合大众阅读的一百余本。又到报刊零售店购回十种报刊，八种杂志，去新华书店购回《万水千山》《血战平型关》《鸡毛信》《上甘岭》《红旗谱》《扁鹊》《黄道婆》《大闹天宫》《草船借箭》《三打祝家庄》等连环画 40 本。二老住房有 60 平方米，三间卧室，正好女儿书秾在北京农业大学上学，很少回家住，张良权便把一间大卧室腾出来做阅览室。

　　不过三日府学胡同街道阅览室就正式对外开放了。街道领导来祝贺，男女老少居民继踵接武，都来看新鲜。不少人留下来翻阅自己喜爱的书报杂志。小朋友们对连环画爱不释手，有的竟两三人同看一本。看到这种盛况，周方老两口真是剖鱼得珍珠——喜出望外。不过也显露出问题：一是 15 平方米的房间做阅览室显然小了；二是大多数人爱看报纸杂志和连环画，需要再添置这方面的读物。

　　第二个问题相对好解决，周方联系好友们慷慨解囊，捐资增订报纸杂志二十种，购置小说一百本，连环画二百本。他们还捐赠小说、诗刊、文学评论、科普读物、戏剧、音乐、美术、体育等类书籍一千多册。周方在古旧书店也廉价购买到合适的图书七十六本。这些统统加起来，府学胡同街道阅览室共有图书和连环画二千多册，报纸杂志三十余种。周方心中牵挂的两大问题，顺利化解了一个。

　　本来阅览室就小，又增加这么多书报杂志，房间小的问题越显突出。来看书阅报的中小学生，往往只能在院子里找个地方坐着看。

居京养老不忘党恩　老骥伏枥忧国为民

街道办事处的领导也为这事着急，可一时又找不到合适的空房。

正当周方为房间问题犯愁时，救难解危、将顺其美的贵人上门了。

家住桃条胡同的湖南人蒋君奇先生，与周方亲如手足，也喜爱古诗楹联。两人常常一起喝茶，吟诗作对，乐此不疲。蒋先生还热心公益，听说周方先生在府学胡同办起街道阅览室，便专程拜访老乡。周方很客气地接待蒋先生，详细介绍阅览室的创办经过和一个月来的运转情况，特别谈到当前最大困难是场地太窄小，不能满足群众阅读需要。

蒋君奇细细倾听周方介绍，慢慢浏览书报杂志，心中感动不已。他由衷钦佩周方壮心不已、情系百姓、无私奉献、办实事、讲实效的精神。他握住周方的手诚恳地说："静庵兄，你不容易呀。你走我前，我跟你后，办阅览室我也来一个。我家有间厅堂，免费给你办阅览室。"周方一听，喜从天降，忙说："太好了，谢谢贵人相助！快去你的高门大户看看。"言罢，便迫不及待地拉着蒋君奇直奔桃条胡同蒋宅。

桃条胡同紧邻府学胡同，两人很快就到了蒋家。蒋君奇住一套四合院。他指给周方看院北的一间厅堂，约三十平方米，用来做阅览室蛮合适的。周方千谢万谢，动情地说："多一个铃铛多一声响，多一支蜡烛多一束光，感谢蒋先生的大恩大德！"蒋君奇满脸笑容说："过奖过奖。向静庵学习，力之所能，应该应该。"还说，厅堂隔壁一间十平方米的小房间也一并捐出。这让周方更是喜上加喜：正好可以用来做书库。

兴头之上，周方提出，府学胡同阅览室搬来桃条胡同，面积大了两倍多，藏书已达数千册，那就更名"桃条图书馆"。蒋君奇竖起大拇指表示赞同，说规模大了，称"馆"也实至名归。

周方义务开办的桃条图书馆，得到街道办事处鼎力支持，专门委派户警陈晓明兼管图书馆的治安保卫。另求助东城区图书馆，支援木书架四个，木书柜三个，长条桌两张，小木凳二十条，报架五个，报夹 30 个，捐助图书 400 册。还派图书馆专业人员，对图书的分类、编目与制卡给予指导。这一来，桃条图书馆可是鸟枪换炮，非同一般了。特别是东城区图书馆还应允每年提供适量新版图书，这更让周方心花怒放，哑巴拾黄金——喜不可言，哈哈大笑合不拢嘴。他不禁感叹道：在共产党的领导下，不论政府官员还是普通百姓，都在为民谋利，为民服务！

一人难挑千斤担，众手能移万座山。桃条图书馆在东城区领导和众多热心人士的关心、支持与资助下，各方面设施大为改善，书报数量猛增。来阅览书报、杂志、连环画的读者，络绎不绝。特别是下午放学后，小学生们蜂拥而至，让周方老两口常常应接不暇。蒋君奇夫妇主动帮助接待读者，打扫室内卫生，免费提供茶水。四位白发老人齐心协力，把桃条图书馆的工作管理得井井有条，服务百姓周到细微。居民们尊称图书馆是"皓然宫"。中小学生一进门就爷爷奶奶叫不停。

此情此景让周方眼笑眉舒，喜乐开怀，感慨"乐在为民，为民有乐"。他撰联一副，裱好后贴于图书馆门框上：

乐胜含饴，且喜是义务教育；
党在掌舵，倾诚做助手工夫。

又咏词两首，亦裱好贴于室内墙上：

其一　清平乐·桃条书室
桃条书室，乐育佳子弟。无偿图书供给，聊尽残余力。
所居府学胡同，三园两小儿童。朝来夕往如织，贪看彩蝶黄蜂。

其二　题桃条书室（反陋室铭）
高山无仙，深水无龙。唯心则拙，唯物则工。桃条书室，追

拾贰

居京养老不忘党恩　老骥伏枥忧国为民

随党踪。

图书周转富，革命一心红。协作有邻好，往来多儿童。可以写心得，开胸襟。

听广播，增知识；求批语，启职聋。取经图书室，访友文化宫。愚公云，其乐无穷。

为了使街道的读书活动形式多样、内容丰富，周方还鼓励青少年撰写读后感，并一一批改。协助街道举办青少年读后感写作比赛，择优刊载在街道墙报上。很快，在学生中热爱读书写作的青少年日益增多。应部分家长要求，周方还利用星期天给有兴趣的中学生辅导古今名篇名作阅读，参加学习的学生最多时近二十人。

周方精于诗词，功底扎实，在北京东城区远近闻名，不少年轻人都向周爷爷请教学写诗词。周方特别乐意，总是悉心相教。远在北大荒的青年陈平，其母李瑞科住府学胡同，曾是湖南民范女子职业学校的学生。他写信托母亲向师公周方校长请教学写诗词。乐为人师的周方，阅信后兴趣盎然地以《答谈诗》为题，用诗指导陈平学习写诗。诗为：

快板绝句竹枝词，三者相同较易为。五七律诗严韵格，何劳心力强追随。

绝句连篇记实闻，表情记事诉衷心。长短精粗无限制，语言随俗旧犹新。

嬉笑怒骂皆文章，绝句连篇独擅长。马上枕上舟车上，随时得句入诗囊。

平仄音韵不拘律，出口成章尚自然。俗语俗情多运用，旧瓶新酒更鲜甜。

母带"来函"叫老师，见面闻声喜不支。开函展诵边情美，更喜函头附小诗。

学诗学联肯用功，苦中作乐兴尤浓。要我推荐诗联本，奈何破旧早加封。

寄尔主席诗与词，入门学此本非宜。写实浪漫两结合，高瞻远瞩浚真知。

愧我八旬脑病缠，早未精研诗赋篇。远劳英俊求诗教，仍希实践着先鞭。

周方还擅长联语，街坊邻里也从中受惠。一到春节他就义务为家家户户书写春联，桃条图书馆又成了春联书写馆。除常用春联外，周方自撰的春联也颇受欢迎。如：

东风吹醒千年梦；旭日烘成大地春。

有党江山生色；无私天地同春。

一心为革命；万象总成春。

北国风光，千秋耀彩；海天云影，万象增辉。

天成地平，万国衣冠齐歌舞；安居乐业，六亿人民尽舜尧。

图书馆搬到了桃条胡同，周方二老的住房又宽敞了。总是牵挂别人的他，又惦记起街道上还有四代同堂的家庭居住面积比自己的住房还小，与老伴商量后便向东四房管会和街道居委会提出，将住房让给家庭人口多的住户，自己改换面积小的房屋。房管会和居委会的领导，高度赞扬周方二老一心为人的好思想，虽然安排周方居住府学胡同是蔡畅过问的，但周方坚持自己心甘情愿要换，并表示让街坊邻里的日子个个都过得好更是蔡畅的心愿。由此房管会便将周方安排到府学胡同十八号，一套不到三十平方米的小住房（外带一间杂屋做厨房）。二老心满意足，乐呵呵地搬了进去。这件事很快在东四街道传为美谈，更可喜的是，原来一些邻里间的老纠纷，在周方先生的影响下，都相互谦让得以化解。这就是榜样的力量。

拾贰

周方给社会带来的财富，绝非只是成就的业绩，更是他一生崇高的品德和伟大的精神。

周方的晚年生活可谓丰富多彩，除办扫盲夜校和街道图书馆、出墙报、写春联，课外辅导中小学生外，还积极参加北京市文史馆和东城区政协组织的参政议政、学习研讨、社会调查等活动。有一次，东城区政协选派委员组成"助工队"，去北京市郊区朝阳人民公社体验生活，开展调研，周方有幸被选上。他兴致勃勃地与大家一起，深入农家地头，与社员同吃、同住、同劳动，考察民情，总结经验，改进工作。从中他提高了觉悟、焕发了精神、相交了农友、学会了农活、锻炼了身体。他说"三个星期的生活体验，弥补了一生不少缺憾"。还写了两首田园诗，感慨当时的快乐生活。

咏同起

戴月披星起早床，农民辛苦我初尝，学习劳动第一课，莫将旧染乱新章。

咏同食

窝头白薯玉米粥，三餐饱后干劲足，城居终岁有膏粱，应愧将军徒负腹。

乐在朝阳学楷模，周方还交了个好朋友——模范饲养员王秉祥。他为人厚道，虽然只有初小文化，但爱社如家，勤劳朴实，精心饲养牲口成了行家。他摸索总结出"三勤四检查一区别"的牲口饲养法，在全公社推广。三勤是：勤扫槽、勤扫院、勤垫圈。四检查是：上工前检查牲口喝水足不足；下工后检查牲口毛眼对不对；喂草时检查牲口是否打过滚；夜晚间检查牲口吃相好不好。一区别是：春夏秋冬，寒暑阴晴，雨湿气燥，都要区别喂料喂水。他讲起这些饲养方法，可是斑马的脑袋——头头是道。喂养的牲口，头头膘肥体壮，毛色油亮，四蹄生风，筋骨健壮。周方夸他："实践出真知，动脑用心成为大师。"

在朝阳公社的日日夜夜，周方重享久违六十年的田园生活，令他十分惬意和眷恋。在给夫人张良权的信中他写道："对朝阳公社恬美安宁的田园生活，我非常熟习，十分惬意。白天我是老翁，夜晚却成顽童，于梦中回到了童年。社员们的忠厚淳朴，永远是我学习的榜样。组织上对我们的身体特别关心，在工作中总是要我们随时注意歇息，不要搞竞赛。生活上很照顾体贴，用餐时还为我这个湖南人另备小碟辣椒。现在我的失眠与便秘毛病明显好转，劳动确是一剂治病良药。我一直崇尚劳动光荣，至老我都在身体力行。这里青山绿水人情好，万请放心！"还特别告诉她，交了个农民好朋友——王秉祥。

还有一次北京市民革组织参观十三陵人民公社。周方参观后感慨万千，即兴吟诗《十三陵人民公社参观记实》，抒发对社会主义新农村的赞美：

结队偕游十三陵，志同道合义同心。秋郊远是风光好，月未团圆景更新。

大好形势究何如，纵目郊原信不虚。禾黍丰登蔬豆绿，沙河积水可藏鱼。

农林牧副渔并举，茅檐尽换瓦砖房。昔日无襦今五袴，敬老鳏寡喜洋洋。

十四小学两中学，童蒙个个启文明。科技可由函电授，何分城市与乡邮。

参观中周方也感到，发展农业极需加大科技支持与人才投入。总之他对农业、农村、农民，一直情有独钟。当年女儿周书秾考大学，读的就是北京农业大学农学系。后来找的女婿金玉元在北京农机学院任教，为发展农业培养人才。周方对此非常满意。1962 年，两个孙女考大学，他又建议她们报考农业和师范院校。听从爷爷的教导，孙女乐民、乐乔分别考上北京农业大学（现中国农业大学）微生物专业和湖南师范学院（现湖南师范大学）中文专业。知悉后，周方乐呵呵地给俩孙女各汇款十元以资鼓励，嘱咐她俩学好知识练好本领，为祖国的教育事业和农业发展多做贡献。

其实，周方一生潜心办学而少顾家庭，心中总感对家庭有所愧疚。特别是 1945 年底夫人彭云桃去世后，全靠二儿媳黄霞仙帮着挑起照管家庭的重担。当时黄霞仙在枫林中学担任教学工作，还带着两个幼小女儿，再加上照管夫家弟妹，她硬是挺直腰杆扛起这一大家子的事。她日夜操劳，四季繁忙，敬岗爱业，把完成教学工作摆在第一位。她利用暑假给弟妹们缝制冬衣，利用寒假缝制夏装，全家人脚上穿的布鞋，都是她一针一线纳鞋底，一双双缝制出来。一年到头她总在忙，弟妹们看在眼里，爱在心里，都把二嫂当母亲一样依靠，一样尊敬。

周方对她更是赞不绝口，夸她是家里的功臣。更难能可贵的是，黄霞仙在夫妻两地分居，一人带四个小孩的情况下，从不忘努力提高教学水平。不惑之年的她，想方设法托管好四个小孩，于 1956 年参加长沙师范专科学校举办的"中学语文师资轮训班"进修学习半年，圆满完成学业获得结业证书（图 12-4）。她传承周方不畏艰难，勇于拼搏的精神，克服常人难以克服的困难，自强自立，不懈进取，成为全家弟妹和儿女学习的榜样。

总之，就家庭而言周方是很幸福的。儿女孙辈都勤奋好学，芝兰玉树不需多操心。这与周家一贯注重读书，营造尚德好学的家教氛围；以身示范，让孩子们从小受到潜移默化的良好熏陶，是密不可分的。要知人的一生接受家庭、学校和社会教育，其中尤以家庭教育居其首。还有"儿孙自有儿孙福，莫为儿孙做马牛"这句话也是有道理的。羽翼下培养不出雄鹰，娇惯溺爱反误儿孙。

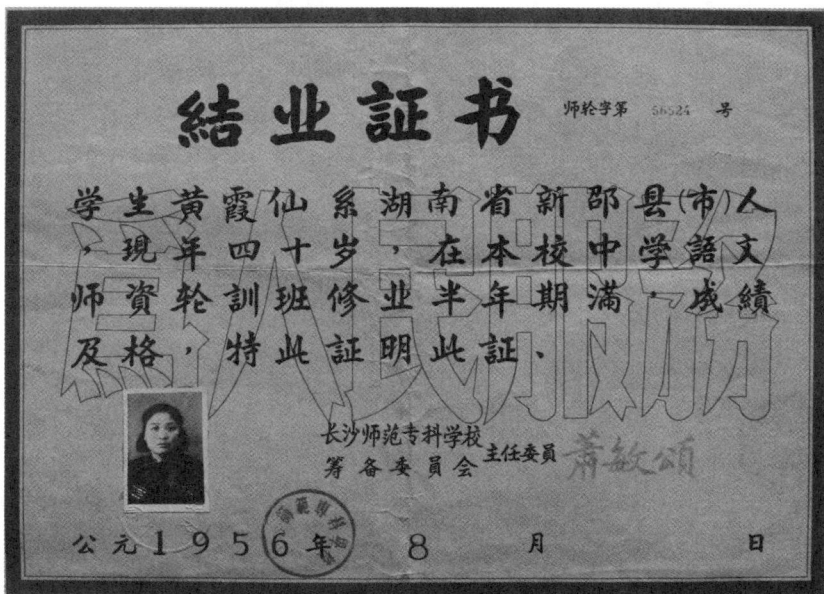

图 12-4 黄霞仙结业证

　　1958 年，女儿周书穰在长春地质学院以优异成绩毕业，学校留她任教，但她坚决要到基层去，到祖国最需要的地方去。她认为自己学的是地质勘探，就要为祖国去寻找宝藏。她被分配到湖南省地质局 407 地质队。尽管地质队员的工作极其艰辛，不论严寒酷暑，不管雨雪风霜，长年累月翻山越岭，风餐雨宿，但周书穰从不后悔，一直坚守自己选择的事业不动摇。周方虽然也心痛女儿远离父母，踏遍荒山野岭从事地质勘探十分艰苦，但又特别夸奖女儿不畏艰难，在艰苦磨砺中得到成长。周书穰和爱人周元龙都是湖南 407 队的技术骨干，为了工作两次放弃探亲假，参加工作九年没有回北京看望过年迈的父母亲。周方很理解，知道女儿忠孝两难全，而她俩能以工作为重，公而忘私也是父母的希望。

　　儿子周书谷从部队转业后，被分配到武汉长江水利规划设计院。1963 年为支援大西南建设，被调往云南水利勘测设计院。儿媳王友于二话没说支持丈夫，一家大小高高兴兴服从组织安排，告别武汉去西南昆明安家。周方表扬儿子儿媳听从祖国召唤，志在四方，为祖国建设奔赴边疆是全家的光荣，只是叮嘱他们两个小孩还小（大儿子乐进不到五岁，小女儿乐仁才一岁），一定要克服困难，培养孩子健康成长。

　　周方安居北京，虽然没有享受儿孙绕膝的天伦之乐，但自己上有组织关怀，下有居委会照顾，老友常聚，邻里敬重，热心公益，自得其乐，晚年生活过得比蜜还甜。他感恩共产党，感谢新中国，夕阳无限好，晚霞别样红。他陶情适性地以诗自述：

> 创校卅四载，往事细追寻。
>
> 平教人称颂，三化遍乡村。
>
> 辛歌旦复旦，三沐又三薰。
>
> 冻茧暖朝阳，抱饔庆甘霖。
>
> 职工乐陶陶，桃李更欣欣。
>
> 顾此老颜开，越活越年轻。
>
> 更喜国恩厚，憩身文史林。
>
> 颐养神加健，载歌南风薰。
>
> 解愠阜民财，勉学工农吟。
>
> 宏我教育愿，颂献太平春。

壮心不已献余热　枫红晚艳未了情

　　光阴似箭，日月如梭，转眼到了 1966 年。这年 5 月，席卷全国的"文化大革命"爆发。运动初期，红卫兵大破四旧，很多文物古迹遭破坏，古籍名画被焚烧，周方痛心不已，总是喃喃自语"作孽呀，作孽！"，自然也担心家中那些从湖南运到北京，跟随自己几十年的线装古书难保。对这些宝贝书籍，周方珍爱有加，时时翻阅抄录，还挥毫书写联语 "底用兰亭补吟卷；更来笠译借丛书"贴在书柜的边框上。这次为了保护这些线装书不遭损毁，周方找到北京市文物管理处，说明情况后向工作人员索要四张盖了大红印的正式封条，带回家把书柜门牢牢封住。不久周方听说著名作家、华北革大同学沈从文先生的许多珍贵书籍，被红卫兵付诸一炬化为灰烬。他顿时感到凭北京市文物管理处的一纸封条恐怕保不住自己的那些宝贝古籍。和夫人张良权商量后，周方认识到只有把它们捐献给国家才是最稳当的做法。于是他挑选特有价值又很完整的线装古籍书如：大版《昭明文集》、大版《王子安集》、《文心雕龙》、《晏子春秋》、《唐文萃》、《明文庄》等，共十四种一百七十九册，请人运送至北京市古书文物清理小组清点，转交北京市文物管理处，无偿捐献给国家。

　　果然，时隔不到一星期，北京农业大学红卫兵李伯华、冯志民（其姑住东四钱粮胡同，离府学胡同很近，曾经与周乐民到过周方家，见过线装古书）等七八人，头戴绿军帽，身穿绿军装，左臂戴着红卫兵袖章闯进周方家，扬言来破四旧。一进门，为头的李伯华只问一声："你是周方吗？"周方回应："是。"李伯华右手一挥，

拾贰

居京养老不忘党恩　老骥伏枥忧国为民

同伙们便翻箱倒柜，掀桌摔椅，东找西寻，大抄其家。一番折腾弄得家里一片狼藉，结果什么四旧也没扫到。最后顺手牵羊拿走两只吉言款青花器瓶、一幅仇鳌赠予周方，装裱好挂在墙上的书法"落红不是无情物，化作春泥更护花"。还有一本《康熙字典》，一本《说文解字》，便扬长而去。周方知道惹不起他们，什么也没说。过后还得意地对老伴张良权说："幸好我们先行一步，为国家保住了文化遗产。"

"文化大革命"对周方也有所冲击，他被罚去扫大街。但他心态平和，视之为锻炼身体，泰然处之。只是觉得在校学生停课闹革命，大中学校停止招生，违背了教育常规。为此他还专门去王季范家，向他提出，文化教育是国脉，必须保证绵延不断，否则造成人才培养断层，对民族的兴旺，国家的强盛，其危害难以估量。王季范深有同感，但也别无他法。

周方身在北京，却心系家乡，壮心不已只想贡献余热。看到"文化大革命"中学校停课、工厂停工，周方更加惦记家乡的生产发展和乡村建设。他常给老家写信，询问农业生产、乡村建设、家庭收入，以及学龄儿童入学、环境卫生、看病就医等问题；经常寄一些农业、医药方面的科技书籍，如《农业技术推广》《土方草药治猪病》《玉米双杂交种制种技术》《春雷霉素的土法生产及其应用》《十二种防治兽病的中草药》《疟疾病的防治》《夏秋季常见疾病》《怎样预防流行性感冒》《农村中草药制剂技术》，等等，供乡亲们学习和应用。

人无千日好，花无百日红。随着岁月流逝，耄耋之年的周方身体日渐衰弱，尤以脑病、失眠、便秘对他困扰最大，深感"盛年不重来，一日难再晨"。虽去医院看病多次，但是医生开的那些西药管得一时，却还是反反复复，症状越来越重。张良权建议周方，治疗老年人的病痛还是看中医更适合。他们便去中医研究院找到老朋友名医施金墨先生。施老认真望诊切脉后，给周方开出方剂，并告诉他还需结合针刺治疗。周方按照施老的药方服药，并在宽街中医院针灸科扎针。很快病情有所改善，长年折磨他的脑病明显见好，让他对中医治病更加信服、倍加赞颂。并为大力弘扬国医鼓与呼。他写了一首快板《赞新针刺疗法》：

> 宽街中医针灸科，每天病号五百多。
> 挂号一角无别费，立见成效起沉疴。
> 祖国宝藏大发展，万众受赐健体魄。
> 中医科学应发掘，精益求精再切磋。
> 全球唯我所独有，五洲四海扫病魔。

他认为有着数千年历史的中医中药，是中华民族的瑰宝。中医治病讲究整体恒动，辨证施治，标本兼顾。其方法简单、便捷、灵验、多样。从神农尝百草的神话传说，到李时珍亲尝曼陀罗花，我们的祖先已发明和应用了数不胜数的中药配方，很多还是药食同源。至于保健养身，西医更无可比。祖国九百六十多万平方公里的秀美山川，所管辖的三百万平方公里的蔚蓝海洋，孕育了丰富多彩的生物种群和矿藏资源，为中医提供了取之不尽的中药原材。遗憾的是，国家对中医中药的重视与投入远不及西医，致使中医的发展和中医人才的培养，远远不能满足社会的需求。早先在与王季范、仇鳌、马非百等老朋友交谈时，周方就指出国家存在"厚西医薄中医"的不合理现象。他上书国家卫生部、教育部，要高度重视和支持中医中药事业的发展，加大对全国中医医院和中医院校的政策支持与经费投入，倡行中西结合，中西并进。

周方侄儿周书穆，早年从师湖南省名老中医江漪澜先生。他勤学精研，医术精湛，对心脑血管病、肝肾病、贫血等慢性病造诣尤深。为了弘扬祖国中医，周方屡屡写信鼓励他扎根基层为民治病，做老百姓称赞的好医生。嘱咐他潜心钻研病例和方剂，收集古今名

拾贰

师验方，博采百家之长，为继承和弘扬中华医学传统做贡献。为此，1972 年 11 月周方还专门去书店购买《常见病验方选编》《中草药验方选编》《中医儿科简编》《中医妇科简编》《草木灰治大骨节病》《浙江民间常用草药》《中西医结合防治流行性脑脊髓膜炎》等二十多本医药书籍，从北京寄给周书秾学习参考。还把曾经向施金墨先生求得的一些疑难杂症验方，抄录寄予他学习借鉴。崇尚中医的周书秾不负叔叔所望，终于以其深厚的医学造诣和坚实的声韵功底，凭借他长期的临床经验，集古今方药辨治之精华，将错综复杂的病证与方药融为一体，编著《新编中医歌诀》一书，于 2006 年由中国文化出版社出版。该书上篇"辩证论治歌诀"是引导中医入门的捷径，下篇"新编验方歌诀"则是提高医技的阶梯，是杏林中医歌诀的一大创新，为发扬光大中医中药作出了一定贡献。

周方仲孙周乐任，于 1974 年被湖南邵阳卫生学校中药专业录取。周方得知后笑不可抑，认为国家重视培养中药人才，是传承和弘扬祖国中医中药的重大举措。他欣然命笔，写信给周乐任，"任孙：你前信告我一切情形，我已备悉。你考入邵阳卫校中药班，这个班是独一无二地着先鞭。它有十种科学为基础，制药针灸尤当先。我对中药西制，早约卫生部长刘湘屏有建议，说不改进提炼何能与西药相竞争。我为失眠、便秘、尿急、手麻，苦了近十年。这月就针灸科三结合，针至四次脑突变，前此执笔难成句，现在下笔可千言。所以你校现设制药针灸科，必下猛力求精专。一针扎去治病救人，不需药物不费钱。上山下乡普济穷老病苦者，服务边远乡村百姓乐无边。还要努力学外语，亚非拉美去支援。世界没有我独有，救死扶伤人道主义誉满天。望多多求教书秾叔，虚心拜师尊前贤。"

信中还教导他，"你班特设山区广阔天地，何解一月以后还没建蔬药园？这是文人旧习惯，肩不去挑手不拈。你作为知青下放农村八年久，早与贫下中农相结合。一入校门就丢劳动生产，何以把毛主席教育路线走完好？建议学校体脑结合快贯彻，教导学生快背锄头迎头干，种药种菜争取阳和回春天。"还邮寄五十本《快速针刺疗法》小册，由乐任孙分送给同学，以便他们课余互帮互学互练，多掌握一门针刺技术，更好为民治病。

遵循爷爷的教导，周乐任宵旰攻苦，学业名列前茅。假期他还跟着书稑堂叔下乡巡诊，在实践中扎实求学医术。毕业后周乐任分配到湖南冷水江市中医院，通过刻苦钻研，反复试验，创立了多种药膳食疗方与伤科治疗药膏。他还深入自己当知青时下放的生产队，指导社员种植黄檗、厚朴、杜仲、玉竹等中药材。他根据植物共生的特性，采取乔木与草本药材套种，扩大土地利用率，为农民增加收入，回报乡亲们对他八年知青岁月的关怀与帮助。他也成了当地的知名的中医药剂师。

1967年2月，湖南省文物局的潘蕴中、郑磊两人到北京访问周方，收集蔡和森1915年至1919年间，与周方在岳麓书院同窗，又在周家台子同住共四年多的历史资料。周方如数家珍，滔滔不绝讲述与蔡和森及其一家三代人莫逆之交的感人故事。特别不忘1927年春蔡和森回国，4月路过长沙时约见周方时所说，"社会革命事业是千头万绪的，决不是个个走一条路线可以有成的。你所走的路，完全是社会革命的路，你只守着你的岗位，努力干下去，我俩终究会'殊途同归'。"周方牢牢铭刻在心，鼓励自己坚定教育救国的信念，献身平民教育的决心。

1975年1月9日李富春同志因病去世，周方悲痛不已。于1月16日向蔡畅写信（图12-5）并撰《李富春千古——调寄清平乐挽词》和挽联。信中写道：

蔡大姐同志：阅昨报惊悉富春同志逝世。同时在报得睹憔悴尊容，无法面慰。缅怀当年情谊，更为国痛悼以毕生精力贡献革命事业之伟大同志，而竟未能亲临吊奠，以致哀忱于万一！特摘述此，为全国人民所怀念之两度啧啧人口政绩，以志革命群众悼念至诚。藉释大姐爱思，仍望化悲痛为力量，以督励子女侄孙辈勉承先志，为广大人民多造幸福而奋斗。

　　挽联：知有党，不知有身，耿耿此心昭日月；

　　　　　思其人，即思其政，芸芸民众沐恩辉。

说到蔡周两家结缘，始于1915年蔡和森与周方在岳麓书院同学。虽时越百年，两家的深厚情谊却似水长流，世代相传。

2020年5月14日是蔡畅诞生120周年纪念日。在湖南省双峰县召开的"蔡畅同志生平思想研讨会"上，蔡畅外孙李勇与周方长孙周乐国亲切会见。"相见情已深，未语可知心。"两人喜不自胜，深情叙说两家从葛健豪算起，四代人的百年世交友情。当周乐国把祖辈珍藏传下来的葛健豪照片（图12-6）递给李勇夫妇看时，李勇激动地说，这是他第一次看到曾外祖母清晰的原版照片，太珍贵了！万分感谢周爷爷几代人对照片的珍藏。在那

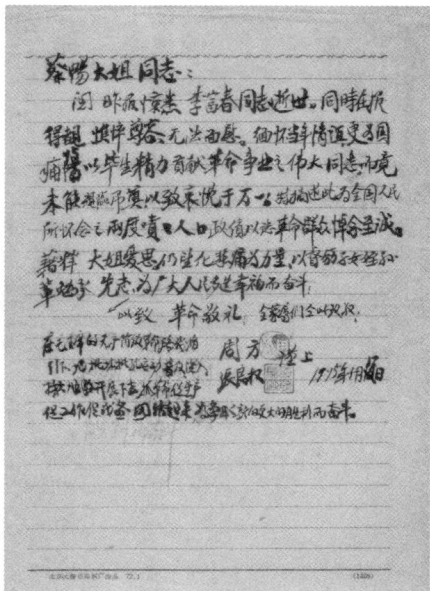

图 12-5　周方给蔡畅书信手稿

图 12-6　葛健豪原版照片

图 12-7　李勇（左二）、周乐国（左三）合影

白色恐怖的年代，这可是要杀头的！李勇用手机拍下照片后，又与周乐国手持照片合影留念（图 12-7），其中还有李勇夫人罗江红，周方侄孙周江元。念及蔡、周两家四代弥足珍贵的友情，李勇特题"沩痴寄庐叱咤风云，蔡周世代爱国为民"赠予周乐国。周方的侄孙周江元也撰写对联"女权领袖，妇运先驱，百折不移信仰；革命圣徒，长征大姐，千秋永铸丰碑"赠予李勇。此情此景令与会代表无不为之动容，盛赞蔡、周两家延续百余年的忠诚友谊纯洁高尚。它闪耀着人格之光，展现出心灵之美！

同在 1915 年，周方通过蔡和森结识了毛泽东。自此，周方与毛泽东、蔡和森一起，在长沙结下改造社会，探寻真理的革命友谊。1978 年 8 月中旬，韶山毛主席旧居陈列馆林英同志，受单位派遣专程到北京访问周方，收集毛主席早期革命活动情况（出差介绍信见图 12-8）。北京文史馆派人陪同林英同志到府学胡同拜会周方。周方听说是从毛主席故乡韶山来的湖南老乡，频频点头招手表示热情欢迎。当时退休在京照顾父亲的周书稚，忙泡茶让坐，端来水果点心招待客人。当听说是来了解毛主席的早期革命活动，周方很敬仰地说："润之在我们中间是出类拔萃的，是全中国的伟人。时势造英雄，我的同学蔡和森、邓中夏，也为中国革命英年早逝，他们都是伟大的革命家。"

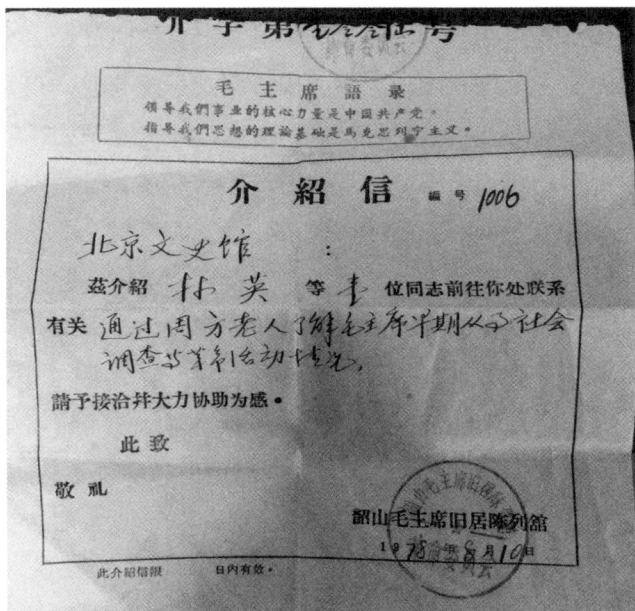

图 12-8　韶山毛主席旧居陈列馆介绍信

周方虽年事已高，身体欠佳，却振作精神激动不已地向林英同志讲述自 1915 年和毛泽东相识，到 1923 年春毛泽东离开长沙去上海，这八年的时间里，他参与、支持和见证的毛泽东及其他共产党人所开展的革命活动。赞颂毛主席对中国革命不同凡响的真知灼见、英明决断和无与伦比的卓越贡献。林英悉心听、认真记，感谢周方先生提供的珍贵史料。临别周方还深情地给林英吟诵曾经撰写歌颂毛泽东的藏头联："泽国翻成天国，东风压倒西风。"表示对毛主席的怀念与敬佩。

这次遇上机会向林英同志讲述毛主席早年从事的革命活动，周方心感欣慰。也是他深切怀念毛主席，为国家和人民传颂红色历史，应尽的责任。

送走林英同志，周方百感交集，常常沉浸在无尽的追忆与遐想中。那时的热血青年，忧国忧民，志存高远，追寻革命真理，探寻救国道路，唤醒劳苦大众，揭露社会黑暗，粪土军阀官僚，这一切的一切仿佛都发生在昨天。伟大的中国共产党，打江山，坐天下，迎来国泰民安，东风入律国运昌。周方更加思念与之同舟共济，并肩奋斗的共产党人。年迈体衰的他，枫红晚艳未了情，常常眯着双眼，掰着手指，要儿子周书稚听他慢慢悉数众多知音挚友中矢志革命的共产党人："毛泽东、蔡和森、邓中夏、何叔衡、郭亮、何孟雄、张昆弟、彭慕陶、李维汉、蔡畅、李富春、谢觉哉、徐特立、易礼容、罗章龙、陈书农、张唯一、马子谷、李六如、刘寿祺，后生刘昂、彭黔生、李改。还有不是共产党员的共产党人蔡伯母葛健豪。他们为中国革命赴汤蹈火，舍生取义，有的还献出了宝贵生命，我一辈子记着他们，时时思念他们。"同时周方也念念不忘志同道合，一起开展平民教育运动，鼎力支持他兴教办学、改革旧教育的同人友好：仇鳌、王季范、陶行知、黄炎培、张伯苓、梁漱溟、黄士衡、曾继梧、胡文虎、罗元鲲、刘策成、罗教铎、周调阳、方克刚、何炳鳞、李抱一、袁庶钦、黄芝岗、蔡庆熙、严寅、黄衍熏、周洛清……老人病中隔三岔五的念叨，说明这些同人志士和挚友都深深刻记在他心中，永不忘怀。

只是岁月不饶人，周方的身体一天不如一天。1979年3月1日，一颗明星陨落了。为国为民鞠躬尽瘁，奉献一生的周方，在北京与世长辞，享寿八十七岁。

周方年谱

□ **1893 年 1 月 17 日（清光绪十八年农历十一月卅日）辰时**

周方诞生在湖南省新化县迎官桥老屋垣（现属新邵县迎光乡）。父亲蓉轩公乃清朝邑庠生，历任宝庆濂溪书院斋长，永固镇镇长。镇匪保境，执教兴学，备受百姓拥戴。

周方共三兄弟，排行老二。蓉轩公给他取字瑞麒，号卓甫，班名裕颐。后自取别号静庵，学名方。

□ **1896 年**

周方三岁，爷爷岐山公开始教他念诗词联语和《三字经》，到了五岁又教他识字，读家训和《声律启蒙》。

□ **1899 年 3 月**

周方六岁，与三姐周绚桃一起被送到蒙馆开始正规受教。爷爷岐山公还在家中教他读《龙文鞭影》和《幼学琼林》。

□ **1903 年 3 月**

周方十岁，随兄周振甫赴新化县城参加童子试，中榜后在乡梓传为美谈。

□　1905 年春

周方十二岁，父亲周蓉轩受聘宝庆（今邵阳）武邵江易氏宗祠集馆任主教，周方与兄振甫随父就读。

□　1907 年

夏，周方十四岁，入新化高坪（现属隆回县）武馆习武。

秋，周方父亲蓉轩公受聘新化高坪飞鹅山百攟园私塾馆任主教，周方随父就读。一起同去就读的还有彭慕陶、彭文元、彭文蔚等三位表兄弟。

□　1909 年秋

周方十六岁，投考新化县立中学就读。

□　1911 年

周方十八岁，上学期，周方领头反对校方歧视贫苦学生，校方便以闹学潮为由，给他退学处分。赴省城长沙考入湖南高等工业学校金工科学习。因不喜好学工，不到一年自动退学。

□　1912 年春

周方十九岁，报考司法书记官，被录用委派担任道州（今道县）司法书记。任职不到半年，因不齿劣绅的刁狡、奸民的凶横，更厌恶官场龌龊不堪之腐败便辞职回乡。

□　1913 年

新春，周方二十岁，尊父母命与舅舅彭湘辉之女彭云桃（生于清光绪十八年壬辰十一月初五卯时）完婚。同年十月，喜添长子周书秕。彭云桃共生育五男三女。

7月，永固镇新建栗坪三区小学，周方受聘担任该校主任教员。

□ 1915 年

春，周方二十二岁，辞去栗坪三区小学主任教员工作，赴省城投考湖南高等师范学校（即岳麓书院），被录取。

5月，周方入校，与蔡和森、邓中夏同分在文科乙班。

□ 1916 年

冬，周方二十三岁，约邓中夏、蔡和森一起，在岳麓书院开办工人夜校识字班。他们自当老师，自编教材，教校工识字扫盲。

□ 1917 年

元月，周方满二十四岁，在岳麓山下的刘家台子租赁沩痴寄庐，与蔡和森、邓中夏开办面向社会的成人识字班,开展平民教育。

沩痴寄庐是一座小青瓦、竹织壁的墓庐式瓦屋。门口挂着铜牌"沩痴寄庐"，意为宁乡籍孝子为守祖坟盖的墓庐屋。

6月，周方圆满完成湖南高等师范学校学业，毕业后继续在沩痴寄庐开展民众扫盲教育，刘家台子也被称为周家台子。蔡和森毕业后也留在长沙，常与周方一道相邀在湖南第一师范就读的毛泽东、罗学瓒、张昆弟等同人志士，到爱晚亭、水陆洲（即橘子洲）相聚，纵论天下大事，探索改造中国的道路。

夏，经周方帮助，蔡和森、葛健豪一家三代五人与周方一同租居沩痴寄庐。期间周方和蔡和森、毛泽东、何叔衡等人孜孜探求救国救民的真谛，一同组织赴法勤工俭学运动。周家台子成了有志青年经常聚会的地方。

□ 1918 年

春，毛泽东奉母亲文素勤来长沙治疗结核性淋巴结炎，得周方、蔡和森帮助，将母亲安顿住在周家台子泐痴寄庐。毛泽东来此很勤，除探望母亲外，还与蔡和森、何叔衡、周方等交往密切，亲如兄弟，共同探寻学问、研讨国事时政。

4 月，周方接待从家乡高坪来长沙的马非百、马子谷兄弟。两人在周家台子泐痴寄庐住了两月。周方介绍马家兄弟认识了毛泽东、蔡和森等。同年 6 月，马非百考取北京大学文学院预科生。经周方介绍，马非百在北大又与邓中夏、罗章龙认识，并第一个参加由邓中夏倡导的"曦园"实践活动，"实行新生活"。

4 月 14 日，在周方、蔡和森租住的泐痴寄庐，毛泽东、蔡和森、萧子升、陈书农、罗章龙、何叔衡、张昆弟、邹鼎丞、萧子璋、陈赞周、周晓三、叶兆祯、邹蕴真、陈昌等十四人，召开新民学会成立会议。周方因老家发生瘟疫，家里多人感染，长嫂病亡，被父亲急唤回乡，错过参加新民学会的成立大会。

6 月 23 日，周方与毛泽东一道，送蔡和森至长沙轮渡码头，赴北京拜会蔡元培、李大钊、李石曾等，商讨赴法勤工俭学诸事，并为湖南学子筹措旅法经费。

□ 1919 年

秋，周方与蔡和森先行到上海，为赴法留学做启程前的准备。中秋节后，葛健豪、蔡畅、向警予、张良权同来上海。

12 月中旬，周方在上海突患脑神经损伤病，头痛失眠，嘴脸歪斜，葛健豪、张良权急送他住院治疗。住院治病期间，周方偶然在北京《晨报》上看到一则广告，北京大学工读互助团招收团员。周方因重病不能赴法，将船票交给蔡伯母葛健豪，打算病愈出院后去北京加入北大工学团。

25 日，周方在张良权陪同下前往上海黄浦码头，送蔡和森一行乘法国"央脱莱蓬"号邮船，离开上海赴法国。月底周方病愈出院即赶往北京。

□ 1920 年

元旦后，周方经戴季陶引荐入北京大学工读互助团。加入骑河楼食堂组开设的"俭洁食堂"，掌柜由何孟雄（后加入中国共产党，是中国共产党最早的 58 名党员之一）担任。

元月中旬，周方与在北大念书的马非百相约一同拜望恩师杨昌济老先生。

3 月下旬，周方坚决反对工读互助团个别激进分子，为图"共产主义"之形式提议将个人钱财衣服收归公管。他激烈争执之下，被迫退出北大工读互助团。何孟雄等好友到车站为周方送行。处于革命觉醒时期，热血青年们的艰难求索，并非一帆风顺。回到长沙后，周方即去汝痴寄庐看望蔡和森胞姐蔡庆熙和刘昂母女。

3 月底，周方回湘即受聘湖南宝庆（今邵阳）联合中学，担任国文教师。他潜心治学，金针度人，提倡教育与劳动相结合，学校上下都极为看好。

7 月下旬，周方受湖南省立一中之聘，担任国文教师。又陆续分别受聘于长沙第一师范、省立二中、岳云、明德等学校，担任国文、历史教师。

8 月 2 日，毛泽东同彭璜、何叔衡、易礼容等，邀集教育界、新闻界进步人士，合股成立长沙文化书社。社址设在长沙潮宗街，9 月 9 日正式营业。周方参加入股，并积极为文化书社广做宣传，推销书报，引导学生到书社阅览购书。

8 月，湖南第一个平民教育社团——湖南平民讲演团，在长沙天心阁成立。周方、方克刚、何炳鳞、罗教铎等都是讲演团中的活跃分子，他们定期在街头巷尾向市民普施教育，宣讲民主新思想。

□ 1921 年

3月，周方推荐随父来长沙的嫡亲表兄彭慕陶，担任湖南教育会书记（秘书），介绍他结识毛泽东、易礼容、郭亮等。不久彭慕陶加入新民学会和中国共产党。

10月10日，省会长沙举行辛亥革命十周年纪念会。省长赵恒惕借联省自治的招牌，趁这次大会公布所谓"省宪法"，标榜"湘人治湘"，"保境息民"。周方在会上义正词严怒斥所谓省宪法完全是欺世诬民的假民主，强调要真正实行民主政治，当务之急是普遍开展平民教育，扫除文盲，才能谈得上真正意义的"民主""自治""普选"。周方的演讲赢得广大群众的普遍赞同。

会后受大家推举，周方执笔草拟《湖南平民教育发起倡议书》和《湖南平民教育实施办法大纲》，在湖南省教育会张唯一会长主持的审议会上，一致赞成顺利通过。并决议创建"湖南基本平民学校"，由罗教铎任校长，周方任主事，全面负责筹办事宜。两人商定各出10元，立即着手实质性建校工作。

年末，周方应毛泽东邀请，去长沙小吴门外清水塘毛泽东家餐叙。同时参加的还有何叔衡、彭慕陶和易礼容。

□ 1922 年

5月1日，周方遍访长沙，经多方努力终于选定乐古道巷颜子庙为校址，并以每月10元租金顺利签约。一切准备就绪，湖南基本平民补习学校正式开学，招收学生120人。是全国第一所专设的平民学校。

农历8月，颜子庙的颜氏子孙节外生枝，挑起事端并请来数名军人到学校挑衅闹事，强迫学校立即搬出颜祠。周方毫不畏惧，义正词严据理维护租赁合同的法律效益，并速请校董曾继梧（时任湖南政务厅厅长）出面制止军人的横行。闹事者很快得以镇摄，学校恢复正常教学。

12月，迎官桥周氏族老们同意周方按"一子双祧"族规，与张良权喜结良缘。张良权与周方结婚后，转民范女子职业学校任教，自此全力支持周方为之献身的平民教育事业。张良权一生未有生育，周方儿女将其视为生母一样孝敬，享年百岁。

12月，彭慕陶在湖南自修大学附设补习班任教，旋与易礼容、毛泽东、周方创办长沙织布厂。

□ 1923 年

3月29日，以易培基、徐特立、周方为首的湖南省教育会，以毛泽东为总干事的湖南工团联合会，以夏曦为总干事的湖南学生联合会等公法团体，在长沙联合组织发动群众六万余人，举行声势浩大的反日游行示威，坚决要求废除"二十一条"，强烈要求收回旅顺、大连租借地。

7月1日，周方在基本平民补习学校增设的"平民女子工学社"正式开学，聘请蔡庆熙当主任和授课教师。周方好友李维汉、谢觉哉等鼎力相助，自愿来学校义务授课。后蔡畅归国亦来校义务授课。学校先后招收学生二十四名，不收学费宿费，伙食自理。随着办学规模日益扩大，周方将平民女子工学社更名为平民女子职业班，学生劳作所得，改为全数归学生，学校不分成，全让利于学生。

11月底，周方由武汉返湘与向玉楷、罗教铎、蒋兆骧、张唯一、曹典球、方克刚、曹伯韩几位商议，马上发起成立"湖南平民教育促进会"，一致推举周方、蒋兆骧、方克刚等负责全部筹备工作。

□ 1924 年

1月1日，湖南平民教育促进会（筹）组织举行平民教育游街大会。元旦这天，省城各大、专、中、小共四十余所学校及工商界各团体人员，一万余人聚集长沙市教育会坪，参加平民教育游行大会。周方在大会上作"湖南平民教育的经过"报告。这次游街大会迎来了湖南平民教育运动的新高潮，唤醒了民众自愿接受平民教育，摘除文盲帽的心理欲求。

1月15日，"湖南平民教育促进会"正式成立，曹典球任董事长，方克刚任副董事长，周方任总干事。为了扩大平民教育促进会的影响，周方还负责主办《湖南平民教育周刊》，作为《大公报》的副刊出版；在《湖南教育》杂志上开辟《平民教育专号》，在《湖南通俗日报》上开辟《平民世界周刊》。

1924年上学期，鉴于民范女子职业学校成绩显赫，规模扩大，省政府另拨长沙市小东街三十九号，前大清银行房屋给学校做新校址，并补助办学经费三千元。周方即将大清银行房屋妥加修缮，把学校的一部分从颜子庙搬到小东街。

7月4日至7日，周方、方克刚、蒋育寰作为湖南代表，参加在南京召开的"中华平民教育促进会年会"，各省到会代表共五十余人。在会上，周方就湖南省开展平民教育所做的工作和取得的成绩，作了专题报告，获得与会代表热烈响应。

秋，葛健豪带着不满周岁的外孙女，即蔡畅的女儿李特特由法国抵达新加坡。在新加坡得到周方夫人张良权接济，留住两月后启程回国。

□ 1925 年

1月1日，省平民教育促进会在省教育会前坪，举行一周年纪念会。一千八百人参加纪念大会，周方、获昂人、蒋育寰分别做纪念会主旨报告，之后举行游艺表演和放映电影。

春夏之交，经周方多方筹款，小东街新校址的新教学楼圆满竣工，湖南民范女子职业学校全部从颜子庙搬到小东街。

6月，周方利用颜子庙民范原校址，与葛健豪一起创办"湖南平民女子职业学校"。葛健豪任校长，周方任主事，彭慕陶主持校务，蔡庆熙任缝纫教师。在郭亮、易礼容等人的大力支持下，8月下旬学校顺利开学。

9月初，王季范联系周方与彭慕陶，将受反动军阀赵恒惕下令通缉追捕的毛泽东护送到湖南平民女子职业学校躲避。第二天清晨毛泽东装扮成商人，由韶山地下党员庞叔侃和进步工人周振岳护送，经株洲、衡阳平安到达广州。

9月，周方与方克刚，代表湖南去南京参加全国平民教育年会。周方在大会做了湖南平民教育发展的专题发言。大会决定于1926年秋在长沙召开全国平民教育年会。

□　1926 年

3月，周方在孙中山先生逝世一周年之际，连续发表《孙中山先生逝世周年的感想》《怎样纪念孙中山先生》和《三民主义和平民教育 孙中山先生逝世周年纪念日在教育会坪讲演》，分别载于《湖南平民教育周刊》第113、114、115期。

8月，第十二届全国教联会提案委员会成立，湖南委员有七人：张唯一、徐特立、欧阳刚中、周方、熊亨瀚、阮湘、谢真。（见《申报》1926 年 8 月 29 日）

9月，全国平民教育年会在长沙如期举行。陶行知及各省、市平民教育会代表，还有南洋侨胞代表都来长沙参会。在这次大会上，周方作典型发言，全面介绍湖南省平民教育运动取得的显赫成绩。

陶行知在大会做平民教育主旨演讲时，赞誉"湖南的平民教育运动办事切实，可称全国平民教育之冠"。与会代表一致称颂周方为"平民教育老总"。

秋，北伐战争节节胜利，工农运动日日高涨。为实现以国共合作为基础的统一战线，一些共产党人以个人名义加入国民党。彭慕陶介绍周方加入国民党。

11 月，湖南省政府委员兼教育厅长周鳌山，有感于全国平民教育会对湖南平民教育及周方的肯定与赞扬，特核批每年给湖南民范女子职业学校增加拨款一千二百元。

□ 1927 年

1 月，湖南省政府组织教育委员会，聘李荣植、易培基、徐特立、周方、郭亮、易礼容、熊亨瀚、朱剑凡、雷铸寰等共十七人为委员。

4 月，蔡和森回国路过长沙时，特别约见周方。不想这次相会，竟成蔡周两位同窗挚友的永诀。

夏，周方、谢祖尧在国民党长沙市第三届代表大会上，提出"党内不得宣传佛化"，得到曾省斋、缪昆山、肖逢蔚等四十多位教育界代表的拥护。但遭到顽固佛化分子的至死打压，攻击其为有组织的反党行动，提议开除周方、谢祖尧、曾省斋、缪昆山等十三人的党籍。会后长沙市党部下令通缉反佛死硬分子周方、缪昆山等五人。周方等被迫分途出走离开长沙寻求申诉。

年底，周方与缪昆山到上海，去上海国立劳动大学应聘。周方被委以成人教育部主事，缪昆山受聘为教师。

□ 1928 年

11 月下旬，周方接湖南省民政厅厅长曾继梧、教育厅厅长张炯信函，告速返湘履新职。

12 月 1 日，周方辞去上海劳动大学成人教育部主事回湘，受省教育厅之聘，担任湖南省通俗教育馆馆长。在周方的努力下，彻底扫除前通俗教育馆损公肥私的腐败行径，采取新的发展举措，使通俗教育馆的工作走上正道，事业红火，财源广进，欣欣向荣。

□ 1929 年

1929 年初，周方与陈深如、罗元鲲、罗教铎、苏凤初、杨柏荣等，为培养乡村小学教师，普及乡村教育，在新化城东桑梓创办新化私立青峰乡村师范学校。

3月，周方在国民党长沙市党部常委改选中，被选为常委（共五人）。

5月3日，周方在长沙举行的"五三惨案周年纪念会"上发表讲演，号召全民抱着牺牲奋斗精神，卧薪尝胆，誓雪耻辱，打倒日本帝国主义，以求我民族之自由平等。

年底，周方因党潮受罚，被免去湖南省通俗教育馆馆长职务。同时，周方坚辞市常委职务。在张炯（国民党省党部组织委员）、曾省斋、肖逢蔚等多人劝说下，周方勉强答应担任市监委常务委员。

□ 1930 年

春，国民党湖南省党部改选。周方除拒绝参选外，对拉选票之事深恶痛绝，严词回绝众多找他拉票的参选人。并下定决心，毅然辞去市党部监委常委职务。经三次请辞得予获准，周方彻底摆脱党务，全力以赴投身平民教育。

□ 1931 年

3月，周方在长沙市郊伍家岭枫树坪创办"湖南私立枫林农村实验学校"，招收附近的农家子弟免费入学。第一班招收学生32人，其中男孩24人，女孩8人，年龄6至9岁。开设识字、算数、常识、唱歌和体育五门课。开学不到十天，省督学周调阳来学校考察后，掏出十元大洋交与周方，自愿当学校校董。

□ 1932 年

1月，周方千方百计筹款，在伍家岭枫树坪盖起了新教学楼。另万国钧校董除捐五百元外，还代为募到三百元，周方用此款建了操场；张良权将一栋八间房的瓦屋全捐给学校，周方将其做图书室。

7月，周方、谢祖尧、刘卓球，在新化县署东垣之外孔庙（又名文庙学官），创办新化私立梅城小学。以劳动化、平民化、社会化、职业化为办学宗旨。

周方遵循孙中山先生的新三民主义，以学生为本，建立起一套全新的以"三化、四自、五子"为主旨的教育理论与思想体系。教育部督学郎季门先生来学校考察，向学生做演讲时高度赞扬枫林中学。

□ 1934 年

2月，湖南省教育厅农民教育馆成立，周方担任教育主任。

5月，出席在河北定县举行的全国"乡村工作讨论会"。会上定县代表介绍在农村推广用波支猪杂交养猪，体大生长快。会议结束后，周方专门找到表弟彭文和咨询在湖南改良生猪品种一事。经彭指导，周方花费八十元在农学院挑选一条十二斤重的满月盘克公猪，沿途费尽周折，装笼运回长沙。

秋，经校董们决定学校更名为"枫林中学"（原校名"枫林农村实验学校"依然沿用），招收中学生。

同时周方创办枫林高中工学团，招收初中或初师毕业，出身贫苦家庭能刻苦耐劳的学生，以工助学解决贫寒学子无钱上学的问题。

周方为农村建设殚精竭虑，与黄士衡、向郁阶、欧阳刚中、方克刚等发起，筹备成立"湖南农村建设协进会"。并以枫林中学为基地，试办"长沙市北郊枫林农村建设实验区"。

□ 1935 年

5月29日，经过数月筹备，湖南农村建设协进会正式成立，拥有会员三百二十四人，团体会员六个。黄士衡任理事长，周方任理事兼总干事，主持日常工作。主编《田间》周刊，作为《湖南通俗日报》副刊。

周方约狄昂人、缪昆山、文亚文、刘卧南、王廷阊等，向长沙市党部请求将长沙北郊正式划为农村建设实验区，请拨建设实验费二千六百元，以枫林农村实验学校为基地，以枫林高中工学团的学生为基本力量，在长沙郊区实施农村教育、合作、卫生及经济改善、风俗改良的试验，推行"社会即学校，生活即教育"的办学方略，赢得社会普遍赞扬。为全省农村建设工作提供了示范样板。

秋，周方赴江苏无锡教育学院参观学习。回湘后将他们在农村教育中实施小本贷款，帮助贫困农户谋生的做法，在湖南农村建设协进会董监会议上予以推介，建议在长沙市北郊枫林农村建设实验区试行小本贷款，获得一致赞成。

□ 1936 年

年初，周方依靠枫林高中工学团，在长沙市北郊农村建设实验区开始具体实施小本贷款，并将其列为湖南农村建设协进会当年的重点工作。黄士衡董事长首捐五十元做试办资金。

3 月 12 日，国民党湖南省党部举行孙中山总理逝世十一周年纪念大会。周方在大会发表演说，继承总理遗志，挽救国家危亡。

□ 1937 年

5 月，周方送彭黔生和李改跟随刘昂，经徐特立介绍赴延安。

周方著《十五年来的民范》编印发行。记叙学校的发展历史，告诫全体师生在抗战中积极投身抗战救亡运动，保证民范教学弦歌不绝。

7 月 24 日，"湖南农村建设协进会"和"湖南平民教育会"

作为团体会员，加入"湖南人民抗敌后援会"。后援会组织庞大，会员众多，主要由文化机关和民众团体组成，是长沙抗日救亡影响力最大的社会组织。主要开展维持后方秩序，破坏敌人活动，提供我方军需，对抗敌将士予以精神与物质援助等工作。

12月9日，徐特立从延安回湖南就任中共驻湘代表兼十八集团军总司令部高级参议。周方闻信后登门拜见恩师，恳请徐特立先生来民范女子职业学校讲演，给师生们介绍延安军民抗日救亡的爱国运动和全国各地爱国青年奔赴延安的盛况，师生们受到极大地鼓舞。周方先后送数十名学生奔赴革命圣地延安，积极参与抗日救亡运动。

□ 1937年底至1938年

1937年底至1938年上学期，周方未雨绸缪陆续将地处长沙市小东街的民范女子职业学校，迁到新化县城的罗氏宗祠和唐氏宗祠继续办学。聘袁庶钦任总务兼教导主任，苏镜、李涵葳、常杏云、罗又益、陶先觉、张竹如等地下共产党员担任学校工作。在周方的暗中支持下，中共地下党新化县委机关就设立在民范女子职业学校。

1938年，周方受聘兼任新化县立中学校长。其时学校校园被军政部四六后方医院占用，学校只得搬迁至新化北渡村租用民宅办学。周方不畏艰难，通过多方努力，终于同新化县县长王秉丞、医院院长潘江谈妥，收回被四六后方医院占用的校址，使学校的教学工作和师生们的生活得以恢复正常。

1938年7月，抗战一周年时周方编写的《抗战必胜弹词》，由湖南农村建设协进会刊印发行。弹词通俗易懂，朗朗上口，被各文艺团体作为抗战文艺节目演出。弹词中许多段子，在老百姓中口口相传，妇孺皆知，树立了抗战必胜的坚定信心。

1938年7月中旬，周方趁学校放暑假，从长沙乘汽车去宝庆，觅到南门外茨草坪天主教堂两座房屋与十五六亩山地，花一千二百元购买下来。周方先付现金二百元，其他在三个月内分两次付清。为枫林中学迁校做准备。

1938年暑假，周方为偿还在宝庆购地所欠债务，回家乡迎官桥筹款五百元。同时为回报父老乡亲帮助筹款，出谋划策在家乡迎官桥设立墟场。此举为搞活迎官桥经济，方便父老乡亲经商购物办了件大实事。

1938年11月10日，周方将枫林中学搬离长沙枫树坪。三天后即11月13日长沙文夕大火。此番虽然校舍被毁，但全校师生员工及时撤离，万幸避过一劫，无人伤亡。宝庆同样遭受战乱已不能去，枫林中学改迁新化高坪。当地乡绅和百姓专门举行祭祀活动，为从省城迁来的枫林中学祈福。

□ 1939年

2月27日，枫林学校迁到高平，一切准备就绪后，正式开学上课。

暑假，周方带领枫林中学高中师资班学生开展暑期教学实践。他们深入农村进行为期一个星期的社会调查和抗日演讲。乘车返校后学生要提交社会调查报告，列入毕业实习成绩评定。

同期，周方应教育厅所聘，从武冈转邵阳协办湖南第三届假期民教讲习会，发表专场讲演。

年底，周方与袁庶钦认真实地探查，仔细商讨后，在新化县城南郊的上田觅到一合适院落，为来年学校搬迁新化做好准备。

□ 1940年

1月18日，周方带领枫林学校师生告别高平，将枫林中学整体搬迁至新化县城南郊上田坪山垅刘经元大屋。周方请来泥瓦匠和木工修缮房屋，并发动学生在老师带领下平整场地，打扫庭院，清除杂草废物。师生们很快安顿下来，开始正常教学。

下学期，周方陪同省教育厅督学雷震清，视察枫林中学和新化县中。雷督学以"动""活""方"三字概括枫林中学与众不同的办学新姿态，高度赞扬枫林的三化教育，对周方顺利收回被军政部四六后方医院占用的新化县中校址大为赞扬。

□ 1941 年

1 月 24 日（庚辰 12 月 27 日酉时），周方慈父蓉轩公不幸病逝，享年七十七岁。周方征得慈母和兄弟同意，移风易俗在乡间首开丧事从简操办之先河。

秋，周方身先士卒，脚履草鞋率领全校学生，步行 70 里到新化锡矿山开展社会实践。

□ 1942 年

6 月，周方担任新化私立永固高级小学（后为隆回三中）董事长。

秋，周方赴重庆会见教育部部长陈立夫，申报开设枫林实验班及申请办班经费。得到实验班开办费只拨两万元。另从中央赈务委员会以枫林初、高中工学团招收两个班的逃亡学生，获得教学设备和生活补助费六万五千元。

周恩来当时在重庆主持工作，得知周方献身教育，艰苦办学取得非凡业绩，经刘昂赠送周方两千银圆以兹嘉奖鼓励。期间周方还会见了黄炎培、张伯苓、陶行知、梁漱溟等教育界名流，共商教育改革。对周方提出的"三化"教育思想与实践，他们一致肯定"改革合理可行"。

□ 1943 年

开春，周方在新化上田坪山垅测量场地，规划枫林中学新校址。周方组织学生假期参加制砖、烧砖、烧石灰，上山搬运木材，自力更生参与学校建设。

□ 1944 年

3月，周方艰苦努力，多方筹款，一栋三层楼的木结构教学大楼、一栋二层办公楼以及礼堂（兼食堂）、厨房、宿舍、浴室、厕所等，在坪山垅新校址顺利完工，搬入新校址。

□ 1945 年

4月，新化战事吃紧，全县学校放假。周方在没有战祸的新化第七区油麻建临时分校作为部分无法回家学生的避难之所，配备老师负责安抚教管学生。

在迎官桥沦陷的第二天，周方在山林偶遇一抓民夫的日军，孤身与之搏斗，奋力将其打死，大涨了湘人抗日斗志，成为佳话流传至今。

8月至10月

1.周方为民请命呼救赈灾。

在雪峰山战役中，高平峪受到灭顶之灾。周方通过"快邮代电"赈灾呼救，向新化县政府及社会各界通报高平遭受日寇劫后的惨状，获得政府赈灾粮一百二十石，蠲免本年各项赋役，为高平百姓度过战乱灾祸，恢复生产，一解火燎之急。

2.周方与罗教铎捐款犒劳刘伯承部。

周方与罗教铎将卖掉民范女子职业学校小东街校舍地皮（校舍在长沙文夕大火中被焚毁）所得 48 亿元金圆券，全部捐赠给八路军抗日王牌师——一二九师刘伯承部。①

3.周方为湘西会战阵亡烈士公墓撰写墓志铭。

---

① 周志懿：《有一种根叫故乡》，人民出版社，2017 年，第 143 页。

抗战胜利后，1945年底国民政府为纪念陆军第四方面军第十八军十八师在湘西会战高平战役中为国捐躯的抗日将士，在新化县永固镇（现属隆回县高平镇）高平中学后山坡上，修建了湘西会战阵亡烈士公墓，周方为其撰写墓志铭。

□ 1946年

3月4日，周方迎难而上，租借长沙肇嘉坪新化会馆做校址，先将民范女子职业学校复原长沙。为掩护从福建转回湖南的马子谷继续从事革命活动，安排他担任长沙民范女子职业学校董事长，周方与罗元鲲主持校务。学校除开办缝纫班外，还增设会计班，共招收学生52人，于3月4日正式开学授课。

3月11日，周方在极其困难下，承蒙黄衍熏父母及兄、姐、妹大力支持，借用长沙马栏山黄家祖屋，将枫林中学实验班先复员长沙顺利开学。学生按文（指升学）、实（指就业）分科授课，围绕"三化"进行实验教学。

□ 1947年

周方为尽快在枫树坪枫林中学原址重建校舍，绞尽脑汁，东奔西走，四处求人忙于筹款。周方边筹款边施工，到1947年底基本完成全校基建任务。

□ 1948年

2月，通过周方百折不回的努力，枫林中学重建工作全部完成，顺利复原长沙，还添置了必需的校具、图书和理化实验仪器，枫林实验班也从马栏山黄家老屋搬回了枫树坪。

至此，长沙、新化两地两所枫林、两所民范，各有自己完整的校园，周方办好"两地四校"的夙愿得以圆满实现。

6月至8月，周方与仇鳌、马子谷，周世钊等，一同积极开展反对内战和军事策反工作，组织学生到大街小巷进行演讲，呼吁湖南和平解放。

8月1日，周方同省会各界知名人士，共五百七十八人联名发布《长沙各界为拥护当局主张，避免战祸，呼吁和平宣言》。

□ 1949 年

2月，"长沙市和平促进委员会"成立，仇鳌任主席。周方积极参加和竭尽全力支持该委员会的工作，紧跟仇鳌努力开展"反对内战，争取和平"的宣传活动。

8月2日，长沙市成立以仇鳌等人为首的长沙市各界迎接解放联合会。为迎接中国人民解放军和平谈判代表团入城，筹备恢宏壮阔的入城仪式。

8月5日晚，人民解放军一三八师从东屯渡出发，经五里牌到小吴门入城。周方率民范、枫林的师生，与省立一中、第一师范、长郡、明德、周南等许多学校的学生，挥舞彩旗，迎接英雄的解放军凯旋进城。

12月23日至31日，周方应邀参加在北京召开的中华人民共和国第一次全国教育工作会议，与会代表二百余人。周方受邀做大会发言。后来教育部制订1950年工作计划时，将周方的发言列为重点建言，大部分内容在制定教育规划和政策时被采纳。

会议期间，周方还将自拟的《自修大学纲要草案》，面呈政务院秘书长兼统战部部长李维汉，得到李维汉高度肯定。大会结束后，李维汉、李富春、蔡畅在怀仁堂宴请周方，并言及新中国刚成立，求贤若渴，请周方来京尽力。周方婉言谢绝。

□ 1950 年

1月，周方对1949年10月编制的《湖南私立枫林学校新教育实施计划草案》，根据全国教育工作会议精神，组织力量再作修订，确立为新时期枫林中学发展的规划。

3月，周方得统战部李维汉部长引荐，入华北人民革命大学政治研究院第二期学习。

12月，周方以全班为数不多的甲等好成绩，在华北人民革命大学顺利毕业。

年末，鱼米之乡的湖南，是志愿军粮食保障的坚强后盾。周方主动将长沙北郊枫树坪的枫林中学校舍，捐献出来做粮库，为抗美援朝贡献一己之力。而枫林中学则与民范女子职业学校合并，成立民枫职业学校（也称民枫技术学校），校址设在民范所在地长沙肇嘉坪。

周方一家也从枫树坪枫林中学搬出，在蔡锷北路购买了二九〇号二层小楼，安顿住家。

□ 1951 年

年初，周方全力以赴支援抗美援朝，在学生中培养宣讲员、读报员，组织文艺宣传队，大力开展抗美援朝宣传活动；指导学生以班级、团支部名义，向志愿军写慰问信。培养学生树立爱国守则，为国效力、为民担责的理想和抱负。

2月2日，周方以革命大学学员身份，向中国人民志愿军部队和朝鲜人民军，捐募慰劳金两万元。

2月10日，周方接到省主席王首道签发的聘书，担任湖南省文物保管委员会委员。他全心全意努力工作，向省文物保管委员会提出书面建议。

暑假，周方带领新化枫林中学教师，下乡走村串户，对失学青少年开展劝学活动，贫寒子弟免费入学。这一届共招新生三个班，其中一个班是失学劝读生。

11月24日，周方与参加新民学会成立会的好友罗章龙、陈书农,相约重游岳麓山沩痴寄庐。三位老者抚今追昔,合影留念。

□ 1952 年

下半年,周方参加长沙市第一次学校工作会议。周方除在长沙民枫职业学校认真贯彻会议精神外,还将长沙的做法和经验,布置新化的民范、枫林两校照办,在新化各学校起到领头雁的作用。

□ 1953 年

1 月,周方接到省主席程潜签发的聘书,成为湖南省政府聘任的首批文史研究馆馆员。他忠于职守,认真参政议政,扎扎实实做社会调查。一年内就以书面形式提出"宣传文物保护、扫除城乡文盲、开展卫生运动、破除封建迷信、统编中小学教材"等五项建议。获得领导好评。

□ 1954 年

2 月 1 日,周方特意去长沙交际处约见国际主义战士罗盛教的父亲罗迭开,迎接他从朝鲜访问归来,并合影留念。临别,周方还赋词《浪淘沙·颂罗盛教》馈赠罗迭开。

6 月下旬,周方将长沙民枫职业学校捐献给国家,改为公办。1956 年,学校更名为长沙市第十六中学。

在新化,周方同样将民范女子职业学校和枫林中学捐献给国家,改为公办。民范女子职业学校与方鼎英先生创办的新化大熊中学合并,成立新化县第三中学。枫林中学没改校名,委派谢知信担任校长,在原址上田坪山垅,原班教职员工延续办学。到1959 年方更名为新化县第九中学。

7 月 22 日，周方专程去韶山访问毛泽东旧居。韶山招待所的王主任热情接待了他，还有毛主席当年的同学毛柳春、韶山招待所赵柏秋、管理员毛乾吉作陪。

9 月中旬，周方满心欢喜地来到北京，定居京郊卢沟桥。

国庆节前夕，李维汉部长委托属下设宴招待部分居京湘籍民主人士，欢庆建国五周年。周方受邀荣幸参加。毛泽东、谢觉哉、李维汉、李富春、蔡畅、徐特立等国家领导人送来问候，欢迎他来京安度晚年。

□ 1955 年

秋，湖南省副省长、政协副主席唐生智赴京参加全国政协会议。周方约他来卢沟桥家中做客，专门面谈和平解放台湾，统一祖国大业，将促台湾回归的书面建议面交唐副省长。

□ 1956 年至 1966 年 9 月

1956 年秋，在蔡畅关心下，周方从卢沟桥搬到市区东四府学胡同 32 号居住。

在府学胡同周方老骥伏枥，总是尽心尽意为街道和居民办力所能及的公益事业。他自办街道扫盲夜校，使府学胡同的文盲得以扫除。他自备书报杂志，开办府学胡同街道阅览室。

在街道居委会支持下，周方还开办古今名篇名作阅读班、诗词写作辅导班，举办街道墙报，为街坊邻里书写春联等。周方的默默奉献，使府学胡同市民的文化学习活动异彩纷呈，热火朝天。

1962 年，周方两个孙女周乐民、周乐乔遵照爷爷意愿，周乐民考上北京农业大学，周乐乔考上湖南师范学院。

周方积极参加北京市文史馆和东城区政协组织的参政议政、学习研讨、社会调查等活动。在京郊的朝阳人民公社和十三陵人民公社，他还新结交了知心的农民朋友。

1966 年 9 月，周方将从长沙带来北京，珍藏一辈子的线装古籍，如大版《昭明文集》、大版《王子安集》、《文心雕龙》、《晏子春秋》、《唐文萃》、《明文庄》等共十四种一百七十九册，交北京市文物管理处，无偿捐献国家。

□ 1967 年至 1969 年

期间，周方深居简出，但与王季范还有往来，相互交流所闻所感。

1967 年 2 月，湖南省文物局潘蕴中、郑磊来京专访周方。在家中周方予以热情接待，向他们讲述 1915 年至 1919 年间，在岳麓书院蔡、周同窗，又在周家台子同住共四年多的鲜为人知的事情。

□ 1970 年至 1974 年

1970 年后，周方在北京宽街中医院针灸科，通过扎针使长年折磨他的脑病明显见好，对中医治病更加信服赞颂。他上书国家卫生部、教育部，要高度重视和支持中医中药事业的发展，加大对全国中医医院和中医院校的政策支持与经费投入，倡行中西结合，中西并进。

周方多次写信嘱咐学医的侄儿周书稑、仲孙周乐任潜心钻研病例和方剂，为继承和弘扬中华医学传统做贡献并购买医药书籍，从北京寄给周书稑、周乐任学习参考。

□ 1975 年

1 月 16 日，周方获悉，李富春同志因病于 1 月 9 日去世，悲痛不已。向蔡畅写信并撰《李富春千古——调寄清平乐挽词》和挽联。

1975 年后周方因年事已高，身体渐衰，以在家静养为主，很少与外界联系。

□ 1978 年 8 月中旬
周方接待专程来京的韶山毛主席旧居陈列馆林英同志，介绍当年与毛主席在一起从事革命活动的情况。

□ 1979 年 3 月 1 日
周方因病在北京与世长辞，享寿八十七岁。

赤子师魂，教泽流芳。回望周方先生的一生，看起来他没有显赫的官职，也没有惊世的伟业，但他像小小的太阳鸟，始终追逐光明；如微弱的萤火虫，竭力驱逐黑暗。这种精神的功力，激励我们永远向前，再向前！周方立志教育救国，心无旁骛、无私奉献、忍辱负重、排除万难，把一颗赤诚的心和满腔的热血，献给了祖国和人民。他心忧天下，潜心探求救国真谛；情系百姓，勇于捍卫正义公平；兴教办学，创建躬行"三化"教育；老骥伏枥，竭尽绵薄服务人民。他扎根社会底层，融入百姓平民，苦干硬干拼命干，在普通与平凡中铸就人生辉煌。

"平民自创千秋业，夫子荣为百世师。"周方献身教育，功载三湘四水，誉满北国南疆！先生去世后，又发生了许多与他相关的事情，再记述于后记中。

周方骨灰回葬故里

1979年3月，周方先生在北京去世，骨灰安葬在北京八宝山公墓，湖南省文史研究馆为他举行了隆重的追悼会。出于对周方先生的无比景仰与敬爱，家乡的父老乡亲一致敬请先生魂归故里，希望将骨灰由北京移葬新邵县迎光乡迎光村。

2004年12月19日，在迎光乡迎光学校举行了隆重的"平民教育家周方老先生骨灰归葬仪式"（后记图1）。参加仪式的乡亲五六千人，其中还有周方先生岳家新邵县迎光乡水东村的彭氏家族近千人。这一天，通往迎光学校的马路上，八面镶嵌齿边、各书"周""彭"大字的三角形特大族旗（后记图2），迎风招展；八条长龙通体华美，威仪棣棣（后记图3）；四支管乐队与四支民乐队鼓乐齐鸣；沿途各家各户，都在屋门前点烛鸣炮。其庄严肃穆的隆重盛况，前所未见。

周方老先生骨灰归葬仪式由周氏族长主持，庄重的骨灰安葬仪式按乡规民俗进行。骨灰安葬在迎光村后龙山，蓉轩公坟墓之侧。通常墓穴与墓碑分体组合。而周方墓采用黑色花岗岩石材，墓穴与墓碑浑然一体（后记图4），大气壮观，是对墓葬习俗之大胆创新。

后记图1　周方骨灰归葬盛典会场一角　　后记图2　族旗横幅气势恢宏

后记图 3　金色长龙威仪棣棣

后记图 4　周方骨灰归葬迎光桥坟墓

周方坟墓背面刻记碑文：

　　周方，字瑞麒，号卓甫，别号静庵。生于一八九二年农历十一月三十日，殁于一九七九年三月一日，享年八十七岁。

　　周方先生一九一七年夏毕业于湖南高等师范（即岳麓书院），同年秋与蔡和森等筹划赴法勤工俭学。一九二〇年初参加李大钊、蔡元培创办的北京大学工读互助团，探索以工兼学新路。先生首开湖南平民教育先河，一九二一年创办民范女子职业学校、一九三一年创办枫林实验学校（后更名枫林中学），创立和躬行"三化""四自""五子"教育思想，为后人留下宝贵的精神财富。先生毕生献身教育，勋劳卓著，被誉为湖南平民教育老总、平民教育家，业绩入县志、省志及岳麓书院陈列馆。

　　树高千丈，叶落归根。25 年前安葬于北京八宝山公墓的骨灰移葬回乡，魂归故里还先生夙愿，秀水青山伴英灵长存。

　　周方墓随同周方故居被列为文物保护单位，定为邵阳市红色旅游阵地建设项目，列入新邵县"十四五文旅广体规划"。各项工作正在紧锣密鼓推进。

新化枫林中学的校名变更

新化枫林中学，是周方先生创办，在抗战时期由省城长沙内迁到新化。抗战胜利后周方没有将其回迁长沙，继续在原校址——新化上田坪山垅办学，弦歌未辍，延续至今。在抗战文化教育史上，新化枫林中学有着特定的历史意义与文物价值。因为抗战时期内迁的学校，抗战胜利后基本回迁。像枫林中学这样，抗战胜利后一直留在原址，连续办学至今，在湖南省乃至全国都属罕见。

中华人民共和国成立后，国家为了对私立学校统一管理，1952年新化县政府委派谢知信同志参与枫林中学的领导工作。1954年，周方将枫林中学捐献国家，新化县政府接管改为公办，未变更校名，由谢知信担任校长，学校一切教学工作照原样延续进行。直到1958年，新化枫林中学方更名为新化县第九中学，每年新招学生班级的排序，依然接前延续。第1班到第49班为枫林中学时期，从第50班开始为新化九中时期。1985年7月，学校第二次更名为新化县工业职业中学。1995年，第三次更名为新化县工业职业中专学校。2005年，新化县第一职业中专学校并入新化县工业职业中专学校，又第四次更名为新化县职业中专学校。学校校名虽多次更改，但校址一直在周方校长创办之地——上田坪山垅没有变动。学校历届师生与当地群众长期休戚与共，和睦相处，结下了深厚友情。

回首周方先生创办的枫林中学，从长沙北郊枫树坪，到新化上田坪山垅，虽几经更名，但枫林血脉薪火相传，代代相承。他们怀瑾握瑜，心无旁骛，衔石填海，神系之，行为之，风雨兼程，砥砺前行，为国家培养了数万人才。在党和各级政府的正确领导下，乘着改革开放和国家大力发展职业教育的强劲东风，近年发展更是突飞猛进。到2019年，校园面积扩大到二百四十五亩，在籍学生增至三千九百八十人，教师二百一十八人。放眼校园，绿树成荫，楼宇林立，教学设施数一流，教学质量创新高，一所现代化的中等职业学校耸立在上田坪山垅。

新化县职业中专学校的校报《远方》在 2019 年 5 月 20 日刊发的《新化县职业中专学校简介》一文中记述，学校"前身是著名平民教育家周方先生于 1931 年春创办的湖南私立枫林中学，至今已有八十多年的办学历史。八十多年来，学校为国家培养了一大批梅山俊彦和技能型人才。"

2020 年，新化县枫林中学第五次更名，将"新化县职业中专学校"更名为"新化县楚怡工业学校"。4 月 22 日举行了新校名挂牌仪式。新化楚怡工业学校本是抗战时期，陈润霖先生在自己家乡新化县游家镇白沙村，办了八年的一所私立学校。现在这样移花接木变更校名，完全违背了两所学校的历史事实。

水有源头树有根，吃水不忘挖井人。坐落在新化上田坪山垅的这所学校，到 2021 年 3 月，风雨兼程已满满九十个春秋。周方先生创办的新化枫林中学，为新化县培养的人才和对新化县教育事业的贡献，永载青史，功不可没！不管它如何更名，也不管它怎样变迁，它的源头和根永远是枫林中学。

周方诞生百周年庆典

1993 年 11 月 14 日，在新化隆重举行"纪念平民教育家周方先生诞辰一百周年庆祝枫林－九中－工职建校六十二周年"庆典（后记图 5、图 6）。莘莘学子回到母校，缅怀周方老校长，看望心中恩师，久别重逢喜庆连天。曾记否，坪山垅恩师的谆谆教诲，始终回荡在心中；忘不了，坪山垅求知的青春年华，已织出华美缎锦。岁月流转，不变的是学子的赤心；斗转星移，永恒的是师道的忠魂。饮水思源，心存感恩，无不深切怀念母校的创办人、"三化"教育思想的创立者——平民教育家周方先生！

在周方先生诞生一百周年之际，时任湖南省副省长郑培民题词：

"学习周方先生艰苦创业献身教育的精神，为发展人民的教育事业而努力奋斗。"（后记图7）

后记图 5　周方诞生百周年庆典会场之一

后记图 6　周方诞生百周年庆典会场之二

后记图 7　湖南副省长郑培民题词

　　时任湖南省人大常委会副主任潘基跱题词："愿育人精神永驻，开平民教育先河。周方先生百岁诞辰纪念。"

　　时任湖南省政协副主席龙禹贤题词："风范传四海，教泽播千秋，纪念周方先生百岁冥诞。"

时任湖南省政协顾问徐君虎题词："静庵先生百年冥诞，爱国爱人办教育，全心全意为平民。"

时任第一机械工业部副部长刘昂题词："热心平民教育，为振兴中华作出了贡献，周方先生诞辰百年纪念。"

时任湖南省教委主任季益贵题词："精神永驻，风范长存，纪念周方先生诞辰百周年。"

时任娄底地区行署副专员曾畅员题词："弘扬枫林办学精神，发展职业技术教育，新化枫林中学六十二周年校庆暨平民教育家周方先生诞生百周年纪念。"

为了纪念平民教育家周方先生诞生一百周年，湖南省文史研究馆编辑出版了《平民教育家周方先生百年诞辰纪念集》（后记图8）；新化县工业职业中学校庆筹备委员会编辑出版了《纪念平民教育家周方先生诞辰一百周年，庆祝枫林－九中－工职建校六十二周年纪念册》（后记图9）。

后记图8　湖南省文史研究馆编印纪念集　　后记图9　新化县工职编印的纪念册

历经三年多，《赤子师魂：平民教育家周方先生传》脱稿了。我衷心感谢湘潭大学副校长、博士生导师刘建平教授和湘潭大学博士生导师李永春教授！二位史学专家在百忙中对本书的撰写给予全力支持、高度关注与悉心指导。同时深深感谢新华社《中国名牌》杂志社总编辑、资深传媒人士周志懿教授，对本书的撰写与出版给予的关心和指导！还要感谢中华诗词学会会员、新邵县诗联协会理事周江元堂弟，外甥钟远博士，儿子周英崛博士等，和所有关心、支持本书创作的亲朋好友！

　　著名小说《堂吉诃德》的作者，西班牙伟大小说家塞万提斯说："历史孕育了真理，它能和时间抗衡，把遗闻旧事保藏下来。它是往昔的迹象，当代的鉴戒，后世的教训。"鉴于此，希望《赤子师魂：平民教育家周方先生传》，能让读者在历史的长河中畅游，丰富阅历、感悟人生、启迪心智、励志奋进！

2022 年 6 月 18 日

于湘潭大学栖霞村